樂園的復歸？

遠古時代的性如何影響今日的我們

克里斯多福・萊恩、卡西爾達・潔莎 著

謝忍翾 譯

CHRISTOPHER RYAN
CACILDA JETHÁ

SEX AT DAWN

how we mate,
why we stray,
and what it means
for modern relationships

TABLE OF CONTENTS
目次

005　序　　一隻靈長類動物遇上了對手

009　導言　　另一個立意良善的異端審判

		I	
023		談「誤」種起源	
	第01章	勿忘猶加敦!	025
307	後記	第02章	關於性,達爾文有所不知	031
	一人一世界,一段關係便是一個宇宙	第03章	人類性演化的標準論述	053
309	附錄	第04章	鏡中猿	067
	別把性看得太神聖!		
	克里斯多福·萊恩與丹·薩維奇對談		
		II	
319	註釋	慾望天堂(孤寂?)	083
i	參考與延伸閱讀書目		
		第05章	誰在天堂失去了什麼?	085
		第06章	你的爸爸們是誰?	093
		第07章	最最親愛的媽咪們	107
		第08章	婚姻、交配、一夫一妻、一團混亂	115
		第09章	確定父子關係:標準論述的崩潰	125
		第10章	嫉妒:第一次貪戀人妻就上手	139

	III
151	未有的過往
153	第11章 自然的財富(困苦?)
165	第12章 自私的瀰(齷齪?)
181	第13章 史前戰爭論戰不休(野蠻?)
199	第14章 長壽的謊言(短暫?)

	IV
211	身體動起來
213	第15章 小巨人
223	第16章 最能衡量男人的方式
231	第17章 有時陰莖就只是陰莖
243	第18章 高潮迭起的史前故事
255	第19章 女孩玩瘋了

	V
267	男人來自非洲,女人也是
269	第20章 蒙娜麗莎在想什麼
277	第21章 變態的悲歌
297	第22章 共同面對開放的天空

序　一隻靈長類動物遇上了對手

> 奧耐特先生，人生在世，就是要超越自然本性。
> ——電影《非洲皇后號》（The African Queen）中的羅斯・塞耶（Rose Sayer），由凱薩琳・赫本（Katharine Hepburn）飾演

一九八八年某個悶熱的午後，馬來西亞檳城植物園，幾名當地男子在入口處賣花生。我和女友安娜剛吃了一頓豐盛的午飯，來這兒散散步、消化消化。見我們一頭霧水，男子解釋道，花生不是要給我們吃的，而是要拿來餵小猴子的，比如附近的草地上就有些我們還沒注意到、可愛得令人難以抗拒的小猴子。我們買了幾袋。

我倆很快就在小徑上方遇到一個用尾巴倒吊著的小傢伙，那一雙極了人的眼睛巴巴望著安娜手中的那袋花生。我們像少女進了貓店一般哄著小猴，這時底下的樹叢轟然一聲，一隻猿猴猛然向我們襲來。一隻成年猴子從我面前閃過，從安娜身上彈開，走了，還帶走了那袋花生。安娜的手被牠抓傷，正流著血。我們大吃一驚，渾身發抖，不發一語，連尖叫的時間都沒有。

過了幾分鐘，腎上腺素漸漸消退，我的恐懼也變為憎惡。我從未像當時那樣，感覺深受背叛。本以為自然是純潔的，邪惡是專屬於人類的毛病，如此珍貴的假設隨著那袋花生一起消逝。太過分了，我不只生氣，我感覺人生哲學被踐踏。

我感覺自己的內在有什麼東西在改變，胸膛似乎鼓脹起來，兩肩變得寬厚，兩臂感覺比平時有力，視力也銳利起來，感覺就像是卜派吃了一罐菠菜。我對著樹叢怒目而視，就像個重量級人

005　序　一隻靈長類動物遇上了對手

物，我知道我是。這些輕量級靈長類動物想騎到我頭上，好哇。

沒錯，我早該知道。小時候在電視上看過吹長號、玩鈴鼓的猴子，然而遊歷亞洲這麼些時日，早就知道真正的猴子和牠們電視上那些表親可不一樣。野生的亞洲靈長類有種特質，第一次見到時嚇了我一跳，也讓我一頭霧水，那就是：自尊。若你在印度、尼泊爾、馬來西亞的街上遇見猴子，卻不小心盯著人家瞧，就會發現自己面對的是隻聰明、好戰的生物，臉上的表情像是在說：「你小子看什麼看？要幹架嗎？」一張勞勃‧狄尼洛般的臭臉──就別指望讓這些傢伙穿上紅背心了。

當然，不久我們又在一片空地正中間遇到了一張從樹上倒吊下來、巴巴望著我們的毛茸茸臉孔。到了此時，安娜已決定不計前嫌。雖說我早已不為任何可愛所動，但還是同意把剩下那包花生給安娜。樹叢中可能會發動另一波攻擊，但我們離那裡還有一段距離，似乎還算安全。然而，當我伸手從浸滿汗水的口袋拿出那袋花生，塑膠袋悉悉窣窣的聲音便如吃飯鈴般，叮叮噹噹響遍整座叢林。

說時遲那時快，一隻神色傲慢的龐然大物出現在空地邊緣，離我們大約二十碼（大約十八公尺）。牠盯著我們瞧，一面審時度勢，一面打量著我。那誇張的呵欠似乎經過算計，緩緩展示口中的獠牙。我心意已決，沒有人占上風時就得先發制人，於是撿起一根小樹枝，一派輕鬆地往牠的方向擲去，表示這些花生絕對不是要給牠的，還有我也不是好惹的。牠看著那根樹枝落在面前幾呎處，一塊肌肉也不動。接著牠皺了皺額頭，滿懷心事令人發毛，彷彿我傷了牠的心。然後牠看向我，直直望進我的眼中。我注意到牠的眼中沒有一絲恐懼、尊敬或是好笑的意味。

牠彷彿砲彈發射，一躍躍過了我拋出的樹枝，露出數根長長的黃色獠牙，發出一道介於低吼

樂園的復歸──遠古時代的性如何影響今日的我們？　006

和尖叫之間的聲音。

我的理智啪的一聲斷了。夾在那頭正要撲來的野獸跟我那嚇壞了的女友之間,我第一次知道「如猴在背」*這句成語真正的意思是什麼。身體動得倒是比腦子快,我兩手一張,雙腳扎起摔角選手的馬步,一聲狂嘯露出了我那口沾上咖啡漬、動過矯正術的牙齒。我也用一種暴跳如雷、口水亂飛的方式展現了誰才是老大。

我和牠一樣驚訝。牠直起身盯著我看了一兩秒,退後離開。不過這次,我頗確定在牠眼中看到了一絲笑意。

超越自然?門都沒有。奧耐特先生說得有理。

---

* 英文原文為「monkey on your back」,譬喻擺脫不掉的麻煩或重擔。——譯注

導言 另一個立意良善的異端審判

Introduction: Another Well-Intentioned Inquisition

你聽人家說過，人類源自猿類——沒這回事。我們可不是源自猿類，我們就是猿類。不論是從譬喻還是從實際的層面來說，智人（Homo sapiens）都是現存的五種大猿（great ape）之一，其他的大猿還有黑猩猩、巴諾布猿、大猩猩及紅毛猩猩，長臂猿則被歸類為「小猿」（lesser ape）。我們和其中兩種猿類「巴諾布猿」和「黑猩猩」，有共同祖先，那僅僅是五百萬年前的事，從演化的角度來看，只是「昨天」而已。在大多數靈長類動物學家看來，劃分人類和其他大猿的細微差異其實「純屬人為」。

若說我們「超越」了自然本性，所謂超越不過就是衝浪的人搖搖擺擺「超越」了水面。就算從不失足（但我們都會失足），內在的自然本性也會隨時將我們拉回去。我們這些在西方長大的人，總聽別人保證，人類在萬物中獨一無二、凌駕周遭的世界，生為動物卑微低下，唯人得以倖免。自然世界位於我們腳下，令人羞恥、噁心、警惕，既臭且亂，應該關上門、拉起窗簾或是灑下薄荷清香加以掩蓋。又或者我們補償心態過了頭，帶著柔焦想像自然：在頭頂漂浮，聖潔如天使，無邪、高貴、充滿智慧。

我們的祖先性慾亢進，而人類和巴諾布猿及黑猩猩一樣，都是牠們好色的後代。此話乍聽之下說得有些過頭，其實早該成為常識。有些人說人性並非如此，他們那套充滿謬誤的論述有如千斤之重，壓得傳統一夫一妻、至死不渝的婚姻觀無法動彈。人「性」的本質是什麼，又為何如此演變？接下來，我們將會說明大約一萬年前，驚天動地的文化變遷，如何使得人類的性變得如此具有顛覆力和威脅性，因此自古以來宗教當局要其噤聲，醫生將其塑造成疾病，科學家刻意忽

009　導言　另一個立意良善的異端審判

視，而衛道的治療師則加以掩飾。

現代人的性，當中存在著深深的衝突。我們的無知卻造成更大的傷害。整場戰役的目的是要遮掩人「性」的本質，於是房事失調，因乏味而性趣缺缺，因衝動而不忠、失能、混亂、羞愧，如漩渦，如一波勢不可擋的浪潮，導致我們半數婚姻破裂。一對對的一夫一妻在我們之前（以及之後）綿延開展有如失敗的群島，是冰冷黑暗的失望之海中的一座座孤島，島上的快樂只如曇花一現。能長久相守的伴侶，又有多少人犧牲了自己的色慾，以換取家庭穩定、有人相伴以及（即便沒有性，也至少是）情感的親密這人生裡三大無可取代的快樂？

西班牙文中「*esposas*」一詞，既指「妻子」，也指「手銬」。在英文中也常用「ball and chain」（鐵球和腳鐐）來戲指家裡的老婆。婚姻往往被形容、被哀悼為男人性生活終結的開端，其實有其道理。女人也好不到哪裡去。誰想要跟自覺被愛所困、犧牲自由而贏得名聲的男人共度一生？誰想要因自己只能是「一個」女人而過意不去？

且看當前現況：美國醫學會（American Medical Association）的報告指出，全美約有百分之四十二的女性為性功能障礙所苦，而威而鋼（Viagra）的銷售量則年年創下新高。全球的色情媒體業價值千億美元，在美國的收入即超過CBS、NBC、ABC三大電視網的總和。這個產業的吸金功力，超過所有職業美式足球、棒球、籃球隊的總營收，據《美國新聞與世界報導》（*U.S. News & World Report*）的報導，「美國人在脫衣舞俱樂部花的錢，超過百老匯、下百老匯、地區及非營利劇團、歌劇、芭蕾、爵士、古典樂表演的總和。」[3] 我們無疑是好色的物種。與此同時，所謂的「傳統婚姻」似乎腹背受敵，而且還不斷從內部崩解。就連最熱烈支持「正常的」性的人也不得不低頭。柯林頓、維特、金瑞契、克萊格、佛利、斯皮策、桑福德等男性政治人物，還有賀格、史瓦格、貝克等宗教人士先是高唱「家庭價值」，之後溜之大吉，跑去找愛人、娼妓、實

樂園的復歸——遠古時代的性如何影響今日的我們？　　010

習生幽會。＊政教兩大陣營都有源源不絕的人因此成了鎂光燈的焦點。

禁慾持身素來行不通。光是過去數十年間，就有數百名天主教神父坦承曾對兒童犯下數千起性犯罪。二〇〇八年，天主教教廷為性侵案件付出四億三千六百萬的賠償金。五分之一以上的受害者不到十歲。這還是我們知道的。目前所知最早的教皇諭令是教宗西里修（Pope Siricius，約西元三八五年）頒布的「Decreta」以及「Cum in unum」[†]，當中嚴格規定教士禁慾，此後一千七百年間性犯罪隨之而來，所導致的苦痛，我們敢不敢想像？如此不明就裡否決人類最基本的性，因此而受害又遭到遺忘的人，被欠了多少良心債？

一六三三年，因為擔心羅馬教廷宗教法庭審判異端的酷刑，伽利略不得不公開說出他明知是錯誤的事情：地球不動，位於宇宙的中心。過了三百五十年後，教宗若望・保祿二世（John Paul II）在一九九二年承認，伽利略自始至終都是對的，但當時宗教法庭也是「立意良善」。

說實在的，立意良善的異端審判殺傷力最大。

過去的人如孩子般固執地認為全宇宙都繞著一個重要無比的地球轉。同樣地，關於史前時代的標準論述也用一種原始的方式立刻寬慰人心。若有宇宙觀不再視人類為無垠宇宙的高貴中心，一任又一任的教宗皆對其嗤之以鼻；又如達爾文也曾經（且仍然）因指出人類是由天擇與適應所產生而受人嘲笑；同樣，許多科學家似乎也因為情感上無法接受，所以儘管人類的性演化並不以一夫一妻制的核心家庭為中心，他們對此卻視而不見。

＊ 依序分別為前美國總統Bill Clinton、參議員David Vitter、眾議員Newt Gingrich、參議員Larry Craig、眾議員Mark Foley、紐約州長Eliot Spitzer、眾議員Mark Sanford以及福音派牧師Ted Haggard、Jimmy Swaggert、電視福音傳道人Jim Bakker。——譯注

† 拉丁文，意思分別為「命令」以及「唯一」。——譯注

我們自以為活在性解放的年代，但當代的人「性」卻充滿了無法大聲說出的真相。別人告訴我們該如何感覺，不等於我們真正的感覺。這個時代之所以無所適從、慾求不滿，有種種沒必要受的苦，二者間的衝突或許是主因。一般的答案並無法解決人類情慾生活的中心問題：男人和女人的慾望、幻想、反應、性行為為何如此不同？我們外遇、離婚的頻率越來越高，卻又為何不選擇完全跳脫婚姻？單親家庭為何大規模蔓延？許多人婚後激情消散得如此之快又是為何？慾望之死由何造成？男人、女人在地球上一同演化，為什麼二者根本來自不同星球的說法竟會引起這麼多男男女女的共鳴？

美國社會重醫學及商業，面對不斷延燒的危機，回應之道是發展出婚姻加產業的複合體：伴侶治療、壯陽藥品、性事顧問專欄作家、令人發毛的父女守貞崇拜*，還有收件匣中源源不斷的廣告（「釋放內在的猛獸！讓她更愛你！」）超市裡賣的一堆雜誌都說自己有秘訣，可以幫助我們瀕死的性生活重新點燃火花，保證有效。

沒錯，這裡點幾根蠟燭，那裡穿上開襠性感內褲，床上灑幾把玫瑰花瓣，一切就會彷彿回到第一次！你說什麼？他還在看別的女人？她還是一副半冷不熱沒有滿足的樣子？妳都還沒開始他就已經完事了？

好啦，接下來就讓專家們來看看你、你的伴侶、你們的關係到底出了什麼問題？也許是他的陰莖需要增大，或是她的陰道需要重塑。也許是他「無法專一」、有「殘缺的超我」†或有人人聞之色變的「彼得潘情結」（Peter Pan Complex）‡。你鬱鬱寡歡嗎？你說你很愛另一半，兩人在一起已經十來年，但不再有從前那樣的性吸引力？一個人去誘惑另一個人或彼此誘惑？也許試試在廚房地板上做？或逼自己這一年每天晚上都要做。4 也許他有中年危機。這些藥拿去吃。換個新髮型。你一定是出了什麼問題。

立意良善的異端審判，你曾經覺得自己身受其害嗎？

我們與本「性」之間的分裂關係，對於娛樂界來說不是什麼新鮮事。公開場合言之鑿鑿，私底下慾望洶湧，二者之間支離破碎的關係，娛樂圈早已反映。二〇〇〇年，《紐約時報》頭條新聞〈當華爾街遇上色情影像〉（"Wall Street Meets Pornography"），文中報導通用汽車公司（General Motors）賣出的色情片比成人雜誌《好色客》（Hustler）的老闆賴瑞・佛林特（Larry Flynt）還多。有八百多萬的美國人訂閱收看通用汽車的子公司DirecTV的衛星電視服務，每年花費約兩億美元向衛星電視業者購買以收看次數計費的色情影片。無獨有偶，「福斯新聞網」（Fox News Network）及全美保守派報紙龍頭《華爾街日報》（The Wall Street Journal）的老闆魯柏・梅鐸（Rupert Murdoch）透過衛星電視賺的A片財，超過Playboy的雜誌、有線及網路事業收入的總和。AT&T電信公司也支持保守立場，卻藉由旗下的「火辣網」（Hot Network）將重口味色情片賣到數百萬個旅館房間。[5]

對於人類的性，如果我們還遵照傳統的模式，堅持一夫一妻制合乎天性，婚姻具人類普同性，除了核心家庭之外的家庭結構都是離經叛道，也就無法解釋美國為何在性方面如此偽善。我們必須重新了解自己，而這不能再靠祭壇上的宣道或是自我感覺良好、好萊塢式的幻想。現在有眾多科學資料能闡明人「性」的真正源頭與本質，應該要大膽、不怕丟臉地加以審視。

* 美國保守基督宗教的習俗，女孩向父親宣誓直至婚前都保持貞潔，父親則宣誓保護她們婚前的童貞。——編按

† superego「超我」由佛洛伊德提出，指人格最高層、道德層面的管束，壓抑了原始本能的「本我」（id）。兩者之間還有「自我」，指人有意識的層面，用於面對現實需求並調節「本我」及「超我」的平衡。此處或指遇到兩性問題時，治療師喜歡援引心理分析理論，將外遇者解讀為性格缺陷、道德感較為薄弱。——譯注

‡‡ 因童年遭受創傷，而產生拒絕長大的心理情結。——編按

我們正與自己的性慾宣戰，打擊自己的渴望、期望和失望。宗教、政治甚至科學都擺出陣勢要對抗生物學還有數百萬年所發展出來的慾望。面對如此頑強的抵抗，該如何解除其武裝？

接下來的內容將會重新探討這個時代最重要的幾項科學。我們會質疑當代婚姻觀、家庭觀、性觀念背後最深層的概念，這些議題日日夜夜都影響著我們。

我們將讓大家看到，人類是以親密群體的形式演化，群體中的人分享一切：同吃，同住，彼此守望，一起育兒，甚至共享性的歡愉。我們並不主張人類生來就是懷抱馬克思主義的嬉皮，也不認為在史前的聚落中就沒有人懂愛情或認為愛情重要。但我們會證明當代文化過度膨脹了愛與性之間的關聯。有愛也好，無愛也罷，隨「性」所至是我們史前老祖先的常態。

先來解決你現在可能有的疑問：我們怎麼可能知道那些和史前的性有關的事情？今天在世的人都沒有見證過史前生活，而且既然社會行為不會留下化石，一切不都只是大膽推測而已嗎？

不盡然。有一個流傳已久的故事，說有個人在酒吧打架，咬掉了另一個人的指頭，上了法庭。有個現場目擊證人出庭作證。辯方律師問：「你真的看見我的當事人咬掉了指頭嗎？」證人說：「嗯，沒有，我沒看見。」辯方律師如是說，臉上還掛著一抹得意的笑。「那麼你又怎麼能說他咬掉了那個人的指頭？」「你瞧！」辯方律師問證人回答道：「我看見他把指頭吐出來。」

世界各地的社會以及與我們關係密切的非人靈長類都有許多旁證，除此之外，我們還會看看「演化」的嘴裡吐出了什麼名堂。我們將探討銘刻在人體內的解剖證據，以及色情影像、廣告和下班狂歡中對於性的新鮮感的渴求。甚至連隔壁鄰居太太在夜深人靜時欲仙欲死、呼天搶地，那所謂的「性交發聲」（copulatory vocalizations）當中所蘊含的訊息，我們也會仔細聆聽。

樂園的復歸──遠古時代的性如何影響今日的我們？　014

讀者如果熟悉近年有關人類的性的文獻，對於所謂的「人類性演化的標準論述」（以下簡稱「標準論述」）必然也十分熟悉。這套敘事大致如下：

1. 男孩遇上女孩。

2. 男孩與女孩根據雙方不同的繁衍目標／能力來評估對方的**交配價值**（mate value）。
   ■ 男的看的是對方是否年輕、能生、健康、之前沒有性經驗，還有未來不紅杏出牆的機率有多高。換言之，他在評估時傾向於要找個有生育能力、健康的年輕伴侶，未來還能生育好幾年，而且目前沒有孩子，不會耗用他的資源。
   ■ 女的則看有沒有跡象顯示對方有錢（或至少有潛力）、有社會地位、身體健康，還有會陪在身邊保護、供養兩人的孩子的機率有多高。她的男人一定要有意願也有能力養她（尤其是懷孕以及哺餵母乳期間）還有孩子，這稱為「雄性親代投資」（male parental investment）。

3. 男孩得到女孩：假設彼此都滿足對方的標準，二人就會「交配」，組成長期結偶關係，根據《裸猿》（The Naked Ape）作者、知名作家德斯蒙德·莫利斯（Desmond Morris）的說法，這是「人類物種的根本狀況」。一旦結偶配對：
   ■ 女方就會對於男方可能考慮離開的種種跡象十分敏感（保持警覺，注意是否有跡象顯示他與另一個女人過從甚密，可能威脅到自己的資源與保護），另一方面也時時留心（尤其是排卵期間）能否和基因比丈夫更優良的男人來段露水姻緣。
   ■ 而男方則對於女方**肉體**出軌的跡象十分敏感（對他而言確認父子關係至為重要，而這將減少確定性），另一方面也把握任何與其他女人一夜春宵的機會（因為精子很容易製造而且數量也多）。

015　導言　另一個立意良善的異端審判

數十年來、全球各地所做的研究中，研究人員宣稱已確認上述的基本模式。其研究結果似乎支持了人類性演化的標準論述，論述看來很有道理。但結果並非如此，這個論述也沒有道理。我們並不否認，上述模式可見於現代世界的許多地方，但我們不認為那是從史前即鑄刻於人類本性當中的元素，反而覺得那是因應當代社會條件而來，許多元素要到一萬年前、農業大幅進展之時才出現。這些行為還有偏好並非我們這個物種內建的生物特性，反而證明了人類的大腦的彈性及人類聚落的創造力。

僅舉一例說明：我們主張，女人之所以似乎總是偏好有財富的男人，並不像標準模式所斷言，是內在演化設定的結果，而單純只是由於男人掌握世界過多的資源，而女人必須調整行為適應。農業濫觴於一萬年前，在那之前，女人可以獲得的食物、保護、社會支援和男人一樣多，這點之後我們也會細細探究。我們會看到人類社會因為轉為農業聚落定居而導致種種劇變，從而大幅改變女性的生存能力。突然之間，女性必須要以生兒育女的能力來交換能讓自己以及孩子活下來的資源和保護，然而這些狀況和人類過去演化時所處的環境十分不同。

切記，若和人類存在的完整時間軸相比，一萬年不過是一瞬間。人屬（Homo）出現約有兩百萬年，此間我們的直系祖先生活在小群體之中、以採集為生。即便忽略這段歲月，解剖學上的現代人類估計也已存在了二十萬年。農業存在的證據「最早」則可追溯至西元前八千年，因此定居的農業社會生活最多只占人類共同經驗的百分之五。一直到幾百年前，地球上大部分地方住的都還是採集者。

*

因此，為了追溯人類的性最深層的根源，一定不能只看表層的、相對近代的人類歷史。人類演化，一直到農業出現之前，所處的社會都強調分享幾乎一切事物，並以此為中心發展。但我們的意思，並不是說人類的祖先展現了「高貴的野蠻人」（noble savage）這樣的理想。這些農業

時代之前的個體，其高貴的程度，和你交稅或是付保險費差不多。普遍地在文化上要求分享的制度，只是我們這個高度社會化的物種最有效減低風險的方式。我們會看到，分享與自利並不相排斥。的確，許多人類學家所說的「激烈的平等」（fierce egalitarianism），正是農業出現之前世界各地數萬年間社會組織的主要模式。

然而人類社會一開始種植莊稼、豢養性畜，就開始劇烈改變。社會的組織圍繞著政治階級、私有財產、人口密集的聚落、女性地位大幅轉變等社會組態（social configuration）發展。種種社會組態加起來，代表人類面臨匪夷所思的災難：人口快速成長，同時生活品質大幅下降。在賈德·戴蒙（Jared Diamond）筆下，轉為**務農**是「一場巨災，我們從來未曾從中恢復。」[6] 有多種證據指出，農業時代前（史前）的祖先過著群體生活，大部分的成熟個體在任何時間都同時有好幾段性關係。這些性關係雖然隨興，但並不隨便，也並非沒有意義，反而強化了凝聚社群的關鍵社會關係。[7]

我們發現有力的證據，足以證明人類史前這種隨興友好的性仍存在於相對孤立的社會之中，甚至在西方文化的某些角落也還存在。除了刻劃在人體內的證據之外，我們也會展示從床上行為、A片偏好、幻想、夢境以及性反應當中找到的證明。你會在接下來的內容中找到這些問題的答案，包括：

■ 為什麼對許多伴侶而言，長期維持性忠貞如此困難？
■ 為什麼即便感情加深，激情卻往往變淡？
■ 為何女性可能有多次高潮，而男性高潮的時間卻快得要命，然後便失去「性」趣？

＊ 文中將換用「採集者」（forager）以及「漁獵採集者」（hunter-gatherer）二詞。

- 性嫉妒是人類與生俱來的天性嗎？
- 人類的睪丸為何比大猩猩的要大得多，卻又比黑猩猩的要小？
- 性事不協調會讓人生病嗎？缺少高潮為何會造成史上最常見的疾病，又如何治療？

近兩百萬年來的人類性史

簡而言之，本書接下來要說的故事如下：大約一百九十萬年前，人類的祖先直立人（Homo erectus）從類似大猩猩的交配方式（最強勢的雄性打敗群雄，把所有雌性都收入後宮）轉變為大部分的雄性都有機會接近雌性。這個轉變可由化石證據得知，學者專家對此少有異議。[8]

不過，若要討論這個轉變代表什麼意義，我們就和「標準論述」的支持者分道揚鑣。標準論述認為，從此人類開始轉向為長期的結偶關係，如果每個男性每次都只能與一名女性配對，那麼最後大多數男性都可以找到屬於自己的姑娘。的確，每當要辯論人類與生俱來的性，其本能究竟為何時，似乎就只有兩種可以接受的選擇：人類不是演化成一夫一妻制（monogamy），就是一夫多妻制（polygamy）。結論則通常是：女性一般喜歡前者，而男性則多半會選擇後者。

那麼「多重交配」（multiple mating），也就是大部分的男女都同時有不只一段性關係呢？史前可能有雜交現象，幾乎所有相關證據都指向這個方向，但是卻連考慮都不考慮，除了道德上反感之外，還有其他原因嗎？

畢竟，我們知道人類演化時所處的採集社會是小規模、極為講究平等的群體，幾乎分享一切事物。直至今日，在採取所謂「即時回報」（immediate-return）* 制度的現存採集者當中，仍可發現激烈的平等主義，幾乎毫無例外。採集民族不論住在何處，竟然都十分一致。波札那的桑人

樂園的復歸——遠古時代的性如何影響今日的我們？　　018

（San）當中的昆族（'Kung）、澳洲內陸地區的原住民、北極圈以內的伊努特人（Inuit）還有亞馬遜雨林偏遠地帶的小團體都將彼此分享視為蘊含神聖性質。不只鼓勵分享，而是必須分享。例如，這些社會認為囤積食物或偷藏食物是件極為羞恥、幾乎不可原諒的行為。[9]

採集者平均分配肉類，替彼此的孩子哺餵母乳，人與人之間少有或沒有隱私，生存也仰賴彼此。我們的社會圍繞著私有財產以及個體責任的概念發展，他們的社會則往另一個方向旋轉，趨向群體福利、群體認同、深厚的人際關係以及相互依賴。

這樣的說法聽來雖像是天真的新世紀（New Age）理想主義，感嘆寶瓶座年代（Age of Aquarius）的失去，又或者歌頌史前的共產制度，但上述特色從未遭到治學嚴謹的學者駁斥過。[†] 不論環境為何，平等的社會組織都是採集社會實際採行的制度，這點大家極有共識。事實上，其他制度在採集社會也行不通。要分攤風險，讓人人得以受惠，最好的辦法就是強迫分享，且必須參與。實用主義？沒錯。高貴情操？談不上。

這種分享行為也延伸到性上面。靈長類動物學、人類學、解剖學、心理學有許多研究都指出同樣的根本結論：人類以及我們人科的祖先過去一百九十萬年左右都住在親密的遊群（band）當中，大部分的成年人隨時都有好幾段性關係。我們完全有理由相信，這種對待性的方式一直延續到農業興起、私有財產出現之時，最早不早於一萬年前。除了大量科學證據之外，許多探險家、

* 人類學家詹姆士・烏德柏恩（James Woodburn）（1981/1998）將採集社會分為即時回報（簡單）制以及延遲回報（複雜）制。前者會在獲得食物的幾天之內吃光，而不會進行複雜的加工或儲存。除非另外註明，否則我們指的都是這樣的社會。

† 在西方流行文化中「寶瓶座年代」多指1960、70年代的嬉皮、新世紀運動。新世紀運動（又譯新紀元運動）主張去中心化，追求精神層面，涵蓋靈性、神秘學、替代療法及環保思想。——譯注

傳教士和人類學家都支持上述看法，寫下豐富見聞，敘述群交為強制規定，交換伴侶眼睛眨也不眨，對性的態度開放，絲毫不覺良心不安或丟臉。

和最接近人類的靈長類相處一段時日，就會發現雌性黑猩猩一天與所有或大多數有意願的雄性性交數十次，而巴布諾猿毫無節制的群交，則能讓所有成員放鬆身心，還能維繫錯綜複雜的社會網絡。當代人類對於某些類型的色情影像有所欲求，我們難以長期維持單一性伴侶這點也是惡名昭彰，若加以探索，你很快就會在無意間發現我們性慾亢進的祖先留下的遺跡。

我們的身體也呼應同樣的故事。人類男性的睪丸比任何一夫一妻的靈長類所需的都大，危危顫顫垂在體外，如此溫度較低，有助於保存為了多次射精而待命的精細胞。他身上還有地球上所有靈長類當中最粗、最長的陰莖，他還很容易一下子就高潮，很是尷尬。女人胸前雙乳垂掛（若要用於哺育幼兒，完全不需如此）、歡愉時難以忽視的叫聲（那些手捧筆記本的研究人員稱之為「雌性交配發聲」（female copulatory vocalization）），而還能夠「高潮迭起」，在在支持前述對於雜交的看法。以上各點每一項都是標準論述中的一大障礙。

人類一旦開始一季又一季地耕種同一塊地，私有財產很快就取代共有制，成為大部分社會的「運作模式」（modus operandi）。遊居的採集者盡量精簡個人財產（任何需要攜帶的東西），原因顯而易見。大家很少會去想這塊地、這條河裡的魚、這片天空的雲彩歸誰所有。男人（往往還有女人）共同面對危險。換言之，在類似於我們演化時所處的社會中，個別男性的「親代投資」（也就是標準論述的根基）往往擴散，而非如標準模型所說，傾注於某一名女性及其子嗣。

然而當人類開始定居於農業聚落，社會現況也隨之深深改變，無法再回頭。突然之間，知道你的田終於在何處、鄰居的田始自何方變得極其重要。別忘了第十誡：「不可貪戀人的妻子；也不可貪圖人的房屋、田地、僕婢、牛、驢，並他一切所有的。」顯然，農業革命中最大的輸家，

農業如何引發戰爭

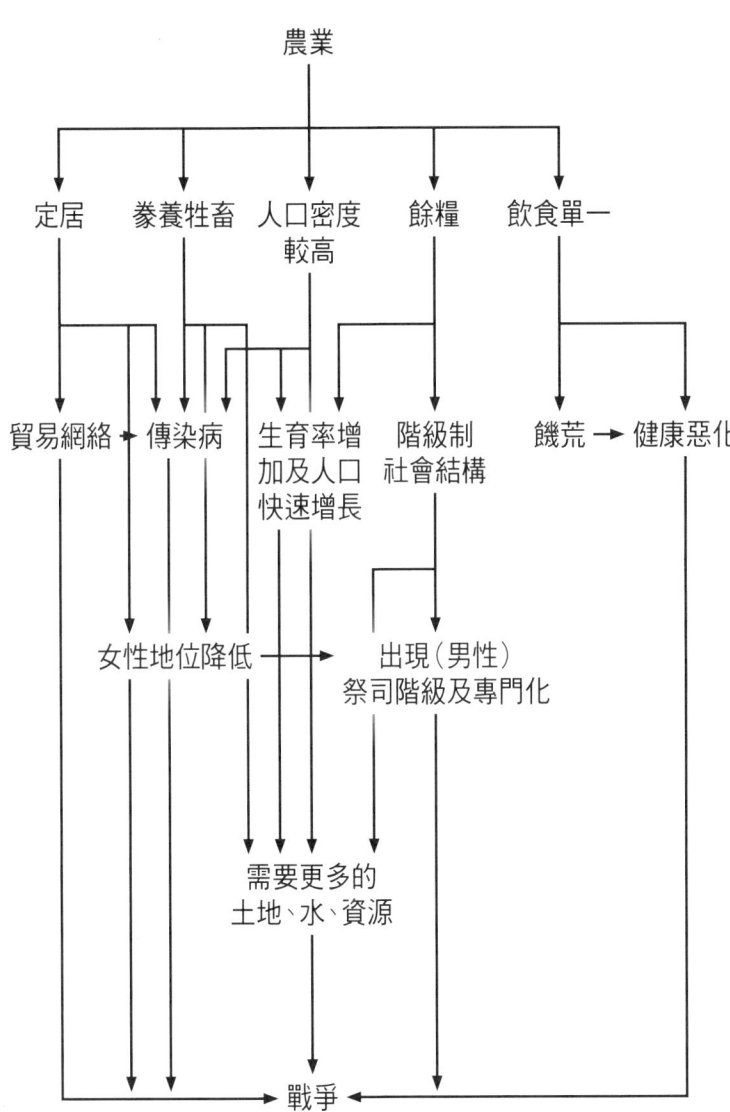

（或許除了奴隸之外）就是女性。女性在採集社會中居於要角、受到尊重，此後卻成為房舍、奴隸、牲畜之外，男人去爭、去捍衛的另一種財產。

考古學家史蒂芬・米森（Steven Mithen）表示：「農業的起源是人類歷史上決定性的一刻，這個轉捩點導致現代人類的生活及認知型態皆不同於其他動物及過去各種人類。」農業出現是人類的故事中最重要的關鍵點，從根本改變了人類生活的運行方向，更勝用火、《大憲章》(Magna Carta)、印刷術、蒸汽引擎、核分裂或其他任何事物，影響空前，可能也絕後。有了農業以後，幾乎一切都變了：地位與權力的本質、社會與家庭結構、人類與自然世界的互動方式、敬拜的神明、群體間開戰的可能、生活品質、壽命，當然也改變了性的規矩。提摩太・泰勒（Timothy Taylor）調查相關考古證據之後，下了一個結論：「漁獵採集者的性以分享、互補的概念為本，而早期農耕者的性則帶有偷窺性質、壓抑、恐同、重繁衍。」他最後說道：「務農者害怕野性，於是動手將其摧毀。」[10]

現在，土地可以持有，可以一代傳一代。過去食物靠漁獵採集而來，現在必須播種、照顧、收成、儲藏、護衛、買賣。如此一來就得建造圍籬、城郭、灌溉系統並加以維護。得徵兵、還得養兵、控兵來守糧。因為有了私有財產，於是父子關係首次在人類史上成為重要議題。

然而標準論述卻堅稱，確認父子關係一直是人類最要緊的事情，說基因要求我們的性生活都繞著父子關係轉。若是如此，人類學的紀錄又為何有豐富的例子，顯示採集社會（甚至某些農業文化）中，親生父子關係重要性不高，甚至並不重要。父子關係不重要時，男人相較之下也就沒那麼在意女人的性忠貞。

不過，在討論這些真實生活的例子之前，且讓我們先去墨西哥的猶加敦造訪一下。

樂園的復歸——遠古時代的性如何影響今日的我們？　　022

第一篇
談「誤」種起源

人往往在不知不覺間，將自身經驗織入史前的紋理之中。將當代的文化偏好投射至遠古，這個現象十分常見，我們稱之為「原始人摩登化」。

ALL TOO OFTEN, WE INADVERTENTLY WEAVE OUR OWN EXPERIENCES INTO THE FABRIC OF PREHISTORY. WE CALL THIS WIDESPREAD TENDENCY TO PROJECT CONTEMPORARY CULTURAL PROCLIVITIES INTO THE DISTANT PAST "FLINTSTONIZATION."

PART I
ON THE ORIGIN OF THE SPECIOUS

第一章　勿忘猶加敦！
Remember the Yucatán!

> 想像力之功用，不是讓異於尋常之事塵埃落定，也不是讓塵埃落定之事異於尋常。
>
> ——吉爾伯特・基思・卻斯特頓（G. K. Chesterton）

忘了阿拉摩吧，*猶加敦的教訓更值得學習。

那是一五一九年的初春，埃爾南・科爾特斯（Hernán Cortés）和手下人馬剛抵達墨西哥本土的岸邊。這名西班牙征服者命令手下，找來一名當地土著帶到甲板上，問他這片剛發現的異域叫什麼名字。對方說：「馬修巴坦（Ma c'ubah than）。」聽在這西班牙人的耳裡，就成了「猶加敦」（Yucatán）。夠接近啊。科爾特斯宣布，從今往後，猶加敦及其所產之黃金皆歸西班牙所有，諸如此類。

四百五十年後的一九七〇年代，研究馬雅古代方言的語言學家做出結論：馬修巴坦的意思是「聽不懂」。

每年春天，成千上萬名美國大學生會在這座「聽不懂」半島風景優美的海灘上，以濕身比賽、泡沫派對、果凍摔角慶祝這歷史上雞同鴨講的一刻。

然而誤把搞錯當搞懂，這件事並不僅限於春假，我們都會落入這樣的陷阱。例如，某天晚上

---

* 阿拉摩之戰（Battle of Alamo）為德克薩斯（今美國德州）分離獨立勢力與墨西哥軍隊之間的戰役，也是美國史上著名的一戰。德克薩斯軍雖然戰敗，但其鼓舞士氣的口號：「勿忘阿拉摩」（Remember the Alamo!）成為流傳後世的名言。——譯註

025　第一章　勿忘猶加敦！

吃飯時，有個很熟的朋友提到自己最喜歡的披頭四歌曲是〈Hey Dude〉*。搞科學的人雖有多年訓練，仍會不小心投射自身偏見及缺乏知識，卻還以為自己大家都會犯的認知錯誤：要確定哪些事是我們自以為懂，但其實不懂，很難。看錯地圖時，我們往往以為知道自己身在何方。面對反證的時候，大部分的人都會相信直覺，可是依靠直覺指引方向或許並不可靠。

吃什麼像什麼

舉飲食為例好了，我們都假定自己因什麼犯饞、對什麼感到噁心都跟食物本身有關，而非由所處的文化預先設定，如何反應往往沒什麼道理。我們明白，澳洲人喜歡板球更勝於棒球，又或者法國人不知為何覺得傑哈・德巴狄厄（Gérard Depardieu）†性感，但你肚子要餓到什麼程度，才會考慮從夜空中抓來一隻灰撲撲不停掙扎的蛾放進嘴裡。**撲騰撲騰、卡滋卡滋、流汁流汁。**你可以配著唾液釀的啤酒一起下肚。來盤羊腦怎麼樣呢？燉幼犬佐肉汁如何？要不要來點豬耳朵或蝦頭？或者是酥炸鳴禽，連骨帶喙一起嚼。在草地上打板球是一回事，可是檸檬草香炒蟋蟀？太噁心了。

是嗎？如果羊排沒問題，羊腦又為什麼很可怕？豬肩、豬腰、豬腹吃起來一點問題也沒有，豬耳、豬鼻子、豬腳又為何令人作噁？龍蝦和蚱蜢差別在哪裡？食之可口和思之欲嘔的差別由誰決定？背後邏輯又是什麼？至於那種種例外又怎麼說呢？取豬雜絞碎塞入腸內，就成了讓人另眼看待的香腸或熱狗。你可能覺得，雞蛋配培根就和薯條配番茄醬，或是鹽加胡椒一樣自然。可是早餐吃雞蛋配培根是大約一百年前，某個廣告公司為了幫業主賣出更多培根，異想天開產生的組

樂園的復歸──遠古時代的性如何影響今日的我們？　026

合。荷蘭人吃薯條配美乃滋，不佐番茄醬。

吃蟲很噁心，覺得這樣想很合理嗎？再想想吧。一百公克的脫水蟋蟀含有一千五百五十毫克的鐵、三百四十毫克的鉀、二十五毫克的鋅。長期貧困的人在飲食中往往缺乏這三種礦物質。昆蟲含有比豬肉、牛肉更豐富的礦物質以及健康的脂肪。外骨骼、觸鬚、腳太多把你嚇壞了嗎？那麼就只吃山珍，別吃海味，畢竟蝦、蟹、龍蝦全都和蚱蜢一樣，是節肢動物，而且牠們吃的還大概也早就卡了一些昆蟲的殘骸。美國食品藥物管理署（Food and Drug Administration, FDA）告訴旗下的稽查員，除非平均每五十公克黑胡椒中能找到四百七十五個蟲肢蟲骸，否則不必予以理會。俄亥俄州立大學（Ohio State University）發表的現況報告估計，美國人每年不知不覺吃下的昆蟲平均有一到兩磅。

近日有位義大利教授出版了《迷你牲畜的生態意涵：昆蟲、齧齒類、蛙類與蝸牛的潛力》（Ecological Implications of Minilivestock: Potential of Insects, Rodents, Frogs and Snails）。（另售迷你牧童威廉·薩拉登（William Saletan）在《石板》雜誌的網站（Slate.com）上告訴讀者，有個公司名叫「日出陸蝦」（Sunrise Land Shrimp）。公司的標誌是：「嗯，真是好吃的陸蝦！」給你三次機會，猜猜陸蝦是什麼。

---

* 這首著名歌曲的名稱其實是〈Hey Jude〉。——譯註
† 傑哈·德巴狄厄（Gerard Depardieu），法國演員，曾主演電影《大鼻子情聖》（Cyrano de Bergerac）。——譯註

木蠹蛾幼蟲吃起來像是堅果風味的炒蛋和淡味的摩札瑞拉起士，裹在麵粉酥皮當中……真是無敵美味。

——彼得・曼佐（Peter Menzel）、費斯・德魯修（Faith D'Aluisio）
《吃蟲的人》（Man Eating Bugs）

在早年赴澳的英國旅行家筆下，他們遇到的原住民過得很辛苦，還長期遭遇饑荒。可是當地的原住民和大部分的漁獵／採集者一樣，對於務農並沒有興趣。在書信及日記當中，歐洲人記下遍地饑荒，卻也因為看到當地人一點也不面黃肌瘦而感到大惑不解。為什麼？事實上，這群外來客發現當地人居然又胖又懶。然而，歐洲人還是堅信原住民快要餓死。為什麼？因為在他們眼中，當地人用的是沒有辦法中的辦法——吃昆蟲、木蠹蛾幼蟲、溝鼠。這些玩意，若不是餓肚子，絕對沒有人要吃。當時這群英國人無疑想著家鄉的肉餡羊肚（haggis）還有濃縮奶油（clotted cream），壓根兒沒想到眼前的飲食營養、豐盛，吃起來「是堅果風味的炒蛋和淡味的摩札瑞拉起士」。

我們想表達什麼？有些事情感覺很自然或不自然，並不代表事實就是如此。上述的每一個例子（包括唾液啤酒）在某處都有人品嚐，而這些人見了你平時吃的許多東西，可能也會感到噁心。談到飲食或性交這類親密、個人、生理的經驗時，我們尤其不該忘記文化那雙熟悉的手深深影響了我們的腦袋。我們無法感覺那雙手調整我們的刻度、撥動我們的開關，可是每一種文化都使其成員相信某些事情自然有其道理，其他的則自然沒道理。如此想法可能感覺有理，可是相信這種感覺，其實是自取滅亡。

我們每個人就像那些早年的歐洲人一樣，受限於自己所感覺的正常及自然。我們都是某個部落的一份子，意思是人跟人因為文化、家族、信仰、階級、教育、職業、團隊關係或其他各種

標準而有了淵源。要區分文化與人性，神話學家約瑟夫・坎伯（Joseph Campbell）所說的「去部落化」（detribalization）是必要的第一步。我們必須認清自己所屬的形形色色的部落，並將自己從各個部落告訴我們，從這些未經過檢驗的真相當中抽離出來。

專家學者要我們放心，說我們之所以為了伴侶吃醋，是因為嫉妒是自然天性。專家認為，女人需要專情才能感覺性的親密感，是因為「她們本就如此」。有些最德高望重的演化心理學家堅稱，科學已經確認了我們本質上就是好妒、占有慾強、心狠手辣、善於欺瞞的物種，只不過還能夠超越黑暗的本性、臣服於教化，因為這個搖搖欲墜的能力而勉強得救。當然，人有獸性的一面，其核心之渴望與惡習，位於文化遠不能影響之深處。我們並不主張人類生來就是所謂的「白紙」，等著有人寫上操作指示。然而，要想區分生物現實和文化影響，憑藉對某件事的「感覺」，絕非可靠指南。

找本談人類本性的書來看看，很快就會發現眼前都是些《雄性暴力》（Demonic Males）、《都是基因惹的禍》（Mean Genes）、《生病的社會》（Sick Societies）、《文明前的戰爭》（War Before Civilization）、《連年征戰》（Constant Battles）、《人之黑暗面》（The Dark Side of Man）、《隔壁的殺人犯》（The Murderer Next Door）。能活著逃出圖書館算你運氣好！不過，這些血淋淋的著作是否真實寫出了科學的事實，還是只反映了當代對於遠古的假設與恐懼？

接下來幾章，我們會重新思考上述以及其他層面的社會行為，重新排列組合出對於人類過往的不同看法。我們認為自己的模型能更進一步解釋人類為如何一路變成今天的模樣，更重要的是

能解釋為何許多、甚至大多數性事不和諧的婚姻都不是任何人的錯。我們會讓大家看看，平時所接收的、和人「性」有關的諸多資訊，尤其是某些演化心理學家所提出的資訊，往往都有錯誤，其論證基礎往往都是無事實根據、過時的假設，可一路追溯到達爾文以前。有太多科學家都努力想把錯誤的拼圖拼湊完整。他們認為人類的性應該是什麼，便費盡九牛二虎之力想把研究發現塞進這些預先設想好、受到文化認可的概念之中，而不是讓資訊各歸其位。

我們的模型可能會讓你覺得荒謬、淫亂、大不敬、駭人聽聞、不舒服、引人入勝、茅塞頓開或者顯而易見。不過，無論我們所寫的東西是否會讓你感到不舒服，都希望你能繼續往下讀。對於書中整理的訊息，我們並不鼓吹任何回應的方式。說真的，我們自己也不知道該拿它怎麼辦才好。

不消說，某些讀者見了我們對於人類的性這番「驚世駭俗」的模型，必定會有情緒化的反應。那些忠貞不二捍衛「標準論述」壁壘的人，一定會對我們解讀資料的方法嗤之以鼻，他們會大喊：「勿忘阿拉摩之戰！」但我們將引領你走過這個由毫無根據的假設、不顧一切的推斷、錯誤百出的結論所構成的故事，這一路上的建議會是：「忘了阿拉摩，但勿忘猶加敦。」

樂園的復歸──遠古時代的性如何影響今日的我們？　030

第二章　關於性，達爾文有所不知
What Darwin Didn't Know About Sex

> 我們來此，所關心的不是期盼，也非關恐懼，而是真相，前提是我們有足夠的理性可以發現真相。
>
> ——達爾文，《人類的由來》

無花果樹的葉子或許可以遮蓋許多事物，但遮掩不了人類勃起。關於人「性」起源與本質的標準論述，總宣稱自己可以解釋為何會出現醜惡、欺騙、心不甘情不願的單一性伴侶關係。根據這樣的老生常談，異性戀男女是代理戰爭（proxy war）中的兵卒，真正發號司令的是二者的基因所抱持的相反目標。我們聽人家說，所有不幸都來自男性與女性最根本的生物設計。*精子量多、不值錢，男人努力將其遠播及廣播之餘，還一面盡量控制一名或多名女性，以確保父子關係；另一方面，卵子供應有限，從代謝角度來看成本昂貴，女人為了護衛卵子，會將配不上自己的追求者拒於門外。然而，一旦釣到了金龜婿之後，女人便會（在排卵時）很快撩起裙子，與基因顯然較優、充滿男子氣概的男人把握四下無人、趕快了事的交配機會。這畫面真不太好看。

生物學家瓊‧拉夫加登（Joan Roughgarden）指出，前述畫面於一百五十年前由達爾文首次描繪，之後就少有改變。她寫道，「達爾文對於性的角色的說法並不被認為是不合時宜的古怪論

---

* 此處選用「設計」（design）一詞純屬譬喻，而非暗指人類演化出的行為或生理結構背後有任何的「設計者」或是目的性。

調」。「這套說法在今日的生物學語彙當中重新提出，被人視為已經證實的科學事實……。性擇說在看待自然本性時，強調衝突、欺瞞還有骯髒的基因庫。」[1]

此番論述影響深遠，而這方面的權威「諮詢女神」、聯合專欄作家艾咪・埃爾康（Amy Alkon）則為其提出了一個典型、通俗的版本，她解釋道：「在很多地方當單親媽媽都不容易，不過最不容易的地方大概是一百八十萬年前的莽原上。古代的女性，能夠成功把基因傳給我們的，都對自己要和誰到樹叢裡去親熱很是挑剔，不和浪子生孩子。男人的基因則要求他們，打了頭野牛回家養小孩，可別養到別人的孩子。隨著演化，他們逐漸認為太隨便的姑娘除了可以一起去岩堆上滾個兩圈之外，還是少碰為妙。」[2] 看看現代社會有多少現象都可以放入這套精美的說法之中：身為母職的脆弱無助、不和浪子生孩子、為人父親的投資與嫉妒、性方面的雙重標準。不過，就像機場的提醒一樣：行李打包得再精美，只要不是自己打包的都得小心。

―――

至於英國淑女，我都快忘了她是什麼樣子。

―――天使般美好的樣子。

―――達爾文之書信，寫於小獵犬號

可憐那些仕紳，在愛方面他們沒占多少便宜。說得出口的是自己渴望精神奕奕的妻子在牧師宅第園子裡的一吻，卻說不出她在我身下嚎叫，手緊抓著我的背，我操槍挺進轟轟烈烈。

―――羅傑・麥當勞（Roger McDonald），《達爾文先生的射手》（*Mr. Darwin's Shooter*）

要重新檢視人類與性之間的矛盾關係，最好的起點或許就是達爾文本人。有些事情骨子裡分明是反對情慾，達爾文的傑作卻在無心之中替這樣的偏見增添了亙古不墜的科學色彩。達爾文儘管天才橫溢，但在性方面，卻有許多他不知道的事情，足以寫滿好幾本書。而本書，就是其中一本。

《物種起源》（*On the Origin of Species*）出版於一八五九年，當時對於古典時期之前（也就是「希臘的榮光，羅馬的輝煌」之前）的人類生活所知甚少。史前時代的定義是解剖學上的現代人存在、沒有農業也沒有文字的二十多萬年間，這段時期是塊空白的石板，理論家能在上頭填寫的，也不過只是推測。從前，對於遠古的種種猜測都受限於教會的教條，之後達爾文等人才逐漸鬆動宗教與科學事實之間的關聯。當時靈長類的研究才剛起步。然而，這幾十年來已有科學證據顯示，達爾文的盲點其實和他的洞見一樣令人有所啟發。[3]

比如：霍布斯（Thomas Hobbes, 1588-1679）曾形容史前人類的一生「孤寂、困苦、齷齪、野蠻又短暫」，這段話至今仍十分有名。達爾文對此不假思索地接受，也使這樣的錯誤假設迄今仍深植於探討人類的性的各項理論之中。如果有人要我們想像史前人類的性，大部分人的腦中大概會浮現這樣一個畫面：穴居的野人一手揪著女人的頭髮，另一手拿著棍棒，女人一臉茫然。如此想像史前人類生活，當中有許多霍布斯式的細節，之後我們會看到，每一個細節都是錯的。同理，我們也會看到達爾文太急於接受馬爾薩斯（Thomas Malthus, 1766-1834）對於遠古的推測，因此過分高估了早期人類所受的苦。這些關鍵的理解錯誤，在當代所描繪的演化情境中屢見不鮮。

達爾文此番言論，雖說起心動念必不是因為好色男性與挑剔女性之間無休無止的糾纏，但卻宣傳了話中認定的「自然」及必然。他寫出這樣的段落：「女性……除少數例外，皆沒有男性主動……〔她〕需要人來追求；她怕羞，有時看來像是花了許多時間來躲避男性。」雖說雌性較為

033　第二章　關於性，達爾文有所不知

含蓄是許多哺乳類交配制的一大特色),然而並不特別適用於人類,也不適用於與人類關係最近的靈長類。

達爾文曾好奇,早期人類是否可能如大猩猩般為一夫多妻制,他寫道:「據當今人類社會**習俗判斷**,加之土人多為一夫多妻,則以下看法最為可能⋯⋯原始人類最初居於小型聚落之中,依供養及獲取之能力而有多妻,因嫉妒而不讓其他男人接近。或可能與多妻同住,有如大猩猩⋯⋯。」[4](文字粗體為本書所加)演化心理學家史迪芬・平克(Steven Pinker)似乎也是「據當今人類社會習俗」判斷(只不過不像達爾文那麼有自覺),便一股腦說道:「在所有的社會中,性多少都有點『髒』。性,在私密中進行,不由自主朝思暮想,由習俗和禁忌控管,是八卦和挪揄的主題,更會激起嫉恨。」[5]我們會讓大家看看,雖說性確實「由習俗和禁忌控管」,但這段過於胸有成竹的宣言中,其他要素都有眾多例外。

達爾文跟我們所有人一樣,在假設所有生命的自然天性為何時,加入了個人經驗(或經驗之缺乏)。從約翰・福爾斯(John Fowles)*的小說《法國中尉的女人》(The French Lieutenant's Woman),可以一窺達爾文所在的世界對於性的偽善。福爾斯寫道,十九世紀的英格蘭「如此時代,女人都是聖女;如此時代,幾鎊錢就能買下一個十三歲的姑娘──只買一兩小時的話,只要幾先令。⋯⋯如此時代,對女體極盡遮蓋之能事,遠勝前朝;如此時代,評判雕刻家時,評的是他雕刻裸女的本事。⋯⋯如此時代,天下人都認為女人沒有高潮,而妓女卻得學會裝出高潮。」

從某些層面看來,維多利亞時代的英國在性方面的風俗(mores)複製了蒸汽引擎的機械結構:嚴加控管,不讓性慾釋放,正常能量流動遭到阻隔,於是壓力不斷上升。藉由短暫、有控制地釋放累積的壓力,便能完成工作。佛洛伊德雖然弄錯不少事情,但卻注意到「文明」大多構築

樂園的復歸──遠古時代的性如何影響今日的我們? 034

於被阻斷、集中、累積、重新引導的性慾能量之上，這件事他弄對了。

沃特・霍頓（Walter Houghton）在《維多利亞心態》（The Victorian Frame of Mind）中解釋道：「為使身心不受汙染，當時的人教男孩將女人視為最值得尊敬甚至敬畏之對象。見了良家婦女（比如他的姊妹及母親，比如他未來的新娘），須將其視為更類似天使、而非人類的生物。此番形象計算巧妙，不僅將愛與性分開，還將愛轉為崇拜，而且是對純潔的崇拜。」[7]當時認為，沒心情崇拜其姊妹、母親、女兒、妻子之純潔時，男人應由妓女清除慾望，而非和「良家女子」「暗通款曲」，否則將可能有損家庭及社會之穩定。十九世紀哲學家叔本華（Arthur Shopenhauer）便注意到：「光倫敦便有八萬妓女，她們若不是一夫一妻制祭壇上的祭品，又是什麼呢？」[8]

達爾文的時代恐性，他本人當然也未能免疫。此事有何影響，他其實可說是**格外清楚**，畢竟他成長於聲名卓著（且不知羞恥為何物）的祖父伊拉斯謨斯・達爾文（Erasmus Darwin）學問的陰影之下。伊拉斯謨斯蔑視當時的性觀念，不但公然和好幾個女人生了孩子，甚至還在詩作當中歌頌群交。[9]達爾文的母親在他七歲時就過世了，此事或許更鞏固了女性在他心中超越人世卑微衝動與慾望的天使形象。

精神科醫師約翰・鮑比（John Bowlby）是替達爾文立傳的人當中，較受敬重的一個。他認為達爾文終身的突發性恐慌、憂鬱、慢性頭疼、眩暈、反胃、嘔吐及歇斯底里的叫喊都符合幼年喪母所導致的分離焦慮。如此解讀也有證據支持，達爾文成年後曾寫給甫喪妻的表兄一封奇怪的信：「我這一生從未失去過如此至親，我敢說自己無法想像你該如何悲痛，」他如此寫道，顯然是壓抑了自己喪母的記憶。他的孫女則記得另一個可能代表心理創傷的事件：某次玩拼字遊戲，

* 一譯為符傲思。——編按

有個人在OTHER（其他）一詞的前面加了字母M，達爾文顯得十分迷惑。他盯著拼字板看了許久，最後宣布沒有這個詞，把大夥兒弄得一頭霧水。[10]

達爾文夭折的女兒中，年紀最大的亨麗埃塔（Henrietta）似乎也保留了極為維多利亞式的、對情慾的厭惡。她的小名叫「埃蒂」（Etty），負責編輯父親的著作，若有她認為不妥的段落，就會用藍色蠟筆劃掉。比如，達爾文替自己思想開放的祖父寫了本傳記，當中提到伊拉斯謨斯「性好女色」的部分就被埃蒂刪掉。她還刪去了《人類的由來》（The Descent of Man）*以及達爾文自傳當中「令人不快」的段落。

不只是文字，任何與性有關的事物，埃蒂都一本正經地欲除之而後快。直到今日達爾文宅邸四周的森林中仍會不時冒出雷式鬼筆（Phallus ravenelii，俗稱stinkhorn mushroom），她對這種菇類有種執念。顯然，這種菇和人類陰莖太過相似，讓她無法接受。多年後，埃蒂的外甥女（達爾文的孫女）回憶道：「埃蒂姑姑……手持籃子和尖棍，穿戴特別的打獵斗篷和手套」出發找蘑菇去。到了那天晚上，埃蒂姑姑「神神秘秘地用起居室的爐火〔把菇〕燒掉，關著門──是為了僕們的清白。」[11]

待激情不再新鮮，屆時伊抱汝於懷中，僅勝過其犬，略親於其馬。

——阿佛烈‧丁尼生（Alfred, Lord Tennyson）

別誤會我們的意思。達爾文學問淵博，也配得上在偉大思想家的萬神殿中占有一席之地。如

果你喜歡批鬥達爾文，要來這裡找尋後盾，那麼你找不到多少。達爾文是天才也是紳士，我們對他懷有無限敬意。不過，碰到女性他就有點一竅不通，男性天才往往如此。

談到人類的性行為，達爾文能做的也不比推測多多少。他自己的性經驗似乎只限於一板一眼的妻子艾瑪‧威治伍德（Emma Wedgewood），她也是達爾文的表姊和姻親。年輕的自然學家達爾文坐著小獵犬號周遊世界時，似乎從不像那個時代出洋遠航的人一樣，到岸上去尋歡作樂。達爾文太過拘謹，並未去進行梅維爾（Herman Melville）在暢銷小說《泰皮》（Typee）和《奧姆》（Omoo）當中講述的資料採集，也沒有嘗試數十年前引發「邦蒂號叛變事件」（mutiny on The Bounty）的南太平洋春光。

達爾文太一本正經，這般追求肉慾他做不來。他連對象都還沒有，就先仔仔細細對婚姻進行了一番抽象思考，由此就能清楚看出他對此類事務採取照章辦事的作風。他在筆記本的兩欄之中草草列出了優點和缺點：結婚與不結。在結婚那一側他列出了「孩子──（如果能取悅神）──有個對自己有興趣的人時時作陪（且老來有伴），──有可以愛、可以嬉遊的對象。──至少比養狗好……女人吱吱喳喳……不過要耗去很多時間。」

在同一頁的另一側，達爾文列出了在意的事項，比如：「想去哪兒就去哪兒的自由──被社交圈擺布，少有選擇自由。……不被迫去拜訪親戚及操勞瑣事……發胖與無所事事──焦慮與責任。……或許我太太不會喜歡倫敦；等於被判刑放逐和淪落為好逸惡勞、無所事事的蠢材。」[12]

雖然達爾文最後成了一個愛家的好丈夫、好父親，但上述所列的結婚優缺點似乎顯示，他差點選擇改找隻狗來作伴。

---

* 達爾文的著作之一，出版於一八七一年。──編按

史前時代的原始人摩登化

「據當今人類社會習俗判斷」並非了解史前時代的可靠方法（雖然不可諱言，達爾文也別無他法）。在當代的蛛絲馬跡中搜尋遠古的證據，產生的論述往往是試圖自圓其說的神話而非科學。

神話（myth）一詞在現代用法中遭到降格、貶低，往往用來指虛假的謊言。然而這樣的用法卻忽視了「神話」最深的用處，也就是讓看似不相關的資訊有了一套說法，就像星座把遠得不可思議的星星組合成有條有理、一眼可辨的圖形，既出於想像，也存於現實。心理學家大衛・費恩斯坦（David Feinstein）以及史丹利・克里普納（Stanley Krippner）嘗言：「神話為織機，〔我們〕在上頭以日常經驗為原料，交織出通順的故事。」若把距離兩萬或三萬年前、老祖先的日常經驗織成神話，事情就變得比較棘手。人往往在不知不覺間，將自身經驗織入史前的紋理之中。將當代的文化偏好投射至遠古，這個現象十分常見，我們稱之為「原始人摩登化」（Flintstonization）。

正如《摩登原始人》（The Flintstones）[13] 是「現代的石器時代家庭」，現代科學在推測史前人類生活時，也往往因為看似極有道理的假設而扭曲。然而，這些假設可能會讓我們離真相之路越來越遠。

原始人摩登化的現象由兩大因素所生：缺乏確鑿的資料，以及心理上需要解釋、合理化、讚頌自己的生活及時代。但就我們的討論而言，原始人摩登化從知識上來說可以追溯到三個先祖：霍布斯、盧梭、馬爾薩斯。

霍布斯因戰亂而避居巴黎，孤單而害怕。看著史前的迷霧，他推測人生悽慘，「孤寂、困

樂園的復歸──遠古時代的性如何影響今日的我們？　038

苦、齷齪、野蠻又短暫」。他推想的史前時代和身處的十七世紀歐洲竟如此類似，但各方面卻又比眼前所見更差，令人快慰。盧梭（Jean-Jacques Rousseau, 1712-1778）的心態則十分不同，他看著眼前歐洲社會的苦難及汙濁，覺得自己看見人類的原始本性已遭敗壞。他的這些浪漫幻想來自探險家見聞中、心性單純的美洲野人。數十年後，知識的鐘擺又擺向了霍布斯式的觀點，馬爾薩斯宣稱已證明極度的貧困及伴隨而來的絕境是人類處境的恆常。他主張，從數學的角度來說，哺乳動物代代繁衍，其本質必是匱乏。人口每一代呈比級數成長，而農夫增加糧食供給卻只能以等差級數增加耕種面積，只要如此，就永遠不可能滿足所有人之所需。因此，馬爾薩斯做出結論，貧窮如雲、雨般無可避免。這不是誰的錯，事情本就如此。這個結論深受當時有權有勢的人歡迎，可以理解他們急著要解釋為何自己如此好命，而窮人又為何吃盡苦頭。

達爾文之所以茅塞頓開，其實得歸功於霍布斯、馬爾薩斯還有《摩登原始人》的主角弗萊德。霍布斯和馬爾薩斯將人類本性以及史前人類生活描述得鉅細靡遺（儘管錯誤百出），從而替達爾文的天擇說提供了學問背景。可惜，二人徹頭徹尾摩登原始人式的假設完全融入了達爾文的思想，且一直持續至今。

我們所聽到的有關史前時代的說法，其一派認真、正經科學的口吻往往掩飾了背後的神話本質，而這樣的神話又往往行不通、不準確、試圖自圓其說。

本書的中心目的是要將部分的星體從星座中區分出來。說到人「性」之起源與本質，我們認為廣為接受的神話不只有事實謬誤，而且還有害，讓人對於生而為人類到底是怎麼回事產生錯誤認知。此番錯誤論述扭曲了我們對於自己的能耐及需求的認知，等於是替不合身的衣裳打假廣告，可是我們每個人卻還非買、非穿不可。

所有的神話都想要定義我們是誰、是什麼，也連帶定義我們可以從對方身上預期、要求些什

039　第二章　關於性，達爾文有所不知

麼，這套神話也不例外。數百年來，宗教權威散布這套決定一切的說法，要人小心蛇、愛說謊的女人、禁忌的知識，以及永恆的焦慮。然而，此套說法晚近卻被包裝成扎實的科學，向世俗社會推銷。

這樣的例子俯拾皆是。人類學家歐文・洛夫喬伊（Owen Lovejoy）曾在聲名卓著的《科學》（Science）期刊當中寫道：「核心家庭及人類性行為，其最初起源可能遠早於更新世之始〔一百八十萬年以前〕。」[14] 著名人類學家海倫・費雪（Helen Fisher）也持相同意見，她寫道：「一夫一妻制合乎自然嗎？」她的答案只有簡短的：「合乎。」接著她又寫道：「人類之中……一夫一妻制就是通則。」[15]

人類的史前時代似乎有許多元素，可以放進人類性演化的標準論述中。但切記，前一章提到的那個印地安人也好像回答了科爾特斯的問題，而在教宗烏爾班八世（Pope Urban VIII）和其他幾乎所有人看來，地球穩坐太陽系中心一事似乎也無可辯駁。動物學家暨科學作家麥特・瑞德里（Matt Ridley）強調結偶應有營養方面的益處，他說明如此明顯的組合有其誘人之處：「大容量的腦需要肉類……〔而〕分享食物就可以食有肉（因為這樣一來男人就不必擔心追捕獵物時徒勞無功）……〔而〕分享食物又需要大容量的腦（沒有精打細算的記性，你很容易就會被白吃白喝的傢伙給騙了）。」到目前為止還不錯，但現在瑞德里跳的這支舞中加入了性的舞步：「兩性的勞務分工促進了一夫一妻制（配對結偶現在成了經濟單位），一夫一妻制又導致了幼態延續型（neotenous）*的性擇（擇偶時著重年輕與否）。」這是支由一個假設繞向另一個假設的華爾滋，轉著「令人寬心的論證迴旋，證明我們如何變成今日的模樣。」[16]

注意當中每個元素都能預測下一個元素，全部湊在一起就成了井井有條的星座，似乎可以解釋人類的性演化是怎麼回事。

樂園的復歸——遠古時代的性如何影響今日的我們？　040

這套標準星座當中包含的遠方星體有：

- 史前男性如何「投資」某個女性及其子嗣。
- 男性的性嫉妒以及與男性vs.女性性自主有關的雙重標準。
- 不斷重複女性排卵期「隱而不見」的「事實」。
- 人類女性難以解釋的碩大乳房。
- 她善於欺騙、水性楊花惡名昭彰，是許多鄉村及藍調經典的靈感來源。
- 當然，人類男性也以看到有腳的就忍不住想上而聞名，這點同樣也替音樂素材提供豐富靈感。

這就是我們面臨的困境。這首歌如此簡潔有力，越唱越有那麼回事，而且日日夜夜在電台播放⋯⋯可是還是錯的，寶貝，錯得離譜，喔喔喔。

標準論述的科學根據，大概就和亞當與夏娃的故事差不多。其實，從很多方面來說，那就是用科學論調重新講述《聖經・創世紀》中墮入原罪的故事，再以性方面的欺瞞、禁止獲取的知識還有罪惡拼湊成的完整一套論述。這樣的說法把關於人「性」的真相藏在一片無花果葉之後，這片葉子是已不合時宜的維多利亞式思維，卻被包裝成科學。可是，真正（相對於神話）的科學卻有辦法從無花果葉後頭向外窺探。

---

* 「幼態延續」（neoteny：形容詞 neotenous）：指成年物種仍保留了幼年時期的某些特徵。——譯註

041　第二章　關於性，達爾文有所不知

達爾文提出了演化進行的兩大基本機制。第一種較為人所知，就是「天擇」（natural selection）。經濟哲學家赫伯特・史賓賽（Herbert Spencer, 1820-1903）後來創了一詞來形容這個機制：「適者生存」（survival of the fittest）。不過大部分的生物學家仍然偏好「天擇」。請弄清楚一件事：演化並不是進步的過程。天擇只不過是主張物種會因為適應不斷變遷的環境而改變。社會達爾文主義者長期犯的一項錯誤，便是假定演化是人類或社會不斷進步的過程。[17]沒這回事。

最能在難關重重、變動不斷的環境中生存的生物便能代代繁衍、生生不息。這些生存下來的生物，基因密碼中的資訊有可能讓後代在那樣的環境中占有優勢。不過，環境隨時隨地都可能改變，演化的任何優勢也會被中和掉。

達爾文遠非第一個提出自然界在進行某種演化的人。達爾文的祖父伊拉斯謨斯・達爾文就注意到動植物都有差異化的過程。重點是怎麼發生的——物種彼此產生差異的機制是什麼？達爾文在加拉巴哥群島各島嶼看到許多燕雀，尤其注意到彼此間細微的差異。這樣的觀察顯示環境在過程中十分重要，但一直要到後來他才有辦法解釋環境如何在數代之間逐漸影響生物。

演化心理學是什麼？你為何要在意？

差不多自達爾文出版《物種起源》之後，演化理論就被應用於與身體相關的議題。他這套理論放了好幾十年，一直擔心出版後必定會引起爭議。你若想知道人類的耳朵為何長在頭部兩側，而眼睛則長在前面，那麼演化理論可以告訴你原因，就像演化理論也能告訴你為何鳥類的眼睛長在頭部兩側，卻沒有肉眼可見的耳朵。換言之，演化理論可以解釋身體為何會變成今天的模樣。

一九七五年愛德華・威爾森（E. O. Wilson）提出了十分激進的想法，在《社會生物學》

（Sociobiology）這本篇幅短小但影響無窮的書中，他主張演化論可以——其實是應該——用於思考人類行為的起源，而非僅用於身體。之後，這套說法招致越來越多類似優生學（學說創始人為達爾文的表弟）給人的負面聯想，於是又更名為「演化心理學」加以避免。威爾森主張讓演化論來處理幾個「核心問題……其重要性不可言喻：心智如何運作？又為何以此而非其他方式運作？綜合二者，人類終極的本性究竟為何？」他主張，演化論是「認真思考人類處境時的首要假設」，還有「沒有它，人文以及社會科學就只能有限描述表層現象，就如同沒了物理學的天文學，缺乏化學的生物學，和少了代數的數學。」

從《社會生物學》及威爾森三年後接著推出的《論人性》（On Human Nature）開始，演化理論學家把焦點從眼、耳、羽、毛轉移到較難以捉摸、更有爭議的議題，比如：愛、嫉妒、擇偶、戰爭、謀殺、強暴、利他主義等。香豔刺激的題材從史詩和肥皂劇中昇華，成了全美各聲望卓著大學研究的學問及辯論的主題。演化心理學於焉誕生。

雖然威爾森從未主張**單單**基因遺傳就能造成心理現象，而是說經演化出的傾向會影響認知和行為，但這樣中庸的看法很快就淹沒在直接引發的爭議中。當時許多社會科學家認為人類幾乎是完全由文化塑造的生物，是一張白紙等著社會落款。[19] 然而威爾森的觀點對於其他學者深具吸引力，他們一向認為某些領域太過主觀，遭自由派政治觀點、一廂情願想法扭曲，因此等不及要引進更嚴謹的科學方法。數十年後，論戰雙方仍大致固守各自的極端立場：人性由基因決定vs.人性

演化心理學的言下之意，是我們的思想、感受就和頭顱的形狀、手指的長度一樣早已寫入基因密碼，也因此無所遁逃、無從改變，許多人對此憤懣難平。演化心理學的研究很快開始著重男女差異，按理說這兩者演化時對於繁衍應抱持著不同目的。批評者則聽到帶有種族決定論、高高在上性別歧視的弦外之音，過去數百年的征戰、奴役、歧視正是以此論調為藉口。

是難產。

043　第二章　關於性，達爾文有所不知

由社會決定。你可能已經預想到，事實（還有此領域最有價值的科學研究）位於這兩種極端的中間。

今天，自稱為演化心理學「現實主義者」的人主張，人性讓我們向鄰人宣戰、對配偶欺瞞、還虐待繼子繼女。他們主張強暴是憾事卻也是大抵有效的繁衍策略，婚姻等同於互相保證失望、雙輸的苦差事。愛情只不過是化學反應，引誘我們糾纏一世、生兒育女，而對子女的親情則讓我們無法逃走。他們的理論是一套無所不包的論述，宣稱能解釋一切。[20]

當然，有許多致力於演化心理學、靈長類動物學、演化生物學等領域的科學家並不替我們這幾頁所批評的論述背書，全都是要哄得羞怯的女性放下戒備、甘於委身。至於女性，論述則表示性和關係的穩固有關，肉體的歡愉只是恰巧罷了。[21]「達爾文認同這種看法。「羞怯」的女性「需要別人求愛」，這點深植於他的性擇說當中。

人家說，若女人和男人一樣性慾高漲，人類社會就會崩毀。阿克頓男爵（Lord Acton）於一八七五年宣稱：「女性多半不受任何性感覺之困擾，此乃女性之幸事、社會之幸事。」他不過是重複當時人盡皆知之事。

然而，儘管再三保證女人並不是性慾特別強的生物，全球各地文化的男性卻無所不用其極要控制女性性慾：女性割禮、從頭到腳一身黑袍、中世紀焚燒女巫、貞操帶、令人窒息的馬甲、低

聲辱罵「無法滿足」的婊子、病態化、以家父長式的態度對「慕男狂」（nymphomania）*或「歇斯底里」進行醫學診斷、女性若選擇在性方面大方則對其貶低謾罵⋯⋯照理說女性性慾原本就低調，但以上種種做法卻顯然是束縛女性運動中的一環。既是溫馴小貓，又為何要築起高度戒備的電圍籬？

希臘神話中的著名人物特伊西亞斯（Tiresias）對於男女的性歡愉自有一番獨到見解。年輕時，特伊西亞斯無意中看見兩條交纏交媾的蛇，他拿起手杖把兩條正濃情蜜意的蛇分開，突然之間被變為女人。

七年後，變成女人的特伊西亞斯走在林間，又打擾了兩條蛇的好事。她把手杖放在兩蛇之間，周而復始，又變回了男人。

希臘萬神殿的第一先生宙斯與第一夫人赫拉就曾傳喚特伊西亞斯，要借他獨特而豐富的經驗，解決夫婦倆長年爭辯不休的一個問題：男人和女人，誰從性愛之中獲得更多樂趣？宙斯很篤定，一定是女人，但赫拉可聽不進去。特伊西亞斯回道，女性從性中獲得的快樂不但多於男性，而且還是九倍之多。

赫拉一聽勃然大怒，就把他變成了瞎子。宙斯覺得是自己害特伊西亞斯蹚了這趟渾水，想要補償，於是賜給他預言的能力。特伊西亞斯從此目盲而能視，看見了伊底帕斯無意中弒父娶母的

* 指女性出現性慾亢進（hypersexualiiy）的現象——譯註

045　第二章　關於性，達爾文有所不知

可怕的命運。

十三世紀最廣為閱讀的醫學著作《貧者寶典》（Thesaurus Pauperum）的作者西班牙的彼得（Peter of Spain）也面臨同樣問題，不過他的回答則圓滑得多。他的答案出版於《聖餐問答》（Quaestiones super Viaticum）之中，表示雖然女人的確感受到較多的歡愉，但男人感受到的質比較高。彼得的書中有三十四帖春藥藥方、五十六帖壯陽藥處方，還有給想避孕女性的建議。或許正因他圓滑、他建議控制生育，又或者是他態度開放，於是歷史轉了一個古怪而慘烈的彎。一二七六年，西班牙的彼得獲選為教宗若望二十一世，九個月後他書房的天花板卻在他睡覺時坍塌，十分可疑。

這段歷史到底哪裡重要？我們為何一定要改正和人類性演化有關的普遍錯誤觀念？這麼說吧，你問問自己，假若每個人都知道女性和男人一樣享受性（或至少在天時地利人和的時候可以），甚至還像特伊西亞斯說的那樣有八、九倍的快感，會帶來什麼改變？達爾文認為人類女性在性方面猶豫、挑剔，要是他根本就弄錯了、被他所在的維多利亞時代的恐性心理誤導了怎麼辦？萬一維多利亞最大的秘密是男人和女人同樣都受害於與人類本「性」有關的錯誤宣傳，還有「兩性戰爭」（至今仍爭戰不休）根本是栽贓嫁禍的偽旗行動，讓人忽略這樣相互指責才是我們的共同敵人，又該怎麼辦？

婚姻美滿天經地義、女性對性比較含蓄、單一性伴侶從此過著幸福快樂的日子，如此毫無根據卻被人不斷複誦的箴言誤導了我們、告訴我們錯誤資訊；這樣的論調對立了男女，導致雙方懷著不現實的預期跳著悲劇的探戈，沮喪如雪球般越滾越大，最後失望壓得人再也站不起來。作家和媒體評論家蘿拉・吉普妮斯（Laura Kipnis）稱這樣的現象為「專偶苛政」（tyranny of two），我們身處其中，肩負著「現代的愛的核心焦慮」，也就是「儘管反證如山，卻仍期待成雙成對一生

一世,還能維持最神聖的浪漫愛情與性吸引力」。

我們把最神聖的關係建築在戰場上,場上人類演化出的慾望和一夫一妻婚姻的浪漫神話衝突不斷。安德魯·切爾林(Andrew J. Cherlin)在《婚頭轉向》(*The Marriage-Go-Round*)一書中也談到,這場真實自我與許多人期許的自我之間的衝突並未解決,導致「美國家庭生活大為動盪,家庭失和,伴侶來來去去,規模之大前所未見」。切爾林的研究就顯示「美國人一生中的伴侶數超過任何西方國家」。[23]

然而,如此錯誤的婚姻理想,當中的核心衝突,我們很少有勇氣正面迎戰。正面迎戰會如何呢?喜劇表演者暨社會批評家比爾·馬赫(Bill Maher)某次在他的電視節目中例行討論會一位政治人物結婚多年被抓到偷吃,請節目來賓思考以下許多情境背後不為人道的現實:馬赫說:「一個男人結婚二十年,性趣缺缺,又或者太太對他性趣缺缺。隨便。哪個答案才對?我是說,我知道出軌不對,但哪個答案才對?是咬咬牙下半輩子清心寡慾地過,還是每年和你太太行房三次的時候腦海裡想著別人?」一陣尷尬的靜默,一位特別來賓回答道:「不對,正確答案應該是結束這段關係。……往前走。我是說,你都已經是成年人了。」另外一名來賓贊同,提到:「離婚在我國是合法的。」第三名來賓是通常有話直說的記者歐魯克(P.J. O'Rourke),他只是低頭看著鞋子不發一語。

「往前走?」你確定?風花雪月的理想為社會所許可,而激情慾火則是不願面對的真相,二者有本質上的衝突。解決這個衝突時,拋家棄子真的是「成年人」的選擇嗎?[24]

047　第二章　關於性,達爾文有所不知

達爾文對於**羞怯**的女性的概念，並不單純源於他身為維多利亞時代人的種種假設。除天擇以外，他還提出了演化變異的第二種機制：**性擇**。性擇的中心思想是，大多物種的雌性對於後代的投資都遠高於雄性。她必須經歷妊娠、哺乳幼仔還有延伸的養育階段。犧牲無可避免，責任並不對等，也因此達爾文推論，雌性較為裹足不前，需要有人來說服她這麼做是個好主意；至於男性，他對於繁衍的態度則是我爽足就好，也因此急於扮演說服的角色。演化心理學就是奠基於這樣的想法：雄性與雌性對於交配採取的態度，其目的永遠衝突。

哪個單身漢能雀屏中選，多半牽涉雄性競爭：公羊互相給對方來一記頭槌；孔雀拖著五彩繽紛、吸引獵食者的尾巴到處走；男人在燭光前手拿貴重禮物、口吐山盟海誓。達爾文把性擇視為雄性為了一親芳澤的爭奪戰，而被動、多產的雌性則會委身給贏家。他的理論整體帶有競爭色彩，也因此他認為「自然狀態下，雜交極不可能」。然而與達爾文同時代的人當中，至少有一人不贊成。

路易斯・摩爾根

對白人而言，他名叫摩爾根（Lewis Henry Morgan, 1818-1881），是專攻鐵道案件的律師，嚮往學術，對社會如何組織深感興趣。[25] 美洲原住民易洛魁族（Iroquois Nation）的西尼加部落（Seneca）在他成年時接納他為族人，並贈名「塔雅道沃昆」（Tayaddaowuhkuh），義為「消弭鴻溝」。每晚，摩爾根在紐約羅徹斯特的家中研究、寫作，以科學的嚴謹態度了解因時空而隔閡的人的親密生活。他那個世紀還有三大學問家：達爾文、佛洛伊德、馬克思。三人都引用過的美國學者就只有摩爾根。許多人認為他是當時最有影響力的社會科學家，也是美國人類學之父。說來

有些矛盾，今天摩爾根的成就未能更為著名，很可能就是因為馬克思與恩格斯十分欣賞其思想所致。摩爾根雖不是馬克思主義者，但對於達爾文思想假設人類過往以性競爭為中心抱持懷疑態度。這樣的立場已足以惹惱達爾文的親衛隊，不過不包含達爾文本人，他十分尊敬且欣賞摩爾根。其實，摩爾根及夫人曾造訪英格蘭，還在達爾文家住了一晚。多年後，達爾文的兩位公子也曾在摩爾根一家紐約上州的家中小住。

摩爾根對於家庭結構以及整體社會組織的演進尤其有興趣。他的假說主張，更為雜交的性是史前時代的常態，與達爾文的理論恰恰相反。「丈夫一夫多妻，而妻子一妻多夫，此現象與人類社會一樣古老。如此家庭並無不正常或特出之處」，他寫道。「欲呈現史前時代家庭之其他可能起源，難矣。」又過了幾頁，摩爾根總結：「似乎無法避免」得出「雜交狀態」為史前之常態的結論，「儘管受到達爾文先生這般傑出的作家質疑。」[26]

摩爾根主張史前社會採群婚〔又稱為「原初群落」（primal horde）或「多夫多妻制」（omnigamy），後者為法國作家查爾斯・傅立葉（Charles Fourier）所鑄之新詞〕，達爾文深受此主張的影響，竟也承認：「看來婚姻的習俗的確為逐漸建立，而近乎雜交的性交在世界各地曾一度極為常見。」達爾文以他一貫溫文謙和的態度同意，也有「當今部落」「部落中男女彼此皆為夫婦。」達爾文敬重摩爾根的學問，於是接著說：「有深入研究此主題者，其判斷更勝於我，認為群婚是世界各地原初且普及的形式……有利於此主張的間接證據極為有力……。」[27] 而此後不論是直接或間接證據都不斷成長，遠遠超出達爾文或甚至摩爾根所能想像。確實如此。

049　第二章　關於性，達爾文有所不知

不過，首先得先談一個詞。「雜交」（promiscuous）在不同的人看來有不同意義——讓我們先把詞定義清楚。拉丁詞根為「miscere」，「混雜」之義，也是我們要表達的意思。這個詞並不代表隨便亂交，畢竟選擇與喜好仍有其影響。我們曾經想找別的、不帶貶低嘲弄意味的詞用於本書之中，可是同義詞都更為不堪：淫蕩、不檢點、隨便、墮落。

請記得，我們描述的是全世界諸多社會當中對於性的做法，在當事人看來我們描述的這些行為都很正常。在常見的用法中，雜交意指行為不道德或不問道德是非，不聞不問、沒心沒肺。然而我們所描述的人，其所作所為都在社會認為舉止合宜的界線之中。他們並未離經叛道、違法亂紀，也不是烏托邦理想主義者。由於每群採集者（不論現存還是史前）人數都很少超過一百到一百五十人，因此每個人對他或她的諸多伴侶很可能都有深入而親密的認識，或許比現代男性或女性對於隨便玩玩的愛人的認識程度還多。

摩爾根在《古代社會》（Ancient Society）當中提出這一點，他寫道：「這幅野蠻生活的景象不見得要讓人心生不快，因為在他們看來那是婚姻關係的一種形式，因此並無不妥之處。」[28]

關於靈長類的性，生物學家艾倫‧狄克森（Alan F. Dixson）著有最全面的調查——不意外，書名就叫《靈長類的性》（Primate Sexuality）。他也針對我們血緣最近的靈長類黑猩猩跟巴布諾猿的一項特色，提出類似論點，而他偏好把這樣特色稱為「多雄多雌交配制」（multimale-multifemale mating system）。他寫道：「多雄多雌靈長類群體中，很少不加選擇任意交配。各式各樣的因素，包括血緣關係、社會階級、性吸引力和個人的性偏好都會影響兩性的交配制貼上雜交的標籤，並不正確。」[29]

因此，若「雜交」的意思是同時有好多段性關係，那麼沒錯，我們的祖先比我們當中最風流的傢伙還要「雜」得多；另一方面，若以為「雜交」指的是對性伴侶完全不挑，又或是隨便跟哪

個陌生人都能性交,那麼要說「雜」,我們的老祖宗可遠比不上許多現代人。本書中的「雜交」單純指同時有好多段性關係進行。由於史前生活的面貌為小型遊群,因此這些伴侶不可能是陌生人。

第三章 人類性演化的標準論述
A Closer Look at the Standard Narrative of Human Sexual Evolution

我們有好消息也有壞消息。好消息是，儘管標準論述對於人「性」的觀點黑暗，但這觀點是錯的。男人並未演化為招搖撞騙的浪子，數百萬年的時間也未將女人形塑成滿口謊言、水性楊花的拜金女。壞消息則是，演化的諸多力量不問道德，這些力量在我們身上創造出的物種藏有一個藏不住的祕密：智人經演化，變得不知羞恥、無可否認、不能逃避地好色。春情蕩漾春色無邊。浪子、浪蕩、放浪形骸。風流與風騷。色狼。發情的小野貓。

這方面的天性，的確還是有些人能超脫其上（或者沉淪其下）。然而這些潛意識的衝動仍是我們的生物基線、參考點，是我們個人數字系統當中的零。我們每個人所在的身體都把演化出的傾向視為「正常」。藉由大量罪惡、恐懼、羞恥感及戕害身心來強化意志力，稍微控制了上述的衝動想望。有時候。偶爾。久久一次。然而衝動即便遭到控制，也不肯被人忽視。德國哲學家叔本華（Arthur Schopenhauer）就指出：「Menschkanntun was er will; erkannabernichtwollen was er will」（所做所為可選，所欲所求不可）。

承認也好，不承認也罷，這些演化的傾向都持續存在，並呼求我們的注意。否認人演化出的天「性」是有代價的，由個人、伴侶、家庭、社會每日每夜承擔。付出代價的方式，用威爾森的話說，就是「為了規避我們的天生本色，而不得不花去較為無形的貨幣：人類的快樂。」[2] 社會在性壓抑方面所做的投資，到底是淨賺還是淨賠，留待日後再討論，現在我們只是提出，若想超越自然本性永遠都有風險，勞神費力，往往還會失敗得一敗塗地。

想要了解我們是誰、如何變成現在這樣、該拿它怎麼辦，首先一定要坦然面對人類所演化出

來的、性方面的傾向。為什麼有這麼多力量讓我們無法持續滿足？為何傳統婚姻如此令人頭大？社會科學不斷強調單一性伴侶合乎「自然」，如此刻苦不輟的宣傳戰，再加上數千年來神降大火與硫磺的警告，又為何沒辦法去除神父、傳教士、政治人物、教授身上遭到禁止的慾望。要看清自己是誰，首先必須要認清，地球萬物沒有比智人更急色、色得更有創意的。

我們並不主張男女體驗的色慾完完全全一模一樣，但正如特伊西亞斯所說，無論男女在其中都能發現歡愉無數。沒錯，相較男性，女性大多要花久一點的時間才能發動性的引擎，但是一旦暖車，也多半完全有辦法讓男人連車尾燈都看不到。男性無疑更關心女性的外貌，而女性多半覺得男人的性格要比外貌更重要（當然，也有限度）。沒錯，女人去稻草堆裡滾個兩圈之前，因其生物特性，要先考慮的事情多很多。喜劇演員傑瑞·賽恩菲爾德（Jerry Seinfeld）用火與消防員將男女觀點一言以蔽之：「男女之間在性方面最基本的衝突是男人就像消防員，在男人看來，性是緊急狀況，不過原本在做什麼，我們都能在兩分鐘內準備就緒；另一方面，女人就像火，火能激動人心，可是條件要分毫不差才能生起來。」

或許，許多女人的性飢渴就像美食家，她和許多男人不同，並不渴求只是止飢而已，而是要尋找某些滿足方式，且要以某些形式呈現。同樣的事，男人多半僅僅因為對性感到飢渴就能做、去做，而女人則表示需要敘事、人物，要知道為何而性。*換言之，我們同意演化心理學觀察到的許多核心現象，只不過有些解釋的方式扭曲、充滿內在矛盾，讓我們覺得十分有問題。

話雖如此，這些跟人「性」有關的標準觀察，仍有簡單、邏輯分明、前後連貫的方法可以解釋，能替人類的性演化提供另一套精簡又從容的論述。目前為人接受的說法本質上有許多迂迴混雜的策略，還有原始人摩登化的問題，而這套修正的模型都不需要。

標準論述替人類畫出了一幅黑暗的景象，然而底下的真相卻明媚得多（雖然有些惹人非

議）。在呈現我們的模型之前，先進一步看看標準論述，論述以四大研究領域為焦點，當中包含了這些最廣為接受的假設：

- 女性性慾相對較弱
- 雄性親代投資（Male parental investment，MPI）
- 性嫉妒及確定父子關係
- 延長交配接受性及隱藏（或加密）排卵期

達爾文如何對令堂不敬（性經濟學的憂鬱科學）

男性追求者精心打扮、耀武揚威勝出後，到底該獲得什麼？性。其實，不只是性，還是接近某一位女性的專屬權利。標準模型斷言，性的專屬權十分重要，因為唯有如此，男人在演化過程中才能確保按理說極為重要的父子關係。根據演化心理學，此種不情不願的協議就是人類家庭的核心。男人提供財貨及服務（在史前時代的環境中，主要是肉類、遮風避雨之處、保護以及地位）好換取專屬且相對較穩定的性管道。費雪稱之為「性契約」（The Sex Contract）。

經濟學素有「憂鬱的科學」（dismal science）之稱，其中又以用於人「性」之時最為憂鬱。性契約常以經濟學的賽局理論加以解釋，不論男女，存活的後代最多者就是贏家，因其「投資報酬率」最高。因此，若有個女人懷了某個男人的孩子，可是那傢伙毫不打算幫她度過孕期，也不想引領孩子度過高風險的幼年，她很可能就是白白浪費了懷孕所需的時間、精力和風險。根據此理

* 可是，有誰會說美食家的飲食之樂少於貪吃客？

論，若缺少父親的幫助，孩子在性成熟前夭折的機率高得多，更別說生兒或育女的母親所面臨的風險也會增加。如此看待人類繁衍的方式，語言學家暨著名演化心理學家平克稱之為「性的基因經濟學」（the genetic economics of sex）。平克認為：「男人與女人的最小投資……不平等，這是因為有可能單親媽媽生了孩子，爸爸卻跑了，但並沒有單親爸爸生了孩子，媽媽卻跑了這種事情。然而，男人的投資還是大於零，這代表可預期女人也會在婚姻市場中競爭，只是彼此爭的應是最有可能投資的男性……。」[3]

反過來說，如果某個男的投資了所有的時間、精力、資源在某個女人身上，而女的卻背著他亂搞，他最後就有可能替別的男人養了孩子。若他人生唯一的目的就是把基因傳下去，這下他可全賠光了。請注意：若按照標準演化理論的冰冷邏輯，把基因傳下去就是我們人生的唯一目的。

正因如此，演化心理學家瑪歌・威爾森（Margo Wilson）和馬丁・達利（Martin Daly）就主張男人對於女人的性採取的是不折不扣的**所有權觀點**，他們寫道：「男人說某個女人歸他所有，就像是地盤之於鳴禽，獵物之於獅子，又或者是貴重物品之於男男女女。」「找到一份具有個別辨識度且有可能捍衛的資源後，有所有權觀念的生物就想要保護它不被敵人染指，並對此大肆宣傳、付諸實現。」[4]

「寶貝我愛你，就像獅子愛他的獵物。」形容婚姻，史上最不浪漫的話非這句莫屬。

細心的讀者可能已經注意到，兩性互動的標準論述經抽絲剝繭之後只剩下賣淫：女人用專屬的性服務來交換獲取資源的管道。或許，與神話共鳴可用來解釋《麻雀變鳳凰》（Pretty Woman）這類電影的部分票房吸引力。片中李察・吉爾（Richard Gere）的角色用財富交換茱莉亞・羅伯茲（Julia Roberts）的角色所能提供的事物（你若是沒看過，她在片中是流鶯，卻有一顆善良的心）。請注意，她所能提供的只不過是前述一顆善良的心、一個大如山的微笑、一雙修長美腿，

樂園的復歸──遠古時代的性如何影響今日的我們？　056

還有鄭重承諾從今往後這雙腿只為他一個人打開。《麻雀變鳳凰》的高明之處，在於明白地說出了上千電影及書籍中的絃外之音。根據這套理論，女人經過演化後，會不假所思、不以為恥地用魚水之歡交換男人的財富、保護、地位以及其他可能對女人及其子嗣有益處的寶物。

達爾文說令堂是妓女。就是這麼簡單。

為了不讓你覺得我們在胡謅，我們在此向你保證，女性以生育能力及忠貞交換財貨與服務，是演化心理學的基本前提之一。許多人推崇《適應的心智》（The Adapted Mind）為此領域的聖經，我們發現此書明明白白寫出了上述的性契約概念：

男人對於女人的性吸引力取決於某些特色，而這些特色又與自然環境中的高交配價值相關……。重點是，哪些特色和高交配價值相關呢？三個可能答案如下：

■ 男人是否願意及有能力提供女人及其子嗣所需……
■ 男人是否願意及有能力保護女人及其子嗣……
■ 男人是否願意及有能力直接參與養兒育女。5

根據上述對於男、女、家庭結構、史前生活的假設做了許多研究，現在讓我們回顧當中最著名的幾個假設。

雌性沒「性」致，據說是常識

> 雌性……除極少數例外，皆沒有雄性性急。
>
> ——達爾文

女性對性興趣缺缺，對吧？一直到十分晚近，這都還是西方流行文化、醫學、演化心理學近乎普遍的共識。近年來，流行文化開始質疑女人是否對性較無興致，但就標準模式而言，自威廉·阿克頓醫師（Dr. William Acton）一八七五年發表這方面的想法十分著名，他向讀者保證：「為人母、妻、家管，以對性享樂所知甚少或毫無所知者為最佳……。一般而言，良家婦女甚少希冀滿足己身之性慾。順服其夫，僅為悅之。」

更晚近則有《人類的性演化史》（The Evolution of Human Sexuality）。此書今天已成經典，心理學家唐納·賽門斯（Donald Symons）在書中胸有成竹宣稱：「所有民族皆視性交為女性供予男性的服務或是好處。」[7] 有篇發表於一九四八年的基礎論文，基因學家貝特曼（A. J. Bateman）在文中毫不猶豫地將其針對果蠅行為所做出之研究結果外推至人類身上，說天擇鼓勵「男人無一不性急，女人無一不被動」。[8]

一個個證據要來說服我們女性並不是好色的生物，累積下來光是量就十分驚人。成百上千甚至成千上萬的研究都宣稱已經證實女性性慾較弱。所有演化心理學研究中，最常被人引用的一篇發表於一九八九年，是這類研究的典型。[9] 一名充滿魅力的大學生志工在佛羅里達州立大學校園內接近不知情的（落單的）異性學生，說：「我最近常注意到你，覺得你很吸引我。今晚願意跟我上床嗎？」年輕男性約有百分之七十五說願意，沒有答應的人也有很多說要「保留機會」。但

卻「沒有」女性答應來搭訕的迷人陌生人。結案。

說真的，這的確是演化心理學中最為人所知的研究。研究者都引用此研究來證實女性對於一夜情沒有興趣。若你的研究主張女性的直覺是用性來從男人身上獲取東西，確立這點十分重要。畢竟，如果她們願意免費提供，行情就會大跌，其他女人想用性來交換任何有價值的東西也會很困難。

雄性親代投資

前面提到，每個理論（包含整個演化理論）背後的想法都是生命可以用經濟術語和賽局理論概念化。這場賽局的目的是生下最大可能數量、能夠存活的後代，來延續自己的基因密碼。如此擴散能否讓人快樂，則無關緊要。羅伯・賴特（Robert Wright）在其演化心理學研究暢銷書《性・演化・達爾文》（The Moral Animal）當中說得言簡意賅：「人的構造，就是要當有效率的動物，而不是快樂的動物。（當然，人的設計是要追求快樂，獲得性、地位等達爾文式的目標也往往能帶來快樂，至少可以快樂一陣子。）話雖如此，正是因為經常缺乏快樂，我們才要加以追求，也因此能常保生產力。」[10]

這個生產力的概念十分古怪，過度帶有政治意涵，卻又說得無辜，彷彿「生產力」只有一種可能的意思。此種看待生命的觀點接受了新教的工作倫理（「生產力」會讓動物「有效率」），並呼應《舊約聖經》當中的概念，認為生命是用來忍受的，不是用來享受的。這些假設深植於演化心理學的所有文獻之中。動物行為學家暨靈長類動物學家法蘭斯・德瓦爾（Frans de Waal）稱此為「喀爾文教派社會生物學」（Calvinist sociobiology）

059　第三章　人類性演化的標準論述

女性重質更勝於量，許多人認為此事之重要性在於女性顯然對於和健康的男人懷個孩子有興趣，如此方能盡量增加孩子生存、茁壯的機率。演化心理學家大衛・巴斯（David Buss）曾指出，「女人的生殖資源珍貴而有限，古代女性不會將其浪費在隨便哪個男人身上」，他接著又說：「顯然女性並非有意識地認為精子不值錢，而卵子很珍貴。然而過往的女性當中，答應性交前未能敏銳觀察者，最後都湮沒在演化的沙塵之中。我們的祖宗奶奶利用善於體察的智慧將人生輸家過濾掉。」[11] 但巴斯並未解釋，若「輸家」的祖先早已經過數千代的仔細淘選，今日的基因庫中又為何仍有許多。

雖說從生物學來看，人類從無法避免相當程度的雌性親代投資，但演化理論學者認為，智人的雄性親代投資在靈長類當中獨樹一格地高。他們主張，人類雄性親代投資高，正是婚姻制度普遍存在的基礎。賴特便說：「考古紀錄裡所有人類文化中，婚姻……都是常態，家庭則是社會組織的構成原子。各地的父親都感到對孩子的愛……這樣的愛使父親幫忙餵養、保衛孩子、教導孩子有用的事物。」[12]

生物學家提姆・柏克海德（Tim Birkhead）也有同感，他寫道：「父子關係是許多男人行為的核心，從演化來說也很有道理。過去原始時代，平均而言，男人若是投資非親生子女，留下來的後代就會少於只扶養自己親生骨肉的人。因此，男人總是滿腦子想著父子關係，至今仍然如此⋯⋯。」[13]

- 所有的文化都圍繞著婚姻還有核心家庭發展；
- 我們暫且先點出這個論點背後幾個有待商榷的假設：
- 相較於那些較不介意慷慨解囊的人，人類的父親若只供養自己的孩子，會留下比較多後代。

□ 請注意此說法如何假設，連「滿腦子想著父子關係」如此難以捉摸的事情都有單獨的基因基礎。

□ 在古代的環境中，男人還可以知道哪個孩子是親生的，這就假定：

■ 他知道一次性行為最後有可能會跑出一個孩子，而且百分之百確定伴侶很忠貞。

■ 採集者所住的遊群（包含了姪子女、從小認識的朋友的子女）十分緊密，而獵人竟能拒絕將獵物分給遊群中其他飢餓的人，而不被人說閒話、排擠、驅逐。

所以，根據標準論述，既然雄性親代投資會使投資者的孩子擁有更多優勢（更多食物、保護、教育），那麼女人經演化後，會選擇的配偶必定要有辦法取得更多上述資源，且從其言行舉止可看出願意將資源分給她及孩子（透露出慷慨、忠貞、真誠的特質）。

不過，根據這套論述，女性的這兩個目標（優良基因以及能獲得某名男性的資源）會讓男人和女人陷入衝突，兩性關係會衝突，與同性競爭者間也有衝突。如此理解情勢，賴特一言以蔽之：「雄性親代投資高，使得性擇同時往兩個方向進行。不只雄性演化為競爭稀少的雌性卵子，雌性也演化為競爭稀少的雄性投資。」[14]

兩性戰爭中的「混合策略」

權力是最好的春藥，說出這句名言的男人長得一點也不好看，並非湊巧。[15] 最有權有勢的男人往往缺乏迷人外貌所代表的基因財富，或可稱此為「季辛吉效益」（Kissinger effect）。你叫女孩怎麼辦？

傳統理論表示，她將會嫁給個一個有錢、容易捉摸、誠懇、會付貸款、換尿布、倒垃圾的好

人，但會背著他和狂野、性感、危險的男人偷吃，尤其是在排卵期間，所以她很可能會懷上情郎的孩子。這套腹黑的策略在科學文獻中稱為「混合策略」(mixed strategy)，據說男性和女性都用各自的版本達成交配中彼此對立的目標，女性要盡量增加配偶的質，男性則盡量增加交配機會的量。外頭就像是一片殘酷的叢林。

有好些研究都宣稱可以展現兩種不同策略的本質，當中以巴斯及其同事的研究最為有名。他們提出假說，若男性和女性在交配行為方面的目標互相衝突，此時男女感到性嫉妒的方式會出現差異。這些研究人員發現，女人想到配偶精神出軌時會比較難過，而男人則更擔心配偶肉體出軌，和假說所預測的一模一樣。

其他人往往引用這些結果來肯定雄性親代投資的相關模型。上述結果似乎反映了模型所預測的不同利益。根據理論，女人更介意伴侶心裡牽掛著另一個女人，因為這對她最重要的利益威脅較大。按照標準模型，史前女性在這場演化賽局中最慘的狀況，就是不再能享有她男人的資源及支援。若男人只是和另一個女人玩一玩，用現代的話來說，最好是個社會地位比較低的女人，或是妓女，總之是他不太可能娶的人，對於女人及孩子生活水準的威脅就會大為減弱。然而，若他哪天和另一個女人墜入愛河雙宿雙飛，那麼女人（還有孩子）的前途就會一落千丈。

從男人的角度來看，前面也說過，最糟的狀況會是花時間、資源替另一個男人延續基因而犧牲了自己的機會。若他的伴侶和另一個男人是精神出軌，而非肉體，前述的基因災難就不會發生；然而，若她和另一個男人發生性關係，就算沒有產生感情，男人也可能在不知不覺中賠掉自己的演化「投資」。因此，論述預測（而研究似乎也肯定）男人的嫉妒心應該演化為控制女人的「身」，如此方能確保父子關係；而女人的嫉妒心則應該偏向控制男人的「心」，如此方能確保只有自己有資格獲取男人的資源。

你可能已經猜到，稍早提到的「混合策略」也是同樣的理路。男人的混合策略會是擁有可以控制性行為的長期伴侶──窮人就讓她光著腳丫纏小腳大肚子，有錢人就讓她踩著高跟鞋大肚子。同時他應該不斷和其他女人上床玩玩（投資成本低），越多越好，這樣才能增加他當更多孩子爸爸的機率。標準演化理論便是如此主張男人天生就是下流、謊話連篇的混帳。根據標準論述，男人演化出的行為策略是一面背著懷孕的老婆偷吃，另一方面卻又吃醋吃得毫無理性，甚至拳腳相向。

真是迷人。

雖然照理說，他那些露水姻緣所生的孩子存活的機率應比他幫忙扶養的孩子低，可這筆「投資」對他而言還是明智，畢竟他要付出的成本也低（喝幾杯小酒、到汽車旅館開個房間──以小時計價）。女人的混合策略則是「嫁給」能讓她獲得最好資源、地位、保護的男人，但偶爾還是想辦法和穿著皮衣的粗獷漢子乾柴烈火一下，這個男人有基因上的優勢，是家裡那個疼她但溫馴的老公所沒有的。很難決定誰最後下場會比較難看。

有眾多研究都顯示，女人在排卵期間比較可能對丈夫不忠，發生「偶外配對」（extra-pair copulation），而且相較於平時，也比較不會採取避孕手段。此外，女人排卵期時也比月經週期的其他時間更可能穿金戴銀噴抹香水，並受到長得有男子氣概的男人的吸引（這些人的外表特徵代表基因較為活躍）。今日的科學及治療論述以晦暗的觀點看待人類的性生活，而觀點的核心，正是上述彼此衝突的關心重點，以及所造成的外部衝突，也就是這場兩性戰爭。

賴特一言以蔽之：「即便雄性親代投資高，有時還正是因為它高，導致男女之間的根本動力

* 我們將在第九章更詳細探討性嫉妒的本質。

在於相互剝削。有時，他們看起來就像是生來就要讓彼此的日子難過。」（文字粗體為本書所加）賽門斯在《人類的性演化史》的開頭幾行也表達了同樣的無可奈何：

本書的中心主題之一，是人類在性方面，男性有其天性，女性也有其天性，二者極為不同，只不過因為異性戀關係必須妥協，加上又有道德規範，因此多少掩蓋了這些差異。男女在性方面有不同天性，這是因為在人類演化史上漁獵時期的漫漫時光中，適合某一性別的性慾望及秉性卻會導致異性被繁衍遺忘。17

真是淒涼對吧？傳統的演化論向我們保證，因為演化的關係，各位滿腦子盤算的拜金女性讀者們，都會騙到一個十分信任妳但也十分無趣的男子把妳娶回家，一等到老公在沙發上睡著，妳就會噴上大把香水跑到單身俱樂部去，想辦法懷上某個穿著皮衣的尼安德塔人*的孩子。妳怎麼能幹這種事呢？不過各位男性讀者在萌生優越感之前，也別忘了根據同一套論述，演化也讓你用空洞的山盟海誓及手腕上吸睛的假勞力士追求年少無知的小美女，把她娶回家，盡快讓她懷孕，接著就開始和眾多秘書「加班」，數量以自己應付得來的而定。先生，這沒什麼好自豪的。

延長交配接受性及隱藏排卵期

標準的人類女性和血緣最接近的靈長類表姊妹不同，在即將排卵前，人類的私處並不會腫成平時的兩倍大，也不會變得紅彤彤。其實，標準論述的根本前提就在於男人不知道女人何時會懷孕。照理說人應是天下最聰明的生物，有意思的是，在這方面我們無知得幾乎獨一無二。眾多

的雌性哺乳類都會宣傳自己現在可以受孕，而其他時間則顯然性趣缺缺。據說隱藏排卵期是人類顯著的例外。各種靈長類當中，雌性能夠也願意隨時隨地性交的，只有巴諾布猿還有人類。所謂「延長交配接受性」（extended receptivity），就是用科學的說法來說明女性在整個月經週期都能保持性活躍，而大部分的哺乳類則只有在「有用」——也就是能受孕——的時候才性交。

若我們接受假設，女人除了以此操縱男人要其分享資源之外，對性本身不是十分有興趣，那麼人類的雌性又為何要演化出異常充沛的性能力？為什麼不像幾乎所有其他哺乳類一樣，把這件事留到週期中最有可能懷孕的那幾天？

為了解釋此一現象，提出了兩個主要理論，二者天差地別。人類學家費雪所說的「經典解釋」如下：早期人類雌性演化出隱藏排卵期以及延長（說得更準一些是經常）交配接受性，為的是吸引總是性慾高漲的雄性配偶的注意，藉此發展、鞏固結偶關係。如此能力照理應以兩種方式作用：首先，因為女人隨時隨地即使是非排卵期也可以性交，男人就有動力找其他女人尋求性歡愉。第二，因為看不出女人能否受孕，男人就沒有理由隨時繞著她轉，好增加自己使女人受孕的機率，也隨時確保沒有其他男性與之交配，而非只須注意短短的發情期。費雪說道：「排卵期不動聲色，於是就有了一個經常近距離相伴的特殊朋友，提供雌性所珍視的保護和食物。」[18]這在科學家之間稱為「配偶守護行為」（mate guarding behavior），當代女性則很可能稱之為「永遠不讓我清淨、沒安全感的跟屁蟲」。

人類學家莎拉・赫迪（Sarah Blaffer Hrdy）則替女性獨特的性能力提出不同說明。她表示早

＊ 尼安德塔人（Homo neanderthalensis）是舊石器時代的人種，現已絕跡。尼安德塔人的體型比智人更為強壯，在此或許意指外面強壯的野男人。——譯註

人科生物之所以演化出隱藏排卵期及延長交配接受性,很可能不是為了要讓男人放心,而是要混淆他們。赫迪注意到,雄性狒狒老大剛登基時會把前一任所生的幼仔全都殺死,於是她假設雌性的性之所以發展出這樣的層面,就是為了讓多名雄性搞不清誰是孩子的生父。雌性會和多名雄性性交,如此就沒人能確定孩子到底是誰的,這樣一來下個老大就比較不會去殺死自己可能的親生後代。

費雪的「經典理論」主張女人演化出特殊的性吸引力好抓住一個男人的胃口;赫迪則說,這根本是要讓好幾個男人猜不出答案。標準論述說女人必須以性來交換食物和保護等,費雪的理論和這套論述比較契合。然而,只有在我們認為男性(包含我們「原始的」老祖宗)對於永遠只和一名女性性交有興趣時,這種解釋方式才說得通。這一來就與「混合策略」的理論相矛盾,理論中男性鐵了心要讓精子傳播得既遠且廣,同時又要保護自己對於元配/家庭的投資。

赫迪的「精子混淆戰」(seeds of confusion)理論則主張,隱藏排卵期以及經常交配接受性對於多名雄性伴侶的雌性有好處——可以避免他們殺害她的後代,也誘使他們護衛或協助她的孩子。赫迪對於人類性演化的觀點直接使雌性和雄性產生對立,畢竟男性照理說應該是把有生育力的女性視為「一份具有個別辨識度且有可能捍衛的資源」,極其珍貴不可與人分享。

無論是上述哪種理論,史前的人「性」照標準論述的說法,其特色是欺騙、失望與絕望。根據這個觀點,不論男女都是天生的騙子、妓女、偷情者。他們跟我們說,從人類最基本的層面來說,演化讓異性戀男女互相欺哄,同時自私地追求零和遊戲、互相對抗的基因目標,即便需要背叛我們口中最真心愛著的人也在所不惜。

原罪,無誤。

樂園的復歸——遠古時代的性如何影響今日的我們? 066

第四章 鏡中猿

The Ape in the Mirror

> 為何我們不堪的一面是猿類過往的負擔,而良善的一面卻獨屬於人類?為何我們不在與其他動物的一脈相承中找到自己的「高貴」特性?
>
> ——史蒂芬・古爾德(Stephen Jay Gould)

> 人藉獸之外在行為與己之行為相似之處,判斷獸之內在與己之相同。循此理路更進一步,得出既然人之內在行為彼此相似,則行為之發端也必相同。心智運作常見於人獸,是故如欲以假說解釋之,則須以同一假說運用於二者。
>
> ——休謨(David Hume),《人性論》(A Treatise of Human Nature)

　　從基因來說,動物園裡的黑猩猩和巴諾布猿與你和其他買書的讀者之間的關係,要比他們和大猩猩、紅毛猩猩、猴子或任何籠中動物的關係要近得多。人類的基因與黑猩猩和巴諾布猿約有百分之一點六的差異,因此我們和他們的差距要小於狗和狐狸、白掌長臂猿和白頰長臂猿、亞洲象和非洲象還有(如果現場正好有賞鳥人士的話)紅眼綠鵑和白眼綠鵑之間的差別。黑猩猩、巴諾布猿與人類分道揚鑣,不過是五、六百萬年前的事(此後異血緣交配的情形可能還維持了一百萬年左右),黑猩猩與巴諾布猿分家則約是三百萬年至八十六萬年前的事。在這兩種血緣很近的表親之外,我們和其他靈長類的親族關係就遠得多,大猩猩從共同主線上分化出來的時間約為九百萬年前,紅毛猩猩是一千六百萬年前,而唯一一夫一妻的長臂猿則早在二千二百萬年前就已

靈長類演化樹

時間	舊世界猴	猿
3000萬年前		
2500萬年前		
2000萬年前		
1500萬年前		
1000萬年前		
500萬年前		
現在	獼猴、狒狒	長臂猿、紅毛猩猩、大猩猩、人類、巴諾布猿、黑猩猩

離開。ＤＮＡ證據顯示，猿猴最後的共同祖先大約生存於三千萬年前。若將基因和人類間的相對距離以地理方式呈現，從最後一個共同祖先開始每十萬年以一英里代表，看起來就會像是這樣：

- 智人：紐約・紐約；
- 黑猩猩和巴諾布猿可說是同住在康乃狄克州布里奇波特和費爾菲爾德這兩個城市，中間隔了三十英里（約四十八公里）。兩者距離紐約都只有五十英里（約八十公里），和人的距離通勤可達。
- 大猩猩在賓州費城享受牛肉起司三明治；
- 紅毛猩猩在馬里蘭州巴爾的摩做當地人會做的事情；
- 長臂猿則在華府特區忙著為一夫一妻制立法；

而舊世界的猴類（狒狒、獼猴）則在維吉尼亞州里奇蒙南部。

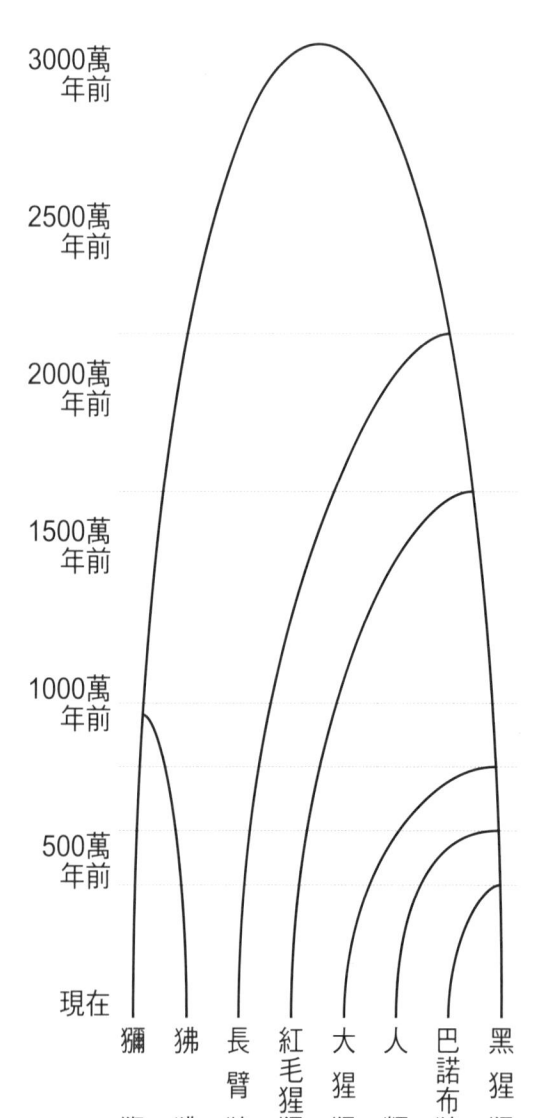

林奈（Carl Linnaeus）是第一個以分類學方式區分人類與黑猩猩的人（時間是十八世紀中期），後來他對此十分後悔。現在的人認為區分黑猩猩屬（Pan）和人屬（Homo）在科學上站不住腳，許多生物學家提出要將人類、黑猩猩及巴諾布猿重新分類，以反映相似之處。

杜爾（Nicolaes Tulp）是荷蘭知名的解剖學家，因為林布蘭（Rembrandt van Rijn）的畫作《解剖課》（The Anatomy Lesson）而永垂不朽。他於一六四一年寫出最早對於非人猿類解剖學的精準描述，當時解剖的那具軀體與人類十分相似，讓杜爾忍不住說：「要找到這麼像的兩顆蛋還不容易。」雖然杜爾稱自己所解剖的物種為「印度薩梯」（Indian Satyr），並註明當地人說那是一種紅毛猩猩，但當代的人類學家研讀杜爾的筆記後，都認為那是一隻巴諾布猿。[2]

黑猩猩和巴諾布猿和我們一樣都是非洲大猿，和所有猿類一樣都沒有尾巴，一生中很大一部分時間都在地面生活，且都是極為聰慧、高度社會化的生物。對巴諾布猿來說，完全與生殖脫鉤、電力超強的性慾是其社會互動及群體團結的中心特色。人類學家馬文・哈里斯（Marvin Harris）認為，巴諾布猿「用很不經濟的方式達成排卵期目的」，但以「繁衍方面的回報」作為補償。此處所說的回報就是「雄性與雌性間更密集的社會合作形式」，這會使得「社會團體更密集合作，所在之地可以更安全地扶養幼兒，也因此性慾較強的雄性和雌性繁衍的成功率更高。」[3]

換言之，巴諾布猿的雜交現象給這種猿類在演化方面帶來顯著的好處。

另一方面，唯一毫無爭議採一夫一妻制的猿類長臂猿住在南非，為小家庭制，只有一雄一雌的伴侶還有幼猿，獨自住在三十到五十平方公里的領地之內，從未離開樹上，和其他長臂猿少有甚至沒有群體接觸，不能說他們有多高的智力，交配也不頻繁，且只以繁衍為目的。

只要是社會化、群居的靈長類，都沒有發現一夫一妻制的情形，只有（若標準論述可信的話）我們例外。

經常有人試圖主張，一夫一妻制的長臂猿足以作為人「性」的模型，對此人類學家賽門斯和我們一樣瞠目結舌。他寫道：「談論人類為何（或是否）如長臂猿一樣形成結偶關係，總讓我覺得這就像是談論海水為何沸騰，還有豬為何有翅膀。」[4]

靈長類與人之天性

霍布斯深信人性黑暗，若他有機會設計一隻動物作為代表，很可能就會設計出黑猩猩。霍布斯假定人之存在，其本質卑鄙不堪，而這種猿類似乎應證了所有霍布斯式的晦暗推斷。據說黑猩猩爭權奪勢、好妒、動不動就訴諸暴力、陰險狡詐而有侵略性。在談到黑猩猩的行為時，總是三句話不離謀殺、群體間的組織戰爭、強暴、殺嬰。

這些資料一於一九六〇年代發表，理論學者旋即提出所謂人類起源的「殺戮猿理論」（killer ape theory）。靈長類動物學家理查．藍翰（Richard Wrangham）和戴爾．彼得森（Dale Peterson）以冷峻的筆調簡述這番邪惡的理論，在黑猩猩的行為當中發現了古代人類嗜血的證據。二人寫道：「類似黑猩猩的暴力行為出現於人類戰爭之前，也為戰爭鋪路。五百萬年來習慣打得你死我活從不間斷，現代人類則是驚魂未定的倖存者。」[5]

在黑猩猩被人視為最適合用於研究古代人類行為的活模型之前，享有此地位的是一個關係遠得多的遠親：草原狒狒。我們的老祖先走下樹枝之後，很可能享有某些生態的利基，而草原狒狒這種居於地面的靈長類也很適應此類利基。然而狒狒缺乏某些基本的人類特性：合作狩獵、使用工具、有組織的戰爭、有複雜結盟行為的權力鬥爭。弄清這點之後，這套模型就被棄置不用了。

同一時間，珍．古德（Jane Goodall）等人則在觀察黑猩猩的行為特色。神經科學家羅伯．薩波斯

基(Robert Sapolsky)是狒狒行為的專家,他提到:「若狒狒稍稍懂得自律,就會希望自己能像黑猩猩一樣。」[6]

看來,有這麼多科學家認定人類天性模型若少了一點點自律,就會變成黑猩猩那樣子,或許也並不奇怪。二十世紀末建構的人類天性模型中,黑猩猩的地位舉足輕重。我們所繪製(或從之前的探險家手中傳承)的地圖早已決定去哪裡探索、會發現什麼。黑猩猩展現的特質狡猾而殘暴,加上人類歷史很多時候也殘忍得令人羞愧,似乎在在應證了霍布斯式的觀點:人類的天性若不以更強大的力量加以管束,將會變得如何。

猿類的社會組織[7]

大猩猩	一般而言,由一隻主宰的雄性(所謂的「銀背」)替自己的家族占有一塊活動範圍,家族中有多隻雌性及幼兒。青春期的雄性在性成熟後會被迫離開家族。一名雄性和多名成年雌性間有最緊密的社會關係。一雄多雌交配。
人類	是目前靈長類動物中最多元的社會化物種,有諸多證據可證明當代人類有各式各樣的社會/性關係、合作、競爭。多雄多雌交配。*
黑猩猩	雄性間的關係十分緊密,而且會導致不斷變動的雄性聯盟。雄性巡守群體所在之領地,雌性於領地內的活動範圍彼此重疊,但不會和其他雌性或任何雄性建立緊密的關係。多雄多雌交配。
巴諾布猿	巴諾布猿的聚落講平等、重和平,主要靠雌性間的社會關係維繫,不過雌性與雄性間也會建立關係。雄性的地位來自母親。母子間會維持一生的關係。多雄多雌交配。

* 除非你緊抱標準模型,標準模型依照資料來源不同,將人類歸類為一雄一雌或一雄多雌制。

071　第四章　鏡中猿

紅毛猩猩	紅毛猩猩獨來獨往，很少表現出任何建立關係的現象。雄性紅毛猩猩完全無法容忍彼此的存在，一隻成年雄性會建立廣大的領域，上面住著多隻雌性，每隻都有自己的活動範圍。交配行為散布各處、不頻繁，且往往暴力。
長臂猿	長臂猿以核心家庭為單位，每對配偶維護自己的領地，其他配偶不得進入。交配為一雄一雌制。

質疑黑猩猩模型

然而，要藉由黑猩猩行為了解史前人類社會，有一些嚴重問題。黑猩猩階級極為分明，而人類採集者的群體則多半平等。分享肉類正是最能看出黑猩猩階級的時候，然而成功狩獵卻會觸發對於人類採集社會最為重要、弭平階級的機制。靈長類動物學家大多同意黑猩猩的權力意識極強，但，要將在岡貝（Gombe）所觀察到的現象概括為通則，可能還言之過早，畢竟在不同的地點【比如西非象牙海岸塔伊（Taï）】曾觀察到某些野生黑猩猩分配肉類的方式比較像人類採集者。靈長類動物學家克雷格‧史丹佛（Craig Stanford）發現，雖然岡貝的黑猩猩分配肉類時「論親疏遠近，講強弱尊卑」，塔伊的黑猩猩卻將肉類分給狩獵群體中的所有個體，不論是敵是友、是親是疏。[8]

因此，雖然珍‧古德等人在岡貝研究所獲得的資料支持黑猩猩行為多半粗暴無道、自私自利的想法，其他研究地點獲取的資訊則與之矛盾，或削弱其效力。由於在野外觀察黑猩猩行為極為困難，因此從自由活動的黑猩猩身上獲得的有限資料若要轉化為通則，就得特別小心。無庸置疑，黑猩猩極為聰明且天生社會化，也因此從圈養的黑猩猩收集到的資料也同樣應保持懷疑。若

要將其化為通則，就好比將人類囚犯的行為外推於所有人類。

若不受打擾、居於自然棲地，黑猩猩還會有多暴力，這方面也有許多問題。第十三章中我們會討論，許多因素都會改變觀察到的黑猩猩行為。據文化歷史學家莫里斯‧伯曼（Morris Berman）說明，若我們「改變食物供給、人口密度及有無可能自然形成及解散群體等情形，那就天下大亂了。人類如是，猿猴也是」。[9]

即便只看黑猩猩模型，新霍布斯主義的悲觀論者自信滿滿的晦暗觀點可能仍站不住腳。比如，演化生物學家理查‧道金斯（Richard Dawkins）可能就不該如此胸有成足地給予人類天性悲觀評價：「你若和我一樣，希望建立個體大方合作、無私為公共福祉努力的社會，聽我一句勸：別想從生物本性那裡獲得太多幫助。讓我們想辦法**教慷慨**、**教利他**，因為我們天生自私。」[10] 或許吧，但人類這物種也深富合作精神。比較靈長類智力的研究近年來有所發現，讓研究人員凡妮莎‧伍茲（Vanessa Woods）以及布萊恩‧海爾（Brian Hare）開始思考，採取合作的衝動是否可能是人類獨有智力的關鍵。他們寫道：「大家往往說人科動物裡，最聰明的活下來、繁衍下一代，然而實際上可能不是這樣一蹴可幾；反而有可能是，比較社會化的人科動物因為較擅長共同解決問題，所以適應程度較高，久而久之天擇也偏好較為精細的問題解決方式。」[11] 他們的假說是，人類越變越聰明是因為我們的祖先學會合作。

不論本性自私與否，食物供給和棲地減少對於野生黑猩猩及人類採集者都有影響，這也表示道金斯及其他主張人類**本性**為好戰、自私野獸的人，在援引前述黑猩猩資料佐證時，可得小心。

073　第四章　鏡中猿

人類團體面對餘糧、存糧的反應往往和觀察到的黑猩猩行為一樣：社會組織階級劃分增強、群體間暴力升溫、加強防衛領域邊界、為謀權而結盟的情形增加。換言之，人類和黑猩猩一樣，當有值得爭搶的東西時往往就會爭搶。可是，史前時代大半時候並沒有可以搶贏或搶輸的餘糧，也沒有常駐基地可以護衛。

尋找靈長類的延續性

女人和巴諾布猿有兩個共通點，一是排卵期無法一望可知，二是整個月經週期都會性交。但相似之處到此為止。女人為何沒有腫脹的陰部？還有一觸即發的性呢？

——法蘭斯・德瓦爾

性是友誼的表現，在非洲就跟握手一樣……既友善又好玩。沒有強迫，純然自願。

——保羅・索魯（Paul Theroux）

黑猩猩的暴力及其與人類天性之關係，不論結論為何，從另一個血緣最相近的靈長類表親巴諾布猿的身上，則能歸納出很有意思、恰恰相反的模型。在人類起源方面，黑猩猩似乎體現了霍布斯式的觀點，而巴布諾猿則反映了盧梭式的看法。雖說盧梭今天以最為人所知的，是他支持「高貴的野蠻人」的概念，但其實他曾在自傳中細細感嘆性的奧妙。這表示如果他知道巴布諾猿的話，必定會視其為知音。兩種猿類的行為差異，德瓦爾一言以蔽之：「黑猩猩以權力解決性問題；巴諾布猿以性解決權力問題。」

雖然以性行為的頻繁程度而言，巴諾布猿勝過黑猩猩，但兩個物種的雌性皆採多重交配，接二連三和多名雄性交配，並進行多回。排卵期的黑猩猩雌性平均一天交配六到八次，團體中有任何雄性提出邀請，牠們都會積極回應。靈長類動物學家安‧浦希（Anne Pusey）敘述自己監看的雌黑猩猩行為，提到：「每一隻在原生聚落中交配後，會趁仍有交配接受性時拜訪其他聚落⋯⋯他們迫不急待接近新聚落中的雄性並與之交配。」[14]

缺乏食物供給的野生黑猩猩群體彼此之間的關係，不論真相究竟為何，以下這類段落顯然不自覺透出偏見：「不論是戰爭還是受情故事，巴諾布猿和黑猩猩顯然都天差地別。剛果萬巴（Wamba）兩個巴諾布猿聚落在活動範圍邊界遇上⋯⋯不但沒有像黑猩猩偶爾會發生的那樣打得你死我活，雌猿和敵對聚落的雄猿之間還可能有社交或甚至性交行為。」[15]

敵對？兩群聰明的靈長類動物在一起社交、性交，誰會覺得這兩個團體敵對，又或者說這樣碰在一起叫**戰爭**？請注意以下這段話中的類似假設：「黑猩猩會發出特殊的叫聲通知其他離食物有一段距離的猩猩。如此做法可算是分享食物，但**不需要將其解讀為善心義舉**。面對超過所需的食物，大聲通告分享並無損失，而且之後還可能因為另一隻黑猩猩知恩圖報而受惠。」（文字粗體為本書所加）[16]

或許這樣看似合作的行為「不需要將其解讀為善心義舉」，但如此解讀若有問題，那個沒說出來的問題到底是什麼？非人靈長類動物或其他動物看來慷慨的表現，為何我們要想辦法用其他方式解釋？慷慨是人類獨有的特質嗎？類似這樣的段落，讓人不免像古爾德一樣，好奇為什麼科學家如此厭惡看到人類正面的衝動在靈長類當中一脈相承，卻有很多人巴不得在靈長類的過往中替我們的侵略性找到深埋的根源。

這樣吧，先想像我們從來沒聽說過黑猩猩和巴諾布猿，然後先認識了巴諾布猿。那麼我們現在最可能認為早期的人科動物住在以雌性為中心的社會中，性具有重要的社會功能，而戰爭極少或者不存在。

——法蘭斯・德瓦爾[17]

巴諾布猿因為住在叢林密布的偏遠地區，所在國家政治局勢動盪（剛果民主共和國，前身為薩伊），因此是最後一種在自然棲地研究的哺乳類。雖說早在一九二九年，就有人注意到巴布諾猿與黑猩猩在解剖結構方面的差異，但巴布諾猿直到被人發現有極端不同的行為之前，都被視為黑猩猩的亞群，常被稱為「倭黑猩猩」（pygmy chimp）。

對巴諾布猿而言，雌性地位比雄性階級重要，但就算是雌性的排序位階也很彈性且不具約束力。地位展示等用以代表主宰及臣服的形式化儀式在黑猩猩、大猩猩及其他靈長類中十分常見，但巴諾布猿並沒有這樣的儀式。雖然不是完全沒有地位之分，但收集野外巴諾布猿資料最為詳盡的靈長類動物學家加納隆至（Takayoshi Kano），比較喜歡用「有影響力」而非「位階崇高」來形容雌性巴諾布猿。他認為雌性受到的尊敬是敬愛，而不是因為位階。的確，德瓦爾就想過用階級來討論巴諾布猿到底合不合適，他提到：「就算雌性有位階排序，主要根據的也是長幼次序而非外表嚇人與否，一般而言年長的雌性地位高於年幼者。」[18]

若巴諾布猿只是翻轉了黑猩猩及狒狒的雄性權力結構，那麼雄性就應該同樣順服，然而想在人類社會中尋找母系社會證據的人可能要好好想想，巴布諾猿雌性「主宰」並沒有造成如

此現象。雌巴諾布猿運用權力的方式不同於雄性靈長類動物。雄巴諾布猿的社會角色雖然順服，過得可比雄黑猩猩要幸福得多。之後討論中國的摩梭族、蘇門達臘的米南加保族（Minangkabau）等由女人當家的社會時，我們會看到女人作主的時候，男人的日子多半也過得還不錯。薩波斯基之所以選擇研究狒狒，是因為想研究長期爭權奪勢使得雄性受到的極大壓力，而德瓦爾卻注意到巴諾布猿的日子完全不同，他說：「性行為頻繁、侵略性低，我覺得很難想像此物種的雄性會有壓力特別大的時候。」[19]

關鍵之處在於，人類和巴諾布猿似乎都有某種解剖結構使其偏好和平共處，而黑猩猩則沒有。兩物種在AVPR1A基因都有所謂的「重複微衛星序列」（repetitive microsatellite），對於分泌催產素（oxytocin）十分重要。催產素又有「天然快樂丸」之稱，對於如：同情、信任、慷慨、愛、還有──沒錯──性慾等利社會（pro-social）的感覺十分重要。人類學家暨作家艾瑞克·強生（Eric Michael Johnson）表示：「說黑猩猩失去了這段重複微衛星序列，要比說人類和巴布諾猿各自產生同樣的變異，更符合科學立論的簡約原則。」[20]

然而說人類過往的特色是壓力低、盡情縱慾，這樣的想法似乎受到許多排斥。費雪承認巴諾布猿的生活有這些層面，也承認許多層面與人類行為有呼應之處，甚至還促狹地提到摩爾根所謂的「原始群落」（primal horde）：

這些生物有雄有雌有老有少混在一起成群結隊……。個體根據食物供給在群體間來來去去，串聯出一個由幾十隻動物組成、有凝聚力的聚落。這裡就有個原始群落……。性幾乎是每天的消遣。……雌性在月經週期的大部分時間交配，如此交媾的模式最為類似人類女性，勝過任何其他生物……。巴布諾猿以性來平緩焦慮，刺激進食時分享，減少旅行時壓力，並

在近鄉情怯的重逢之時確認友誼。「做愛，不要作戰」顯然是巴布諾猿會有的主張。[21]

費雪問了一定會有人想的問題：「我們的祖先也是這樣嗎？」她似乎要替我們為給出肯定的答案鋪路，提到巴布諾猿「顯露出人類在紐約、巴黎、莫斯科、香港的街上、酒吧、餐廳及公寓門後所展現的性方面的習慣。」而費雪也向讀者保證，巴布諾猿和人類一樣「手牽手走路，親吻彼此手腳，還彼此擁抱來一記長長的、舌頭交纏的法式深吻」。[22]

費雪原本就和我們一樣也反對標準論述的其他層面而言，她似乎也很快就會重新調整自己的論點，以便更妥善地反映上述巴諾布猿及人類都有的特殊行為。既然在支持標準論述方面，黑猩猩的行為占有一席之地，我們在推測人類史前狀況時，又怎能「不」加入同樣相關的巴諾布猿的資料？切記，從基因來說，我們和黑猩猩及巴諾布猿的距離一樣遠。就像費雪所說的，巴諾布猿的性行為和人類之相似，勝過其他地球萬物。

然而到了要承認人「性」的前塵往事很可能和巴布諾猿的，而當下類似之時，費雪卻卻步了，她如此解釋自己在最後一刻一百八十度的大轉彎：「巴諾布猿的性生活和其他猿類不同。」這可不一定，因為人類（據費雪本人的說法，人類的性行為和巴諾布猿極為相似）。她接著說：「巴諾布猿的異性戀行為也在月經週期的大多時候出現，而雌巴諾布猿的性行為在分娩後一年內就恢復。」巴諾布猿的上述兩種性特徵十分獨特，只有另外一種靈長類動物也有：智人。然後費雪做出結論：「因為倭黑猩猩〔巴諾布猿〕一直要到兩百萬年前才出現，所以我不認為巴諾布猿適合作為兩千萬年前人科動物生活的模型。」（文字粗體為本書所加）[23]

樂園的復歸──遠古時代的性如何影響今日的我們？　078

此段話的奇怪之處有好幾層。在花了這麼多篇幅寫巴諾布猿的性行為和人類如何相似之後，費雪在結論時卻來了個連續後空翻，說巴諾布猿不適合當作我們祖先的模型。這還不夠奇怪，她還把整個討論的重心轉移到兩千萬年前，彷彿她一直以來討論的都是所有猿類最後一個共同祖先（可並不是），而不是黑猩猩、巴諾布猿、人類三者共同的祖先，這三者都是從五百萬年前的某個共同祖先分化而來。其實，費雪談的並非那麼遙遠的祖先。我們此處引用的是她的書《愛慾——婚姻、外遇與離婚的自然史》（Anatomy of Love），是根據她突破性的學術研究寫成的科普作品，文筆優美，而她研究的是人類「連續結偶的演化」（而非所有猿類）。此外，請注意費雪在談到巴諾布猿和人類共有的特質時，說那是「靈長類的性的極端」。

到了費雪要描述人類祖先如何從樹上下地生活時，出現了更多新維多利亞風格的影子：「或許，我們樹居的原始雌性祖先和多名雄性性交，以維持友好關係。接著，老祖宗不得不於約四百萬年前來到非洲的草原上，並演化出結偶現象撫育幼兒。此時雌性從公開雜交轉變為秘密交媾，從此享有資源以及基因更好或更多元的好處。」[24] 請注意，費雪是如何在考古紀錄毫無任何證據的狀況下就單純認定結偶現象出現於四百萬年前。她繼續上述的循環論證，寫道：

因為巴諾布猿似乎最為聰明的猿類，因為牠們似乎有許多類似人類的生理特徵，也因為這些黑猩猩熱烈而頻繁交媾，有些人類學家推論巴諾布猿很像是非洲人科的原型，也就是我們住在樹上的最後一個共同祖先。或許倭黑猩猩是我們過往的活化石。然而牠們的性行為確展現出某些根本差異。其一，巴諾布猿並不像人類那般長期結偶，也不以夫妻身分扶養幼兒。雄性的確會照顧還是幼兒的弟妹，可是一夫一妻制牠們過不來。雜交是牠們的娛樂。[25]

這裡可以清楚看到原始人摩登化的表現,即便是手中有最豐富資訊的理論學者,在思考人類性行為的起源時也可能會受其扭曲。相信如果費雪博士看看接下來幾章我們談的所有資訊,就一定會發現她所謂的性行為「根本差異」根本不是差異。我們會讓大家看看,夫婦婚姻以及單一性伴侶根本不像她和其他人主張的那樣,是普世人類行為。只因為讓巴諾布猿讓人懷疑,人類長期結偶是否為自然天性,費雪和其他大部分的權威人士就做出結論,說巴布諾猿無法作為人類演化的模型。他們一開始就下定論,認為長期的單一性伴侶形成了唯一自然、永恆的人類家庭結構的核心,然後再從這個結論往回論證。猶加敦,誰管它呢!

───

有時我會想像,若我們先認識巴諾布猿,之後才知道跟黑猩猩有關的事,或根本一無所知,又會如何呢?人類演化的相關討論或許就不會如此繞著暴力、戰爭、雄性主宰打轉,而會以性、同理、關懷、合作為中心。這片知識的風景會多麼不同!

——法蘭斯・德瓦爾,《猿形畢露》(*Our Inner Ape*)

從目前已知的巴布諾猿行為看來,所謂人類起源的殺戮猿理論的不足之處變得明顯可見。話雖如此,德瓦爾表示以黑猩猩佐證的霍布斯式觀點中有許多謬誤,即便沒有一九七〇年代出現的資料,最終謬誤也仍會浮現,他這話說得也有道理。德瓦爾請大家注意,這項理論把獵捕與侵略性混為一談,認定工具最初為武器,並將女性形容為「男性競爭的被動目標」。他呼籲應該要有新的情境,能夠「承認並解釋為何今天人類採集者中幾乎沒有組織戰爭、傾向平等、各團體慷慨

樂園的復歸——遠古時代的性如何影響今日的我們? 080

分享資訊及資源」。26

許多理論學者在看待史前時代時，投射了農業出現後、晚近時代執著於女性專一的想法，於是走上原始人摩登化之路，一路走進死胡同。現代男人想要控制女人的性，看似是出於直覺的衝動，但那並非人類的自然天性，而是對於歷史上某些社會經濟條件的反應，這些條件和人類這物種在演化時面臨的十分不同。這，就是了解現代世界的性的鑰匙。德瓦爾說得沒錯，這種講尊卑、好侵略、重地域的行為在人類而言是較晚近才開始的。我們之後會看到，這是為了適應圍繞農業而生的社會環境才出現的行為。

關於人「性」有許多沒有根據的假設，湍急成河。站在對岸遠觀，我們看到費雪、德瓦爾及其他幾個人似乎都壯著膽子踏上了河上的橋，卻仍舊不敢過橋。在我們看來，他們和任何人一樣都知道現有資料有最符合科學簡約性*的詮釋方式，而他們採取的立場則似乎是抗拒這種詮釋方式的折衷做法。人類的行為就是不像一夫一妻的物種，面對這樣擺在眼前的事實，他們不斷替人類「反常」（但又一致得令人一頭霧水的）的不當行為找藉口。全球到處婚姻破裂，費雪的解釋認為根據演化，結偶僅維持到幼兒成長為兒童、能跟隨採集遊群生活而不需父親協助為止。至於德瓦爾則主張，核心家庭「本質符合人性」，而結偶則是「達致極高合作程度的關鍵，而高度合作正是人類物種的特色。」然而，接著德瓦爾的結論卻頗有絃外之音：「我們這物種之所以成功，和放棄巴諾布猿的生活方式及更嚴格控制性的表達密不可分。」27「放棄？」既然從未有過，就不可能放棄，那麼德瓦爾應該是同意人類的性在某時某刻曾與放鬆、雜交度日的巴諾布猿大為

* 科學的簡約性（parsimony）又稱簡約原則（Law of Parsimony）或奧坎剃刀（Occam's Razor），指好的理論應該簡約，亦即使用最少的假說即能解釋最多的現象。——譯註

類似——只不過他從未明說，也從未放膽說出我們的祖先放棄這種生活方式的時間點和原因為何。[28]

比較巴諾布猿、黑猩猩與人類的社會／性行為及幼兒發育[29]

人類與巴諾布猿的雌性都會在整個月經週期、哺乳期及孕期性交。雌黑猩猩性活躍的時間只占週期的百分之二十五到四十。
人類與巴諾布猿的幼兒發育比黑猩猩要慢，要到一歲半才開始和其他人玩。
雌巴諾布猿和人類一樣，一生產完就回歸群體，幾個月內就開始性交。牠們不大害怕孩子被殺害，巴諾布猿不論是圈養還是自由活動，都從未出現殺嬰現象。
巴諾布猿和人類都享受許多不同的性交體位。腹對腹（傳教士體位）似乎為雌巴諾布猿所好，而雄性則偏好後入體位，至於黑猩猩則幾乎只偏好後入體位。
巴諾布猿與人類在交媾時往往望入對方眼中，並深深親吻對方。黑猩猩則兩種都不做。
人類與巴諾布猿的外陰位於兩腿之間，偏向身體前側，而不像黑猩猩及其他靈長類偏向後側。
人類及巴諾布猿分享食物的行為與性行為極為相關，而黑猩猩則僅略有關聯。
人類及巴諾布猿在性方面可能的組合變化程度高，且同性性行為在二者中皆很常見，但卻少見於黑猩猩。
雌巴諾布猿以生殖器對生殖器摩擦，似乎是種確認雌性情誼的方式，此現象出現於所有研究的巴諾布猿群體中（不論野生或圈養），而黑猩猩則完全沒有。人類方面，目前仍沒有生殖器互相摩擦的相關資料（有雄心壯志深入研究的研究生們注意啦！）。
黑猩猩及其他靈長類的性行為似乎主要用於繁衍，巴諾布猿及人類卻利用性作為社交用途（降低壓力、建立關係、解決衝突、消遣娛樂等）。

第二篇
慾望天堂（孤寂？）

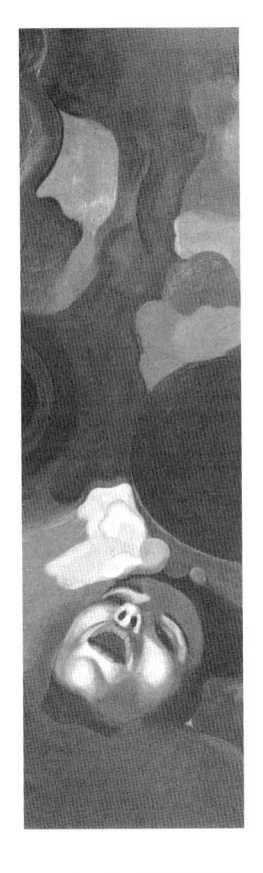

萬物若依本性行事，
根本不需要以死恫嚇。

NO CREATURE NEEDS TO BE THREATENED WITH DEATH TO ACT IN ACCORD WITH ITS OWN NATURE.

PART II
LUST
IN PARADISE
(SOLITARY)

第五章 誰在天堂失去了什麼？

Who Lost What in Paradise?

〔男人〕想像出一座天堂，卻把他最極致的歡愉、他種族每個人心中首要的狂喜排除在外⋯⋯交歡！這就好比有個人在炙熱的沙漠迷路、奄奄一息，來救援的人對他說，所有他想要的事物他都可以選、可以擁有，唯有水例外。

——馬克・吐溫（Mark Twain），《地球來信》（Letters from the Earth）

原來，伊甸根本不是一座園子。伊甸應有盡有，有叢林、林地、自然海岸、開闊草原、多風凍原，卻沒有園子。亞當與夏娃並非被趕出園子，而是被趕了進去。

你想想：什麼是園子？有人種植的土地。有人照顧。有人安排。有人整理。刻意而為。有雜草就毫不留情拔掉或毒死，精選種子來播種，不歡迎意外事件。這樣的地方，沒有什麼是自由自在、自然而然的。但故事裡說，在他們墮落以前，亞當和夏娃過得無憂無慮、赤身裸體、天真無邪——什麼都不缺。他們所在的世界提供一切所需：有吃有喝，有地方遮風避雨，還有伴。

然而在墮落之後，好日子就過完了。從前，世界慷慨贈予糧食；現在，得辛苦工作才有得吃。女人因生產而受苦。而性的歡愉，從前無所謂罪惡；現在卻可能令人感到丟臉可恥。雖然《聖經》裡的故事說，最早的人類被逐出園子，可是說著說著劇情顯然卻反了過來。採集者（或巴諾布猿）的生活可說是低壓力、高享受；農夫卻得在園中從早到晚辛苦勞作。亞當、夏娃所受的詛咒，主要就在於前者變成後者。如此不划算的交易，我們的老祖宗到底為什麼要接受？原罪的概念，就是試圖對此加以解釋。

人類墮落的故事以敘事的架構，呈現從「找到了就是你的」的漁獵／採集生活到農人辛苦勞動之間的轉變。農人必須面對昆蟲、鼠類、天氣以及不配合的大地，非得「汗滴禾下土」才能換來麵包，而非像祖先一直以來那樣，找到（現已成禁果的）果子，一伸手、一張口，如是而已。難怪採集者幾乎從未表現出向歐洲人學習農耕技術的興趣。某個採集者就說：「世界上有這麼多蒙貢果果仁，為什麼要耕種呢？」

———

像本書這種談論人類自然本性的書，最易招來麻煩。一方面，人人都是專家。生而為人，我們對於人之本性都有自己的看法。要了解人性，似乎只需要比常人多一些些常識，再對自己無窮無盡的愛慾憎恨多留點心即可。簡單得很。

可是要弄清人性是怎麼一回事，其實並不容易。人性早已經過造景、重新栽植、除草、施肥、圍上圍籬、撒下種子、澆水灌溉，其密集程度不下於任何花園或海濱高爾夫球場。人類被培育的時間，要超過我們培育任何事物的時間。種種文化抱著不明的來馴化我們，培養、鼓勵某些層面的行為和傾向，同時又設法消除可能會干擾的行為、傾向。或許可以這麼說，農業對人的馴化，不比任何植物少，也不亞於其他動物。[2]

我們對於完整人性的感受，就像飲食一樣，不斷削減。無論多麼營養，只要未被馴化，就遭拔除——不過我們會看到，人性當中的某些雜草根長得極深，深入我們共同的過往。你大可拔去，但只會春風吹又生。

所培養的事物不論長在土裡還是腦袋裡，並不見得對某個社會中的個體有益。有些事可能有

益於整體文化，卻對那個社會中大部分的個體成員有所危害，但個體卻受苦死亡。空中、水中的工業毒素、全球化的貿易協定、基因改造的作物⋯⋯個體全都接受，最後卻有可能成為這筆買賣中的輸家。

個體與集體之間的利益脫鉤，有助於解釋為何轉為從事農業對於大多必須承受的個體而言分明是災禍，卻通常被編造為大躍進。從採集轉為農耕，世界各地所挖掘出的當時的骨骼遺骸都顯示同樣的景況：饑荒增加、維生素不足、成長停滯、壽命大幅縮短、暴力增加⋯⋯幾乎沒有值得歡慶的事。我們會看到對大部分人而言，從採集轉為農業並非大躍進，而是令人頭昏眼花的墮落。

論放克與晝夜搖滾

若你曾懷疑人類是否為社會化的動物，就想想：若不直接處死或對肢體加以凌遲，社會的武器庫中最嚴厲的懲罰一直都是放逐。其後空曠之地不夠，無法放逐最壞的囚犯，我們於是改以內在的放逐作為最嚴厲的懲罰：單獨禁閉。沙特（Jean-Paul Sartre）說反了，他說：「L'enfer, c'est les autres」（地獄就是他人）。對我們這個物種來說，地獄是**缺少**他人。人類太渴望與外界接觸，幾乎全天下的囚犯都會選擇和有殺人傾向的瘋子作伴，也不要綿綿無期的孤獨。記者泰瑞・安德森（Terry Anderson）曾在黎巴嫩被挾持七年。回想這段痛苦的經歷，他說：「我寧願有個最糟的伴，也不要一個伴都沒有。」[3]

演化理論學家喜歡替物種最突出的特徵找出解釋的方法：麋鹿的角、長頸鹿的脖子、獵豹的起跑速度。這些特徵反映了上述物種演化的環境，也反映了此物種在環境中占有的利基。

我們這物種最突出的特徵是什麼？除了超大的男性外生殖器（請見本書第四篇）之外，從生理的角度來看，我們並沒有太令人印象深刻的地方。黑猩猩平均體重只有我們的一半，力氣卻和四到五個肌肉結實的消防隊員一樣大。許多動物都跑得更快、潛得更深、打得更好、看得更遠，能聞到更淡的氣味，還能在人類耳中的一片寂靜中聽出音調的細微差異。我們到底有什麼才藝？人類到底有何特殊之處？

我們和彼此之間無窮無盡的複雜互動。

我們知道你在想什麼：較大的腦部。沒錯，但人類獨特的大腦來自我們愛聊天、好社交的習性。雖然人腦究竟為何長得如此大、如此之快眾說紛紜，但是大部分的人都會同意人類學家泰倫斯‧狄肯（Terrence W. Deacon）說的：「人腦之形塑，並非只是因為整體需要變得更聰明，形塑人腦的演化過程詳細訂出了語言所需要的種種能力。」[4]

這是典型的反饋迴路（feedback loop），我們較大的腦部既滿足我們對於複雜、精細溝通的需求，也是如此需求的結果。而語言則滿足我們最深、最人性的需求：能夠形成並維持有彈性、多維度、適應力強的社會網絡。萬物之中，以智人最為社會化。

除了大得不成比例的腦部及與之相關的語言能力之外，人類還有另外一項**最具人性**的特質。說來或許並不奇怪，這件事與我們的社會結構密密交織：人類極為旺盛的性慾。

從來沒有哪種動物像人類一樣，一生花這麼多時間為了性而折騰，就連以性慾強著名的巴諾布猿也不例外。雖說我們和巴諾布猿一樣，一生都要性交數百、甚至數千次，遠超過其他任何靈長類，可是牠們「辦事」的時間要比我們短得多。「一夫一妻」結偶的動物幾乎都「性」趣缺缺，性行為和梵蒂岡建議的一樣：頻率少、聲音小、只為繁衍後代。人類不論宗教，其性慾都屬於光譜的另一端，是性慾亢進的化身。

人類與巴諾布猿都以性為樂，用以鞏固友誼及協議（試想，歷史上的婚姻更像是企業合併，而非宣告永恆的愛）。對以上兩種物種而言（顯然也只有這兩種物種覺得「自然」，這是二者的關鍵特徵。[5]

如此縱情性愛是否讓我們聽起來「有如禽獸」？不該是這樣的。在動物界當中，多的是間隔很久、只有雌性排卵時才性交的物種。只有兩種物種可以為了非繁衍的理由每週都來一下：一種是人，另一種非常像人。因此，為了快感而和不同伴侶性交其實更符合「人性」而非獸性；完全為了繁衍、偶一為之的性，則更符合「獸性」而非人性。換言之，能熊熊慾火焚身的猿猴表現得「很像人」，而對於一年性交一或兩次以上不感興趣的男女，嚴格來說，「表現有如禽獸」。

雖然許多人努力對自己、也對別人掩飾他們生而為人的性慾，但這自然的力量還是會爆發。過去，許多正直體面的美國人都覺得貓王唱起搖滾時那般扭腰擺臀實在不堪入目。不過，有多少人想過「搖滾」（rock and roll）一詞的意義為何？文化歷史學家麥克．范杜拉（Michael Ventura）調查非裔美國音樂的根源，發現「搖滾」一詞來自南方的小酒館。范杜拉告訴我們，此詞早在貓王出現之前就已出現，「尚未用來指音樂，指的是『幹』（to fuck）。『搖』（rock）字本身，至少從二〇年代開始在那些圈子中就差不多是這個意思。」到了一九五〇年代中期，這個詞開始廣為主流文化使用，范杜拉就說DJ「要嘛不知道自己在說什麼，要嘛太狡猾不承認自己知道」。

長青主持人艾德．蘇利文（Ed Sullivan）曾宣布「所有孩子都為之瘋狂的搖滾」新玩意，他若明白自己在說什麼，大概要大吃一驚。不過，常用美式英語底下幾乎未加隱藏的春色還不止這個例子。美國研究非洲藝術史的大家羅伯．湯普生（Robert Farris Thompson）表示，「放克」（funky）一詞來自剛果語的「*lu-fuki*」，意思是跳舞或性愛時所流的「歡快的汗」。「魔咒」（*mojo*）在剛果語中為「靈魂」之意。「布吉」（boogie）則來自「*mbugi*」，意為「好得要

命」。「爵士」（jazz）和「精子」（jism）可能都來自「dinza」，在剛果語中表示「射精」。[6]

色情書刊影音產業價值數千億元，姑且不管；電視、電影、廣告裡的胸和臀，暫且不論；戀愛時唱的情歌，失戀時唱的藍調，也當沒這回事。就算不考慮上述種種，我們人類拿來想、計劃、進行、回憶性事的時間占一生的比例，仍是其他萬物遠遠不能及。雖然我們的生殖潛能較低（很少女性生過十來個以上的孩子），但人類這物種真的能夠、也確實晝夜「搖滾」。

> 如能選擇出生之地，我必選一邦國，人人盡皆相識，於是暗暗施行之陰謀或曖曖內含之美德皆難逃公眾之法眼與評判。
> ——盧梭

盧梭生錯了時代、地點，他要是早生兩萬年，與在歐洲洞穴岩壁上畫實物大公牛的畫家同一時代，就能認識所處社會中的每個成員。又或者生在自己的時代，不過是在還沒有被農業改變的諸多社會之一，他就能找到自己渴求的緊密社會。孤獨感（即便身處擁擠的城市）和人生的許多事物一樣，是伴隨農業而來的怪事。

霍布斯從自己過於擁擠的世界回首遠望，想像史前的人類生活孤獨得令人難以忍受。今天，我們和無數陌生人之間只隔著薄薄的牆、小小的耳機、馬不停蹄的時間表，於是假定自己的祖先必得承受孤獨寂寥的重擔，在史前風吹草低的景觀中遊蕩。然而，如此假設雖然看似符合常識，實則大錯特錯。

樂園的復歸──遠古時代的性如何影響今日的我們？ 090

採集者的社交生活互動之深、之頻繁，我們大概很少人能想像（或忍受）。我們這些人，生長的社會以個體性、個人空間、私有財產環環相扣的原則為中心，很難想像那樣關係緊密的社會，所有的空間和財產都是公有，身分也是集體而非個人。從出生的第一天早上到死亡的最後一次悼念，採集者的一生充滿了密集、經常的互動、交互關係、相互依賴。

在這裡，我們將會檢視霍布斯對史前人類生活的名言中的第一個元素，會讓各位看看，在城邦興起之前，人生一點也不「孤寂」。

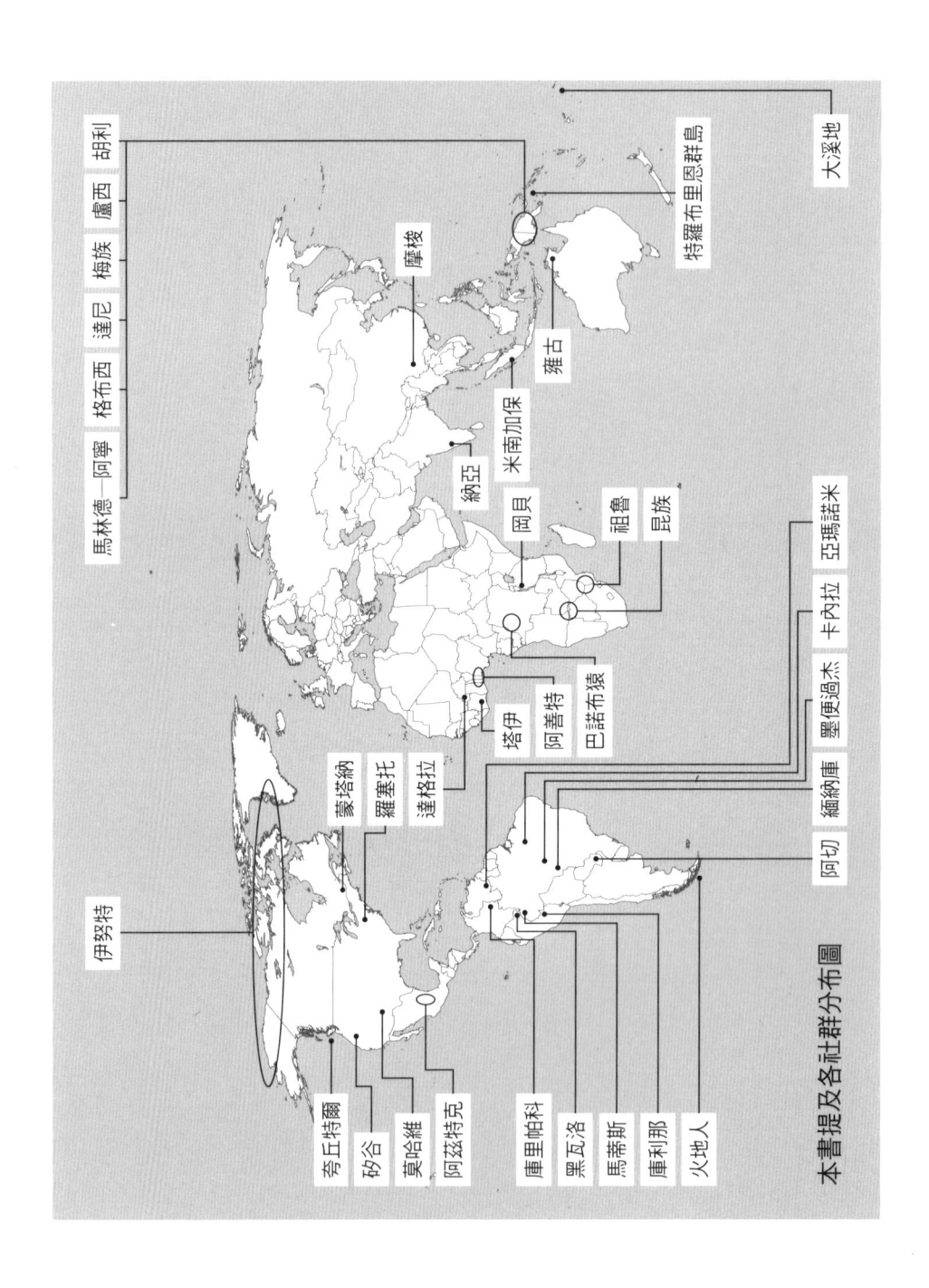

胡利
盧西
梅族
達尼
格布西
馬林德—阿寧

摩梭
雍古
米南加保
納亞
岡貝
祖魯
昆族
塔伊
阿善特
巴諾布猿

特羅布里恩群島
大溪地

亞瑪諾米
卡內拉
墨便過杰
緬納納庫
阿切

蒙塔納
羅塞托
達格拉

伊努特

夸丘特爾
矽谷
莫哈維
阿茲特克
庫里帕科
黑瓦洛
馬蒂斯
庫利那
火地人

本書提及各社群分布圖

樂園的復歸──遠古時代的性如何影響今日的我們？　　092

第六章　你的爸爸們是誰？

> 要說現代的家庭群體，常常也不是只由（或只包含）結偶的一父一母組成，我實在不明白為何會有人堅持人類祖先由一夫一妻的核心家庭養育長大，以及結偶比其他的安排更合乎自然。
>
> ——馬文‧哈里斯（Marvin Harris）[1]

亞馬遜當中的鳥類與蜜蜂都不同。在那裡，女人不但可以稍微有點懷孕，而且大部分的人都處於稍微有點懷孕的狀態。我們接下來所討論的社會都相信同一件事，科學家稱之為「可分割父子關係」（partible paternity）。這些群體對於受孕的概念十分新奇：胎兒是由精子累積而成。

人類學家史蒂芬‧貝克曼（Stephen Beckerman）以及保羅‧瓦倫丁（Paul Valentine）解釋道：「受孕被視為有程度之分，和妊娠期沒有明顯區分……所有性活躍的婦女都有一點懷孕。隨著時間過去……精液在子宮逐漸累積，形成胎兒，接著又有更多性行為，額外的精子讓胎兒長得更大。」[2] 若婦女在不來月經時就停止性交，這些文化的人相信胎兒就會停止發育。

如此理解精子如何形成胎兒，何謂「負責任的」性行為就有了有趣的結論。這些社會中的婦女和各地的母親一樣，努力想為孩子的人生創造任何可能優勢。為達目標，她多半會想辦法和各式各樣的男人發生性關係。她會從最好的獵人、說書人、最幽默的、最善良的、最好看的、最強壯的諸如此類的人身上求得「貢獻」，希望孩子能夠「吸取」每個人身上的精華。

這種理解受孕及胎兒發育的方式，人類學家在許多南美社會（從採集漁獵到粗耕都有）

都有記載。包括委內瑞拉至玻利維亞一帶的社會：阿切（Aché）、阿拉威德（Araweté）、巴里（Bari）、卡內拉（Canela）、卡希納華（Cashinahua）、伊賽伊亞（Ese Eja）、卡雅布（Kayapó）、庫利那（Kulina）、庫里帕科（Curripaco）、馬蒂斯（Matis）、緬納庫（Mehinaku）、皮阿若阿（Piaroa）、皮拉哈（Pirahã）、西寇亞（Secoya）、西歐那（Siona）、瓦老（Warao）、亞諾瑪米（Yanomami）、耶夸那（Ye'kwana），族繁不及備載。這也不是什麼民族誌的奇聞怪事（於相關文化間傳播的古怪想法），同樣的概念可在許多文化群體中找到，並無證據顯示這些群體數千年間曾有接觸。可分割父子關係的概念也並非僅限於南美洲，比如巴布新幾內亞的盧西族（Lusi）也認為胚胎發育要靠多次性行為，且往往是與不同男性進行。即便今日，儘管年輕盧西族人對於現代的生殖概念多少有些認識，但仍認為一個人的父親有可能不只一個。

貝克曼和瓦倫丁解釋道：「總歸只有一個可能結論：可分割父子關係是古代民間的一種想法，能扶持家庭有效運作，亦即家庭能有父親妥善育幼、順利將孩子養大成人。」[3]

———

曾有人類學家請阿切部落的受試者指出他們的父親是誰，沒想到收到的卻是一個數學難題，想解題還得先上一堂生詞課。這三百二十一名阿切受試者宣稱有六百個父親。你爸爸們是誰？

原來，阿切人會區分四種不同的父親。據剛才那名人類學家金‧希爾（Kim Hill）記載，這四種父親為：

- 米阿蕊（Miare）⋯負責放進去的父親；
- 配阿蕊（Peroare）⋯負責拌勻的父親；

- 猛巴蕊（Momboare）：負責灑出來的父親；
- 擺庫阿蕊（Bykuare）：給予孩子精華的父親。[4]

孩子有好幾個父親並不會當成「雜種」或是「賤女人的孩子」受人排斥，反而因為有一個以上的男人關照而受惠。人類學家計算過，他們能活過童年時期的機率往往要比同樣社會中、只有一個已知父親的孩子高得多。[5]

這樣的社會，男人非但不會因為對自己的基因傳承有疑慮而勃然大怒，反而比較可能因為其他男人幫忙創造更強壯的寶寶並幫忙照顧，而心懷感激。這樣的社會，男人非但沒有像標準論述預測的那樣，被嫉妒蒙蔽了眼睛，反而因為同是某個孩子的父親而建立情誼。正如貝克曼所言，在狀況最糟的時候，這樣的制度可能提供孩子額外的安全保護：「你知道，若你過世，還有另一個男人仍有照顧你孩子中至少一人的責任。所以，妻子找了情夫時，視而不見甚至獻上祝福是你唯一能買的保險。」[6]

為免讀者忍不住把這類行為歸類為遙遠而古怪，其實我們周遭也能找到類似的例子。

社會「性」交流之樂

「知」和「性」十分類似，都有其實用目的，卻不是大部分人通常從事的原因。

——法蘭克・奧本海默（Frank Oppenheimer）

一九七〇年代末、八〇年代初，英國動物學家德斯蒙德・莫里斯（Desmond Morris）曾花數月時間觀察一支英國職業足球隊，之後將想法出版成冊，書名叫《足球部落》（The Soccer Tribe）。

正如書名所說，莫里斯發現足球隊員的行為竟和他在先前研究的部落當中的所見所聞極為類似。

他注意到兩種環境都有兩種顯著的行為：群體平等化以及不占有。

莫里斯寫道：「一群足球隊員自己人聊天時，你首先會注意到他們唇槍舌劍腦子轉得極快。他們的幽默往往不留情面，有哪個隊員表現出一絲一毫的自尊自大，就會遭到取笑。」然而呼應史前時代平等主義的，不只是在更衣室中取笑自大的人，還延伸到了性的方面。「如果有人（在性方面）得分，他並不會感到占有慾，反而對於隊友和同一個女孩也樂觀其成」。雖然有人可能覺得這樣沒心沒肝，莫里斯卻向讀者保證不吃醋，「只是用於衡量隊友之間，不論是在場上還是場下，壓抑自私心態的程度」。[7]

對職業運動選手、音樂家、他們最熱情的女粉絲以及許多採集社會的男男女女而言，交錯重疊的性關係強化了群體的緊密程度，而且能在不確定的世界中提供一份安全感。有時（或許是大多時候）人類的性不只是和歡愉或是繁衍有關。某個社群的成年人當中，非正式的性關係可能有重要的社會意涵，遠非只是肉體滿足而已。

咱們試著用枯燥學術的詞彙來說說這種流動的性慾：我們假設，社會「性」交流（Socio-Erotic Exchanges，簡稱S.E.EX.）可強化小規模遊居社會（顯然還有其他極為相互依賴的群體）個體間的關係，形成耐久的重要情感、聯繫以及相互責任網絡。

從演化的角度來說，這個網絡之重要值得再三強調。畢竟，我們這個緩慢、弱小、基因無甚特出的物種之所以得以生存，最終主宰整個地球，主要就是因為這種有彈性、適應力強的社會群體（以及腦部發育、語言能力以及二者互為因果的反饋迴路）。若沒有經常的社會「性」交流，採集遊群恐怕難維持穩定的社會平衡並生養眾多達數千年之久。要將成年人集結成群體，一同照顧父子關係不明或共享的孩子，社會「性」交流十分重要。每個孩子可能和團體中大部分或是全

部的男性有關係（就算不是父親，當然也是叔伯或表兄……）。

這樣錯綜的關係對於社會團結如此重要，此時若是選擇不參與，會造成問題。人類學家菲利浦・艾瑞克森（Philippe Erikson）在寫到馬蒂斯人時，就肯定：「多重父子關係……不只理論上可行。……婚外性行為不但廣為進行，也多獲得容忍，從很多層面來看，似乎還是必須。若異性表親（cross-cousin）想要有性關係，則另一方無論是否已婚都有道德責任加以回應，否則就要承受被貼上『吝惜性器官』標籤的痛苦，此種違反馬蒂斯人道德觀的行為，可比單純不忠要嚴重許多。」（文字粗體為本書所加）

顯然，被人認為是守性奴可不是開玩笑的事情。艾瑞克森寫道，有名年輕男性為了躲避他性慾高漲的表姊妹，借他的小屋躲了好幾個小時，若被找到，他想拒絕就站不住腳。還有更嚴重的，馬蒂斯人的紋身慶典公開禁止與平時的伴侶（們）性交，否則就會遭到嚴重懲罰，甚至受死。[9]

然而，若社會「性」交流真的在維持史前社會團結中扮演核心角色，好色得坦蕩蕩，我們應該會在古今中外發現此種行為的諸多遺跡。確實如此。

莫哈維族（Mohave）女人以生性放蕩、不願跟著同一個男人而聞名。[10] 凱撒（沒錯，就是那個凱撒）注意到鐵器時代的不列顛「妻子由十人甚至十二人共有，多半是兄弟，也有父子……」，為此大感震驚。[11] 一七六九年停留大溪地的三個月間，庫克船長（Captain Cook）和船

* 唐・波拉克（Dan Pollock）在私人書信中對於多重父子關係的概念提出了一個有趣的看法，他寫道：「庫利那人認為一個孩子的『生』父可能不只一人。說來諷刺，我一直認為這個概念其實更接近真實的基因狀況：在一小群基因同質性高的人當中（或在一群因數代近親通婚而接近如此的人當中），每個孩子的基因和與母親有過性關係的男人都很類似，和母親沒接觸過的也很類似。」

員發現當地人「在旁人眼前滿足所有的慾望與激情」。約翰‧霍克斯沃斯（John Hawkesworth）記敘庫克旅程的文字初版於一七七三年，他在當中寫道：「有年輕男子，近六呎高，在好幾個我們的人還有好些當地人面前與一名年約十一、二歲之女童行維納斯之禮，絲毫不覺有何不得體或不合宜之處，反而看來完全符合當地風俗。」島上幾名年紀較大的婦女正旁觀這場愛慾纏綿的展示，顯然還開口給了女孩一些指示，不過庫克告訴我們：「她年紀雖小，卻似乎不太需要〔指示〕。」[12]

另一位也在大溪地待過一些時日的船長賽繆爾‧瓦利斯（Samuel Wallis）則記載：「女人多半生得俊俏，有些著實是大美人，然其美德卻禁不起一根鐵釘。」大溪地人對於鐵器十分著迷，也因此用一根鐵釘的確就能換得與當地女性一夜春宵。到了瓦利斯啟航之時，他的手下多半都睡在甲板上，原來是因為已經沒有釘子可以掛吊床。[13]

現今的特羅布里恩群島（Trobriand Islands）有個樹薯豐收祭，此時年輕女性會成群結隊「強暴」自己村子以外的男人，據說男人若無法滿足她們，會被咬去眉毛。古希臘人在阿芙羅迪西亞（Aphrodisia）、戴歐尼西亞（Dionysia）還有勒那（Lenea）節慶時也慶祝不加拘束的性。在羅馬，崇拜酒神巴克斯（Bacchus）的教徒一個月縱酒狂歡不下五次，*而南太平洋許多島嶼，雖然世世代代的傳教士不停疾呼講羞恥、重道德，當地仍因為以開放態度面對不受限制的性而聞名。許多現代巴西人在嘉年華期間徹底放縱自我，參加一種稱為「薩卡納真」（sacanagem）、你情我願、無婚姻關係的性儀式，這種活動會讓紐奧良或拉斯維加斯都相形失色。[14]

雖然讀者見了女性如此積極參與這些活動可能會大吃一驚，但不論達爾文等人如何認定，女性在性方面較為含蓄，是源於文化而非生物因素，這點早已顯而易見。五十多年前，性研究學者福特與畢曲（Ford and Beach）就宣告：「若社會對於性沒有雙重標準，且允許各式各樣的性關

樂園的復歸──遠古時代的性如何影響今日的我們？　098

係，則女性遇到機會時，會和男性一樣積極。」

從血緣與我們最近的靈長類雌性表親身上也找不出太多理由，足以讓人相信人類女性單純因為生物因素而應該較為性趣缺缺。相反地，靈長類動物學家梅瑞狄斯‧斯摩爾（Meredith Small）就注意到，雌性靈長類深受交配時的新鮮感吸引。已經認識的雄性或許有雄性能有的任何特徵（地位高、大塊頭、毛色、時時打理自己、金鍊子、毛茸茸的胸膛等等等），但仍不及陌生雄性吸引雌性。斯摩爾寫道：「整體而言，靈長類唯一一致的興趣就是對於愛好新奇多變⋯⋯其實，女性喜好追求不熟悉事物這件事多有記載，記載次數更勝人眼能見的其他特徵。」[15]

德瓦爾寫下以下文字時，有可能是指先前提到的任何一個亞馬遜社會，他說男性：「絲毫不知哪次交媾會受孕，哪次不會。群體中長大的〔孩子〕幾乎都有可能是他的。⋯⋯若非得設計一套社會制度，當中父親身分曖昧不明，則無人能與〔自然之母對〔此〕社會之所作所為比美。」[16]德瓦爾這番話雖然適用於任何進行儀式化偶外性交的社會，但他寫的其實是巴諾布猿，也因此強調了黑猩猩、巴諾布猿及牠們矛盾的人類表親這三種最相關的猿類在性方面的一脈相承。[17]

既然人類、黑猩猩、巴諾布猿的性慾極為亢進，不免令人好奇為何有如此多人堅稱女性性專一是人類數百萬年演化發展中不可或缺的一環。除了此處所提出之直接證據之外，反對這套論述

---

* 阿芙羅迪西亞節祭祀的是愛神阿佛洛狄忒（Aphrodite）代表肉慾歡愉一面的阿佛洛狄忒‧潘德莫斯（Aphrodite Pandemos），而非代表精神之愛的阿佛洛狄忒‧烏拉尼亞（Aphrodite Urania）。戴歐尼西亞節則是崇拜酒神戴奧尼修斯（Dionysus），在羅馬信仰中相對應的神祇即是巴克斯。勒那節亦為酒神節。——譯註

099　第六章　你的爸爸們是誰？

的旁證也極為有力。

首先試想，生活在大型社會群體中的靈長類，行一夫一妻制的種類根本是零——除非你非把人類算作唯一的例子不可。（在數百種靈長類中）少數幾種行一夫一妻制的，都以家庭為單位分散住在樹頂。在靈長類之外，哺乳類只有百分之三、無脊椎物種只有萬分之二可說是採單一性伴侶。然而，即便是在他的經典著作《裸猿》（The Naked Ape）的最新版本當中，那個觀察到足球選手欣然共享愛人的德斯蒙德・莫里斯仍堅稱：「在人類之中，性行為幾乎僅發生於結偶狀態」，而「通姦反映了結偶機制中的一項缺憾」。[18]

這個小小的「缺憾」還真厲害。

就在我們寫下這段文字的同時，CNN報導伊朗有六名通姦者遭石頭砸死。在偽善的罪人投出第一顆石頭之前，通姦的男性腰部以下會被埋在土中，而女性則是頭部以下埋入土中，想來是要幫助這些膽敢視身體為自己所有的女人快點解脫，如此展現騎士精神實在令人作嘔。從歷史來說，以如此殘酷的方式處決在性方面踰矩的人並非特例。艾瑞克・強生表示：「猶太教、基督教、伊斯蘭教、印度教都有一個根本關注的問題，那就是：如何處罰女性性自由。」「『與鄰舍之妻行淫的，姦夫淫婦都必治死』（《聖經・利未記》20:10），但未婚女子若與未婚男子有性關係，則女子須被帶至『她父家的門口，本城的人要用石頭將她打死』（《聖經・申命記》22:21）。」[19]

然而，經過數百年野蠻的懲罰，通姦仍無處不在，毫無例外。金賽（Alfred Kinsey）在一九五〇年代就提到：「女性婚外交媾的懲罰，即便文化亟欲嚴加控管，顯然仍會發生，且多是經常發生。」[20]

好好想想吧。沒有任何群居的非人靈長類採一夫一妻制，而所有有人研究過的人類文化都有關於通姦的記載，包括那些通常會將通姦者亂石砸死的文化。這種種血腥的執行手段，讓人很難看出一夫一妻制如何「自然」出現於人類。為什麼有如此多人冒著丟掉名聲、家庭、事業甚至總統歷史地位的風險，去追求違背他們人類天性的事呢？若誠如標準論述所言，一夫一妻制是人類這物種古老、經演化而成的特性，上述無所不在的踰矩行為就應該極少發生，也不需要如此可怕的懲罰。

萬物若依本性行事，根本不需要以死恫嚇。

雜交的承諾

現代的男男女女都為性痴狂，對我們大部分人而言，這是僅存的原始冒險。我們就像動物園中的猿類，把精力耗在唯一的遊樂場，除此之外人類幾乎可說是被囚禁於工業文化的牆壁、鐵欄、鐵鍊與深鎖的大門之內。

——愛德華・艾比（Edward Abbey）

考慮其他看待史前的性的方法時，切記標準論述的核心邏輯繞著兩個連動的假設轉：

- 史前的母親及孩子需要男人所能提供的肉類以及保護。
- 女人需要以她的性自主作為交換，以此向男人保證他養的是自己的骨肉。

標準論述的論述基礎，是認為要想讓孩子活到可以生育的年紀，以蛋白質和保護交換確定的父子關係是最能增加存活率的辦法。畢竟，根據達爾文及後世理論學者的說法，後代能夠生存是

101　第六章　你的爸爸們是誰？

天擇最主要的動力。可是，要是反過來的做法反而更能有效減少後代所面臨的危險呢？要是分享的適用對象更廣，而非只是一個男人同意和某個女人及其孩子分享肉類、保護以及地位呢？要是全體分享更能有效降低我們祖先在史前世界所面臨的種種風險，至於這些風險，有沒有可能若父子關係不確定，反而因為有更多男人關照這個孩子，因此對其存活率更有幫助？

同樣地，此處我們也不是要主張這樣的社會制度更高貴，而是說這樣以分享為基礎的社會可能更能適應史前生活環境的挑戰，也更能有效幫助人活到可以生育的時候。這種以分享為基礎的社交生活實並非人類的專利。比如，中美洲的吸血蝙蝠以大型哺乳類的血液為食。每晚並非所有蝙蝠的晚餐都有著落，回到巢中，飽餐一頓的蝙蝠就會把血灌回運氣欠佳的蝙蝠口中。等到風水輪流轉，蒙受如此恩惠的蝙蝠可能會加以回報，但要將血分給拒絕過自己的蝙蝠就比較不可能。正如某個評論者所說：「蝙蝠這一連串的行為，關鍵在於要能記住與同巢其他蝙蝠過往的愛恨情仇。對於記性的需求也影響了吸血蝙蝠大腦的演化，所有已知的蝙蝠當中，就屬吸血蝙蝠的大腦新皮質最大。」[21]

希望吸血蝙蝠為了非血親親戚而吐血的畫面夠生動，能說服你，分享本身並不「高貴」。某些物種只是在某些狀況下發現，慷慨為懷是不確定的生態環境中最能降低風險的方法。一直到最近以前，智人似乎都還是這樣的物種。[22]

在採集者之中，激烈的平等主義幾乎是普世現象，顯示或許我們史前時代的老祖宗真的沒多少選擇。考古學家彼得‧柏伽基（Peter Bogucki）寫道：「對冰河時期的狩獵社會而言，社會組織採取遊群模式，再配合資源必須共享，是唯一的生存辦法。」[23] 假定史前人類會選擇生存機率最高的道路，即便這條路要的是平等分享資源而非圖利自己、囤積資源（許多當代西方社會堅稱這是人之本性），從達爾文學說的角度來說也十分合理。畢竟，達爾文自己都認為，團結合作的人

樂園的復歸──遠古時代的性如何影響今日的我們？　　102

組成的部落將會征服一群自私自利的個體。

我們是否在鼓吹某種異想天開、世界大同式的天真想法？談不上。在世界各地研究的簡單漁獵採集社會中都能找到平等主義，而這些社會所面臨的狀況和我們五萬、十萬年前的祖先最為類似。他們選擇走上平等之路並不是因為特別高貴，而是因為這樣的存活率最高。的確，在這樣的狀況下，就如柏伽基的結論所說，平等或許是唯一的生存之道。有制度地分享資源及性，分散也縮小了風險，在沒有冷藏技術的世界中確保食物不被浪費，消除男性不孕的風險，促進個人基因健康，並確保大人小孩都有安全的社會環境。採集者堅持平等，並不是烏托邦式的浪漫情懷，而是因為從各種實用層面看，它都十分有效。

巴諾布猿之初

性的平等有其效果，這點已由雌巴諾布猿確認，巴諾布猿的雌性和人類有許多共通的獨特特色，為其他物種所沒有。這些性方面的特徵對社會有其影響，非但直接且可以預期。比如，德瓦爾的研究就顯示，其他靈長類動物的雌性可交配的時間較短，相較之下雌巴諾布猿的交配接受性增長，連帶也大幅減少了雄性的衝突。因為交配機會充足，所以雄性就不需要冒著頭破血流的風險為了某一次的機會而大打出手。比如黑猩猩之間結盟多半是為了避免競爭對手接近排卵期的雌性，又或者是為了獲得較高的地位，使某個雄性獲得較多交配機會；而巴諾布猿，由於交配機會多，不必劍拔弩張，組成上述打打殺殺幫派的主要動機也就隨之煙消雲散。

同樣的互動關係也適用於人類團體。假定現在偏好的一夫一妻結偶演化模式適用於早期人類，卻不適用於中非叢林中的巴諾布猿，除了「當今人類的社會習俗」之外，還有什麼理由？若

巴諾布猿（與人類？）雌性交配可接受性延長的社會影響

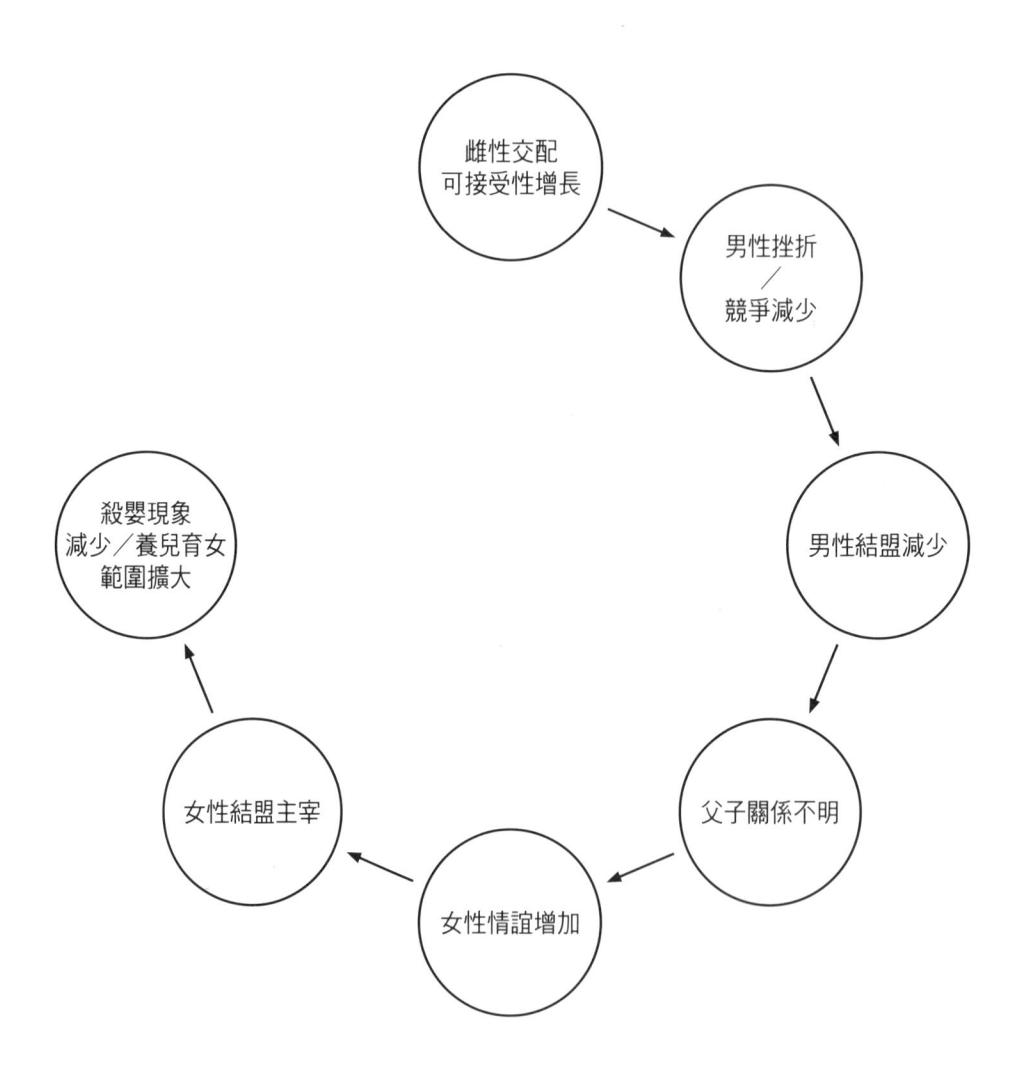

- 雌性交配可接受性增長
- 男性挫折／競爭減少
- 男性結盟減少
- 父子關係不明
- 女性情誼增加
- 女性結盟主宰
- 殺嬰現象減少／養兒育女範圍擴大

是不受文化限制的話，人類女性的所謂持續接受性（continual responsiveness）也能滿足同樣功能：提供男性許多性交機會，也因此能減少衝突、使團體大小得以擴張、合作範圍更廣、所有人都更安全。人類學家克里斯・奈特（Chris Knight）就說：「靈長類的基本模式在性方面是在連續說『不』的背景中，偶爾出現一個說『好』的訊號，而人類〔以及巴諾布猿〕則是在連續說『好』的背景中，偶爾出現一個說『不』的訊號。」[24] 這裡可以看到，這兩種關係十分相近的靈長類動物在行為及生理上有同樣的適應方式，為其他物種所無，然而許多理論學者卻堅稱二者的適應方式必然各有不同的起源及功用。

交配可接受性延長及隱藏排卵期的現象只有人類和巴諾布猿有、影響也大。其實，可增加社會團結可能是此現象最常見的解釋。[25] 然而如此合乎邏輯的關聯，大部分的科學家似乎都只弄明白一半，比如以下的摘要：「隱藏排卵期的雌性較受喜愛，原因在於牠們所處的群體可以維持和平穩定，以此促進一夫一妻制、分享以及合作。」[26] 女性可以交配的時間增加，顯然可以促進分享、合作以及和平穩定，可是為何要把一夫一妻制加進來？這點從沒有人提出疑問，也沒有人回答。

願意承認人「性」真實面貌的人類學家都清楚看見了它對於社會的益處。人類的性可以建構社群，可以減少衝突。貝克曼與瓦倫丁指出可分割的父子關係緩和了男性之間可能的衝突，並表示前述的緊張關係從長期來看，對於女性的繁衍利益多半沒有幫助。人類學家湯瑪士・葛雷格（Thomas Gregor）在所研究的巴西緬納庫人（Mehinaku）的村莊中，記載了三十七名成人間八十八起正在進行的婚外韻事。在他認為，婚外關係「有助於村中團結」以及「促進因互有好感而建立的持久關係」[27]。果然，他發現「許多愛侶都非常喜愛對方，並認為分離是種困乏，應加以避免。

人類的性可以建構社群，可以減少衝突，這方面我們就不再多舉幾十個例子來轟炸各位，僅再舉一例作結。威廉・克羅克（William Crocker）及琴・克羅克（Jean Crocker）夫婦自一九五〇年代末期起研究（同樣也位於巴西亞馬遜地區的）卡內拉人（Canela）三十多年。二人說道：

現代個人主義社會的成員很難想像卡內拉人有多麼重視團體以及部落，更勝個人。慷慨與分享則是理想；吝嗇則是社會之惡。分享財產能帶來自信；分享自己的身體則是直接的必然結果。希冀能掌控自己的財貨以及掌控自己都是吝嗇的形式。由此背景觀之，很容易就能理解為何女人會選擇滿足男人，而男人又為何選擇滿足表現出強烈性需求的女人。**沒有人自尊自大到覺得滿足部落同胞的收穫竟比不上成就自我。**（文字粗體為原書所加）[28]

將性視為不以生殖為目的，而視為建立並維持互惠關係的方法之後，非以繁衍為目的的性也就不再需要特別加以解釋。比如，同性戀令人不解的程度就下降許多，威爾森就曾指出同性戀「畢竟是一種建立關係的方式……和絕大部分異性戀行為一樣，是鞏固關係的工具」。[29] 確定父子關係絕非如標準論述所堅稱的那樣，是古今中外所有人類的執念，放諸四海皆準、超越其他事物。對於所生存的時代還沒有農業，也沒有父子財產繼承煩惱的人類而言，這根本算不上問題。

樂園的復歸──遠古時代的性如何影響今日的我們？　　106

第七章 最最親愛的媽咪們

> 你的孩子不是你的孩子，而是生命對於自身渴慕所生的子女。
>
> ——哈里利‧紀伯倫（Kahlil Gibran）

前述縱橫交錯的性關係導致為人父母的責任感變得分散，這點對於父母雙方都有影響。人類學家波拉克（Donald Pollock）告訴我們，雖然庫利納人認為胎兒最初是由累積的精液所形成（庫利納語稱之為「男人的乳汁」），卻將胎兒出生後的成長歸因於「女人的乳汁」。他指出，「孩子可能由好幾個女人哺乳」。「尤其常見的現象是一群姊妹……共同分擔哺乳職責。讓母親的母親來哺乳，哄哄母親在忙時啼哭的孩子——即便外婆已不再分泌乳汁——也不是聞所未聞之事。」波拉克問其他這些婦女是否也是孩子的母親，他得到的回答是：「顯然是」。[1]

作家、心理學家馬里多瑪‧梭梅（Malidoma Patrice Somé）回憶自己在布吉納法索達格拉人（Dagara）當中成長的童年往事，記得孩子們如何在村裡晃呀晃就隨意走入哪戶人家。梭梅解釋道，這「讓孩子的歸屬感非常寬廣」，而且「每個人都出一份力撫養這孩子長大」。除了對於父母顯然多有好處之外，梭梅也注意到對孩子心理的益處也十分明確，他說：「孩子很少感到孤獨或產生心理問題，每個人都清楚自己屬於哪裡。」[2]

雖然梭梅的說法聽起來可能像是理想化的記憶，但他這番形容仍符合非洲鄉間大多地區的標準村落生活，村裡歡迎孩子隨意在不相干的成年人家裡來來去去。雖說母愛獨一無二，但天下的女人（還有部分男人）見了寶寶（不只是自己的，也包含和自己沒有關係的）總忍不住想上前哄

107　第七章　最最親愛的媽咪們

哄。這樣的心情在其他社會化的靈長類動物中也十分常見，而當中無一採取一夫一妻制。願意照顧不相干的孩子，這種感覺發自肺腑而且十分普遍，在現代社會仍然存在。君不見領養的官方手續之磨人，不遜於甚至更勝生產的壓力及費用，有何獲益也無法確定，卻仍有數百萬的配偶積極追求。

赫迪在其著作《母親及他人》（Mothers and Others）中就感嘆道：「其他靈長類動物及許多部落社會中共養嬰兒的現象從未獲得人類學文獻的重視。很多人甚至不知道有這回事。然而合作照顧的結果，從母、嬰的存活率以及生物適應度來說，卻不失為好事一樁。」[3]

達爾文曾經思索過一種極端的可能性：對於「野人」個人來說，母子之間的關係或許沒有他們與大群體之間的關係重要。他評論以媽媽、爸爸、兒子、女兒等家族稱謂稱呼所有群體成員的習慣用法時，曾談到：「這類用詞僅表現與部落的關聯，甚至忽略了母親。同一個野人部落中互有關聯的成員暴露在各種危險之中，由於需要彼此保護協助，彼此間的關係可能比母子關係更為重要……。」[4]

十七世紀耶穌會傳教士保羅・勒瓊（Paul le Jeune）眼見外遇如此猖獗，曾與一位蒙塔納印地安人講述此事之危險，結果對方反而教他何謂為人父母之道。勒瓊回憶道：「我告訴他，女人如果愛上丈夫以外的男人便是失德，而彼此間若發生此等惡事，他便無法確定兒子（兒子就在現場）是自己的。而他回答：『汝之所言全無道理。你們法國人只愛自己的孩子，但我們愛部落裡所有的孩子。』」[5]

我們奠基於血緣的親屬制度在大多人看來或許是常識，然而卻是另一個原始人摩登化的例子。我們只不過是「假定」自己對於家庭的概念，來自人類本性中某些恆常普世的部分。然而我

*

樂園的復歸——遠古時代的性如何影響今日的我們？　108

們剛才也已看見，就連一次性行為即足以讓人懷孕這件事，也並非人人同意。

「人生於一母」的概念在西方社會也遇到問題。網路雜誌《石板》（Slate.com）的「人性專家」威廉・薩拉登指出：「為人母一事已分崩離析。」「你可以有給你基因的母親、負責妊娠的母親、領養你的母親還有天知道哪種母親。如果外祖母也是母親之一，就更混亂了。」薩拉登在談到替另一個女人孕育胎兒的代理孕母時，認為找女人的母親來懷孩子其實有其道理：「當代理孕母是外祖母的時候，比較不會那麼亂。母女之間有基因關係，和孩子也有。兩人比較可能找出可行之道，並給孩子穩定的家庭環境。」[6] 或許是如此吧。無論是或不是，隨著領養日益常見，再婚重組家庭，再加上代孕、捐精、胚胎冷凍保存等技術，智人正快速遠離「傳統」家庭結構而去，回頭朝向往昔有彈性的安排邁進。

———

因為認為父子關係可以分割，使得整個群體都感覺身為人父。不過，這只是促進團結的機制之一。人類學家記載，許多社會中命名儀式以及氏族情誼都在個體間創造責任關係，其約束力更勝血緣。人類學家菲利浦・艾瑞克森在談及他曾一同生活的馬蒂斯人時，提到「要定義親屬關係，從命名方式所衍生出的關係絕對優先於其他考慮，比如血緣關係。兩種認定方式有衝突時，以同名為優先……」。[7]

某些人類學家質疑，且不論定義為何，遊群層級的社會中，親屬關係究竟是否為重要概念。

* 由父母以外的人擔任親職。

他們主張,既然在規模如此小的社會中,所有人都可能和其他人有某種關係,因此衡量親疏遠近的方式往往更具流動性,比如友誼,比如共享伴侶。

達爾文也明白,與親屬關係有關的用語,無論再直接了當的,也受文化定義。人類學家珍妮特‧徹那拉(Janet Chernela)說:「當地的氏族期待所有男性都像父親般對待族中所有的年輕孩子。」「照顧的方方面面,包含關愛與覓食,都由氏族中所有的男人負責。」[8]人類學家凡妮莎‧李(Vanessa Lea)提到,根據她與墨便過杰人(Mebengokre)接觸的經驗,「責任之分配由社會建構,而非客觀事實……」。[9]圖卡諾安人(Tukanoan)「氏族兄弟共同替彼此的孩子提供所需。藉由交出每日獵物集中分享,每個男性都規律地為村裡所有的孩子(有自己的也有兄弟的後代)付出勞力。」[10]

———

這種分散式親子關係並不僅限於非洲或亞馬遜河流域的村落。德斯蒙德‧莫里斯就記得,某天下午他和玻里尼西亞的一名女性卡車司機在一起,她告訴他自己有九個孩子,但其中兩個給了不孕的朋友。莫里斯問孩子怎麼想,她說他們一點也不在意,因為「所有的孩子我們大家都愛」。莫里斯回憶道:「最後這一點之重要,從一件事上可以看出,我們抵達村子……她信步走向一群一兩歲的孩子,和他們一起躺在草地上、跟他們玩,有如己出。他們毫不質疑,立刻就接納了她,路過的人絕對想不到在這裡一起玩的居然不是自然家庭。」[11]

「自然家庭」。成人與無血緣的孩子可以如此輕易接納彼此。社會採分散式養育,孩子認所有男人作父,認所有女人為母。社會夠小、夠孤立,可以安全地假設陌生人懷有善意。性關係重

疊使得父子關係大多無法得知也不太重要……或許這就是我們這個物種最「自然」的家庭結構。

有沒有這樣的可能，夫婦形成原子核，一兩個孩子在軌道上繞著原子核轉，這種原子般孤立的狀態其實是由文化強加在人類身上的偏差，就如馬甲、貞操帶、盔甲一般不適合我們演化而來的傾向？我們敢不敢問，父、母、子女是否都被硬生生塞入了毫不適合我們的家庭結構之中？家庭破碎、父母倦怠、孩子孤獨迷惘怨憤，這種種當代流行病有沒有可能是由家庭結構所導致？此種種結構本身扭曲，也使人扭曲，並不適合人類物種。

核心熔毀

倘若人類真的會自然而然地將自己的社會結構設定為以獨立、孤立的核心家庭為單位，那麼當代社會及宗教又為何覺得有必要以租稅減免、立法保障來加以維持，同時還要大力為其抵禦同志伴侶及其他主張所謂「非傳統」婚姻方式的人？其實我們不免好奇，婚姻除了牽涉到移民及財產法之外，到底為何是法律問題？既然與人類天性密不可分，又為何選擇如此生活的人越來越少？美國自一九七〇年代以來，核心家庭的比例已由百分之四十五降至百分之二十三點五。一九三〇年已婚伴侶（不論有無小孩）約占全美家戶的百分之八十四，但最近的數據僅剩略少於百分之五十，而未婚同居的伴侶則如雨後春筍般成長，在一九七〇年代約五十萬對，到了二〇〇八年則成長至十倍以上。

布羅尼斯拉夫・馬凌諾斯基（Bronislaw Malinowski, 1884-1942）是他那個時代最受敬重也最有影響力的人類學家。在他宣布此事定案之前，母、父、孩子的鐵三角究竟是否為人類社會結構放諸

四海皆準的基本原子單位，都還有許多爭論。摩爾根認為社會可按照非核心的方式組織，對此馬凌諾斯基嗤之以鼻，他寫道：

> 從一開始角色就**明顯**有三：雙親及其後代……。此原則正確無疑，已成為……重新詮釋摩爾根原始群婚假設的起點。〔他們〕完全清楚群體婚姻意味群體親子關係。然而群體親子關係〔為〕幾乎**無法想像**的假說……此結論導致種種重大謬誤，諸如：「氏族與氏族成婚生下氏族」以及「氏族與家庭一樣，是繁衍的群體」。（文字粗體為本書所加）[12]

「原則正確無疑？」「無法想像的假設？」「重大謬誤？」看來，摩爾根居然斗膽懷疑神聖的核心家庭結構是否普世皆然、合乎自然，此事深深惹惱了馬凌諾斯基。即便今日，若有人質疑主流的核心家庭觀都有可能會遭人嘲弄。

然而，就在馬凌諾斯基於倫敦講課的教室幾條街外，無數嬰兒在育幼慈善院（foundling hospital）中犧牲（不誇張，就是犧牲），這些嬰兒的存在本身即足以揭露馬凌諾斯基「正確無疑的原則」中極大的核心錯誤。美國的狀況也一樣駭人。一九一五年，亨利·薛平醫師（Henry Chapin）走訪了十座育幼慈善院，據他記載，這十所謂的慈善院中有九家，**所有**的孩子都在兩歲前夭折。所有的孩子。[13] 至於生於歐洲各地的、不方便承認的孩子，同樣慘淡的命運也在等著他們。朵莉絲·杜拉克（Doris Drucker）的回憶錄中回憶了二十世紀初德國中產階級的生活，書中描寫村中的「天使製造者」，她「收留未婚母親的寶寶」然後「把那些小小孩活活餓死」，而那些這下沒了孩子的未婚母親則到上流階級人家中當奶媽。[14]

想來雖然可怕，但普遍的殺嬰現象並不僅限於馬凌諾斯基的時代。幾百年來，歐洲有數以百

萬計的孩子經由牆上隱密低調的旋轉箱進了各地的育幼慈善院。設計這些箱子，把孩子留在箱中的人的身分就能不為人知，但對於箱中嬰兒的保護卻寥寥無幾。這些機構的存活率，也只比旋轉門直通火葬場焚化爐略高一些。這裡遠非療傷止痛之處，而是政府及教堂許可的屠宰場，上億個孩子在此被以工業化殺嬰的方式給處理掉，而他們的存在提出了令人為難的問題：核心家庭是否「自然」。[15]

———

在他那本《夏娃的種子——重讀兩性對抗的歷史》(Eve's Seed: Biology, the Sexes, and the Course of History) 當中，歷史學家羅伯特・麥克艾文 (Robert S. McElvaine) 對他自己的幾個「重大謬誤」避而不談，書中寫道：「人類演化的整體趨勢**無疑**是走向結偶以及長久的家庭。」他堅稱：「結偶（雖然有些毛病，尤其是男人犯的）還有家庭除了幾個例外之外，其特色仍最足以代表人類。」[16]

（文字粗體為本書所加）

當然，忽略所有毛病還有諸多例外之後，他的立論就十分有力了！縱然有大量反證，在科學界及普羅大眾對於家庭結構的假設中，馬凌諾斯基的立論仍深植人心。其實，談到什麼符合「家庭」條件，西方社會都以馬凌諾斯基所堅持的、各地的孩子永遠只有一個父親為思考架構的基礎。

然而，若馬凌諾斯基的立論已然勝出，可憐的摩爾根，他學問的遺骨又為何至今仍時時被挖出來鞭屍呢？人類學家勞拉・貝茲格 (Laura Betzig) 寫了一篇關於婚姻失敗 (conjugal dissolution) 的論文，劈頭就提到摩爾根「（關於群婚姻的）幻想……經不起證據的考驗，而摩爾根之後又過

了一個世紀⋯⋯當今的共識是「一夫一妻」婚姻是人類行為中最接近人類普同性者。」[17]唉呦喂呀。可是，摩爾根對於家庭結構的理解當然絕非「幻想」。他的結論根據的是數十年廣泛的田野調查及研究。後來，貝茲格的氣勢弱了下來，她承認「然而，至今仍沒有共識為什麼」婚姻如此普及。

這確實是個謎。之後我們會看到，人類學家在各地都能發現婚姻，是因為他們對於這個詞到底什麼意思，根本還沒達成共識。

第八章 婚姻、交配、一夫一妻、一團混亂

Making a Mess of Marriage, Mating, and Monogamy

> 婚姻是人最自然而然的狀態，也因此處於這個狀態你最可能找到不折不扣的快樂。
> ——班傑明·富蘭克林（Benjamin Franklin）

> 愛是種理想，婚姻是種現實，分不清理想與現實從來就不能全身而退。
> ——歌德（Johann Wolfgang von Goethe）

愛因斯坦宣告$E=mc^2$時，沒有物理學家面面相覷問道：「他那個 E 是什麼意思？」在自然科學中，重要的東西總用數字還有預先定義的符號表示，文字用字不精準很少會讓人混淆。可若是人類學、心理學、演化理論這類較講究詮釋的科學，詮釋錯誤和理解錯誤都很常見。

就拿「愛」（love）和「慾」（lust）這兩個詞來說吧。這本書主要談的是慾而不是愛。愛與慾之不同，有如紅酒與藍起士，但因為兩者是絕妙互補，所以常被混用，混用之頻繁令人吃驚、令人詫異。

在演化心理學的文獻、流行文化、婚姻顧問布置得極有品味的辦公室、宗教教誨、政治論述還有在我們亂糟糟的生活中，慾常常被誤以為是愛。或許這句話的否定形式也沒錯，而且在堅持長期、性專屬一夫一妻制的社會中，危害更大、更難以察覺：沒有慾常常被誤以為是沒有愛（我們將在本書的第五篇探討）。

專家都鼓勵我們把二者混為一談。先前提到費雪的《愛慾》，這本書的重點其實更像是孩子

115　第八章　婚姻、交配、一夫一妻、一團混亂

婚姻：人類的基本狀態？

出生頭幾年間共享的親職，而非一開始讓這對父母結合的愛。但我們不能怪費雪，畢竟語言本身就不清不楚。我們可以跟某人「睡了」，但從未闔上眼睛。「讀到政治人物召妓「做愛」的時候，我們知道這件事和愛沒什麼關係。當我們說出自己有過多少「愛人」的時候，是在宣告自己和他們全都曾經「相愛」嗎？同理，如果我們和某人「交配」，就等於成為「配偶」？找個男的，給他看辣妹的照片，問他想不想「和她交配」。他很可能會說（或想）：「當然！」但婚姻、孩子、考慮長期交往，這些事也極可能完全未曾在他的決策過程中出現。

大家都知道狀況與關係的種類無窮無盡，以上只是找個說法來表達——看來是大家都知道，除了專家以外。許多演化心理學家及其他研究人員似乎覺得「愛」與「性」是可以互換的詞。而他們也把「交媾」與「交配」混在一起。名詞沒有定義好往往導致混淆，也讓文化的偏見汙染了我們如何思考人「性」本質。讓我們試著在這糾纏不清的文字樹叢中闖出一條路。

> 動物學家稱之為「結偶」的男女親密關係流淌在我們的血液之中。我認為這就是我們與其他猿類最為不同之處。
>
> ——法蘭斯・德瓦爾[2]

> 大部分的丈夫都讓我想到一隻試著拉小提琴的紅毛猩猩。
>
> ——奧諾雷・德・巴爾札克（Honoré de Balzac, 1799-1850）

演化心理學追求的聖杯是「人類普同性」（human universal）。之所以有這門學科，就是為了釐清在文化與個人層次之外、屬於人性本質的觀點、認知及行為模式。你喜歡棒球是因為從小和爸爸一起看球賽，還是因為看到一小群人在場上研擬策略、共同合作會觸動你腦中的某個原始模組？這類問題，就是演化心理學想問、想回答的問題。

因為演化心理學就是要找出並闡明所謂的人類的統一心理，加上又面臨許多政治和專業領域的壓力，必須找出符合某些政治目的特徵，所以讀者必須小心關於這類普同性的說法。改編一句古老的諺語：相信追求人類普同性的人，但懷疑自稱找到的人。*這些宣稱往往都經不起檢視。

說人類婚姻普世皆然，又連到核心家庭無所不在，就是很好的例子。人類性演化的標準模型，其立論基石就在於宣稱結婚是普世的人類傾向，而這樣的說法似乎不容質疑，用馬凌諾斯基的話來說就是「正確無疑」。視婚姻為所有人類擇理論的基礎，雖說自達爾文以來一直假定有如此傾向，但這樣的立場又因為演化生物學家羅賓・崔佛斯（Robin Trivers）於一九七二年發表、現已成經典的論文〈親代投資與性擇〉（"Parental Investment and Sexual Selection"）而更加鞏固。[3]

別忘了，根據這些理論的定義，婚姻代表了人類性擇背後的根本交換。德斯蒙德・莫里斯在其主持的BBC節目《人與動物》（*The Human Animal*）中表示：「結偶是人類的根本狀態。」珍・古德的門生、生物學家麥克・吉格勒瑞（Michael Ghiglieri）寫道：「婚姻……是人類終極的契約。所有社會中的男男女女幾乎都以同樣的方式成婚。」接著又說：「婚姻通常是一男一女間

---

* 原諺語為：「Trust those who seek the truth but doubt those who say they have found it.」（相信追求真理的人，但懷疑自稱找到的人）。——譯註

「永恆的」交配……女人育幼，男人則供其衣食、護其安全。」最後他總結：「婚姻的制度，比國家、教堂、法律更古老。」[4] 唉呦天哪。**基本狀態？終極的人類契約？**很難反駁。

不過姑且試試！婚姻一詞在人類學文獻中的用法難以捉摸，致使任何人若想了解婚姻和核心家庭（就算真的符合）「到底」怎麼如何符合人性，都會十分頭疼。我們會發現，這個詞被拿來指稱一籮筐各式各樣的關係。

斯摩爾的《雌性選擇》（Female Choices）研究了雌性靈長類的性，當中寫到「配對關係」（consortship）逐漸偏離原義的情形，和婚姻一詞的狀況頗有呼應之處。斯摩爾解釋道：「配對關係」一詞最先用於指草原狒狒雌雄間緊密的性關係，之後用法擴及其他交配配偶。」斯摩爾表示，這種語義的跳躍並不正確。「研究人員開始以為所有的靈長類都有配對關係，將此詞用於任何不論長短、專屬或非專屬的交配。」之所以有問題，是因為「原先想表達的是雌雄在排卵期那幾天的特定結合，後來卻成了涵蓋所有交配的詞。……一旦有人以『處於配對關係』形容雌性，就再也沒有人注意到她也經常與其他雄性交媾這件事的重要性了。」[5]

生物學家瓊．洛夫加登也注意到將當今人類對於交媾的概念用於動物會產生問題。她寫道：「性擇的主要文獻將偶外生子形容為『背叛』結偶關係，說雄性『戴綠帽』，偶外所生的後代則是『私生子』，至於不進行偶外交媾的雌性，則謂其『忠貞』。」洛夫加登總結道：「此種帶有評判的用語，等於是將當代西方對於婚姻的定義加之於動物。」[6]

確實，加上了家庭的標籤之後，正面證據就變得比反證更容易看見，這樣的心理過程，稱為「確認偏誤」（confirmation bias）。一旦心裡有了一個模型，我們就比較可能去注意和記起支持自己模型的證據，而非反證。當代的醫學研究者希望能將此影響加以中和，於是採用雙盲研究方法，不論研究人員還是受試者都不知道哪一些藥錠是真的藥。

由於沒有清楚定義自己要找的東西，許多人類學家無論往哪兒找都找到了婚姻。喬治・默多克（George Murdock）是美國人類學的中流砥柱，他在一九四九年的經典跨文化人類學調查中斷言核心家庭是「普世的人類社會分群方式」。接著又宣稱每個人類社會皆能找到婚姻。

然而正如我們所見，努力想描述人類天性的研究人員都很可能會犯原始人摩登化的毛病，無意識地傾向去「發現」看來熟悉的特性，因此視當代社會的型態為普世皆然，也在無意間致使自己看不透真相。學者路易斯・梅南德（Louis Menand）在《紐約客》（The New Yorker）的一篇文章中就提到這個現象，他寫道：「研究人類天性的科學，傾向於肯定支持政權的做法及喜好。政權專制時，視提出異議為心理疾病；政權行種族隔離時，跨種族接觸被打入不正常；政權採自由市場時，則認為自利是人的天性。」[7] 說也矛盾，在上述各項例子中，所謂自然而然的行為都須加以鼓勵，而不自然的偏差則會受到懲罰。

「漂泊症」（drapetomania）和「身心感覺遲鈍」（dysaethesia aethiopica）這兩種已經被人遺忘的疾病就說明了這一點。路易斯安那州的「黑奴」醫療泰斗、支持奴隸運動的思想家領袖塞繆爾・卡特萊特醫師（Dr. Samuel Cartwright）於一八五一年描述過這兩種疾病。在他的文章〈黑奴種族的疾病與怪象〉（"Diseases and Peculiarities of the Negro Race"）當中，卡特萊特醫師說明，「漂泊症」這種疾病「導致黑奴逃跑……逃避服侍」白人主人，而「身心感覺遲鈍」的特色則是「身體感覺笨拙遲鈍」。他提到監管奴隸的人往往直接把這種病稱為「無賴」。[8]

雖然科學總是誇其詞說沒這回事，說時往往精選深難字詞，用以嚇阻可能的異議份子（dysaethesia aethiopica！），然而實際上卻常常臣服在主流文化典範腳下。

這些研究的另一項缺點則是所謂的「翻譯悖論」（translation paradox）：假定某一詞（比如婚姻）從一個語言翻譯到另一語言時意義相同。

119　第八章　婚姻、交配、一夫一妻、一團混亂

我們可以同意鳥兒會「歌唱」、蜜蜂會「飛舞」，但前提是必須謹記牠們的歌舞和我們的，從動機到實行都幾乎沒有相同之處。我們用同樣的詞來表達非常不同的行為。「婚姻」也是一樣。

各地的人都會湊成對，即便只是幾天、幾小時或幾年。他們這麼做或許是為了共享歡愉，為了生孩子，為了讓家人開心，為了談成政治聯姻或商業買賣，又或者只是因為他們喜歡對方，當他們這麼做的時候，走不出原有愛情觀的駐點人類學家就說：「啊哈！這個文化也行婚姻制。你看，普世皆然！」然而這些關係和我們對於婚姻的概念可能相去甚遠，就如同吊床之不同於奶奶家的羽絨墊被。單純改變術語，說那是「長期結偶」而非「婚姻」並沒有比較好。正如唐納·賽門斯所說：「可惜，英文的辭典實在不足以準確反映人類經驗的質地。……把當前的詞彙縮成『結偶』一詞，想像這麼做就很科學……根本是在自欺。」[9]

談婚姻賣淫

即便忽略無所不在的語言問題，自認已婚的人覺得婚姻牽涉什麼，想法也往往天差地別。巴拉圭的阿切人說，男人女人睡在同一個茅草屋裡就是已婚，但如果其中一人帶著自己的吊床跑到別的茅草屋裡，那麼二人就不再已婚。就這樣。這是最原初的無過失離婚。

波札那的桑人昆族（又稱為朱·安西族（Ju/'hoansi））、大部分的女孩在定下來進入長期關係之前，會先結婚很多次。對巴西的庫里帕科人（Curripaco）而言，婚姻是一個漸進、未經定義的過程。有個曾在當地住過的科學家解釋道：「當一個女人把吊床掛在她的男人旁邊、為其燒飯時，某些年輕的庫里帕科人就會說他們「凱奴卡納」了（kainukana，結婚）。但是年紀較大的受

訪者不同意，他們說只有當表現出能互相扶持、幫彼此走下去時才算是結婚。生孩子、共度禁食期，則讓婚姻更為穩固。」[10]

在當代的沙烏地阿拉伯和埃及，還有一種稱為「尼卡迷薩」（Nikah Misyar）的婚姻形式（一般譯為「過客婚姻」）。根據最近路透社的一篇文章：

迷薩婚很吸引身無長物的男人，以及希望做法較為彈性的女人。富有的穆斯林有時會在度假時進行契約迷薩婚，這一來他們就能夠發生性關係卻又不違反信仰的教條。沙國麥地那（Medina）國際穆斯林學者聯盟（International Union of Muslim Scholars）的學者蘇哈利亞・贊恩・阿巴丁（Suhaila Zein al-Abideen）表示，迷薩婚幾乎有百分之八十都以離婚收場。她表示：「女人失去一切權利。就連多久見丈夫一次也隨丈夫心情而定。」[11]

什葉派穆斯林傳統中也有類似制度，稱為「尼卡慕他」（Nikah Mut'ah，意為：結婚結著玩），這段關係開始時已事先決定何時結束，就像租車一樣。這些「婚姻」的持續時間從數分鐘到數年都有。一個男人（除了一名「永久妻子」外）有多少臨時妻子數字並不一定。此種婚姻不需要文件或典禮，往往變成宗教的漏洞，嫖妓、一夜情也可以不觸犯宗教戒律。這也算是「婚姻」嗎？

除了是否預期長長久久或是社會是否認可之外，童貞還有性忠貞又如何？二者也像親代投資理論所推論的那樣，是婚姻普世且不可或缺的一環嗎？不是。童貞在很多社會一點也不重要，當地語言裡甚至沒有詞來代表這個概念。克羅克夫婦則指出，卡內拉人「失去童貞只不過是女人進

121　第八章　婚姻、交配、一夫一妻、一團混亂

入完整婚姻的第一步」。還要經過好幾個步驟，卡內拉社會才會認為一對男女真正已婚。其中一項，就是這名年輕女性須在「慶典的男性結社」提供服務以獲得社會認可。此種婚前「服務」包含連續與十五至二十名男性性交。準新娘若表現得好，就會從男人那裡得到肉類做為報酬，這筆報酬將在節慶日時直接支付給她未來的婆婆。

卡西爾達・潔莎（Cacilda Jethá，本書作者之一）曾於一九九〇年進行了一項世界衛生組織（WHO）的研究，調查了莫三比克村民的性行為。她發現，研究群體中有一百四十名男性，共有八十七名妻子，還有其他二百五十二名女性是他們的長期性伴侶，另外二百二十六名則時有時無，最後算出平均每名男性有四段正在進行的性關係，這還沒算入很多男人可能都有過的露水姻緣。

巴西森林中住著一群瓦老人（Warao），每隔一陣子就會暫停平時的關係，改由儀式關係取代，稱為「瑪繆斯」（mamuse）。在這些節慶期間，成年人可隨意和任何人性交。這些關係都上得了檯面，而且他們認為若生了孩子，還對孩子有益。

記者約翰・科拉品托（John Colapinto）曾寫過一篇妙文，側寫皮拉哈人及一位研究他們的科學家。他寫道：「雖然〔他們〕不允許與部落以外的人通婚，卻讓女人和外人睡覺，因此能長期為基因庫不斷注入活水。」[12]

希里歐諾人（Siriono）中，兄弟娶了別家的姊妹是常有的事，組成另一種不同的和樂家庭。結婚則完全沒有典禮或儀式，不交換財產，沒有山盟海誓，甚至也不大擺筵席。只要把你的吊床掛到女人的旁邊，你倆就成婚了。

如此輕鬆看待人類學家口中的「婚姻」，並非什麼不尋常的怪事。早年前往北方酷寒之地的探險家、捕鯨人、捕獸人發現伊努特人（Inuit）待客如此殷勤，都大吃一驚。試著想像一下，當

樂園的復歸──遠古時代的性如何影響今日的我們？　　122

他們發現村長竟把自己的床（包含老婆）讓給又累又冷的旅人時，那種又感激又糊塗的感覺。其實，丹麥探險家庫納德・拉斯穆森（Knud Rasmussen）還有其他人無意間發現的是伊努特人的換妻制度，這是其文化之核心，在嚴酷的氣候中優點十分清楚。肉體的交流能聯繫來自遙遠村落的不同家庭，創造細水長流的關係網，在急難之時提供協助。北極圈的生態環境嚴酷，人口密度因而低於亞馬遜地區，甚至不及喀拉哈里沙漠，然而偶外的性互動有助於穩固情誼，若是遇到預料之外的難關時就有了保障。

上述行為所涉及的人都不認為這是通姦。不過，「通姦」一詞其實和「婚姻」一樣難以掌握。會讓人走上歪路的，不是只有鄰人的妻子，自己的妻子也會。中世紀有本著名的道德指南，是博韋的樊尚（Vincent of Beauvais）所著的《鏡鑑》（Speculum Doctrinale），該書指出：「耽愛妻子者，姦夫也。愛旁人之妻，或愛妻過深，皆恥。」作者又接著建議：「君子應愛妻以理，而非以情。」[13] 博韋的樊尚大概會喜歡與（倫敦的）丹尼爾・狄福（Daniel Defoe）作伴，狄福至今仍以作品《魯賓遜漂流記》（Robinson Crusoe）聞名。狄福於一七二七年出版了一本散文集，英國驚世駭俗，書名十分響亮，叫做《婚淫》（Conjugal Lewdness; or, Matrimonial Whoredom）。這個標題顯然有點太過火了。之後一版，他改成比較委婉的《論夫婦床笫之使用與(濫)用》（A Treatise Concerning the Use and Abuse of the Marriage Bed）。書裡沒有荒島冒險，而是一篇道德教誨，談與配偶閨房之樂之身心危險。

狄福想必會欣賞南印度的原住民納亞人（Nayar），當地有種婚姻不一定要包含性行為，也不預期長長久久，不同住，其實新娘有可能在結婚儀式之後就再也不會見到新郎。然而根據人類學調查顯示，這套制度並不允許離婚，因此這些婚姻想必是數一數二地穩定。

從上述例子可見，當代西方在使用婚姻一詞時，所認為的必須組成條件：專屬的性，交換財

產，甚至打算長久作伴一事，皆非普世皆然。許多演化心理學家及人類學家稱之為「婚姻」的關係，都不期待要有上述元素。

現在再想想「偶」（mate）和「配」（mating）這兩個詞導致的混亂。*「偶」有時指的是某一次交媾的性伴侶，其他的時候則指公認的婚姻中的伴侶，與此人共同撫養孩子，並建立各種行為及經濟的模式。「配」有可能是在一起「至死不渝」，或者也可能是和「朱利歐在操場邊」快快完事。† 若有演化心理學家告訴我們，男女有不同的內在認知或情緒「模組」，決定了雙方對於配偶不忠的反應，我們都假定這指的是長期關係當中的配偶。

但是很難說。當我們讀到：「人類擇偶的條件有性別差異，如此現象之所以存在且持續不輟，是因為男女用以調節配偶評估的機制有所差別的關係」，還有「因視覺刺激而勾起性慾是男性擇偶過程的一部分」時，[14] 我們抓抓頭，心想這討論的倒底是人如何選擇那個對自己意義非凡、要帶回家給媽媽看的對象，還是指異性戀男性在美女面前常有的立即、直覺反應模式（上述對象都無法婚配），看來這樣的說法指的必定是性方面的吸引力。但我們並非真的那麼確定。「同伴」到底是在什麼時候變成可以「配」的「偶」呢？

* 英文中 mate 可指朋友、同伴，也可指動物交配的對象，而 mating 則有動物交配之意。——譯註
† 〈我與朱利歐在操場邊〉（"Me and Julio Down by the Schoolyard"）是美國歌手保羅·賽門（Paul Simon）所寫的一首著名歌曲。——譯註

樂園的復歸──遠古時代的性如何影響今日的我們？　124

第九章 確定父子關係：標準論述的崩潰

Paternity Certainty: The Crumbling Cornerstone of the Standard Narrative

據人類學家羅伯・埃哲頓（Robert Edgerton）表示，太平洋島群美拉尼西亞（Melanesia）的馬林德－阿寧人（Marind-anim）相信：

> 精液對於人類成長發育十分必要。他們也早婚，為了要確保新娘多子多孫，必須用精液將其填滿。因此，在她的新婚之夜，會有與丈夫同一脈多達十位親戚和新娘子性交，如果同脈男子不只十人，則第二天晚上再來。……女人的一生會陸陸續續重複類似儀式多次。[1]

歡迎來到我的家族。你見過我的表兄弟了嗎？

你可能覺得這是種婚禮的奇風異俗，但羅馬人的祖先其實也做過類似的事情。慶祝婚禮的方式是宴飲狂歡，此時丈夫的朋友與新娘性交，還有證人在旁觀看。奧圖・基佛（Otto Kiefer）在他那本一九三四年出版的《古羅馬的性生活》（Sexual Life in Ancient Rome）當中說明，在羅馬人看來，「自然及物理法則對於婚姻關係都很陌生，甚至加以反對。因此，進入婚姻的女性因為冒犯了自然之母而必須向其贖罪，有一段時間必須無償賣身，以初始的不貞換取婚姻的堅貞。」[2]

在許多社會中，這場不貞的戲碼還要演到新婚之夜之後。亞馬遜雨林的庫林納人（Kulina）有一種儀式，稱為「度切埃巴尼陶威」（dutse'e bani towi）：取肉令。據波拉克說明，村裡的婦女「清晨時成群結隊挨家挨戶向各家的成年男子唱歌，『命令』他們去打獵。到了各屋，這群婦女中有一個或多個人會上前用棍子敲房子，這家的男人若是順利獲得獵物，這些婦女當晚就會是他

們的性伴侶。隊伍裡的女人……不准選擇自己的丈夫。」

接下來發生的事情意義重大。男人假裝不情願地從吊床上爬起來往叢林走去，但是在分頭打獵前，眾人說好等會兒何時在村外的何處碰頭，不論抓到了什麼，到時都會重新分配，如此就可確保每個男人都帶著肉回村，讓所有人都有與配偶之外的其他女性性交的機會。這下標準論述的棺材又給釘上一根釘子。

波拉克描述獵人們凱旋歸來的這段話寫得絕妙：

> 傍晚，男人成群回到村裡，成年女性圍成一個大大的半圓，唱著挑逗的歌曲，向他們討「肉」。男人扔下獵物，在半圓中間高高堆起，他們往往裝模作樣地一拋，臉上還掛著得意的笑。……煮好肉吃下肚之後，每個女人便和自己選的伴離開幽會去了。庫林納人經常進行這項儀式，且心情十分愉快。[3]

這一定對呀！波拉克十分好心地讓我們知道直覺沒錯，庫林納語中的「肉」（*bani*）果然既指食物，也指親愛的讀者您所想的那玩意。或許婚姻並不是人類普同性，性方面的雙關語才是。

瀘沽湖之愛、慾、自由

古往今來，從沒有哪個社會對父子關係如此沒把握，男人和姊妹的後代的基因關係往往還比和妻子的後代要近。開開心心雜交、不占有，盧梭思想的黑猩猩其實根本不存在。現有的證據無法讓我相信他也存在這樣的人類。

賽門斯大膽的宣言其實表現了對於親代投資理論的信心，也相信人類演化中確定父子關係之核心地位。但這兩點不論哪一點，賽門斯都大錯特錯。就在一九七〇年代，他寫下這些註定無效的話的同時，靈長類動物學家在剛果河沿岸的叢林中，正一點一滴發現巴諾布猿正是賽門斯不願承認存在的、開開心心雜交不佔有的猿類。而在中國西南古老的摩梭族（又稱為「納」或「納日」）社會，父子關係的確定性極低，也極為無關緊要，於是男人的確都把姊妹的孩子當自己的養。

——唐納・賽門斯，《人類的性演化史》（*The Evolution of Human Sexuality*）

———

男人女人不該結婚，因為愛情就像四季來來去去。

——楊二車娜姆（摩梭族女性）

中國滇蜀邊界、瀘沽湖四周的群山之間住著約五萬六千人，數百年來這群人的家庭制度迷惑也迷住了眾多旅人與學者。摩梭人敬瀘沽湖為母親湖，而湖畔聳立的格姆山則是愛之女神。他們的語言沒有文字，以東巴文書寫。東巴文是當今世上唯一仍在使用的象形文字。摩梭人除了恬意有禮的平靜生活外，男男女女在性方面幾乎全然自達謀殺、戰爭、強姦的詞。摩梭人除了恬意有禮的平靜生活外，男男女女在性方面幾乎全然自由自主。[4]

一二六五年，馬可波羅行經摩梭人居住之地，之後回想起他們在性方面毫不害臊，寫道：

127　第九章　確定父子關係：標準論述的崩潰

「他們完全不認為，不該讓外地人或任何其他男人和自己的妻女、姊妹或家中其他女人相好。反而覺得這有莫大好處，說神明及偶像會眷顧自己，並賜與豐厚的財富。所以他們才如此大方和外地人分享女人。」馬可波羅語帶促狹地說：「有好幾次，有個外地人和某個可憐蟲的妻子在床上打滾了三四天。」[5]

身為講求男子氣概的義大利人，馬可波羅對於摩梭人的家庭結構完全解讀錯誤。他誤將女人能否性交解讀為由男人控制的貨品，其實摩梭人的制度中最令人吃驚的一點，就是嚴格捍衛所有成年人（不論男女）的性自主。

摩梭人稱這種做法為「色色」，意為「走來走去」。果然，大部分的人類學家沒弄清重點，反而稱摩梭人這種制度為「走婚」，並把摩梭人也列入了他們那無所不包的婚姻制名單上。摩梭族人反對以這種方式描述他們的制度。楊二車娜姆是摩梭族女人，曾出版回憶錄談自己在母親湖畔的童年。「所有的色色都是走訪，沒有交換誓言、財產、撫養孩子，也不期待忠貞。」摩梭語當中沒有代表「丈夫」或「妻子」的詞，反而喜歡用「阿注」一詞，代表「朋友」。[6]

摩梭族是一個母系的農業民族，財產及姓氏都由母傳女，因此家庭以女性為中心。女孩十三、十四歲成年時，會有自己的閨房，有一扇門對著內院，還有一扇暗門對著街上。誰能穿過這扇暗門踏進她的「花房」，全由摩梭姑娘自己作主。唯一嚴格要求的規定是日出之前訪客一定得離開。若她願意的話，第二天晚上甚至當晚稍後還可能有另一個的情郎。沒有人期待誰要付出。懷的孩子在母親家養，由女孩的兄弟還有村裡協助。

楊二車娜姆回憶童年往事，呼應梭梅筆下的非洲童年，她說：「我們小孩可以隨心遊逛，挨家挨戶一個村一個村去玩，母親全不必擔心我們的安危。每個大人對於每個孩子都有責任，而每個孩子則尊敬每個大人。」[7]

摩梭人認為男人要照顧的是姊妹的孩子，而非那些可能是（或可能不是）他深夜造訪多家花房所留下的種。這裡我們看到另外一個男性親代投資與血緣父子關係脫鉤的社會。摩梭語中，「阿烏」可譯為「父親」和「舅舅」。「摩梭孩子有很多舅舅代替父親照顧他們。」楊二車娜姆寫道：「我們也算是有很多母親，因為我們管阿姨叫『阿咪斤』，意思是『小媽』。」[8]

接下來的轉折可能會讓許多主流理論學者手足無措：摩梭人嚴禁家人之間發生性關係。夜晚，摩梭族的男人應和情人共眠，否則就該睡在廂房，而不是和姊妹同住於主屋。風俗嚴禁在家中討論任何與戀愛有關的事物。所有人都應該完全謹言慎行。雖然無論男女都可以想做什麼就做什麼，但也得尊重彼此的隱私。

這樣的關係，摩梭人稱為「阿夏」，其運作方式的一大特色便是注重個人（無論男女）的自主，近乎神聖。[9] 中國人類學家蔡華著有一本《無父無夫的社會》(*A Society without Fathers or Husbands*)，[*] 他說明道：「男女不僅有自由，想建立幾段『阿夏』關係就建立幾段『阿夏』關係，也許是較長的時間。」「當訪客離開女子家中，就等於『阿夏』關係結束」。「存在於未來的『阿夏』概念並不存在。『阿夏』關係⋯⋯僅存在於此刻與往日」，不過可以隨心再次造訪，次數不限。[10]

性慾特別強的摩梭男女表示曾有過數百段關係，絲毫不覺丟臉。在他們看來，有人承諾或要求忠貞時才應該覺得丟臉。若有人矢言忠貞不渝會被人認為很不應該，是想要談判或交易的表

*　讀者可參考另一本相關著作：周華山，《無父無夫的國度——重女不輕男的母系摩梭》，香港同志研究社，二〇〇一年。——編按

129　第九章　確定父子關係：標準論述的崩潰

現。蔡華寫道：「『阿夏』關係純屬私交。」摩梭人認為，公然表現嫉妒是種具侵略性的行為，暗含侵犯他人神聖自主的意思，因此會被人取笑、覺得丟臉。

可惜，如此自由表達女性性自主所招致的惡意，並不僅僅來自於思想狹隘的人類學家以及十三世紀的義大利探險家。儘管從未有歷史記載，顯示摩梭人曾試圖輸出這套制度，或說服外人他們對於愛與性的做法較為優越，然而摩梭人卻一直遭遇外界壓力，要他們放棄外人看來驚世駭俗的傳統信念。

一九五六年中國政府完全掌控此區域後，官員便每年來此訪視，對人民高談性自由的危險，要說動他們改採「正常」婚姻。某一年官員帶了一台攜帶式發電機還有一部影片，片中「演員作摩梭人打扮……梅毒最後一期，早已發瘋，臉爛了一大半」。這種可疑的宣傳，頗有那麼點美國一九三〇年代反毒片《大麻狂熱》(Reefer Madness) 的味道。觀眾的反應完全出乎中國官員意料之外：臨時電影院被人一把火夷為平地。但官員們仍未放棄。楊二車娜姆回憶道：「一晚又一晚的開會講話、批鬥、問話。……（中國官員）在男人去情人家的路上突襲他們，把男女從床上拖出來，讓他們一絲不掛站在自家親戚面前。」

就連這些恐怖手段都沒法讓摩梭人放棄自己的制度，但政府官員仍堅持要為摩梭人帶來（或可說是展示）何謂「得體」。他們切斷了種子以及童裝的必需運輸。最後，許多摩梭人餓得屈服，同意參加政府補助的婚禮，婚禮中每個人會領到「一杯茶、一根菸、幾顆糖，還有一紙證書」。[11]

但是這樣逼人就範，效果並不長久。儘管漢人遊客像七百五十年前的馬可波羅一樣，誤將摩梭女人的性自主當成賣身，但旅遊作家辛西亞·巴恩斯（Cynthia Barnes）二〇〇六年來到瀘沽湖畔時發現，摩梭人的制度在這樣的壓力下仍毫髮無傷。巴恩斯寫道：「雖然摩梭人毫不扭捏，因

樂園的復歸——遠古時代的性如何影響今日的我們？　130

此引來了全世界人的注意,但性並非他們宇宙的中心。」她接著寫道:

我想起父母離異時充滿怨恨,想起孩提時的朋友因為媽咪或爹地決定要跟別人睡而被連根拔起、萬劫不復。我覺得瀘沽湖不只是女兒國,也是家庭國——不過,是個有幸沒有政客及傳教士讚頌「家庭價值」的家庭國。這裡沒有「破碎家庭」這回事,沒有社會學家對於「單親媽媽」憂心忡忡,父母分開時不會動搖經濟,不丟臉也沒有偏見。風情萬種、自信滿滿,(摩梭族女孩將)由一群男女親戚呵護成長。……當她一同跳舞,並邀請男孩到她的花房,那會是因為愛,或是慾,或是那個荷爾蒙作用、呼吸粗重的狀態,不論如何稱呼。她不需要那個男孩(或任何人)來有個家,來組成「家庭」。二者她永遠都會有,這點她早已心知肚明。[12]

談父權制之必然

摩梭人對於愛與性的做法很可能會在未來數十年間被一波波的漢人遊客摧毀,這些遊客有可能會讓瀘沽湖成為摩梭文化的主題樂園,但數十年甚至數百年來,即便面對逼他們遵循許多科學家仍堅稱的人性的極大壓力,摩梭人依然不屈不撓,是人「性」標準論述的反證,昂然挺立、無法反駁。

雖然有摩梭族這樣的社會,當中女人自主且在社會及經濟穩定方面扮演重要角色,還有數十個採集社會有許多證據證明女性地位崇高且深受敬重,但許多科學家仍不為所動,堅稱所有的

社會從古至今都採父權制。這種絕對主義的觀點，社會學家史蒂芬・高柏格（Steven Goldberg）在《男人為何統治》（Why Men Rule）*書中所言就是一例，他寫道：「父權制普世皆然……的確，所有社會制度中，大概沒有哪一制度同樣獲得所有人共識……沒有哪個社會不把超越家庭的權威及領導和男性扯上關係，一絲一毫也沒有，自古皆然。沒有模稜兩可的案例。」措辭真強烈。然而，在二百四十七頁的篇幅中，高柏格竟然連一次都沒提到摩梭族。[13]

高柏格的確提到了印尼西蘇門答臘的米南加保族，但只在附錄裡引了兩段別人的研究。第一段寫於一九三四年，說男人的食物多半比女人先上。高柏格由此斷定在米南加保社會中，男人的權力比女人高。這樣的推論邏輯，就像是因為西方社會男人都替女人開門讓她們先過，所以必定採母權制。高柏格所引的第二個段落出自人類學家佩姬・桑迪（Peggy Reeves Sanday）共同執筆的一篇論文，文中提出米南加保的男人多少有權執行傳統法律的多種層面。

高柏格引用桑迪的著作有兩大問題：第一，說一個社會不採父權制，而男人享有多種權威，二者本身並不矛盾，一如──梵谷名畫《星夜》（The Starry Night）並不是一幅「黃色的畫」，但當中的確有不少的黃色。此段話的第二個問題則在於，高柏格所引用的人類學家桑迪一向主張米南加保人有關的書就叫做《女人居中──現代母權社會生活》（Women at the Center: Life in a Modern Matriarchy）。其實，她最近一本和米南加保人有關的書就叫做《女人居中──現代母權社會生活》（Women at the Center: Life in a Modern Matriarchy）。[14]

有二十年的時間，桑迪每年夏天都與米南加保人一同生活，她說：「米南加保婦女的權利延伸至經濟及社會領域」，並舉例：「女人掌控土地繼承，還有丈夫多半搬進妻子家中。住在西蘇門答臘的四百萬米南加保人也認為自己是母權社會。桑迪表示：「我們西方人歌頌男性的征服與競爭，米南加保則歌頌他們神話中的母后（Queen Mother）及合作。」她記載：「男女之間的關係更像是追求共同利益的夥伴，而非唯我獨尊講求自利的競爭對手。」而且和巴諾布猿的社會群體

樂園的復歸──遠古時代的性如何影響今日的我們？　132

一樣，女人的聲望隨著年齡增加，且「能促進良好關係者便能累積⋯⋯」。

在試圖瞭解及討論其他文化時，這些人類學家其實在腦中勾畫了一個父權的鏡像。當他們宣稱自己從來沒有發現「真正的母權」時，用字常常讓專家也跌一跤。這樣的看法忽略了男女對於權力的概念以及施行有不同的想法及做法。比如米南加保人，桑迪說：「不論男性主事或女性主事都不可能，因為〔他們〕相信決策一定要有共識。」她不斷追問到底由哪個性別主事，最後人家跟她說她問錯問題了。「沒有哪個性別主事⋯⋯因為男女互補。」[16]

下次有人在酒吧高談闊論，說出：「父權制普世皆然，自古如此！」的時候請記得這點。才不是，而且從來不是。男性讀者們也別覺得地位不保，我們建議各位思考下面這件事：女人十分自主、有許多權力的社會往往對男性極為友善、放鬆、寬容，而且頗為性感。男士們，瞭了吧？如果你不是很滿意自己這一生性機會的次數，別怪到女人頭上，反而要確保她們有平等獲得權利、財富以及地位的機會。等著瞧會發生什麼事。

巴諾布猿雌性聯合起來成為社會的大家長，而個別的雌性則毋須擔心體型較大的雄性。同樣地，人類社會中若女性像巴恩斯筆下的摩梭姑娘「風情萬種、自信滿滿」，能自由表達想法及對性的態度而不必擔心遭到指指點點或窮追猛打，對大多數男人而言，相較於由一名男性菁英統治的社會，上述的社會也是更為自在的地方。或許，要西方男性人類學家看出母權社會實在太難，因為他們預期看到的是一個男人被女人踩在高跟鞋底下的文化，是西方文化男性長期壓迫女性的鏡像。反之，看到社會中男人懶洋洋輕鬆快樂的時候，他們的結論便是自己又發現了另一個父權社會，也因此完全忽略了重點。

* 該書原名為《父權制之必然》（ *The Inevitability of Patriarchy* ）。

一夫一妻向前行

> 一夫一妻制不但未曾被大加檢視，繼而發現有不足之處，反而因覺得困難於是不去檢視。
>
> ——吉爾伯特‧基斯‧卻斯特頓

二〇〇五年有部電影的票房極佳出人意料，片名叫做《企鵝寶貝——南極的旅程》（March of the Penguins）。這是至今第二賺錢的紀錄片，片中描繪企鵝夫婦全心全意養育可愛的小企鵝，觀眾都為之感動。很多觀眾都在企鵝為後代以及為彼此的犧牲當中看到了自己的婚姻。按照某個影評人的說法：「看著成千上萬隻企鵝簇擁在一起抵禦冰冷的南極寒風……不可能不感到一絲擬人的親緣。」全美各地的教堂都向電影院包場放映給自己的會眾看。《全國評論》（The National Review）的編輯瑞克‧勞瑞（Rich Lowry）某次與年輕共和黨員對談時就談到：「企鵝真是一夫一妻制的典範。這些鳥兒如此全心奉獻令人讚嘆。」國家地理電影（National Geographic Feature Films）的總裁亞當‧萊比錫（Adam Leipzig）封企鵝為「模範父母」，又說：「他們照顧孩子所經歷的一切真了不起，看過的父母都不會再抱怨接送孩子上下學。當中與人性多有呼應之處，令人動容。」[17]

但企鵝的性可不像他們本身一樣黑白分明。企鵝中的金童玉女、那些「一夫一妻制的典範」、「模範父母」一夫一妻制的時間只維持到小傢伙破殼而出、離開冰面、跳進冰冷的南極海水中，前後不到一年。若看過電影，就會知道要在被風吹襲的冰上來來回回舉步維艱，還要湊在一起抵禦咆哮的南極暴風，也很難有什麼婚外誘惑。一旦幼鳥十一個月大（等於企鵝界上幼稚園

樂園的復歸——遠古時代的性如何影響今日的我們？　　134

的年齡）和其他企鵝一起下水，很快大家就忘了何謂忠貞不二，離婚離得又快又自動又不痛苦，爸爸媽媽又開始四處找伴。由於能夠生育的成鳥一般可以活三十年以上，因此這些「模範父母」一生想必有過至少二十來個「家庭」——剛剛有人提到「一夫一妻制的典範」嗎？

不論你覺得這部片是賣弄可愛還是清新可愛，在選擇另一部片搭配聯映的時候，有一個大膽甚至有些反常的選擇：韋納・荷索（Werner Herzog）的《冰旅記事》（Encounters at the End of the World）。荷索這部南極紀錄片不論攝影還是訪談都是傑作，當中有許多出乎意料的角色，包括大衛・安利博士（Dr. David Ainley）。他是一名海洋生態學家，保守得幾乎自有喜感，在南極研究企鵝已有二十個年頭。荷索語帶戲謔地問了幾個問題，安利表示曾經看過企鵝三人行，兩隻雄鳥輪流照顧某一隻雌鳥，還看過「企鵝賣身」，雌企鵝的春宵一刻價值築巢所必需的卵石數顆。

據說草原田鼠也是另一個「一夫一妻天性」的典範。根據某篇新聞報導：「草原田鼠是原野和草地上土生土長的一種肥碩齧齒類，被認為是近乎完美一夫一妻制的物種。牠們結偶共用巢穴。無論雌雄都積極保護彼此、共同領域土以及幼鼠。」雄性積極照顧後代，而且其中一隻死亡後，活下來的那一隻不會再擇偶。」[18]試想，一百五十年前達爾文竟敢把人類比為猿類，為此受盡酸言酸語，而當代科學家把人類的性行為等同於草原田鼠這種鼠輩，卻居然如此自在。我們曾把自己比為天使，現在低下的草原田鼠中看到自我的反映。但是研究一夫一妻制生物學達三十五年的蘇・卡特（C. Sue Carter）和洛厄爾・蓋茲（Lowell L. Getz）把話說得很明白：「性專屬……並非一夫一妻制的特色」。[19]美國國家心理健康研究所（National Institute of Mental Health）的主任湯瑪士・因塞爾（Thomas Insel）也是研究草原田鼠的專家，他表示知情的人都不會把草原田鼠的一夫一妻制看得那麼崇高：「牠們跟誰都能睡，但只坐在伴侶身旁。」[20]

然後有句話（不知為何總是針對女人）是這麼說的：「如果想追求一夫一妻，去跟天鵝結婚

天鵝怎麼了嗎？一直以來大家認為，許多鳥類因為父母得二十四小時忙著孵蛋及餵食幼鳥，所以必定採一夫一妻制。滿腦子想著投資理論的學者假定，雄鳥只有在確定雛鳥是自己的孩子時才會幫忙，就跟人一樣。但最近價格較低廉的DNA測試技術大有進展，也揭露了這個故事中同樣也有令人尷尬的漏洞。行為生態學家派翠西亞・苟瓦提（Patricia Adair Gowaty）表示，雖然藍知更鳥可能會成雙成對一起築巢、養育幼鳥，但雛鳥中平均有百分之十五到二十不是由同一隻雄鳥所生。而藍知更鳥還不是特別水性楊花的鳥類，針對過去認為採一夫一妻制的一百八十種鳴禽進行DNA研究之後，發現有將近九成都不是。啊，天鵝啊，並不是那堅貞的少數。所以如果你想看看一夫一妻制，天鵝就算了吧！

———

一夫一妻制自然嗎？是的……。要人類配對成雙幾乎不需要哄騙，我們自然而然就這麼做。我們調情。意亂情迷。墜入愛河。結婚。而我們大部分人一次都只和一個人結婚。結偶是人類這種動物的註冊商標。

——海倫・費雪

一個婚外性行為如此如魚得水的物種，以此為註冊商標還真是頗怪。維持標準論述的關鍵就在於假定「婚」（to marry）以及「配」（to mate）有普世通用的意義，就像「吃」或「生產」這幾個動詞一樣。但不管我們用哪一套詞來代表世界各地男女之間受社會認可的特殊關係，都無法

表達人類這個物種所想出的各式變化。

「婚」、「配」、「愛」都是社會建構的現象，其意義出了某個文化之外就很難、甚或無法傳達。我們舉出許多例子，有蓬勃的儀式化群交、交換配偶、不加限制的露水姻緣、社會允許的連續多人性交，然而人類學家卻堅稱這些文化都是一夫一妻制，只因為他們很確定當地有自己所謂的「婚姻」。難怪有這麼多人都堅稱婚姻、一夫一妻、核心家庭都具人類普同性。詮釋這些概念時如此無所不包，就連「跟誰都能睡」的草原田鼠也能符合資格。

* 最為著名的一次是出現在諾拉・艾芙隆（Nora Ephron）的電影《心火》（Heartburn）中。

137　第九章　確定父子關係：標準論述的崩潰

第十章 嫉妒：第一次貪戀人妻就上手

〔一旦〕婚姻……變得普遍，妒意將使人灌輸女子之德的教誨，而女子之德受推崇後又往往擴及未婚女性。擴及男性的速度則慢之又慢，今日吾人皆可得見。

——達爾文[1]

卡內拉人的傳統婚禮中，新郎新娘躺在蓆子上，手枕在彼此的頭底下，雙腿交纏。兩人各自的舅舅此時走上前來，告誡新娘與她的新婚丈夫在最後一個孩子長大前都要在一起，還特別提醒他們不要嫉妒彼此的情人。

——莎拉·赫迪[2]

一六三一年因為印刷時誤植，導致《聖經》中的十誡「不可姦淫」（Thou shalt not commit adultery）少了一個「不」（not）字。[3] 雖然不是《聖經》的命令，但我們所舉的社會「性」交流（S.E.EX，Socio-Erotic Exchanges）的例子很多都有一個共通點，那就是明令禁止與自己通常的伴侶（們）發生關係，有時還以死要脅。為什麼？

既然世界各地不相干的文化都發展出這些儀式，儀式必然有其重要之處。我們的祖先有數千代都生活在極為相互依賴的團體中，內部衝突足以威脅團體生存。儀式化、獲社會認可甚至是義務的社會「性」交流在模糊父子關係的同時，也減少了因為嫉妒和占有慾所造成的干擾。高度仰賴個體互信、慷慨、合作的小型社會發展出促進這些特質的方法並加以推廣，另一方面則不鼓勵

會威脅團體和諧及成員生存的行為及想法，這並不令人訝異。

我們也得重申，我們並不主張採集者就特別高貴或（以這件事來說）來正常（也因此毫不遲疑就認為普世皆然）的行為會使得小型採集社會無法運作而崩毀。尤其是不加節制的自利，不論是以囤積食物或是性占有慾過強的形式表現，都會直接威脅族群團結，也因此被人認為十分丟臉而荒謬。

有人懷疑社會是否會重塑這些衝動嗎？

今時今日，泰國和緬甸某些地區會在女孩頸上套上銅環將脖子拉長，讓他們更能吸引男人。北美各地村中都有人將陰蒂剪去、陰唇縫起以削減女性慾望，而在光鮮亮麗的加州，陰唇整形及其他各類陰道整形手術的生意最近也變得欣欣向榮。在其他地方，男孩的陰莖在儀式化的割禮中被割去包皮或者被割開。懂意思了吧。

美國中西部偏北平原有幾個原住民部落有一套共同的審美觀，於是把小木片綁在嬰兒還很柔軟的前額上，[4]隨著孩子長大，木片也會越綁越緊，就像是牙醫師矯正牙齒一樣一點一點調整。這種做法是否會傷害腦部，有多少傷害還不清楚，但尖錐狀、彷彿來自異世界的頭嚇壞了當地鄰近的部落還有來此捕獸的白人。

而這可能就是好處。如果異世界的外表有助於保護他們，那麼為何會發展出如此的時尚表現，答案也就昭然若揭了。從喝口水釀的啤酒、牛血做的奶昔，到穿涼鞋配襪子，顯然不論要怎麼想、怎麼感覺、怎麼穿、怎麼做，只要所在的社會能讓人相信這麼做很正常，人類都很樂意做。

能讓人願意不斷拉長脖子到會斷掉的程度、猛夾嬰兒的腦袋或者把女兒送去神聖賣淫的社會力量，很能藉由將性嫉妒貶為愚蠢而變得荒謬，而重塑或中和其影響。方法在於讓這件事變得不

樂園的復歸──遠古時代的性如何影響今日的我們？　140

我們已經看到，從演化的角度解釋男性性嫉妒時，往往繞著確認父子關係背後的基因算計打轉。然而，若是基因問題，比起不認識的男性，男人應該要比較不擔心妻子和兄弟上床，畢竟兄弟和他的基因有一半相同。男人，要是你發現老婆和兄弟在床上，生氣的程度會少於跟陌生人在一起嗎？女士們，你會寧願丈夫和自家姊妹外遇嗎？應該不是吧。[5] 應該不是吧。[5] 應該不是吧。應該不是吧。應，正常。

零和遊戲的性

先前討論混合交配策略時曾提到大衛・巴斯，不過他的研究其實大部分都和嫉妒有關。巴斯並不吃分享食物或配偶這一套，他以匱乏（scarcity）將上述二者概念化。他寫道：「若食物不足以餵飽團體中的所有成員，則有人會活下來，有人會死去。」同理，「若兩個女人渴望同一個男人⋯⋯一個女人成功吸引了他，另一個女人就輸了。」他把演化視為「零和遊戲，贏家勝利，輸家則付出代價。」[6]

辯論人「性」的本質時，聽起來往往像是敵對的政治經濟哲學在打一場代理戰爭。標準論述的辯方認為我若有所得，你必有所失。振作起來吧！這是個人吃人的世界！

「自利讓世界得以運轉。句點。他們會告訴你：「孩子，這就是人生啊！」「這是人性。」

這種用自由市場看人類交配的觀點仰賴一個假設：性的一夫一妻制是人類天性所固有。沒了一夫一妻制（雄性個體對於雌性生殖能力的「所有權」），這種我贏你輸的邏輯就隨之崩解。前面也大致說過，巴斯和其同事在理論中，以兜圈子的邏輯還有自我矛盾、不攻自破的智人混合交配策略迴避了許多明顯的謬誤（通姦在所有文化中無所不在、與我們最親的兩種靈長類表親都大

肆雜交，也沒有任何一夫一妻制的靈長類居住在大型社會團體中）。牽強附會。

巴斯及同事做了數十個研究，希望能確定男人女人體驗到的嫉妒不同，但都符合其性別。這些研究宣稱確認了標準論述背後的兩個重要假設：普世的男人都擔心能否確認父子關係（因此他主要關心的是伴侶的肉體忠貞），而普世的女人都關心能否獲得男人的資源（因此若動了感情，男人可能會丟下她和另一個女人跑了，此時她會比較感覺地位不保）。

巴斯和同事做了這個研究的一項典型調查，找來一千一百二十二人要他們想像伴侶對另一個人有興趣。他們問：「以下哪一項會讓你比較生氣或痛苦：（1）想像你的伴侶和此人享受魚水之歡（但沒有感情）？」巴斯和同事在全美以及歐洲各地的大學校園進行類似調查，得到的結果大同小異：他們發現男女的回應大約有百分之三十五的差異，看來似乎證實了假說。巴斯寫道：「女人不斷表示伴侶精神出軌時會比較難過，沒有性關係亦然；男人則一再顯示伴侶肉體出軌時會比較難過，沒有感情亦然。」[7]

此研究雖有跨文化的廣度，卻少了方法學的深度。許多性研究都因為忍不住做了一件事而削弱其結果，巴斯和同事也是：仰賴方便樣本而犧牲代表性。上述調查的參與者幾乎全是大學生。我們明白，對於研究生還有他們的教授而言，大學部的學生比較好找，也比較好鼓勵（比如填問卷可以拿到一部分學分），但這並無法讓他們成為人「性」的合格代言人。差得遠了。就算是在理應比較開放的西方文化，大學年紀的人還處於社會／性發展的早期階段，在思考有關一夜情、長期擇偶偏好、一生性伴侶的理想數量（都是巴斯的研究所探討的問題）時，即便有經驗可以參考，經驗也不多。

然而，過度著重大學生觀點而導致偏誤的，不是只有巴斯而已。和性有關的研究多半參考的

樂園的復歸——遠古時代的性如何影響今日的我們？　142

都是十八至二十二歲美國大學生的回答。或許你可以主張二十歲的男子和生龍活虎的五十歲差不了多少，但很少人會認為二十歲的女人和大她三十歲的女人在性方面有很多共通點。大部分人都會同意，女人的性在成年之後會經歷很多改變──變得更好，前提是條件允許。

類似巴斯進行的這種跨文化研究，採用大學生意見的另一個缺點則與階級差異有關。在低度開發國家，大學生很可能來自上層階級。比起住在盧安達貧民窟的同年紀人，富有的安哥拉學生可能和葡萄牙的大學生還更為相似。我們自己在非洲的田野調查顯示，性觀念和行為隨著社會階級及次文化不同而有極大差異，就跟世界其他地方沒有兩樣。

除了年齡和階級會造成偏誤之外，巴斯和同事也跳過了一個關鍵：他們的受試者全都生活在農業出現後的社會，其特色為私有財產、政治階級、全球化的電視等等等。採集者的想法和行為都還沒有被現代生活所形塑，而他們的觀點代表了人類這個物種大多數的經驗，若是沒有至少包含幾個採集者，我們又怎麼能期待找出「人類普同性」？前面已經談過，許多針對採集者的研究都顯示，不相干的族群間有重要的相似之處，也和農業出現後的常態有極大不同。瑞典人和上層階級的奈及利亞人或許覺得彼此十分不同，但在採集者看來，二者有許多相同之處。[8]

沒錯，要空投問卷還有 HB 鉛筆給亞遜河上游的採集者並不是件容易的事（研究生也瘋狂！）。然而，雖然要加入他們的觀點很難、很不可能，但這件事對於這類研究可信度的重要性並沒有因此削弱。當前這種廣泛但表淺的研究典範，就像是在全世界的河流進行研究之後宣布發現了「普世魚類的現象」。有魚的湖泊呢？池塘呢？海洋呢？

心理學家克莉絲汀・哈裡斯（Christine Harris）曾提到巴斯的研究結果不過是確認已知的事情：「男人對於性刺激比對情緒刺激更有反應，對於想像這樣的刺激比較有興趣，或者比較擅長」。[9] 換言之，男人會因為性而比較焦躁，是因為他們能想像得比女人更清楚。

143　第十章　嫉妒：第一次貪戀人妻就上手

哈裡斯拿巴斯的問題來問人，並測量他們身體的反應，發現「整體而言，女人這一組的生理反應（和男人）沒有太多差別」，但她們仍幾乎一致預測，精神出軌會讓自己的心更亂。這項研究結果顯示，伴侶不忠時，女人的實際感受和她們認為自己應該如何感受並不相同，十分有意思。

心理學家大衛・迪斯農（David A. DeSteno）以及彼得・薩洛維（Peter Salovey）在巴斯的研究中發現更多基本謬誤。他們指出，在回答與不忠有關的假設性問題時，會受到受訪者的信念系統（belief system）的影響。他們談到「女人比男人更相信，精神出軌代表肉體很可能也出軌」，也因此「精神出軌和肉體出軌二選一〔巴斯的研究核心〕是錯誤的二分法⋯⋯」。

大衛・利希納（David A. Lishner）和同事則瞄準了一個弱點：受試者只有兩個選擇，不是肉體出軌比較令人痛心，就是精神出軌比較讓人難過。利希納問，要是兩種情境都一樣讓受訪者感到不舒服呢？利希納加入了第三個選項，結果發現大部分的受訪者都指出兩種形式的不忠都很讓人不開心，於是讓人更加懷疑巴斯的結論。[11]

巴斯和其他演化心理學家主張人類天性或多或少有些嫉妒，此話或許有些道理，但當他們過於以偏概全，說研究結果適用於任何時候、任何地方、任何人的時候就太過頭了。人類的天性是由高反射性的材料製成，是一面鏡子。沒錯，上頭的確有無法改變的基因擦痕和裂痕，但還是一面鏡子。對大部分的人類而言，真實大致上就是人家告訴我們的事情。嫉妒就跟差不多其他所有的事情一樣，反映了社會的影響，若大家的共識認為嫉妒只不過是比較次要的刺激，那它就是如此。*

樂園的復歸──遠古時代的性如何影響今日的我們？　144

玻利維亞的希里歐諾人會嫉妒，多半不是因為丈夫或妻子有情人，而是因為他花太多時間精力在情人身上。據人類學家艾倫・霍姆伯格（Allan Holmberg）表示：「愛情對於希里歐諾人而言是很陌生的概念。性就和餓一樣，都是必須滿足的衝動。」希里諾人用「色庫比」（secubi，我喜歡）指自己喜歡的所有事物，可能是食物、珠寶或是性伴侶。雖然「對於何謂水乳交融當然也有一些理想」，但霍姆伯格發現「在慾望來襲之時，這些都會很快粉碎，此時希里歐諾人很樂意遵從『聊勝於無』的原則」。[12]

人類學家克羅克深信，卡內拉人的丈夫都不嫉妒，他寫道：「不論卡內拉人的丈夫說自己不在意時是否誠實，他們都和其他成員一起鼓勵妻子尊重風俗……與二十來個男人在整個社群的典禮時進行儀式的性行為……。」好啦，要是有人能假裝自己見了妻子和二十來個男人性交也不吃醋，你絕對不會想跟這個人在牌桌上相見。

我們回顧過的文化，從巴西河流遍布的叢林到喜馬拉雅山麓小丘的湖畔，都發展出一套約束嫉妒以及性占有慾的方法。但相反的情形也有。有些文化主動鼓勵占有的衝動。

當男人愛上女人的時候要怎麼知道

一九六六年博西・史萊吉（Percy Sledge）寫了〈當男人愛上女人〉（"When a Man Loves a Woman"）這首歌，立刻成為賣座金曲，一舉登上了告示牌流行榜（Billboard Hot 100）以及R&B排

＊ 要能看穿文化的偏誤，真正的科學是少數幾種（甚至唯一）可靠的辦法，也因此在研究中要敢於根除文化偏見十分重要。

145　第十章　嫉妒：第一次貪戀人妻就上手

行榜的冠軍。另一個版本則是二十五年前由麥可·波頓（Michael Bolton）演唱，同樣也一舉攻下排行榜榜首，現在則在《滾石雜誌》（Rolling Stone）五百大專輯中排行第五十四。西方媒體中，沒有什麼比愛與性更受到矚目，〈當男人愛上女人〉這首歌就是世界各地呢喃情話內容的一個例子。

關於男人對女人的愛，史萊吉有什麼要說的呢？男人真正的愛到底有那些跡象？由於著作權的限制，我們無法直接引用整首歌詞，不過反正大部分的讀者也都背得起來。複習一下，當男人愛上女人：

- 他意亂情迷，想不了別的事情。
- 他願意用任何事物，甚至全世界，來換得女人的陪伴。
- 他對女人可能有的錯誤視而不見，若是朋友想要警告他她哪裡不好，甚至可以連自己最親的朋友都不要了。
- 他會花光所有的錢，只為了吸引女人注意。
- 最後，若女人要他睡在雨中，他也會照辦。

我們想替這首歌建議另一個標題：〈當男人鬼迷心竅，且犧牲所有自尊及尊嚴，把自己變成徹底的渾球（而且最後還是會失去女人，畢竟誰想要一個睡在雨中的男友？）〉

同樣，〈你的每一次呼吸〉（"Every Breath You Take"）也在《滾石雜誌》的金曲排行榜上高居第八十四名。這是一九八三年的熱門單曲，在英國排行榜上蟬聯榜首達一個月之久，美國則是兩個月。這首歌贏得「年度好歌獎」（Song of the Year），演唱的警察合唱團（The Police）則拿下了當年度葛萊美獎的最佳流行獎。根據紀錄，這首歌至今已在全球各地的廣播電台播出超過一千萬次。我們還是假定你早已知道這首歌的歌詞。但你可曾真的聽聽裡頭寫了什麼？雖然常被人視為

樂園的復歸──遠古時代的性如何影響今日的我們？　146

史上最佳情歌,但〈你的每一次呼吸〉說的根本不是愛。

這首歌從一個男人的視角出發,他被一個女人拒絕,女人不願承認自己「屬於」他,男人說自己會追隨她的每一個腳步,觀察她的每一個動作,看看她每晚和誰在一起諸如此類的。這是情歌?它應該要名列告示牌「瘋狂危險跟蹤狂歌曲」排行榜的冠軍。這首歌是史汀(Sting)某次在夜半時分醒來,從潛意識中浮現「你的每一次呼吸/你的每一個舉動」(every breath you take/every move you make)這句歌詞之後寫的。就連他也要到後來才明白〈這首歌〉有多不懷好意」。他曾在一次訪問中提到,他心裡想的或許是喬治・歐威爾(George Orwell)關於監視與控制的小說《一九八四》,絕對不是關於愛。

─

那麼,嫉妒到底是不是**自然天性**?看狀況。恐懼絕對是天性,而嫉妒就像其他的不安全感一樣,是恐懼的一種表現。然而,別人的性生活到底會不會激起恐懼的反應,就得看性在某個社會、某段關係還有某個人的人格中如何定義。有智慧的家長會特別向孩子保證她永遠都會獨一無二,小寶寶一點也不會威脅到她的地位,還保證愛有很多,夠分給所有的人。為什麼我們能輕易相信母親的愛不是零和遊戲,但性愛卻是有限的資源?演化生物學家理查・道金斯以他一貫的優雅問了這個非常切要的問題:「人不能愛一個以上的人,是那麼顯而易見的事嗎?親情的愛(父母若不至少假裝同樣愛所有的孩子,就會被人指責)、愛書、愛吃、愛酒(愛「瑪歌堡」(Chateau Margaux)和愛上好的「霍克」(Hock)並不衝突,而我們若與白酒調情,也並不會覺得

147　第十章　嫉妒:第一次貪戀人妻就上手

對紅酒不忠）*、愛作曲家、詩人、度假海灘、朋友……我們似乎都能應付。為什麼大家想都不想就立刻認定男歡女愛是唯一的例外呢？」[13]

到底為什麼？若文化條件將女人及其孩子的經濟依賴縮減至最小或加以消除，若女性的性並非受到嚴格控管的商品，會如何影響西方社會嫉妒的盛行以及體會？要是所有的男女都能經濟無虞、找床伴也不虞匱乏，還不必感到罪惡，就像是我們討論過的許多社會還有我們最親的靈長類表親一樣，又會如何呢？要是女人都不必擔心關係破裂會讓自己跟孩子無依無助呢？要是平凡男人都知道，自己永遠不必擔心找不到人愛呢？要是我們不是從小聽人家說**真愛**是癡迷、是占有長大的呢？要是我們跟摩梭人一樣尊重所愛的人的尊嚴和自主呢？換言之，要是性、愛、經濟自主對我們而言就像對我們的祖先一樣唾手可得呢？

要是把恐懼從嫉妒中拿掉，還剩下什麼？

———

> 人類會比較快樂，不是因為找到了治療癌症的方法，不是上了火星，不是消除了種族偏見，也不是伊利湖水換新，而是他們終於找到再次生活於原始群落的方法。這就是我的烏托邦。
>
> ——庫爾特・馮內果（Kurt Vonnegut）

愛德華・威爾森有次曾提到：「我們能從人類的基因史中推測的一切，都主張更開放的性道德觀。此時性方面的做法首先會被視為是建立情誼的工具，再來才是繁衍的方法。」[14]我們自己

都沒法說得像他這麼好。然而，如果人「性」的主要發展，是作為相互依賴的遊群建立情誼的機制，在這當中確認父子關係（即便是問題也）只不過是次要問題，這一來人類性演化的標準論述就有麻煩了。這套論點說女人一直以性換取育兒、食物、保護等各種事物，如此以今論古的假設在遇到女人覺得不需要這樣談交易的社會時，就站不住腳了。這暴露出標準論述只不過將當代的道德偏見包裝成看似科學，再投射於史前遙遠的螢幕，合理化了現在，卻讓人看不清過去，並非能夠解釋我們為何變成今日模樣的可信說法。Yabba dabba doo! †

* 「瑪歌堡」為著名的法國紅葡萄酒，「霍克」則為知名的德國白葡萄酒。——編按

† 《摩登原始人》的主角弗萊德的叫聲。——譯註

149　第十章　嫉妒：第一次貪戀人妻就上手

第三篇
未有的過往

我們已讓諸位看到,即便當時世界大抵空空蕩蕩,採集者的社交生活卻一點也不孤寂。不過,霍布斯還宣稱史前生活很困苦,而馬爾薩斯則認為貧窮亙古不變、無處可逃。

WE'VE ALREADY SHOWN THAT EVEN IN A LARGELY EMPTY WORLD, THE SOCIAL LIVES OF FORAGERS WERE ANYTHING BUT SOLITARY. BUT HOBBES ALSO CLAIMED PREHISTORIC LIFE WAS POOR, AND MALTHUS BELIEVED POVERTY TO BE ETERNAL AND INESCAPABLE.

PART III
THE
WAY
WE WEREN'T

我們的主張有一中心主題：人類的性行為既反映演化的傾向，也反映社會背景。因此，若對於人類的性傾向在演化時所處的日常社會環境稍微有些概念，就有助於了解這些傾向。霍布斯筆下的世界以「所有人對所有人的戰爭」（bellum omnium contra omnes）為特色。很難想像，我們所設想的那種集體、合作的社會型態在這樣的世界能長久維持。但一般對於史前生活的錯誤觀點，仍可用霍布斯簡潔有力的這段話一言以蔽之：「孤寂、困苦、齷齪、野蠻又短暫。」

之前已經討論過史前人類生活極度社會化且一點也不孤寂，現在在接下來的四章，要來談談霍布斯筆下的其他元素，之後則會更直接討論更露骨的材料。讀者若主要對性有興趣，還請有點耐心，有些事乍看像是繞路，其實看清史前日常生活的這條捷徑，可幫助你更了解之後的材料，以及身旁的現代世界。

第十一章 自然的財富（困苦？）
"The Wealth of 'Nature'" (Poor?)

重點是，各位先生女士，貪婪（沒有更好的詞，姑且一用）是好事。貪婪沒錯，貪婪有用。貪婪澄清、點破、捕捉了演化的精神。貪婪的各種形式……代表了人類的崛起。

——電影《華爾街》（Wall Street）中的戈登·蓋可（Gordon Gekko）

什麼叫做濫用宇宙？這個問題可用一個詞回答⋯⋯貪婪。⋯⋯貪婪便是最嚴重的錯誤。

——勞倫第·梅哲薩（Laurenti Magesa），《非洲宗教：豐足生活的道德傳統》（African Religion: The Moral Traditions of Abundant Life）

經濟學這門「憂鬱的科學」從一開始就憂鬱。一八三八年晚秋的某天下午，達爾文靈光一閃。這必定是英格蘭烏雲密布的天空曾閃現最亮的靈光，閃出了道金斯口中「人類腦海所浮現想法中最驚天動地者」，把達爾文給嚇傻了。看穿天擇，這麼偉大的事發生之時，達爾文正在讀馬爾薩斯的《人口論》（An Essay on the Principle of Population）。

論觀點的優劣，看的若是它經不經得起時間的考驗，那麼馬爾薩斯獲選為《維基百科》第八十大史上最具影響力人物當之無愧。兩百多年後，要找到哪個唸經濟的學生，不熟悉這史上第一位經濟學教授簡單明瞭的主張，怕是不容易。你會想起馬爾薩斯的論點，每一代人以等比級數倍增（2、4、8、16、32……），但農人卻只能以等差級數提高糧食生產，因為開墾新田、增加產能只能以線性方式增加（2、3、4、5、6）。一番清楚明瞭的論證之後，馬爾薩斯下了

153　第十一章　自然的財富（困苦？）

無情的結論：長期人口過剩、絕望、普遍的飢餓是人類生存的本質。無能為力。幫助窮人就像是餵倫敦的鴿子，他們很快又會再生、再瀕臨飢餓邊緣，所以幫了有什麼用呢？馬爾薩斯向我們保證：「社會較低階層所充斥之貧苦潦倒，絕無救藥。」

馬爾薩斯估計人類生育率時，參考的是過去一百五十年（一六五○—一八○○）間在北美有案可考的（歐洲人）人口增長率。他的結論是拓荒者的人口每二十五年左右就增加一倍，並認為以此推估史前人類成長十分合理。

馬爾薩斯的估算如此慘淡，達爾文在自傳中曾回憶自己將其應用於自然界時，「我突然想到，在如此情況下，適合的變異多半會留存下來，不適合的則會被消滅。新物種將於焉產生。而我此後至少有套理論可以研究⋯⋯。」[2] 科學作家麥特・瑞德里認為，馬爾薩斯給達爾文上了一課，意旨荒涼：「過度繁衍終將以瘟疫、饑荒或流血衝突收場」，讓他相信困苦求存之中寫著天擇的祕密。」

馬爾薩斯最為黯淡無光的看法，便如此點亮了達爾文的靈光。[3] 除了達爾文之外，華萊士（Alfred Russell Wallace）也獨自想出了天擇背後的運作方式，而他靈光乍現之時，正在瘧疾肆虐的馬來西亞河岸一座小屋之中一陣陣發著燒，期間也讀了同一篇文章。愛爾蘭劇作家蕭伯納（George Bernard Shaw）在天擇說中嗅出了馬爾薩斯學說的死亡氣息，唷嘆道：「若思及此事之完整意涵，便覺內心如沉沙中。」蕭伯納感嘆天擇「醜惡的宿命論」，並埋怨其「貶損美與聰慧、力量與目的、榮譽與憧憬，實在可惡。」[4]

不過，雖然達爾文與華萊士把馬爾薩斯那些淒涼的計算運用得十分巧妙，但有個問題：數字湊不起來。

樂園的復歸——遠古時代的性如何影響今日的我們？ 154

漁獵部落，生存方式如被獵食之禽獸，將……稀疏散落於地表各處。正如被獵食之禽獸，如遇敵人，或驅之或避之，且永遠與彼此競爭……。相鄰之部族永遠交惡。一族如有增長，必向另一族侵略，畢竟需有更大領土，方能供應增長人口之所需……。勝者之生，有賴敵人之死。」

——馬爾薩斯，《人口論》

若馬爾薩斯的人口成長統計真的接近正確，那麼他（連帶達爾文）就可以假定人類社會「必受空間所局限」，導致彼此「永遠交惡」。達爾文在《人類的由來》一書中又再次探討馬爾薩斯的統計，寫道：「已知開化的人口在條件有利時，人數每二十五年成長一倍……（按此）速率，美國當前人口（三百萬人）將於六百五十七年間密布全球陸地，每平方碼面積將有四人。」

原始人摩登化再記上一筆。[5]

馬爾薩斯說史前人類每二十五年人口成長一倍，他若沒說錯，則上述假設確實頗有道理。然而他錯了，假設也沒有道理。我們現在知道，在農業出現前，我們祖先的總人數並非每二十五年成長一倍，而是每二十五萬年成長一倍。馬爾薩斯（連帶還有達爾文）的估算差了一萬倍。[6]

馬爾薩斯假定，他身邊所見的苦難反映了人類與動物亙古不變、無處可逃的宿命。但他並不明白，一八〇〇年左右倫敦人滿為患、處境淒涼的街道完全不能反映史前的狀況。一百五十年前，霍布斯也犯了同樣錯誤，他從已身經驗外推史前人類生活，得出了錯誤看法。

155　第十一章　自然的財富（困苦？）

全球人口數估計（縱軸單位：十億人）[7]

| 西元前 10000年 農業出現 | 西元前 8000年 500萬人 | 西元前 6000年 500萬人 | 西元前 4000年 700萬人 | 西元前 2000年 2700萬人 | 西元 1年 1億7000萬人 | 西元 1000年 | 西元 2010年 |

樂園的復歸——遠古時代的性如何影響今日的我們？

霍布斯在恐懼中出生。他的母親聽說西班牙無敵艦隊準備攻打英格蘭，因而早產。多年後，霍布斯寫道：「我母親生了一對雙胞胎，一個是我，一個是恐懼。」他最知名的著作《利維坦》（Leviathan）寫於巴黎，他在此書寫下史前生活「孤寂、困苦、齷齪、野蠻又短暫」的名句。他曾在英國內戰中支持王室，樹立了不少敵人，因而避居巴黎。期間他生了一場大病，差點丟了命，與病魔纏鬥了六個月，書也幾乎寫不下去。國王允許他留下，但禁止他的書出版。此書成了教會禁書，而牛津大學不但禁書，還焚書。文化史學家馬克‧里拉（Mark Lilla）如此描繪霍布斯的世界：「基督教徒被末世天啟的夢嚇傻了，開始追殺基督教徒，過去他們只對穆斯林、猶太人、異端這樣殺紅了眼睛。那是瘋狂。」[8]

霍布斯看到這般瘋狂，認為是「常態」，並將其投射回自己所知甚少的史前時代。霍布斯口中的「人類天性」是十七世紀歐洲的投射，當時的日子說好聽點，對大部分人而言都不好過。霍布斯對於史前人類生活的晦暗幻想雖然流傳數百年不輟，但其效度就像是在墨西哥的提華納（Tijuana）觀察流浪狗，便對西伯利亞狼群做出一番偉大結論。

說句公道話，馬爾薩斯、霍布斯、達爾文都受限於缺少實際資料。達爾文看到這項不足，努

157　第十一章　自然的財富（困苦？）

可憐可憫的我

> 我們之所以富裕，不是因為擁有什麼，而是因為能夠沒有什麼。
> ——康德（Immanuel Kant）

喬治・歐威爾曾說：「掌控過去的人即掌控未來。」若他說的沒錯，掌控遠古的人又掌控了什麼？

在農業促進人口成長之前，以人類數量而言，世界無疑是個廣袤空曠的地方。然而，霍布斯、馬爾薩斯、達爾文所想像的人口過剩、絕望的景況卻仍深植於演化論之中，如咒語喃喃般複誦——管他事實如何。比如，哲學家大衛・史密斯（David Livingstone Smith）在近來一篇名為〈為何打仗？〉（"Why War?"）的文章中，就傳遞了馬爾薩斯的觀點及其所有錯誤的絕望。他寫道：「競爭有限資源是演化改變之動力。任何群體若無節制地繁殖，最終都將耗盡所仰賴之資源。隨著數量增長，個體將別無他法，只有更加拚命競爭日益減少的資源一途。能獲得資源的人將日益繁盛，不能的則將死亡。」[9]

力想加以解決，成年後一生都在收集標本，寫下豐富筆記，並與任何可能提供有用資訊的人書信往來，這點應大力讚賞。然而這樣還不夠。所需的事實要到數十年後才會揭曉。但我們現在已經知道了。科學家已經學會如何解讀古代的骨骸與牙齒，以碳十四計年法判斷更新世留下的火堆灰燼、追蹤我們老祖先粒線體DNA何去何從。而霍布斯及馬爾薩斯憑空想出、達爾文全盤接受的那套對於史前時代的看法，也遭到他們所揭露的資訊推翻，頗有說服力。

樂園的復歸——遠古時代的性如何影響今日的我們？ 158

沒錯，在某個範圍內是這樣。但是這範圍不是很寬廣，原因在於史密斯忘了我們的祖先可是最早的漂泊浪子（女），他們是遊居民族，總是在路上，頂多只歇腳個幾天。他們最擅長的就是到別的地方去。他們明明可以跟過去數不清的世代一樣，沿著海灘往上走，又為何要假定他們會留在人口過剩、資源耗盡的地區「拚命」掙扎？再說，史前人類從來不像老鼠那樣繁衍。差得遠了。其實，史前世界的人口成長率估計整個時期都遠遠不到百分之零點零零一，和馬爾薩斯假設的人口炸彈沾不上邊。[10]

在採集的環境中，基本的人類生殖生物學原理使得人口難以（甚至無法）快速成長。女人哺乳時很少受孕，加上沒有家畜的乳汁，因此漁獵採集的女性多半替孩子哺乳到五、六歲大。此外，漁獵採集生活需要不斷移動，母親一次若要抱不只一個幼兒（即便有其他人大力幫忙）十分不便。最後，由於體脂肪低，漁獵採集的女性初經來臨時間要比後來的農業時代的姊妹們晚得多。大部分的採集者要到十七、八歲才開始排卵，也因此生育期較短。[11]

霍布斯、馬爾薩斯、達爾文三人身邊滿是人口飽和所造成的苦果（傳染病猖獗、族群間連年征戰、族群內爭權奪位）。然而史前世界即便是有人住的地方，也是人口稀疏。除了沙漠圍繞的零星地帶，或是巴布紐幾內亞這類的島嶼，史前世代的世界全都是一望無際的待開發之地。大部分學者認為，我們的祖先約五萬年前才從非洲動身，五千到一萬年後才抵達歐洲。[12] 人類的足跡大概要到一萬二千年前才踏上北美。[13] 在農業出現前的數萬年間，地球上智人的總人數大概從未超過一百萬人，當然也從未逼近當前芝加哥的人口。再者，近來做出的DNA分析顯示，天災所導致的諸多人口瓶頸，曾使人類人口減至寥寥數千人，最晚也不過是七萬年前的事情。[14]

我們這個物種還十分年輕。霍布斯、馬爾薩斯、達爾文想像中因資源稀少而產生的無情擇汰壓力，我們的祖先僅有少數人碰過。大抵而言，人類祖先踏上旅程的世界並沒有因數量早已飽和、

為了殘羹冷炙而爭鬥的同類。相反地，大部分的祖先一路上行經的一連串生態系，裡頭都還找不到類似我們這樣的生物，就像是最近在佛羅里達州大沼澤地國家公園（Everglades）流竄的緬甸蟒、澳洲遍地恣意生長的海蟾蜍，又或者是再次進入黃石公園的狼。霍布斯寫下：「對人而言，人就是惡名昭彰的狼」之時，可沒想到若是食物充足通通有份，狼可以多麼合作、通報無間。某個物種擴散至新的、富饒的生態系當中時，個體並非非彼此拚個你死我活不可。在區位飽和之前，這種物種內的競爭既適得其反，又毫無必要。[15]

我們已讓諸位看到，即便當時世界大抵空空蕩蕩，採集者的社交生活卻一點也不孤寂。不過，霍布斯還宣稱史前生活很困苦，而馬爾薩斯則認為貧窮亙古不變、無處可逃。然而，現今的採集者大多不認為自己窮困，也有種種跡象顯示我們已知用火、高智商的祖先住在團結合作的遊群當中，生活大抵而言並不苦。當然，乾旱、氣候轉變、火山爆發等偶發的災難打擊很大，不過我們的祖先大多住在泰半無人居住的世界，滿滿都是食物。過去數十萬代的祖先所面對的雜食者的兩難是：要吃什麼？植物吃土，鹿吃植物，美洲獅吃鹿，但人類什麼都能吃也什麼都吃，包括美洲獅、鹿、植物──沒錯，甚至也吃土。[16]

百萬富翁的哀歌

> 貧窮……是文明的產物。
>
> ──馬歇爾・薩林斯（Marshall Sahlins）

最近《紐約時報》有篇文章標題是〈矽谷百萬富翁，錢永遠賺不夠〉（"In Silicon Valley,

Millionaires Who Don't Feel Rich"），開頭寫道：「不論用哪個定義來看，哈爾‧斯格特（Hal Steger）都可謂功成名就──只有他自己，或許還有他矽谷鄰居的定義例外。」文中提到，斯格特先生和太太雖然身價淨值三百五十億美元，他仍然每天工作十二小時，週末還要工作十小時。斯格特解釋道：「今天的幾百萬比以前薄多了。」

交友網站「Match.com」的創辦人蓋瑞‧克瑞曼（Gary Kremen，估計身價淨值一千萬美元）則表示：「這裡的每個人，眼裡都看著比自己更成功的人。」他每週仍然工作六十到八十小時，他說原因是「在這裡，賺一千萬不過是無名小卒。」另一個高階主管說得一針見血：「在這裡，前百分之一追求成為百分之一裡的前十分之一，前百分之一裡的前百分之一則追求百分之一的前百分之一。」[17]

這樣的心態不只限於矽谷。二○○三年BBC的報導指出：〈富裕是種新貧〉("Well-off is the new poor"）。劍橋大學訪問學者克萊夫‧漢彌爾頓博士（Dr. Clive Hamilton）開始研究「過日子的有錢人」，發現收入超過五萬英鎊（當時約折合八萬美元）的人，十個有四個都覺得自己「窮」。漢彌爾頓總結道：「昨天窮人真正面對的煩惱，已成為今天富人想像出來的煩惱。」美國近年還有一項研究，發現身家淨值（包含房產）超過一百萬元的人有百分之四十五都擔心會在死前用盡家財。身家五百萬元以上的人有三分之一有同樣煩惱。[18]

有些人可能想讓我們相信「富流感」（Affluenza）*是人類這種動物亙古永存的疾病，其實不然。這是農業出現導致財富不均所造成的結果。話雖如此，在現代社會當中，我們有時仍能發現成嚴重傷害。──編按

* 「富流感」（Affluenza）是富裕（Affluence）和流行性感冒（influenza）的混合詞，依據《告別富裕流感》（Affluenza: The All-Consuming Epidemic）的觀點，這是指社會對物質之病態追求，導致對健康、家庭、社區與環境，造

祖先那古老平等主義的回聲。

一九六〇年代初期,有名叫史都華‧沃爾夫(Stewart Wolf)的醫生聽說賓州東北有個義大利移民和後裔居住的小鎮,當地幾乎從未聽說有人得心臟病。沃爾夫決定要去這座小鎮羅塞托(Roseto)一探究竟。他發現五十五歲以下的人幾乎無人有心臟病症狀。六十五歲以上男性的心臟問題,是美國平均的一半。羅塞托整體的死亡率約比全國平均低三分之一。

在仔細排除運動、飲食及區域變數(如:汙染程度)後,沃爾夫以及社會學家約翰‧布魯恩(John Bruhn)得出研究結論,羅塞托的民眾之所以能更長期維持健康的主要因素,在於**此地社群的本質**。他們發現,大部分家庭都三代同堂,長輩極受敬愛,而整個社群厭惡炫富的行為,「對於擺闊的恐懼,來自義大利村民與邪眼(maloccio)有關的古老信仰」。沃爾夫寫道:「大人告訴孩子,若表現出比鄰居有錢或優越,將會導致厄運。」

沃爾夫與布魯恩注意到,羅塞托這種人人平等的社會關係在一九六〇年代已經漸漸式微,兩人預測小鎮的死亡率將在一代之內開始攀升。二十五年後兩人又做了追蹤研究,發現:「最驚人的社會變化就是大家普遍不再相信自古以來反擺闊的禁忌」以及「過去分享在羅塞托十分常見,現在已被競爭所取代。」一代之內,心臟病及中風的機率倍增。[19]

採集者共享財產,貧窮根本就不是問題。薩林斯在其經典之作《石器時代經濟學》(Stone Age Economics)當中曾說明:「世界上最原始的人財產很少,**但他們並不窮**。貧窮並不是財物很少,也不是收支間的關係。說到底,貧窮是人與人間的關係。貧窮是種社會地位。因此貧窮是文明的產物。」[20] 二千四百年前,蘇格拉底也提出同樣看法:「知足最富,因知足為自然之富。」

然而文明的富卻是財富本身。記者大衛‧普拉茲(David Plotz)爬梳《舊約聖經》字字句句,發現當中充滿商業氣息,感到十分吃驚。他寫道:「《聖經》,尤其〈創世紀〉,首要主題就是

樂園的復歸──遠古時代的性如何影響今日的我們? 162

地產。神……總在進行土地交易（然後用不同的條款重新交易）。……《聖經》不只迷戀土地，還有動產：金、銀、牲畜。」

馬爾薩斯與達爾文都知道平等為採集者的特色。前者寫道：「多數美國部落……平等程度之高。平素野蠻生活如遇逆境，抑或偶有饑荒面臨壓力，則群中成員人人皆平等分享。」[22] 至於達爾文，他所知的文明奠基於資本，他所見的原住民卻寧願損己利人。他點出兩者本質上的衝突：「遊居者之習慣，不論位於廣袤平原、熱帶密林抑或濱海沿岸，個個都極強調吃虧。……所有居民徹底平等，將使其多年內文明不生。」[23]

於「人類階層的最底端」找到滿足

馬爾薩斯想說明世上最卑微、可憐、窮得悽慘的「野人」，於是舉了「火地群島的不幸居民」為例，歐洲旅行家認為這些人「位於人類階層之最底」。僅僅三十年後，達爾文也到了火地群島觀察同樣這批人。他同意馬爾薩斯對於火地居民的看法，在日記中寫道：「我相信蒐羅寰宇，也無法找到更低下之人。」

說來也巧，達爾文乘坐的小獵犬號的費茲洛船長（Captain FitzRoy）之前出海時曾載了三名火地人回英格蘭，向其介紹英國生活的輝煌。現在，在三人親身體驗文明生活之優越之後，費茲洛要帶他們回島上向同胞傳教。原先的計畫是向火地人展現他們錯誤的做法如此蒙昧，並幫助他們進入文明世界。

然而，傑米、約克、火地仔回到今天達爾文山（Mt. Darwin）山腳下烏雅海灣（Woollya cove）的同胞身邊多年之後，小獵犬號與船員重返此地，卻發現他們的小屋與園圃早已荒棄、雜草叢

生。最後傑米終於出現，說明他和其他皈依基督教的火地人早已回歸原來的生活。達爾文難過無比，在日記中寫道，他從未見過「如此徹底而嚴重的改變」，且「望之讓人心痛」。一行人將傑米帶回船上，為其更衣，於船長的飯桌上共進晚餐，見他至少記得如何正確使用刀叉都鬆了一口氣。

費茲洛提議要帶他回英格蘭，但傑米拒絕了，表示他「絲毫不希望回到英格蘭」，因他「快樂而滿足」，有「許多水果」、「許多魚」還有「許多小鳥」。

勿忘猶加敦。我們眼中的貧窮，甚至「人類階層之最底」，可能是種財富的形式，只是我們認不出而已。想想那些「餓著肚子」的澳洲原住民開開心心烤低脂老鼠、搗碎肥美蠐螬的樣子，一旁旁觀的英國佬則噁心欲嘔，他們所看到的當然是餓到受不了才有的瘋狂舉動。當我們開始「去部落化」（detribalizing）——剝去扭曲我們視線的文化限制——「貧」與「富」看來可能變得十分不同。[24]

第十二章 自私的瀰（齷齪？）
The Selfish Meme (Nasty?)

> 我們有貪慾，順貪而行……
>
> ——艾迪·維達（Eddie Vedder），〈社會〉（"Society"）

經濟人

許多經濟學家都忘了（或從未明白）他們的核心概念「經濟人」（*Homo economicus*）其實是世皆然的自然法則。經濟人的迷思解釋了當代資本主義的組織原則，僅此而已。[2]

假設過去數百年來一直引領了許多人類學、哲學及經濟學的思考。經濟學家約翰·高智（John Gowdy）曾說道：「『理性的經濟行為』獨屬於資本主義，且是一套根植的信念，而非客觀、普認為碰到供需、財富分配的問題時，必定要以稀少論的經濟學觀點來思考，如此錯誤的此，像亞當·史密斯這樣的經濟學大家竟也堅稱，同情和悲憫對人類而言和自利一樣自然。[1]攤風險的瀰在史前環境具有優勢；同樣，自私的瀰在農業出現後的世界也大多欣欣向榮。即便如之單位。優勢基因藉由繁衍而複製，而瀰則是藉由學習或模仿傳遍社群。*平等、分享資源、分

《自私的基因》（*The Selfish Gene*）的作者理查·道金斯創了「瀰」（meme）這個詞，為資訊

---

* 道金斯在《自私的基因》書中創造了「瀰」（meme）一詞，作為一個能夠傳達「文化傳遞單位」的概念的名詞，他選用「meme」的部分理由是希望讀起來有點像「gene」（基因）。——編按

個迷思，根源於對人類本性的假設，而非堅實的事實，能在上頭建立歷久彌新的經濟哲學。十九世紀英國哲學家暨經濟學家約翰‧彌爾（John Stuart Mill）指出「人必然以最少之力氣、拒絕最少之肉體慾望，獲得最多之所需、便利與奢華」，但也承認這是「姑且定義之」[3]。恐怕連他自己都沒想到，這樣姑且一定義，居然就成為數百年來經濟思想的引路明燈。再回頭想想盧梭的話：「如能選擇出生之地，我必選一邦國，人人盡皆相識，於是暗暗施行之陰謀或曖曖內含之美德皆難逃公眾之法眼與評判。」當有人說貪婪就是人類天性的一部分時，往往都沒提背景時空。沒錯，貪婪是人性的一部分。羞恥心也是。慷慨也是（而且不只是對血緣親族大方而已）。行事僅為了自利的經濟人為想像的產物，經濟學家據此建構模型時，卻忽略了社群。社群是我們在彼此身邊交織的重要意義網絡，是任何真正符合人性的事情發生的時空背景，一向如此。

賽局理論與經濟學最常引用的思考實驗稱為「囚徒困境」（The Prisoner's Dilemma）。此實驗所呈現的互惠模型如此簡單俐落，有些科學家稱其為「社會心理學的大腸桿菌」。實驗是這樣的：想像一下有兩個嫌疑犯被抓了起來，但警方沒有足夠證據可以加以定罪。警方將兩個囚犯分開來，向兩人分別提議：如果你把同夥供出來，而他保持緘默，你就恢復自由，他則會被判整整十年的有期徒刑；若他招供而你沒有，你就去坐牢。如果兩人都不說，各關六個月；如果兩人都說了，則各關五年。兩個囚犯都得選擇要告密還是要保持緘默，警方也跟他們說另一個人不會知道他的決定。這個囚犯會怎麼做？

這場最古典形式的賽局中，參與者都看到了趕快背信的好處是先獲釋，因此幾乎每次都背叛彼此，然而，把這套理論結論拿到世界各地的監獄去，問問「抓耙子」的下場如何？科學家決定讓同一批參與者從賽局中累積經驗，觀察他們的行為是否會隨時間改變。至此，科學與現實交會了。羅伯特‧阿克塞爾羅（Robert Axelrod）在《合作的競化》（The Evolution of Cooperation）當

166　樂園的復歸──遠古時代的性如何影響今日的我們？

中就曾解釋道，參與者很快明白若保持緘默並假定夥伴也會如此，對自己更為有利。若夥伴開了口，就會弄臭自己名聲，而且還會以一種以牙還牙的模式遭到懲罰。隨著時間過去，做法較為利他的人逐漸活躍，而行事只求個人短期利益的則遇到嚴重問題──或許在淋浴間被捅一刀也說不定。

等到格雷戈里‧伯恩斯（Gregory S. Berns）和同事決定讓女性參與者使用核磁共振儀（M.R.I.），此實驗的古典詮釋再次受到嚴重打擊。伯恩斯等人預期看到受試者在被背叛時（也就是自己努力合作而別人卻當「抓耙子」）時，反應最大。結果卻非如此。伯恩斯告訴《紐約時報》的娜塔莉‧昂吉兒（Natalie Angier）：「這些結果真的讓我們吃了一驚。」腦部對於合作行為的反應最為激烈：「最亮的訊號出現在合作結盟時，已知同樣的腦區在大腦面對甜點、俊男美女照片、金錢、古柯鹼及各種合法或不合法的享受也會有反應。」[4]

伯恩斯和團隊分析腦部掃描圖，發現女性合作時，腦部有兩個都對多巴胺有反應的區域會活躍起來，分別是前腹側紋狀體（anteroventral striatum）以及眼窩額葉皮質（orbitofrontal cortex）。這兩個區域都和控制衝動、強迫行為、報償處理有關。伯恩斯看了團隊的發現十分訝異，但也覺得寬慰。他說：「看了讓人覺得心裡踏實。」「這多少顯示我們天生就要和彼此合作。」

公地悲劇

生物學家加勒特‧哈丁（Garrett Hardin）的論文〈公地悲劇〉（"The Tragedy of the Commons"）最初發表於著名期刊《科學》上，是科學期刊論文中重印次數最高的一篇。最近一份《世界銀行討論報告》（World Bank Discussion Paper）的作者稱此論文為「社會科學家檢視自然資源問題的主

流典範」，而人類學家阿佩爾（G. N. Appell）則說此論文「學者及專家將其視為經籍般擁戴」。[5]

一直到十九世紀，英格蘭鄉村許多地方仍是公地，地權歸國王所有，但人人都能使用，就像是鐵絲網出現之前的美國西部廣闊牧地。哈丁以英格蘭公地為模型，打算證明資源公有時會發生什麼事。他主張：「對所有人開放的放牧地……每個牧人都會想辦法養越多牛越好。」牧人自私的舉動雖然會破壞牧地，但從他個人經濟的角度來看，卻很有道理。哈丁寫道：「理性的牧人【終將決定】唯一合理的做法就是不斷擴大牛群。」這是唯一理性的選擇，畢竟土地因過度放牧而衰退的代價由大家共同承擔，而增加性畜而獲得的利潤卻由他一人獨享。既然每個牧人都會做出相同結論，公地終將遭到過度放牧。哈丁總結道：「公地上的自由，讓我們所有人都受害。」

就像馬爾薩斯那套人口成長相對於農業生產力的思想一樣，哈丁的結論之所以出名是因為它兩語就說出了公有制的愚昧，也讓不斷主張將公家機關的服務私有化、占有原住民土地的人有了掩護。

（1）簡單如 A+B=C，看來又正確無疑；（2）很容易解釋既得權力者看來無情的決定。比如，英國的商界及政界大老就常引用馬爾薩斯的文章，說明他們在面對英國處處可見的貧窮問題（包括一八四〇年代導致數百萬愛爾蘭人餓死、更多人逃往美國的饑荒）時為何毫無作為。哈丁三言兩語就說出了公有制的愚昧，也讓不斷主張將公家機關的服務私有化、占有原住民土地的人有了掩護。

哈丁這套言簡意賅的說法和馬爾薩斯還有一個共通之處：一碰到現實就站不住腳。

加拿大作家伊恩・安格斯就曾說明道：「哈丁根本忽略了實際公地的狀況──相關社群的自我控管。」哈丁忽略了農村地區聚落小，人口密度低，若有牧人想鑽漏洞，一定會被發現並受到處罰。伊莉諾・歐斯壯（Elinor Ostrom）便研究了小型聚落當中的公地管理，發現：「所有的公地都有某種形式的監控，以防有人作弊或是濫用資源。」[6]

樂園的復歸──遠古時代的性如何影響今日的我們？　168

不論經濟學家以及其他反動地方資源管理的人怎麼編造，真正的公地悲劇並不危及小團體所掌控的資源。別再繞著公地打轉了。我們要面對的是公共海洋、天空、河流、森林的悲劇。世界各地的漁場不斷凋零，就是因為沒有人有資格、權利、動機阻止國際船艦將大家共有（於是無人擁有）的水域開採殆盡。中國的大煙囪燒著非法開採的俄國煤，裡頭的毒素在韓國人的肺裡累積，此時燒著委內瑞拉石油的美國汽車則融掉了格陵蘭的冰河。

是誰讓這些環環相扣的悲劇時言之鑿鑿卻差之千里，要我們忽略小型聚落生活的緻密樣貌，當中所有人徒困境還是公地悲劇因為缺乏地方、個人的羞恥心而發生？引用馬爾薩斯經濟學、因（借用盧梭的話）「皆難逃公眾之法眼與評判」。只有群體規模太大，人類無法再盯著彼此所作所為時，上述的悲劇才無可避免。這個臨界點稱為「鄧巴數」（Dunbar's number）。靈長類聚落中，規模很重要。

英國人類學家羅賓．鄧巴（Robin Dunbar）注意到靈長類的理毛（grooming）行為，之後他便比較了整體群體大小與腦部新皮質（neocortex）發展間的關係。找出相關性之後，鄧巴預測團體人數到達一百五十個個體時，人類便無法再掌握其他人的所作所為。用鄧巴的話來說：「新皮質的處理能力單純只限制了能夠維持穩定人際關係的個體數。」其他人類學家藉由觀察，也得到相同結果。他們發現若群體規模超過這個數字，多半會分裂為兩個較小的群體。鄧巴的論文發表於一九九二年，早幾年前哈里斯就寫過：「每個遊群五十人、每個村莊一百五十人，人人都彼此相熟，因此互惠交換的關係能維繫眾人。人在施予的時候預期有所得，在獲得的時候預期有所施。」[7] 經過近年幾個作家，包括暢銷著作《引爆趨勢》（The Tipping Point）作者麥爾坎．葛拉威爾（Malcolm Gladwell）的宣傳，許多人都知道一百五十人是群體有機運作的上限。

人類在關係親密、彼此知道名字的小型遊群當中演化，並不擅長處理匿名帶來的、令人信不

過的自由。聚落人數在臨界點時，人人至少都是點頭之交。一旦超過，我們的行為就會改變，選擇也將不同，對於什麼有可能發生、什麼可以接受的感知也變得抽象。

同樣一套論點也可用於共產主義背後對人類天性錯得慘烈的誤解：公共擁有權並不適合匿名行事的大型社會。人類學家約翰‧巴德禮（John Bodley）在《規模的力量》（The Power of Scale）當中寫道：「人類社會及文化的規模之所以有影響，是因為大型社會的權力自然而然會比較集中。大型社會沒有小型社會民主，分配風險與報償也較不平均。」9 沒錯，正是因為社會越大，羞恥心的作用越小。柏林圍牆倒塌之時，資本主義支持者歡天喜地宣布共產制的根本錯誤在於未能考慮人性。這個嘛，對，也不對。馬克思的致命錯誤似乎是他未能顧及時空背景之重要。若時空背景為關係親密、相互倚賴的社會聚落，人性會以某種方式運作，但若任其不具名為所欲為，我們就會變成另一種生物。以絕對值來說，上述兩種禽獸並沒有哪個更具有人性。

不斷進步的夢

> 他這野人，以為部落和島上風俗便是自然法則。
> ——蕭伯納（George Bernard Shaw），《凱撒與埃及豔后》（Caesar and Cleopatra）第二幕，凱撒之台詞

我們出生的時地是最好的嗎？抑或我們只是生於漫漫時光的任一時、浩浩無數的每一刻，時時刻刻都有屬於自己的悲喜相生相伴？或許你覺得思考這個問題十分荒謬，彷彿是假定當中有選擇可言。可確實有。人心喜歡視自己的經驗為標準，以自己的聚落為所有人，（或許潛意識地）

樂園的復歸——遠古時代的性如何影響今日的我們？　170

相信自己是神之選民，神與我們同在，我們這一隊就該贏。為了以最美的觀點看待現在，於是將過往塗上苦難與恐怖的血紅。這是人心的癢，止不住，霍布斯已經搔了好幾百年了。

假定演化是進步的過程、演化的生物正逐步邁向某個最終的完美境界，這樣的錯誤很是常見。但不論他們，還是我們，都不是如此。不斷進化的社會或生物只不過是在數代間適應了不停改變的條件。這些調整有可能立即見效，但卻不是任何絕對的進步。外在條件永不停止改變。

正是這樣的迷思，使人假定此時此地顯然優於彼時彼地。三百五十年過去了，科學家仍引用霍布斯告訴我們，我們何其有幸，能生於國家興起之後、能避開野蠻過往的普世苦難。覺得自己比較幸運，當然會讓心裡大感暢快，但我們來問問那個禁忌的問題：我們到底有多幸運？

是古人貧困？還是我們自以為富裕？

史前人類並沒有儲存食物的習慣，但這不代表他們長年挨餓。研究史前人類骨骼及牙齒發現，古代人類的生活確實時而飽餐一頓，時而空著肚子，但長期挨餓的狀況卻十分少見。我們怎麼知道人類祖先不是活在飢餓邊緣？

兒童及青少年只要一週沒有攝取足夠營養，四肢這種較長的骨骼成長就會趨緩。恢復攝取營養之後，骨頭會再度開始生長，此時新骨的骨密度和中斷期並不相同。X光照出了古人骨骼上一條條洩露秘密的線，稱為「哈里斯線」（Harris lines）古病理學家利用這些線條，證明史前時代的特色是：「一陣陣短暫的飢餓期，再一陣陣短暫的飲食期，此時成長會加速。」[10]

較長期的營養不良則在牙齒期、琺瑯質上會出現變色斑塊以及小洞，這種現象稱為「發育不全」（hypoplasias），千萬年後仍可在化石遺骸上看到。考古學家在史前漁獵採集族群的

171　第十二章　自私的瀰（齟齬？）

遺骸上發現的哈里斯線以及發育不全現象，要少於定居於村落、以農耕為食物來源的族群。漁獵採集者由於不斷移動，因此不太可能長期挨餓，畢竟大多時候，他們可以乾脆搬到比較不受饑荒或其他自然疾病影響的地區。

分析伊利諾河谷下游狄更斯塚（Dickson Mounds）約八百具骨骼之後發現，這些骨骼明顯呈現約西元前一千二百年左右、由採集轉為種植玉米之時，健康情形出現的改變。考古學家喬治・阿梅勒果斯（George Armelagos）及同事曾指出，相較於先前的採集者，農耕者的骨骸顯示長期營養不良的情形增加了百分之五十，傳染疾病則增為三倍（從骨骼損傷可看出）。此外，他們發現證據顯示嬰兒夭折率也增加，成人骨骼成長較晚、骨質疏鬆也成長為四倍，顯示族群中有半數人都有缺鐵性貧血。[11]

採集者不存東西在冷凍庫裡，很多人注意到他們對於彼此分享食物異常慷慨大度。法國耶穌會傳教士保羅・勒瓊努力向他們解釋將部分食物存下來的好處，「他們把我笑了一頓，（他們說）：『明天我們又能拿獵物大擺宴席。』」[12] 以色列人類學家尼里・伯德戴維（Nurit Bird-David）曾說明過：「要理解西方人的行為，看的是他們假定何謂富裕。此外，我們分析甚至預測西方人的行為時，假定他們如此作為可能是因為有的還不夠；同理，分析甚至預測漁獵採集者的行為時，則假定他們表現出的行為是已經達成了。」（文字粗體為本書所加）[13]

農人辛苦種植稻米、馬鈴薯、小麥、玉米，而採集者的飲食則多為形形色色、營養豐富的植

物與動物。然而，採集到底要費多少功夫？要想吃頓飯，這種方法有效率嗎？

人類學家大衛・麥德森（David Madsen）調查了採集、食用摩門蟋蟀（Anabrus simplex）的能量效率。今日猶他州當地原住民的菜單上都還有這道菜色。他研究的團體每小時能抓到相當於八十七個大亨堡、四十九片披薩或四十三個大麥克的熱量。照這樣的速度，麥德森估計只要忙一小時，一個採集者就能採集到相當於八十七個大亨堡的蟋蟀。照這樣的速度，麥德森估計只要忙一小時，一個採集者就能採集到相當於八十七個大亨堡的蟋蟀。[14] 在你嘲弄摩門蟋蟀算不得什麼美味之前，請先想想一般的大亨堡背後令人害怕的事實。另一項研究發現桑人中的昆族（住的可是喀拉哈里沙漠呢！）平均每日攝取二千一百四十大卡，還有九十三克的蛋白質（收獲好的月份）。哈里斯一言以蔽之：「跟緊接在後的大部分人相比，石器時代族群的生活更為健康。」[15]

或許他們也比很久之後才出現的人健康。歐洲的城堡與博物館有許多盔甲，現代只有個頭最小的男子才穿得進去。用現代的標準來看，我們中世紀的祖先或許都是小不點，但考古學家泰勒認為，人類祖先開始懂得用火的時候（約一百四十萬年前），身高高於今天的平均。從希臘、土耳其挖出的骨骼顯示，農業出現之前這些地區的男性身高為五呎九吋（一百七十三點七公分），女性則為五呎五吋（一百六十七點六公分）。然而，採行農業之後，平均身高便一落千丈。現代的希臘人、土耳其人平均身高仍沒有遠古的祖先高。

全球各地改採農業之後，隨之而來的是大部分人的飲食品質與整體健康大幅下滑。賈德・戴蒙曾形容這是「人類史上最大的錯誤」，他寫道：「人類史中，以漁獵採集者的生活方式最成功、最長久。」他總結道：「相反地，我們仍努力想收拾農業絆腳的爛攤子，但能否收拾仍未可知。」

論舊石器政治

史前生活小睡多。薩林斯有篇經典論文〈原初富裕社會〉（"The Original Affluent Society"）引發不少爭議，文中提到採集民族「找尋食物太過順遂，因此有一半時間都無所事事」。就連所居之地看來嚴峻而空蕩的澳洲原住民，要找到東西吃也沒有問題（而且除了整晚休息之外，下午還可以再睡三小時左右）。人類學家理查・李（Richard Lee）針對波札那喀拉哈里沙漠昆族布什曼人所做的研究顯示，他們每週只花十五小時覓食。「一個女人一天所採的食物足夠一家大小吃三天，剩下的時間她多半在帳中休息、刺繡、去其他帳篷拜訪，又或者招待其他帳篷來的客人。」據李表示：「如此穩定工作個一兩天，再休個一兩天——你覺得如何？」

每天在家，烹飪、砸開堅果、撿柴、提水等廚房例行公事占她一到三小時。[16]

輕鬆工作個一兩天，再休個一兩天——你覺得如何？[17]

漁獵採集社會，因為食物就在周遭環境中，無人能控制他人獲取生命之必須。哈里斯解釋，在這樣的背景下「平等⋯⋯深植於資源之開放、生產工具之簡單、不可攜帶的財產之缺乏，以及遊群時時變動之結構中」。[18]

若無法阻撓他人找到東西吃或找地方遮風避雨，也無法阻止他們離開，你又如何能控制他們？採集民族政治平等處處可見，其實根植於如此簡單的現實。首領沒有強制力，只是眾人追隨的人，是獲得同伴尊敬的個人。這樣的「首領」並不（也無法）要求任何人服從。這樣的洞見其實早有人提出。亞當・史密斯在一八九六年出版的《法理學演講錄》（Lectures on Jurisprudence）中寫道：「漁獵之國不立政府，得其所哉⋯⋯〔他們〕彼此協定互保平安，但無權勢凌駕他人之上。」

樂園的復歸——遠古時代的性如何影響今日的我們？　　174

保守派演化心理學家認為採集者強調共享這件事十分棘手，這點並不奇怪。道金斯的著作《自私的基因》有其代表地位，而且「人彼此對抗求生存」的概念也膾炙人口。有鑑於此，幾十名作家上下求索，希望能找出採集民族為何如此慷慨相待的解釋。科學作家麥特·瑞德里在《德性起源》（The Origins of Virtue）當中簡述了他們所面臨的矛盾：「我們的心智由自私的基因所打造，卻造得他們重社交、講互信、談合作。」[19] 有豐富的資料顯示，有千萬年的時間人類社會結構的建構基礎都是想要分享的衝動，若還要堅稱自私是（而且一直都是）人類演化的主要動力，真的是得步步為營。

當然，如果永遠自私論的支持者能夠接受他們的立論有背景方面的局限，那麼上述的矛盾自然煙消雲散。換言之，在零和的情境之下（正如我們與陌生人同住的現代資本主義社會），人類自掃門前雪多少有些道理，然而若搬到其他的時空背景之下，人類行為的一大特色就是直覺應慷慨公平。[20]

儘管許多追隨者喜歡忽略他論點中的細微之處，道金斯本人倒是完全清楚，他寫道：「動物天性的確有很大一部分為利他、合作，甚至還帶點溫柔的主觀情緒……個體生物層級的利他主義可能是底下的基因將自利最大化的方式。」[21] 同樣地，道金斯雖然發明了「自私的基因」的概念，但卻將團體合作視為個體滿足目的（因此促進個體基因利益）的方式。那麼道金斯的崇拜者為何又不願考慮，人類及其他動物彼此合作，有可能和短視近利的自私自利一樣自然、一樣有效？

非人靈長類有許多妙證可證明和平的軟實力，而且有證據的還不只是好色的巴諾布猿而已。德瓦爾與丹妮斯·詹努維克茲（Denise Johanowicz）設計了一項實驗，想看看兩種不同的獼猴放在一起五個月會發生什麼事。普通獼猴（Macaca mulatta）侵略性強、暴力，而短尾猴（Macaca arctoides）素以生活態度較放鬆為人所知。比如，短尾猴吵架後想和好，就揉揉彼此的屁股；至於普通獼猴，則很少看到牠們和好。然而一旦把這兩個物種放在一起，科學家發現短尾猴比較和平、肯退讓的行為逐漸主導了普通猿猴較為劍拔弩張的態度。普通猿猴逐漸放鬆下來。德瓦爾回憶道：「兩種幼猴玩在一起、一起理毛、還簇擁著、混在一大群裡睡覺。更重要的是，普通猿猴還發展出講和的技巧，和比較包容的另一群夥伴不相上下。」即便實驗結束後，兩種猴子又回去與同類居住，這批普通獼猴衝突後和解、替敵人理毛的機率仍是同類的三倍。[22]

純屬特例？神經科學家暨靈長類動物學家薩波斯基從一九七八年還是學生的時候就開始觀察肯亞的一群狒狒，至今已有數十年。一九八〇年代中期，這群狒狒中有很高比例的成年雄性因為吃了一家旅館外垃圾堆裡感染了病菌的食物，得了肺結核而暴死。不過，這些垃圾堆裡珍貴（但感染了病菌）的食物只進了比較兇悍的狒狒的肚子，其他比較溫和的狒狒不論雌老少早都被牠們趕跑了。天理昭彰啊！難搞的雄狒狒走了，剩下比較隨和的狒狒當家。這群狒狒毫無抵抗能力，是海盜眼中現成的寶藏：一整群雌狒狒、亞成體*、膽小的雄狒狒，不過是等著附近的霸王大搖大擺進來姦淫擄掠。

雄狒狒會在青春期離開原生的族群，因此垃圾堆事件過了十年後，原先那些非典型、較溫和的雄性都已經不在這裡。然而，據薩波斯基記載：「新加入的雄性接受了這群狒狒獨特的文化。」二〇〇四年，薩波斯基記載，結核病「慘案」發生二十年之後，這群狒狒雄性與雌性彼此理毛、來往的比例仍然較高，上對下的關係也較不分明，十分少見。階級較低的雄性通常面臨極大壓力，然而生理證據卻指出這群狒狒的壓力低於一般。薩波斯基還告訴我們，當地是二〇〇七年夏天，甚至一直到最近，這群狒狒獨有的文化仍維持不變。[23]

克里斯多夫·博姆（Christopher Boehm）在《森林中的階級》（Hierarchy in the Forest）當中主

張，平等顯然是極為理性甚至**階層化**的政治體制。他寫道：「原本有可能居於人下的個體夠聰明，懂得組成團結的大型政治聯盟。之所以這麼做，顯然是為了避免強者主宰弱者。」據博姆的說法，就拒絕聽令這件事而言，採集者徹底就像貓科動物，他寫道：「放諸四海，遊居的採集者都很關切（幾乎是執著於）能否不受他人權威的控制。」[24]

自尊自大的人在史前時代的日子一定很難過。心理學家艾瑞克・弗羅姆（Erich Fromm）寫道：「熱愛控制的人不會太受大家歡迎，也沒有影響力。」[25]

```
     生態           社會           性

              ┌─→ 不可能有 ──────┐
              │   強迫的力量      │
              │      ↓           │
    資源取得  │   食物大多        │
    自由且廣布 ┼─→ 由女性採集     │
              │      ↓           │
              │   女性地位 ─────→ 雜交增加
              │   增加            ↑
              │                   │
              └─→ 遊居            │
                   ↓              │
                  財產少          │
                   ↓              │
                  私有財產的 ─────┘
                  概念較輕
                   ↓
                  父子關係 ←──────┘
                  不清楚
                   ↓
                  分散式
                  雄性育幼
```

* 指動物已經離開父母獨立生活，但還未性成熟的發育階段。——編按

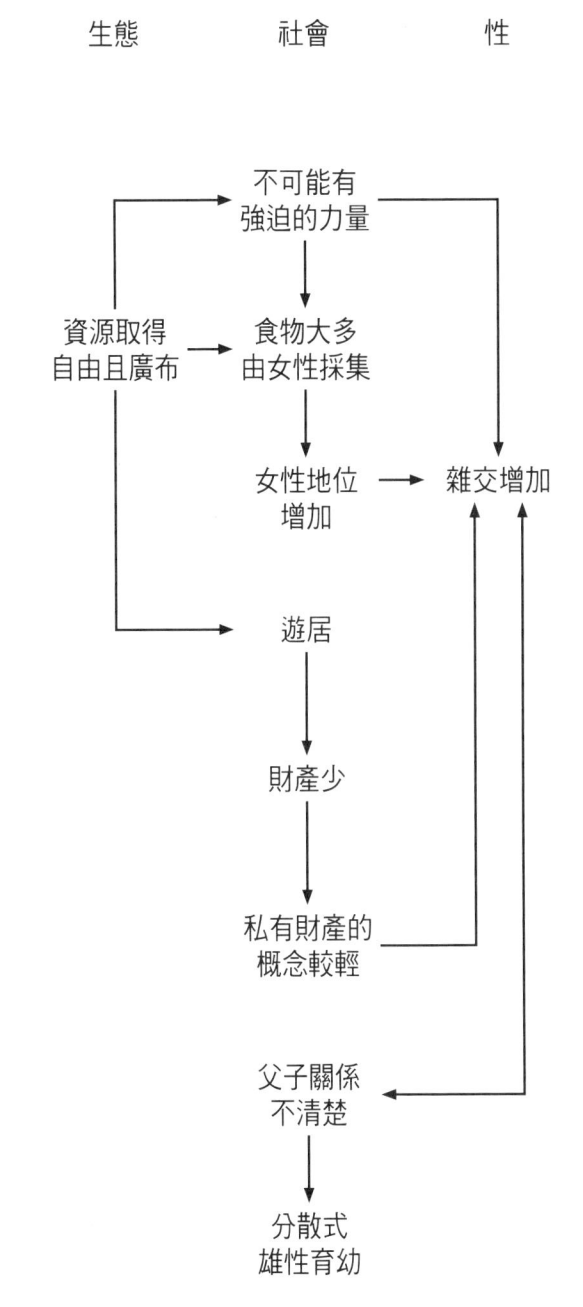

人口密度低，消化系統極度雜食，人類獨家增高的社會智能、分享食物制度化，隨性雜交於是群體育兒，還有群體防禦。要是因為上述種種因素加總，人類的史前時代其實是個相對和平、繁榮的時代呢？就算不是「黃金時代」也至少是「白銀時代」（青銅器時代有人用了）？我們不要陷入對天堂的夢幻想像，但能不能——敢不敢——考慮這樣的可能：我們的祖先大部分人多數時候都人人有飯吃？現在，大部分的人都聽說過「天下沒有白吃的午餐」這句話，但要是人類演化的過程中，世界上每一頓午餐都可以白吃呢？若知道自己旅程初始時的時空開散而富足，要到一萬年前才走入悲慘、匱乏以及無情競爭當中，那麼我們看待史前時代（連帶看待自己）的方式又會多麼不同？

或許有些人覺得很難接受，但骨骼證據明顯顯示我們的祖先在農業出現之前從沒有普遍、長期匱乏過。長期食物短缺、以匱乏為基礎的經濟制度都是農業出現後才誕生的社會體制的產物，高智在《所缺有限，方法無窮》（Limited Wants, Unlimited Means）的引言當中指出了核心的矛盾：

「漁獵採集者……有大把閒暇時光，用來吃吃喝喝玩樂社交，簡而言之用來做我們認為和富裕有關的事情。」

儘管沒有堅實的證據可以證明這種視史前如末世的觀點，但大眾卻很少聽到有人反駁。西方經濟理論內含一套對於人類天性的觀點，這套觀點根本錯了。認為人只因自利而行事，用高智的話來說，這樣的看法是「智人出現二十多萬年以來，數萬文化中極為少數的看法」。曾經活在這世上、世世代代的人類，絕大多數都難以想像身旁有人還餓著肚子，自己卻在囤積食物。高智寫道：「漁獵採集者代表的是非經濟人。」[26]

切記，就連那些被貶斥為「人類階層之最底」的火地群島「不幸」居民，一等到小獵犬號駛出視線之外，便立刻丟下鋤頭、離開園圃。他們親身經歷了「文明」人的生活，但卻「絲毫不

樂園的復歸──遠古時代的性如何影響今日的我們？　　178

希望回到英格蘭」。為什麼要回去?他們「快樂而滿足」,有「許多水果」、「許多魚」,還有「許多小鳥」。

第十三章　史前戰爭論戰不休（野蠻？）

The Never-Ending Battle over Prehistoric War (Brutish?)

> 演化論者說，生命曙光乍現之時，有一隻野獸，不知其姓名，亦不知其天性，種下了一顆致命的種子，源自於那顆種子的衝動從此便在野獸後裔的血中鼓動。
>
> ——威廉・布萊恩（William Jennings Bryan）[1]

基本教義派的新霍布斯主義信徒主張貧困是人類生生世世的固有處境，同樣地他們也堅稱戰爭是人類天性的根本。比如作家尼可拉斯・魏德（Nicolas Wade）就宣稱：「國家出現前的社會，戰事不斷，手段無情，且總目標是要殲滅敵人，也往往成功。」[2] 根據這樣的看法，我們之所以喜好有組織的衝突，其實深深根源於生物的過往，能經由以採集為生的祖先一路追溯遙遠的靈長類先祖。顯然向來都是要作戰，不要做愛。

但是，沒有人清楚這樣的戰爭到底為何而戰。雖然確信採集者的生活「戰事頻仍」，但魏德也承認「古代人類生活於平等的小社會中，沒有財產，也沒有首領或是不同的階級……」也就是說我們這樣理解：平等、沒有階級、沒有財產的遊居群體……不斷打仗？漁獵採集的社會住在開放廣袤的地球之上，所擁有的東西非常之少，因此（除了性命之外）所能損失的也少；有歷史記載之後，更為近代的定居社會，人口密集，汲汲營營於日益稀少或不斷累積的資源，二者十分不同。[3] 怎麼可能相同？

針對霍布斯式標準論述的這項層面，礙於篇幅無法全面回應，僅選擇此論述三個最為人知的代表，近一步檢視其論點以及資料。三人分別為：演化心理學家史迪芬・平克、德高望重的靈長

類動物學家珍‧古德，還有在世的人類學家中最知名的拿破崙‧沙尼翁（Napoleon Chagnon）。[4]

平克博士，腥紅的尖牙與利爪

想像一下，一位知名的專家站在觀眾面前，主張亞洲人很好戰。為了支持自己的論點，他提出了七個國家的數據：阿根廷、波蘭、愛爾蘭、奈及利亞、加拿大、義大利、俄國。你可能會說：「等等，這些根本就不是亞洲國家——除了俄國可能算之外。」他會在眾人的嘲笑聲中下台——本該如此。

二○○七年，世界知名的哈佛大學教授、暢銷作家平克就在加州長灘聲望卓著的TED會議（Technology, Entertainment, Design）上根據同樣謬誤的邏輯做了一番演講。[5]平克的演講既具體而微地呈現了對於戰爭起源的新霍布斯式觀點，也闡釋了為了推銷這種血染史前的觀點而經常使用的可疑修辭手段。這段演講有二十分鐘，可以在TED網站上找到。[6]鼓勵你至少先看完開頭五分鐘（談史前時代的部分）再回來讀接下來的討論。去吧。我們在這兒等著。

雖然平克只花了不到十分之一的時間討論漁獵採集者（你應該還記得，這種社會型態占了人類在地球上百分之九十五的時間），卻有辦法把事情弄得亂七八糟。

開始演講三分半鐘之後，平克秀出了一張根據勞倫斯‧基利（Lawrence Keeley）的《文明前的戰爭——和平野蠻人的迷思》（*War Before Civilization: The Myth of the Peaceful Savage*）製作的圖表。圖中顯示「幾個採集或漁獵社會中因戰爭而死亡的男性比例」。他宣稱這張圖顯示漁獵採集社會的男性死於戰爭的機率要比今天的男性多很多。

樂園的復歸──遠古時代的性如何影響今日的我們？　182

但是且慢，仔細看看那張圖表。上頭列出七個「採集漁獵」文化，用以代表史前時期男性因戰爭而死亡的比例。這七個列出的文化是：黑瓦洛人（Jivaro）、亞諾瑪米人（Yanomami）的兩個分支、恩加人中的梅族（Mae Enga）、達尼人（Dugum Dan）、雍古人（Murngin）、胡利人（Huli）以及格布西（Gebusi）人。黑瓦洛人以及兩個亞諾瑪米族群都來自亞馬遜河流域，雍古人來自澳洲北部海岸地區，其他四個則來自衝突異常頻仍、人口密集的巴布紐幾內亞高地。這幾個族群足以代表我們過著漁獵採集生活的祖先嗎？

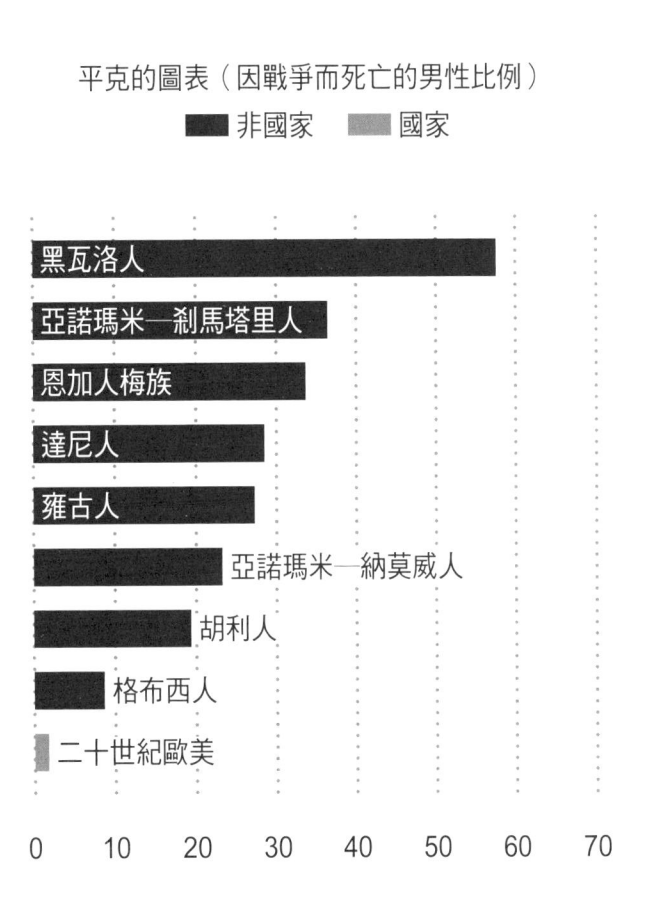

平克的圖表（因戰爭而死亡的男性比例）
■ 非國家　　■ 國家

族群	比例
黑瓦洛人	~58
亞諾瑪米—剎馬塔里人	~40
恩加人梅族	~33
達尼人	~28
雍古人	~27
亞諾瑪米—納莫威人	~23
胡利人	~20
格布西人	~17
二十世紀歐美	~3

0　10　20　30　40　50　60　70

183　第十三章　史前戰爭論戰不休（野蠻？）

差得遠了。[7]

平克所引用的七個社會中只有一個（雍古人）接近即時回報的漁獵採集社會（有點像是我國，如果忽略多數人口居住之處及歷史發展，還能算是屬於亞洲）。平克所引用的資料收集於一九七五年，當時雍古人接觸傳教士、槍枝、鋁製動力船已有幾十年時間──可不完全是史前的狀態。

平克所舉的這些社會全都不是漁獵採集社會，他們在村莊園圃裡種植山藥、香蕉、甘蔗，也養家豬、大羊駝或雞。[8] 上述社會絲毫無法代表我們過著遊居、即時回報式漁獵採集生活的祖先。除此之外，平克所引用的資料還有更多問題。亞諾瑪米人實際有多常打仗，人類學家仍然爭辯不休，這點我們很快會討論。雍古人即便以澳洲原住民文化來看也很不尋常，澳洲原住民通常少有甚至沒有群體間衝突，而雍古人則是個血淋淋的例外。[9] 至於格布西人，平克也沒說對。平克這張惡名昭彰的圖表中採用了人類學家布魯斯・諾夫特（Bruce Knauft）的資料，而諾夫特曾說格布西人的高死亡率和戰爭並沒有關係。事實上，據諾夫特記載，戰爭「少見」於格布西人，他寫道：「領土或資源爭端極其少見，也多半能輕易解決。」[10]

儘管有上述種種問題，平克仍站在觀眾面前一本正經地說他的圖表描繪的，是史前戰爭中漁獵採集者通常死亡率的合理估算──真教人無法置信。[11]

不過，為了維護霍布斯對於人類史前時代的灰暗看法而使出如此手段的，也並非只有平克。

事實上，在探討人類是否嗜血的文獻中，選擇性呈現可疑的資料十分常見。

理查・藍翰與戴爾・彼得森在二人的著作《雄性暴力》當中承認戰爭在自然中並不尋常，「是動物通則的例外，令人心驚」。但他們主張，因為人類和黑猩猩都有群體間暴力的記載，因此好戰可能是種古老的人類特質，可以追溯到二者最後的共同祖先。他們宣稱，我們是「五百萬

樂園的復歸──遠古時代的性如何影響今日的我們？　　184

年習慣不斷廝殺爭鬥之下，迷茫的倖存者」。唉呦喂呀。

但巴諾布猿去哪兒了呢？這本書有二百五十頁，只有十一頁出現了「巴諾布猿」一詞，而且認為相較於常見的黑猩猩，這種物種和我們的共同祖先較無關聯——儘管許多靈長類動物學家對此都持相反意見。不過，至少還提到了巴諾布猿。

二○○七年，《最危險的動物——人性與戰爭起源》（The Most Dangerous Animal: Human Nature and the Origins of War）的作者大衛·史密斯（David Livingston Smith）發表了一篇文章，探討了戰爭深植於我們的靈長類過往的演化論點。在血淋淋描繪黑猩猩如何把彼此揍成一團血球、如何生吞活剝時，史密斯不斷稱牠們為「我們血緣最近的非人類親戚」。光讀他的文章，你不會知道原來我們還有另一個血緣也一樣親的非人類親戚。說也奇怪——卻也不出所料——巴諾猿被拋諸腦後。[13]

英勇面對黑猩猩暴力所隱含的野蠻意涵之時，難道同樣相關、不好戰的巴諾布猿就不值得一提嗎？為何針對「陽」高談闊論，卻對「陰」不置一詞？陰暗無光或許能讓觀眾感到興奮，卻不能為其照亮真相。這種「哎呀，忘了提到巴諾布猿」的手法在談古代戰爭起源的文獻中十分常見。

巴諾布猿的缺席十分可疑，而且還不只是在討論戰爭時缺席。每一次只要有人宣稱任何一種人類雄性暴力自古有之，去找找裡頭有沒有消失的巴諾布猿！下面這段話談的是強姦的起源，引自《人之黑暗面》（The Dark Side of Man），看看你能不能在當中找到巴諾布猿：「強姦並不是人無中生有出來的，反而很可能是從我們猿類血脈一脈相承而來。強姦是**標準**的雄性繁衍策略，很可能已存在數百萬年。雄性人類、黑猩猩、紅毛猩猩都經常強暴雌性。野生的大猩猩也常強擄雌性與之交配。圈養的大猩猩也強姦雌性。」（文字粗體為原書所加）[14]

非人類的物種無法表達自己的經驗和動機，要定義何謂**強姦**變得十分困難。先不管這點，數十年來觀察圈養及野生的巴諾布猿，從來沒有觀察到強姦，也沒有殺嬰、戰爭還有謀殺。從來沒有。

這難道連腳註都不值得寫入嗎？

瑪格麗特・鮑爾神秘失蹤案

除了巴諾布猿引起的疑慮之外，關於黑猩猩「戰爭」還有好些重大問題值得一問。藍翰在一九七〇年代時還是個研究生，在珍・古德位於坦尚尼亞岡貝的研究中心研究食物供給與黑猩猩行為之間的關係。一九九一年，距離藍翰與彼得森出版《雄性暴力》還有五年，瑪格麗特・鮑爾（Margaret Power）出版了一本經過嚴謹研究的書《平等主義者──人類與《黑猩猩》》（The Egalitarians: Human and Chimpanzee），提出了許多與珍・古德黑猩猩研究有關的問題（不過，得說明一下，她對於珍・古德的科學操守以及動機只有欽佩之情）。然而《雄性暴力》中卻完全找不到鮑爾的名字和她的疑問。

鮑爾注意到，珍・古德在岡貝的前四年（一九六一─一九六五）收集到的資料所描繪的黑猩猩社會互動情形和她與同事幾年後發表的、全球讚譽有加的黑猩猩戰爭大不相同。在岡貝的頭四年所觀察到的現象，讓珍・古德對黑猩猩的印象是「遠比人類愛好和平」。她並沒有看到群體間「戰爭」的證據，個體間的暴力衝突也僅零星發生。

上述對於靈長類整體和平的最初印象和四十年後發表的一篇研究相符。二〇〇七年靈長類動物學家羅伯特・薩斯曼（Robert Sussman）和保羅・賈伯（Paul Garber）全面回顧了討論靈長類社會

樂園的復歸──遠古時代的性如何影響今日的我們？　186

行為的科學研究。回顧八十篇不同靈長類如何運用醒著的時間的研究之後，他們發現「當中所有的物種從晝行性狐猴這種最原始的靈長類到猿類……通常每天只有不到百分之五的時間用於任何積極的社交行為。」薩斯曼與賈伯發現「通常他們每天只花不到百分之一的時間用於打鬥或競爭，而且比百分之一少很多，十分不尋常」。他們發現，所有的靈長類物種嬉戲、理毛等友好行為常見的程度都是衝突的十到二十倍。

然而，珍‧古德和學生開始每天提供黑猩猩數百根香蕉，引牠們到營地四周來好方便觀察，而她原先相對和諧的印象也即將改變。鮑爾認為這並非巧合。

黑猩猩在野外各自或小群四散覓食。因為食物散落在叢林各處，所以競爭並不常見。然而，德瓦爾就曾說明：「一旦人類開始提供食物，即便是在森林之中，和平的局勢也會很快受到干擾。」[15]

果然，香噴噴的香蕉成堆放在幾個鋼筋混凝箱子中，只有定時、限時餵食的時候才會打開，此舉大大改變了黑猩猩的行為。黑猩猩被逼急了，總能想出無窮無盡的方法把箱子敲開或砸開，珍‧古德的助理還得不斷重做盒子。無法馬上吃下肚的成熟水果對牠們而言是全新的體驗，也讓牠們感到迷惑憤怒。想像一下，聖誕節的早上跟一屋子管不動的三歲孩子（每個人的力氣都有四個成年男子那麼大）說，他們要等不知道多久才能打開眼前就在樹下的那堆禮物。

多年後珍‧古德回憶這段時期，寫道：「經常餵食顯著改變了這些黑猩猩的行為。牠們開始一大群共同行動，過去從未如此頻繁。睡在營地附近，一早就成群結隊吵吵嚷嚷抵達。最糟的是，**成年雄性變得越來越具侵略性。……不只打鬥的情形遠多於從前，許多黑猩猩還每天在營地四周數小時徘徊不去。**」（文字粗體為本書所加）[17]

鮑爾針對珍‧古德提供猩猩香蕉一事提出的懷疑，並非只遭到藍翰忽略，大部分靈長類動物

187　第十三章　史前戰爭論戰不休（野蠻？）

學家都是如此，比如麥克・吉格勒瑞。因為有人認為珍・古德的團隊觀察到群體間衝突有可能是因為那幾箱香蕉造成扭曲效應，他專門為此前往附近的烏干達研究基巴（Kibale Forest）萊森林中的黑猩猩。吉格勒瑞寫道：「我的任務……（是）找出這些類似於戰爭的殺戮是正常行為？還是因為研究者提供猩猩食物以便觀察而造成的產物？」[19] 然而，吉格勒瑞這本書晚鮑爾八年出版，但書中就連索引也沒看見鮑爾的名字。

礙於篇幅，我們無法充分探討鮑爾所提出的問題，也無法討論其他研究領域之後針對部分（但並非全部）未提供食物的黑猩猩的群體間衝突所做的報告。[20] 雖然我們對於平克與沙尼翁的動機有所懷疑，但卻毫不質疑珍・古德的動機以及科學操守，鮑爾也是如此。話雖如此，鮑爾懷抱敬意直言對珍・古德提出疑問，任何人若對靈長類戰爭起源的論戰真感興趣，鮑爾所提的問題值得深思。

戰爭的戰利品

瑪格麗特・鮑爾的問題直指核心：要是沒東西可爭，爭什麼？在科學家開始提供猿類食物之前，食物出現在叢林各處，於是黑猩猩每天四散覓食。找到水果樹時，黑猩猩往往呼朋引伴。互助對人人都有益，在森林裡填飽肚子並不是場零和遊戲。然而一旦他們知道，每天在同一個地方會有有限數量的食物唾手可得，就會有越來越多的黑猩猩開始「徘徊不去」，而且抵達時「成群結隊吵吵嚷嚷」具有侵略性。很快，珍・古德及學生就開始觀察到黑猩猩群體間而今已出了名的「戰爭」。

黑猩猩現在有東西可以爭了…集中、可靠但有限的食物來源。突然，他們住進了零和遊戲的

樂園的復歸──遠古時代的性如何影響今日的我們？ 188

世界。

若將同樣這套邏輯運用在人類社會，我們不免要想：即時回報型的漁獵採集者為何要冒著生命危險打仗？到底為了什麼而打呢？食物？食物分散於環境各處。若食物因為自然條件（比如：美加太平洋西北地區鮭魚洄游季）而較為集中，此時當地原住民社會往往不是即時回報型的漁獵採集。這樣的地方，比較可能找到複雜、階級制的社會，比如夸丘特爾人（Kwakiutl，稍後討論）。財產？除了有情感價值的事物以外，採集者的財產存在以來，大部分的時間，我們的祖先都是在幾乎空無人類的地球上演化。女人？人類這物種存在以來，大口成長對於採集者很重要，而女人和遊牧民族的牲口一樣，是用以爭奪、交易的貨品。對採集者而言，維持人口穩定很可能比擴張人口更重要。我們已經看到，群體達到某個人數時往往直接分裂為兩個小群，而且遊群層級的社會中，有更多人要養並沒有好處。我們也看到，漁獵採集者、黑猩猩、巴諾布猿典型採衍分—凝結（fission-fusion）社會制度，男男女女可自由在不同遊群間來去。

社會結構（採集、粗耕、農業、工業）、人口密度、戰爭的可能性彼此之間有交錯的因果影響。社會學家派崔克・諾蘭（Patrick Nolan）的研究便支持了這件事，他發現：「比起漁獵採集以及簡單的粗耕社會，戰爭較容易發生於農業以及精細的粗耕社會。」接著諾蘭只分析漁獵和農業社會，發現預測戰爭最好的方法便是看人口密度是否超出平均。21

有了這一發現，戰爭是「五百萬年來的習慣」的論點便產生問題，畢竟農業出現後人口爆炸不過是數千年前才開始的事，在那之前我們祖先的人口密度一向很低。近期的粒線體DNA研究證實，史前全球人口原本就低，有幾度還幾近滅絕（原因是很可能由火山噴發、小行星撞擊或洋流突然改變所引發的氣候危機）。最晚到七萬四千年前，由於多峇湖（Toba）火山大爆發嚴重干

擾世界氣候，全球智人的總人口數有可能還降到數千人。但之前也討論過，即便北半球有許多地區遭到冰封，對我們遠古的祖先而言，世界一點也不擠。[22]

與人口數有關的各項特徵在較晚近的歷史時期曾引發戰爭。生態學家彼得・特臣（Peter Turchin）與人類學家安德烈・科羅塔耶夫（Andrey Korotayev）整理英國、中國、羅馬史料，發現人口密度增加與戰爭之間有強烈的統計相關性。他們的研究顯示，歷史上戰禍連年與太平盛世之間的變異，人口成長可能占了九成影響。[23]

早期農業收穫儲藏的穀物、成群溫馴的牲畜就像叢林裡一箱箱的香蕉。現在有了值得爭奪的事物，而且還不只這些，還有更多地可耕。還有更多女人可以興旺人丁，好下田耕作、養兵守地、幫助收成。還有更多奴隸負責辛苦播種、收成、打仗等勞動。一地若是歉收，農人沒辦法時只得打劫鄰地，鄰人又來報復，以此類推周而復始。

（免於戰爭的）自由只不過是無可失（或無可得）的同義詞。[24]

然而，如此直截了當的分析及相關證明資料卻遭到新霍布斯主義論者忽略。他們堅稱戰爭必定是人類互古永存的衝動，無計可施時為捍衛一己觀點往往訴諸修辭技巧，一如平克那誤導人的圖表。

比如，羅伯・埃哲頓在其著作《生病的社會——質疑原始和諧的迷思》（Sick Societies: Challenging the Myth of Primitive Harmony）第四章當中便寫道：「社會階層化（social stratification）發展於某些小型社會，當地不但沒有官僚及祭司制，連農耕也沒有。」好。可是為了支持這段關於「小型社會」的說法，他花了十五頁的篇幅按照以下順序（且毫無遺漏）生動描繪：

■ 溫哥華島夸丘特爾印地安人：蓄奴、定居、累積財產、有誇富宴（potlatch）習俗、複雜而階級分明的社會；

樂園的復歸——遠古時代的性如何影響今日的我們？ 190

- 阿茲特克帝國（Aztec Empire）：人口達百萬之譜，有繁複的宗教結構、祭司制度。首次與歐洲人接觸時，首都比歐洲任何一個首府都大，還有下水道系統，夜裡有街燈照明，附近土地由奴隸耕種，幅員難以道盡。

- 南非祖魯帝國（Zulu Empire）※：人數同樣也達百萬之譜，蓄奴、行集約農業、馴養牲畜，還有橫跨大陸的貿易網絡；

- 最後還有今迦納一帶的阿善特帝國（Asante Empire），據埃哲頓說：「無人能及，為西非最強大之軍事力量。」25

這當中到底哪一個和「沒有官僚、祭司制、農耕的小型社會」有關，埃哲頓則隻字未提。接下來整個章節，他也沒提到任何採集社會。這就像是說要訓練貓貓很難，並舉例：德國牧羊犬、小獵犬、格雷伊獵犬、黃金獵犬。

人類學家道格拉斯・佛萊（Douglas Fry）在《戰爭之外》（Beyond War）中戳破了新霍布斯主義對於普世戰爭的看法。佛萊寫道：「認為戰爭自古皆然，這種想法並不符合考古事實。」人類學家萊斯利・史朋舍（Leslie Sponsel）也表贊同：「缺乏與戰事有關的考古證據，顯示人類史前多半時候少有或根本沒有戰爭。」人類學家布萊恩・弗格森（Brian Ferguson）全面回顧史前骨骼證據之後發現，除了現今蘇丹某一處遺址之外，「一萬年以上的智人骨骼至今已檢驗數百具，僅有十來個明顯有人際衝突的跡象」。弗格森又寫道：「考古紀錄中不乏材料，若史前時代早期戰爭頻仍，則當中必定有豐富的戰爭證據。然而並沒有看到跡象。」26

每當有學者指出黑猩猩的組織暴力，並刻意挑選幾個粗耕人類社會，將其貼上採集者的不實

※ 一般多稱祖魯王國（Zulu Kingdom）。——譯註

拿破崙入侵（亞諾瑪米爭議）

一九六七年「愛之夏」（Summer of Love）* 逐漸告終，珍・古德第一批關於黑猩猩戰爭的報告轟動一時，此時拿破崙・沙尼翁因為出版《亞諾瑪米──兇悍的民族》（Yanomamö: The Fierce People）而突然成為在世最著名的人類學家。一九六八年正適合來段精彩的冒險故事，告訴大家戰爭是人類天性不可或缺且古老的一環。

一年初始，即有布拉格的「絲絨革命」（Velvet Revolution）還有越南的春節攻勢（TET Offensive）。金恩博士（Martin Luther King）最可怕的夢魘在曼非斯成真，甘迺迪在某間旅館的廚房倒下，芝加哥街道上滿是鮮血與混亂。尼克森溜進白宮，連續殺人犯曼森（Charles Manson）和他迷失的追隨者在加州馬里布乾旱的山丘上預謀著虐殺案，而同時披頭四《白色專輯》（The White Album）正在收尾。那年最後，三名美國太空人前無古人地望向漂浮於永恆寂靜中的脆弱藍色星球，並祈禱世界和平。

考慮上述種種事件，沙尼翁一番關於「天性暴力的」亞諾瑪米人「長年戰爭」的言論能觸動大眾的心，或許並不奇怪。大眾迫不及待想了解人類為何廝殺，在他筆下見了他口中我們的「當代祖先」每日的殘暴行徑便欣然接受。《亞諾瑪米──兇悍的民族》已經出到第五版，仍是人類 27

樂園的復歸──遠古時代的性如何影響今日的我們？ 192

學有史以來的暢銷巨作,光是賣給大學生就賣出了數百萬本。沙尼翁的書及影片在好幾代人類學家的教育中舉足輕重,大部分的人類學家都認同他的說法展現了人類這物種的兇狠天性。

然而沙尼翁的研究採用了許多有待商榷的手法,應該要謹慎看待。比如,他在統計數據中將一般的謀殺和戰爭混為一談,平克討論格布西人時也是。更重要的是,沙尼翁以造成干擾、頗有點海明威色彩的方式出現在自己研究對象面前,卻未曾考慮過如此做所帶來的影響。根據《黑暗寶山》(Darkness in El Dorado)的作者派翠克・提爾尼(Patrick Tierney)表示:「那些讓沙尼翁和亞諾瑪米人聲名大噪的戰爭、那些他在《亞諾瑪米——兇悍的民族》一書中寫得如此陶醉的戰爭物出現的那天。」[28]提爾尼引用沙尼翁自己的博士論文,顯示在他到來之前的十三年間,納莫威始於一九六四年十一月十四日,正是這位人類學家帶著散彈槍、船外機、一整艘要送人的鋼製器(Namowei,亞諾瑪米人的一大分支)從沒有人死於戰事。然而就在他居住當地的十三個月間,就有十名亞諾瑪米人死於納莫威與帕塔諾瓦─特里(Patanowa-teri,另一分支)間的衝突。

人類學家肯尼斯・古德(Kenneth Good)曾以沙尼翁的研究生的身分與亞諾瑪米人同住,之後在當地待上了十二年。他形容沙尼翁是個「肇事逃逸的人類學家,抱著一堆彎刀走進村裡,為了自己的研究收買人心」。古德寫道:「可惜,他不論走到哪裡都鬧出衝突與分歧。」[29]

沙尼翁之所以造成干擾,部分原因無疑是他大搖大擺、講求男子氣概的自我概念,但他的研究目標可能是更大的問題來源。他希望能收集到亞諾瑪米人的宗譜資訊。亞諾瑪米人認為大聲說出名字十分不敬,因此這項要求,說得含蓄一點也是十分棘手。要說出死者的名字等於是要打

---

* 「愛之夏」是一九六七年出現的社會現象,許多年輕嬉皮聚集在舊金山,追求反戰、和平、自由、博愛等理想。——譯註

193　第十三章　史前戰爭論戰不休(野蠻?)

破他們文化中最強大的禁忌。胡安‧芬克斯（Juan Finkers）曾與亞諾瑪米人同住二十五年，他表示：「在亞諾瑪米人中說出死者名字，是嚴重的汙辱、是分化、爭鬥、戰爭的動機。」[30] 人類學家馬歇爾‧薩林斯形容沙尼翁的研究是「荒誕派的人類學計畫」，竟想「在一群因為禁忌而無以知道、無可追溯、無法言明祖先，同樣也聽不得自己名字的人當中」找出祖先譜系。[31]

沙尼翁因應主人家禁忌的方式，便是挑撥村民。用他自己的話說：「利用當地的爭執與仇恨來選擇資料提供者……到另一個村子去探查宗譜，針對我想知道訊息的對象選擇與其交惡的村民。之後回到我的大本營，與當地的資料提供者確認新資訊正確與否。若提及從交惡群體獲得的新名字時，對方生起火來，我就幾乎可以確定資訊正確……偶爾會碰到讓資訊提供者大為震怒的名字，比如其他未曾提及的、死去兄弟姊妹的名字。」[32]

回顧一下：

1. 我們的主角大張旗鼓地走進亞諾瑪米人的土地，帶來了彎刀、斧頭、散彈槍送給幾個獲選的群體，也因此在群體間造成具有干擾效果的權力不平衡。

2. 他注意到社群間原有的緊張關係，並慫恿他們對於另一方崇敬的祖先以及死去的親友不敬，使關係更加緊繃。

3. 沙尼翁還將自己慫恿犯下的大不韙說了出來，藉由觀察對方是否盛怒來確認宗譜資料是否正確，此舉無疑火上加油。

4. 造成亞諾瑪米人的傷口又在上頭灑鹽之後，沙尼翁便動身把殘暴「野蠻人」的行徑告訴了美國民眾，以種種故事迷惑人心。

人類學（anthropology）的字首「anthro」從此進入了亞諾瑪米人的語彙當中，代表「有極為失常傾向、狂野古怪性格的、強大的非人」。[33] 自一九九五年以來，沙尼翁正式被列為亞諾瑪米人

樂園的復歸──遠古時代的性如何影響今日的我們？　194

土地所不歡迎的人物,法律禁止他再回到當地。

人類學家萊斯利‧史朋舍曾於一九七〇年代中期與亞諾瑪米人同住。他沒有看到戰爭,只看過一次打鬥,還有好幾次夫妻大吵。史朋舍手邊帶著一本沙尼翁的著作,裡頭有亞諾瑪米戰士作戰的照片,用以說明自己所做的工作。他寫道:「那個村子和鄰近三個村子的人根本不像沙尼翁筆下『兇悍的民族』。」史朋舍寫道:「雖然有些男人深為照片所吸引,當地人卻要求我不要給孩子看,因為這些照片是不良行為的示範。」史朋舍總結道:「這些亞諾瑪米人對於兇悍一事絲毫沒有正面評價。」[34]

至於肯尼斯‧古德,與亞諾瑪米人同住了十多年,只見過一次戰爭爆發。他做出結論,強調亞諾瑪米人很暴力,是一件「刻意而扭曲」的事情,最終切斷了自己與沙尼翁的關聯。古德後來寫道,沙尼翁的書「使此主題之比重不合理膨脹」,並主張「他所做的事,等同於說紐約人都是強盜和殺人犯。」

拚命找證據:嬉皮假惺惺、巴諾布猿血淋淋

在某一類記者(或演化心理學家)看來,世上最令人心滿意足之事,莫過於揭露嬉皮的偽善。路透社近來一則新聞的標題寫道:〈研究顯示,嬉皮猿做愛也作戰〉("Hippie Apes Make War as well as Love, study finds")。[35] 文章表示:「在猿界,巴諾布猿素以有愛無戰聞名,但其實卻會獵捕、殺害猴類⋯⋯。」另一篇文章則向我們保證,〈以反戰聞名,巴諾布猿竟也獵食其他靈長類〉("Despite 'Peacenik' Reputation, Bonobos Hunt and Eat Other Primates Too")。第三篇的標題則是〈嗜性猿類也嗜血〉("Sex Crazed Apes Feast on Killing, Too"),文章一開頭就能聽到嘲諷:嬉皮有

阿爾塔蒙特（Altamont）〔地獄天使重機俱樂部（Hell's Angel）在此殺害了一名演場會觀眾〕；巴諾布猿則有薩隆加國家公園（Salonga National Park）。此種猿類理應愛好和平，但科學家卻在當地觀察到獵食猴類孩童的現象。

「嗜性？」「理應愛好和平？」「獵食猴類孩童？」猴類有「孩童」嗎？

如果黑猩猩和巴諾布猿都作戰，那麼我們或許是「五百萬年習慣不斷廝殺爭鬥之下，迷茫的倖存者」。但若仔細看，就會發現迷茫的是記者。研究者觀察文中的巴諾布猿觀察了五年，期間看到十次試圖獵捕猴類的現象。巴諾布猿成功了三次，獵捕者（有雄有雌）一同分食猴肉。

簡短提醒一下科學線記者們，現實狀況是：

- 研究人員早已知道也記載巴諾布猿經常獵食肉類，多半是一種稱為麂羚（duiker）的小型叢林羚羊，也捕捉松鼠、昆蟲、蠐螬。
- 在演化過程中，人類、黑猩猩、巴諾布猿和猴類這一支系大約從三千萬年前與猴類分家。換言之，黑猩猩、巴諾布猿和猴類的親屬關係就和我們與猴類的關係一樣遠。
- 幼猴並不是「孩童」。
- 猴肉（還令人不舒服、活生生的猴腦）可在高級中國餐廳的餐單以及世界各地的叢林烤肉宴中看到。
- 每年有數十萬隻有老有少的猴子，在研究實驗室中捐軀。

這麼說來，人類也在和猴類「開戰」囉？

賣報紙，沒有什麼比「開戰啦！」的頭條賣得更好。顯然，「嬉皮同類相噬、縱情戰爭！」這樣的頭條賣得更好，但一個物種獵食另一個物種算不上「戰爭」。那叫中餐。就算在沒受過訓練的人眼中，巴諾布猿和猴子長得很像，這件事也根本不是重點。一群野狼或郊狼攻擊一隻野

樂園的復歸——遠古時代的性如何影響今日的我們？　196

狗，這也是「戰爭」嗎？我們看過老鷹把鴿子啄得從天空墜落，那也是「戰爭」嗎？

我們這物種的**天性**到底喜愛和平還是好戰、大方抑或小氣，自由性愛還是充滿妒意？問這個問題就像是問 H_2O 的**自然狀態**到底是固體、液體還是氣體。像這樣的問題，唯一有意義的答案就是：視狀況而定。若大地幾乎空曠，食物與遮風避雨之處遍布，那麼選擇避免衝突不但容易也較吸引人。在古代典型的環境中，人類若彼此作戰，失去的要比獲得的更多。不論是直接還是間接的證據都指出，比起作戰，人類史前時期的老祖先更常做愛。

197　第十三章　史前戰爭論戰不休（野蠻？）

第十四章　長壽的謊言 The Longevity Lie (Short?)

> 我們一生的年日是七十歲，
> 若是強壯可到八十歲；
> 但其中所矜誇的不過是勞苦愁煩，
> 轉眼成空，我們便如飛而去。
>
> ——《聖經‧詩篇》90：10

聽來奇怪但絕對真實：史前人類的平均身高是三英呎（九十一公分）。這是否改變了你對於史前時代的印象？你腦海中是否浮現一個袖珍的小人兒種族，住在迷你山洞裡，把兔子誘追至洞中，見了狐狸便害怕瑟縮，還會被老鷹一把抓走。這是否讓你重新思考，只有我們一半高大的祖先獵捕猛瑪象時想必是困難重重？是否讓你更覺得自己能活在今天真幸運，今天的飲食及衛生較佳，讓每個人的平均身高幾乎增加一倍？

好了，別太得意忘形了。雖然**按照定義**來說史前人類的「平均身高」是三英呎，但這個事實卻有誤導人的嫌疑。這樣的說法，就像是過度自信地宣稱婚姻、貧困、戰爭普世皆同。會讓人一頭霧水，並進一步產生一堆會造成誤會的資料。

以史前時代成年男子的平均身高（參考骨骸高度）為例，大約是六呎也就是七十二吋（一百八十二公分）。然後再看史前嬰兒的平均身高，就說是二十吋（五十一公分）好了。然後根據已知的人類學埋骨遺址當中嬰兒對成人骨骼的比例外推。假定一般而言，活到成年的人

199　第十四章　長壽的謊言（短暫？）

與嬰兒早夭的比例是三比七。因此,由於嬰兒夭折率高,所以史前人類的平均身高是(3×72)+(7×20)÷10=35.6吋。差不多是三呎(九十一公分)。[1]

荒謬嗎?沒錯。誤導人嗎?是啊。統計上正確無誤?算吧。

這個平均身高的「事實」,和大多數人對於人類平均壽命的看法一樣荒謬、一樣誤導人。

事證A::美國NBC晚間新聞訪談,[2]加州大學舊金山分校(UCSF)的生物物理學家傑夫·洛茲(Jeff Lotz)正在討論美國人常見的慢性背痛問題。當晚看電視的數百萬名民眾都聽到他說:「**一直要到兩、三百年前人類的壽命才超過四十五歲,因此我們的脊椎還沒有演化到可以終其一生在巨大重力之下維持直立姿勢。**」(文字粗體為本書所加)

事證B::人類學家、考古學家、編輯三人組隊,在《看不見的性》(The Invisible Sex)當中想像一名四萬五千年前名為娥蘇拉的典型歐洲女性的生活(此書其餘部分倒是寫得頗為扎實)。他們寫道:「日子很苦,許多人尤其是老人和小孩都死於冬日的飢餓或各種意外和疾病……娥蘇拉(十五歲時生了第一個女兒)活得夠久,看到自己第一個孫女出世,她死於三十七歲的高壽。」(文字粗體為本書所加)

事證C::《紐約時報》有篇文章,[3]文中馬克斯·普朗克人口學研究所(Max Planck Institute for Demographic Research)的詹姆士·沃佩爾(James Vaupel)說明道:「壽命並不固定。」沃佩爾博士指出,一八四〇年以降平均壽命增長。若看數字增長最快的國家,則這樣的成長是「線性的,絕對線性,沒有證據顯示有任何減少或衰退的跡象」。他據此推論:「平均壽命沒有理由不繼續每十年增長二至三歲。」[4]

只不過,理由是有的。所有能活到成年的寶寶某一天都會如此。這就是你的極限。

樂園的復歸──遠古時代的性如何影響今日的我們? 　200

生命自何時始？至何時終？

前述的數字就跟我們在計算平均身高時用的一樣，都是想像的產物。其實，這些數字所根據的錯誤計算同樣也遭到嬰兒夭折率扭曲。消除了這個因素，我們就可以看到能活過童年的史前人類通常壽命是六十六至九十一歲，整體健康程度及行動力都比今天大部分的西方社會高。

你瞧，這都是平均的問題。雖說史前人口死了許多嬰幼兒（這點從墓地大多有大量嬰兒骨骸可以看出），但這些骨骼完全沒有告訴我們何謂「高壽」。大家通常引用的「出生時平均餘命」（life expectancy at birth）遠非準確衡量一般人壽命長短的方法。當你讀到「二十世紀初期，出生時的平均餘命為四十五年。由於抗生素及公共衛生措施出現，使人能夠避免感染傳染疾病或能安然痊癒，此數字已增長為七十五年」這樣的文字時，5 請記住如此巨大的改變反映的是兒童存活率提高，而非成人壽命增長。

本書其中一位作者出生成長於莫三比克，說來令人難過，該國男性目前的出生平均餘命略低於四十二歲。然而卡西爾達的父親過世時享年九十有三，騎著腳踏車一路到盡頭。他確實很老了。四十歲則一點也不老。就算是在莫三比克也一樣。

史前時代無疑有許多嬰孩死於疾病或嚴峻的外在條件，其他靈長類、採集者、現代莫三比克人的嬰孩也一樣。然而許多人類學家都同意，過去認為因為飢餓及疾病導致的嬰幼兒死亡人數中，有很大一部分的原因可能是殺嬰。他們認為，採集社會限制嬰兒人數，以免造成群體負擔，或導致人口成長過快，對食物供給造成壓力。

想來可能駭人聽聞，但即便時至今日殺嬰仍不少見。人類學家南西・薛普—休斯（Nancy Scheper-Hughes）曾研究當代巴西東北部的嬰兒死亡案例，該地約有百分之二十的嬰兒死於一歲以

201　第十四章　長壽的謊言（短暫？）

前。她發現若寶寶無精打采、十分被動，此時婦女往往認為孩子死亡是種「福氣」。這些「想死的孩子，活下來的意志不夠強或不夠健全」。薛普―休斯發現，這些孩子獲得的食物及醫療照護要少於較有活力的手足。

研究澳洲原住民文化的世界頂尖學者約瑟夫・柏德賽爾（Joseph Birdsell）估計，約有多達一半的嬰兒遭到刻意殺害。多項針對當代未工業化社會所做的研究，結論都是約有二分之一到四分之三的嬰兒死因是直接殺嬰。

為免我們自以為慈悲為懷、高人一等，想想歐洲育幼慈善院。法國出生即幾乎注定死亡的嬰兒人數一七八四年時是四萬人，到了一八二二年已上升到十四萬。到了一八三〇年，所有育幼慈善院的門上共裝了二百七十個旋轉的箱子，讓遺棄孩子的人可以不暴露身分。這些孩子大概有八、九成都在滿周歲前死去。

我們的祖先一旦開始耕地種糧，一切便馬不停蹄展開，但永遠都不夠快。更多的土地能種出更多糧食，有更多糧食代表生了、養了更多孩子。孩子多了，田裡幫忙的人丁就多了。然而這樣的人口成長需要更多土地，要贏得土地、持有土地，唯有征戰一途。換句話說，轉向農業的腳步之所以加快，是因為一個無可辯駁的想法：奪走陌生人的土地（必要時就殺了他們）要比讓自己的孩子餓死更好。

再晚近一些，BBC報導印度南部**有通報**的女嬰死亡案中有高達百分之十五為遭到殺害。每年在中國還有數百萬嬰兒死亡，當地殺害女嬰的現象十分普遍，數百年來如此。十九世紀末有個住在中國的傳教士記載，有個典型的聚落生了一百八十三個男孩、一百七十五個女孩，活到十歲的男孩有一百二十六個（百分之六十九），女孩則只有五十三個（百分之三十）。中國的一胎化政策，加上文化重男輕女，讓女孩本就淒涼的存活率雪上加霜。

人口統計中還暗藏了有問題的文化假設：認為生命是從出生開始。這樣的觀點遠非普世皆然。殺嬰的社會並不認為新生兒是完整的人。各種儀式，從洗禮到命名典禮，都得等到確定孩子被允許活下來之後才開始進行。否則，由此觀點來看，孩子從來就不算完全活著。[9]

今天的八十是昨天的三十？

《紐約客》當中的卡通：畫中兩個原始人在聊天，一個人說：「怎麼想怎麼怪，我們有乾淨的空氣、純淨的水源，常常運動，吃的也都是有機和放養的東西，可是卻沒有人活過三十歲。」

談到史前時代的壽命總是說不清道不明，殺嬰所造成的統計扭曲現象並非唯一原因。你可能也想到了，要斷定埋在地下的骨骸死亡時的年紀並非易事，考古學家往往因為各種技術問題而低估死亡年齡。比如，考古學家曾經估算過加州教堂墓園中骨骸的死亡年齡。估計數字出來後，才發現了記載實際死亡年齡的書面資料。雖然考古學家估計，約只有百分之五的人活到四十五歲以上，但是文件卻證實，埋在這些墓園中的人死時年齡在四十五歲以上者，有七倍之多（百分之三十七）。[10]只有幾百年的骨骸，統計出的數字都能有如此差異，試想數萬年的遺骸，出入會有多大。

考古學家用來估算死亡年齡的技術中，最可靠的一項就是「牙齒萌發」（dental eruption）。問題是，「智齒」在我們三十他們觀察臼齒長出下顎骨的距離，由此可大略推斷青年死亡年齡。出頭到三十五六歲時就會停止「萌發」，意思是超過這個年齡考古學家就把骨骸的死亡年齡標為

「35+」。這並不代表死亡年齡是三十五歲,而是此人年紀三十五歲以上,可能在三十五到一百歲之間,沒人知道。

不知怎的,這個標記系統被大眾媒體錯誤解讀,讓人以為我們遠古的祖先很少活過三十五歲。大錯特錯。各式資料(包含《舊約聖經》)都說人的壽命多半是七十歲到九十歲。某份研究中,科學家利用不同靈長類腦部與體重的比例算出智人的壽命約六十六至七十八歲。[11]另一組人馬則利用類似技術,發現人體解剖結構顯示,人類一般壽命應為六十六至七十二歲。他們的結論為:「人類壽命十萬年來未曾改變,這樣的主張大抵可說正確。」若觀察現代的採集者,上述數字也經得起檢驗。桑人昆族、哈札族(Hadza)、阿切族(非洲及南美洲社會)女性四十五歲時預期還可分別再活二十、二十一點三、二十一點一年。[12]桑人昆族大部分的人六十歲時合理預期還有十年可活,且行動無礙,還能對社會有貢獻。人類學家理查‧李則記載,自己在波札那遇到的昆族人有十分之一都超過六十歲。[13]

前一章也提過,人類整體健康(包含壽命)顯然受到農業的嚴重打擊。人類典型的飲食原先極為豐富多樣營養,現在變得只有少數幾種穀類,也許偶爾再搭配肉類及乳類補充。比如,阿切族人的飲食就包括七十八種不同的哺乳類、二十一種爬蟲類和兩棲類、一百五十種鳥類、十四種魚類,此外還有包羅萬象的植物。

除了農業飲食營養價值縮水之外,人類最致命的疾病也在人群中大為肆虐。條件最適合不過:高密度的人口中心滿是自己的穢物。家禽家畜摩肩擦踵(更增添排泄物、病毒及寄生蟲)。貿易路徑遠播,促進傳染性病原體從有抗體的人群移動到毫無招架能力的社群。[14]

詹姆士‧拉瑞克(James Larrick)和同事研究過厄瓜多仍相對遺世獨立的瓦拉尼(Waorani)印地安人,沒有證據指出當地人有高血壓、心臟病或癌症。沒有貧血,也沒有普通感冒。沒有體[15]

內寄生蟲。也沒有跡象顯示曾經有人得過小兒麻痺、肺炎、天花、牛痘、斑疹傷寒、梅毒、肺結核、瘧疾或B型肝炎。[16]

如此研究結果乍看令人訝異，其實並不奇怪，畢竟上述疾病幾乎不是源自於家禽家畜，就是仰賴高人口密度輕易傳播。讓我們付出最慘痛代價的人類疾病及寄生蟲，都要等到轉向農業之後才得以擴散。

來自禽畜的致命疾病[17]

人類疾病	動物來源
麻疹	牛（牛瘟）
肺結核	牛
天花	牛（牛痘）
流感	豬、禽鳥
百日咳	豬、狗
惡性瘧疾	禽鳥

隨著農業發展，世界人口大幅上升，這顯示的並非健康改善，而是生育增加：人類生命的量變多了，但質卻變低了。埃哲頓總是反覆說著那個跟壽命有關的謊言，說採集者「壽命很短，出生時平均餘命在二十至四十歲間……」，但就連他也不得不同意，採集者不知為何竟能活得比務農者更健康：「世界各地務農的民族，健康都不及漁獵採集民族。」他寫道，歐洲的都市人口「壽命到十九世紀中期、甚至二十世紀之前，都比不上漁獵採集者。」[18]

這還是歐洲。非洲人以及亞洲、拉美大部分地區的人仍未恢復到祖先一般的壽命，而且因為世界長期貧窮、全球暖化及愛滋問題日益嚴重，在可預見的未來也不太可能恢復。

病原體一旦變異，從禽畜進入人群，就會很快從一個聚落遷徙到另一個聚落。淋巴腺鼠疫經絲路抵達歐洲。牛痘與麻疹乘著船隻偷渡前往新世界，而梅毒則很可能是在哥倫布第一次回航時搭上反向橫跨大西洋的便船。今天，西方世界每年都因為源自遠東的禽流感疫情而有如驚弓之鳥。伊波拉、SARS、食肉細菌、H1N1病毒（豬流感）還有無數尚未命名的病原體讓我們忍不住猛洗手。

史前時期無疑也偶有流行疾病爆發，但即便當時的人高度雜交，疾病也不太可能遠播。採集者的群體廣為分散，群體彼此接觸又不頻繁，病原體要傳染幾乎是不可能的事情。嚴重的地方或大規模流行病所需的條件在農業革命之前並不存在。若宣稱傳染病在史前人類身上肆虐，現代醫學及衛生則讓我們免受其害（這樣的論點我們反覆聽見），就像是說車禍在西元前五萬年足以要了史前老祖宗的命，而安全帶和氣囊保護了我們。

壓力致死

就算具傳染性的病毒沒有讓你中標，生活方式壓力過大再加上高脂飲食，你大概也逃不了。人體面臨壓力時會釋放出皮質醇（cortisol），這是目前所知最為強效的免疫抑制素。換言之，最能降低我們抵抗疾病能力的當屬壓力。

就連睡眠不足這樣看來無關緊要的事情，對於免疫力也可能有重大影響。謝爾頓·柯恩（Sheldon Cohen）及同事研究了一百五十三名健康男女睡眠習慣，兩週後再將他們隔離，使其暴

露在會造成普通感冒的鼻病毒（rhinovirus）當中。一個人睡得越少，越可能感冒。每晚睡不到七小時的人，生病的機率是其他人的三倍。[19]

若想長壽，少吃多睡。直至今日，唯一經證實能有效延長哺乳類壽命的方法，就是大量減少熱量。病理學家羅伊・瓦佛（Roy Walford）只讓老鼠吃想吃的一半，結果老鼠的壽命增長為兩倍，相當於人類活到一百六十歲。不只活得長，還能維持體力和智力（判斷的方法是——你猜對了——走迷宮）。後續針對昆蟲、狗、猴、人類所做的研究都肯定餓著肚子過日子的好處。《美國心臟學刊》（American Journal of Cardiology）曾發表一篇針對四百四十八人所做的研究，顯示間歇禁食和心臟病風險減少百分之四十之間有關聯，而《科學人》（Scientific American）雜誌則報導藉由減少熱量，「能預防大部分的疾病，包括癌症、糖尿病甚至神經退化疾病。」[20]

這類研究最後難道不會導出這樣一個對懶人友善的結論：在古代環境，我們的先祖無隔宿之糧，偶爾有一點飲食不定時（或許因為懶惰而加劇），間或來點經常的低脂食物，可以避免嚴重飢餓的痛苦，甚至更健康？換句話說，如果你從漁獵或採集到足夠的低脂食物，剩下來的時間都從事低壓力的活動，像是在火邊說說故事、在吊床的懷抱中打個長長的盹兒，你所過的大概就是最能延年益壽的生活方式。[21]

於是我們又回頭來問，獲邀加入「文明」社會、採行農耕的採集者永遠要問的問題：為什麼？世界上有這麼多蒙貢果果仁，為何要如此辛苦工作？若世界給你「許多魚、許多水果、許多小鳥」，為何要為了替園圃除草而煩惱？

207　第十四章　長壽的謊言（短暫？）

> 人生在世就是要鬼混閒晃，有人跟你說不是這樣，別理他。
>
> ——庫爾特・馮內果

一九○二年的《紐約時報》有篇報導的標題是這樣寫的：〈發現懶惰菌〉（"Laziness Germ Discovered"）。看來美國農業部（Agricultural Department）的動物學家斯泰爾斯博士（Dr. Stiles）發現了「南方各州」造成「『白人窮鬼』（creacker）這種退化現象」的病菌。然而，與其解釋人類為何懶惰，更需要解釋的應是我們為何瘋狂工作。

有多少河狸死於建築水壩的工程？鳥兒會一陣眩暈然後從天空墜落嗎？有多少魚是淹死的？都不是太常發生，但許多人認為慢性壓力是人生正常的一環，可它卻造成人類大量傷亡。

在日本，這個現象還有專門的詞：過勞死。日本警方紀錄顯示，二○○八年有高達二千二百名日本勞工因為工作條件而自殺，而據工會聯盟「日本勞動組合總聯合會」的資料，因壓力而引發中風、心臟病發的死亡人數更是前述數字的五倍。然而，不論我們的語言是否有個好用的詞，慢性壓力造成的嚴重後果並不僅限於日本。心臟病、血液循環問題、消化問題、失眠、憂鬱、性功能障礙、肥胖，每一項的背後都藏著慢性壓力。

若我們真的曾在霍布斯式、長期恐懼焦慮的苦難之中演化，如果我們祖先的生活真的是「孤寂、困苦、齷齪、野蠻又短暫」，我們還會這麼無法承受壓力嗎？22

小子，你說誰是滿腦子幻想的浪漫派？

許多人在其他方面都很講理，但他們似乎需要在我們的靈長類過往之中找到戰爭深植的根

樂園的復歸──遠古時代的性如何影響今日的我們？　208

源，要將自給自足的採集者視為**貧窮**，要傳那拙劣的福音，說三、四十歲對於農業出現以前的人類而言算是**高壽**。但這樣看待我們的過往，可證實並不正確。怎麼說？

若史前生活是永恆的苦難，並以英年早逝告終；若我們這物種就以自利為動力；若戰爭是古老、寫入生物定律的傾向，那麼我們就能像平克一樣安心主張事情向來不斷進步。用他過分樂觀的觀點來說就是：「人類這物種存在於地球上的時間中，我們正處於最和平的時代。」這當然會是令人振奮的消息，大部分的聽眾也想聽到這樣的事情。我們都希望相信事情不斷進步、人類物種不斷學習、成長、茁壯。若有人祝賀你活在此時此刻如此明智，又有誰會拒絕呢？

然而「愛國精神就是，只因為你生在此地，便深信你的國家比其他各國更優越。」（蕭伯納），而我們活在人類這物種「最和平的時代」的想法，感性而言雖能撫慰人心，智性而言卻毫無根據。記者路易斯·梅南德曾提過，科學竟能滿足某種保守、本質而言十分政治的功能，提供「現況的解釋，卻又不威脅現況」。他反問：「若某個人活在地球上最自由、最繁榮的國家，為什麼還要感到不開心或有反社會行為？那一定不是制度的問題！」[23] 你有什麼毛病啊？一切都很好。人生美好，還不斷進步！戰爭變少！壽命變長！人類有全新、更好的處境！

這種嶄新進步的現代、康莊大道般的看法，背後所襯的是純然虛構、染血的霍布斯式的過往。在推銷給社會大眾時，這種觀點被包裝成是「目光清明的現實主義者」的立場，而任何質疑其根本假設的人都很有可能被斥為幻想破滅的浪漫派，還在哀悼六〇年代反戰歌后珍妮絲·賈普林（Janis Joplin）之死、喇叭褲式微。但這種「現實主義者」的主張卻充滿了遭誤解的數據、錯誤的詮釋以及誤導人的計算。若客觀回顧相關科學研究，顯然可以看到數萬年前，農業出現之前此時期（雖然不是毫不間斷過著烏托邦幸福快樂的日子）大多時候的特色是：人類祖先大多身強體健，個人及族群間和平，長期壓力很低，整體而言過得很滿足。這樣一主張，我們是否就等於

昭告天下，自己是幻滅烏托邦運動的死忠黨員？斷言史前時代不是無窮無盡的夢魘，這麼做是盧梭式的幻想嗎？主張人類天性並不比較傾向暴力、自私、剝削，也不傾向和平、慷慨、合作，是傻氣的浪漫主義嗎？或者說，今天已經很少人享有共同的歸屬感，我們的祖先可能大多體會過？人類的性在過去演化、作用時是聯繫社會情感的工具，也是一種避免衝突、中和衝突的愉悅方式？古代人類若能活過頭幾年，多半能和我們今天最富有、最幸運的人活得一樣久？

不，說也奇怪，新霍布斯派的觀點其實比我們更樂觀。要像我們這樣做出以下結論，說人類這物種與生俱來愛人、布施的能力至少和喜好毀滅的胃口一樣大；能夠和平合作，也能協調攻擊；能開放、輕鬆面對性，也能打翻醋罈、妒火中燒感到占有⋯⋯要能看到以上兩種世界原先都對人類敞開，只不過約一萬年前祖先中有些人離開了原先一直走的路，走進了一座苦難、疾病、衝突的園圃，從此人類就被困在了園圃之中⋯⋯這麼看待人類的整體發展路線，可不能算是帶著過度美化的眼光。就這點而言，誰才是天真的浪漫派呢？

第四篇
身體動起來

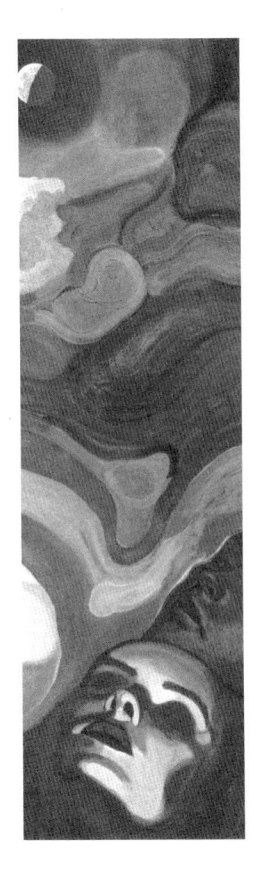

比如猿類，雄性大猩猩和狒狒平均體型是雌性的兩倍，而黑猩猩、巴諾布猿及人類男性的身形、體重只比女性多百分之十到二十。長臂猿則雌雄體型相當。

AMONG APES FOR EXAMPLE, MALE GORILLAS AND ORANGUTANS AVERAGE ABOUT TWICE THE SIZE OF FEMALES, WHILE MALE CHIMPS, BONOBOS, AND HUMANS ARE FROM 10 TO 20 PERCENT BIGGER AND HEAVIER THAN FEMALES. MALE AND FEMALE GIBBONS ARE OF EQUAL STATURE.

PART IV
BODIES IN MOTION

> 愛情之秘密確實在靈魂中滋長，然形體卻是表愛之書。
>
> ——鄧約翰（John Donne, 1572-1631）

每個人都有故事可說。每個人體也是，而人體說的故事可都是超級限制級。和史前時代有關的論述都仰賴兩種證據：旁證及物證。人類的也不例外。我們已經談過好些旁證（間接證據）了，至於比較具體的物證，有首歌說：「大起之後必有大落。」可惜以考古學家還有我們這些仰賴他們研究成果的人而言，事物一旦落入歷史的塵埃，就難以再起出。即便真的挖了上來，從骨骼、燧石、陶器中也很難看出社會行為，這些碎渣殘片只能零星反映過往。

前不久參加一個會議，早餐時談到我們研究的主題，坐在桌子對面的教授聽到我們在研究史前人類的性行為，嗤之以鼻（反）問道：「那你們到底在做什麼？閉上眼睛作夢？」雖說人不應該在滿嘴司康餅時嗤之以鼻，但他說得有道理。既然社會行為無法脫離實體文物，因此光提出理論顯然是跟「作夢」差不多。

對於演化心理學的概念，古生物學家史蒂芬‧古爾德很早就不以為然，他問：「我們要怎麼詳細知道兩百萬年前非洲的小型採集漁獵遊群做了些什麼？」史密森尼學會（Smithsonian）人類起源計畫（Human Origins Program）的主任理查‧帕茲（Richard Potts）也同意，他警告道：「早期人類行為的許多特徵⋯⋯難以重建，原因在於沒有合適物證。交配模式與語言都是明顯的例子⋯⋯（二者）在化石紀錄中不留下痕跡。」但他又彷彿悄聲補上一句：「社會生活的問題⋯⋯也許可從針對古代環境的研究，或從留下物證的解剖結構、行為的某些層面切入。」[2]

留下物證的解剖結構、行為的某些層面⋯⋯從當今的人體解剖結構當中能夠收集可有關古代生活——甚至性行為——輪廓的可靠資訊嗎？

是的，可以。

第十五章 小巨人
Little Big Man

每種生物的身體都詳述了祖先演化的環境。皮毛、皮脂、羽毛能告訴你祖先如何移動，雌雄體型差異及外生殖器特性則有大量與生殖有關的資訊。事實上，雄性性徵（比如孔雀的尾巴或獅子的鬃毛）及生殖器最有助於區分血緣相近物種之間的差異。演化心理學家傑弗里・米勒（Geoffrey F. Miller）甚至說：「演化方面的創新似乎都集中於陰莖形狀的細節上。」[1]

佛洛伊德派認為就連大自然都迷戀陽具。姑且先不管這種令人不舒服的想法，人體確實蘊含豐富資訊，能說明數萬年來人類的性行為。數百萬年前遺留下來的骨骸，還有我們活跳跳的身體的脈動中都寫著線索的密碼。一應俱全，也近在眼前。我們不閉上眼睛作夢，而是張開眼學習如何解讀性的身體裡的象形文字。

先從體型雌雄二型性（body size dimorphism）開始。這個詞聽起來技術含量很高，其實不過是指某些物種成年雄性與雌性的平均體型有所差異。比如猿類，雄性大猩猩和狒狒平均體型是雌性的兩倍，而黑猩猩、巴諾布猿及人類男性的身形、體重只比女性多百分之十到二十。長臂猿則雌雄體型相當。

通常而言，哺乳類，尤其是靈長類，體型雌雄二型性反映的是雄性為了交配而競爭。[2] 在贏家全拿的交配制度中，雄性彼此競爭久久一次的交配機會，而體型較大、較強壯的雄性多半會成為贏家……然後全拿。比如最大、最狠的大猩猩將會把體型大、手段狠的基因傳給下一代，於是產生更大更狠的雄性大猩猩，直到體型增長達到生物限制才會停止。

213　第十五章　小巨人

另一方面，不太需要爭奪雌性的物種，雄性比較沒有生物動力將體型演化得更大更壯，因此也通常不會如此演化。採單一性伴侶的長臂猿之所以雄雌體型幾乎一樣大，正是這個原因。看看我們的體型及體型雌雄二型性差異十分些微，顯然雄性為雌性大打出手的程度並不高。前面提過，男性的體型及體重平均比女性多百分之十到二十，這個比例維持穩定至少已經數百萬年。

歐文·洛夫喬伊主張，這個比例證明一夫一妻制自古有之。一九八一年洛夫喬伊在《科學》期刊發表了一篇文章，當中主張人類祖先腦部發育加速、發展出工具都是源自「早已建立的具人科特色的制度」，其特性為「育兒與社會關係增強、一夫一妻制結偶、專化的有性生殖行為，以及雙足行走。」因此，洛夫喬伊做出結論：「核心家庭以及人類性行為的最初起源，或許比更新世開始的時間還要早得多。」將近三十年後本書付梓之時，洛夫喬伊仍呼籲此主張，他再次於《科學》期刊上提出始祖地猿（Ardipithecus ramidus）四百四十萬年前留下的殘破骨骸及牙齒遺骸鞏固了如此觀點，也就是結偶是人之所以為人的最重要特徵，重要性甚至超越我們大得與眾不同的新皮質（neocortex）。[4]

麥特·瑞德里也和大部分的理論學者一樣，同意上述對於一夫一妻制源自遠古的說法，他寫道：「長久的結偶關係使得每個猿人有生育能力的大部分時間都和一個配偶綁在一起。」

——

達爾文並沒有我們今天有的、關於體型雌雄二型性的骨骼資料，而他推測早期人類採後宮兩百萬年當中可經歷過無數一夫一妻制，到今天我們不是應該比較習慣這樣的「綑綁」了嗎？

樂園的復歸——遠古時代的性如何影響今日的我們？　214

制。但他的推斷若正確無誤,當代的男性平均體型應是女性的兩倍。此外,我們下一個段落也會談到,若人類的過往像大猩猩,就必定會有一個令人害羞的徵兆:生殖器縮小。

然而,儘管少有證據能證明此論點,有些人仍堅稱人類天生一夫多妻廣納後宮佳麗三千。比如艾倫・米勒(Alan S. Miller)和金澤智(Satoshi Kanazawa)二人在著作中接著總結,因為「我們知道人類自古以來大多時間採一夫多妻,是因為男人比女人高。比分之十、重百分之二十,顯示古往今來人類採小幅一夫一妻制。」[5]

並非如此。他們的分析忽略了一件事:要讓部分男性累積足夠政治權力及財富,以養活眾多妻妾和孩子,需要某些文化條件,而這些條件一直要到定居農業社會於一萬年前出現時才存在。農業出現以前,根本沒有這些條件。而男性比女性略高、略重,顯示的是男性彼此競爭減少,但不盡然是「小幅一夫多妻」。畢竟,我們雜交的表親黑猩猩與巴諾布猿的雌雄體型差異範圍和我們一模一樣,而人家可是能吸引到多少性伴侶就盡情享受,一點也不覺得羞恥。可沒人說我們的猿類表親身上的雌雄二型性是「小幅一夫多妻制」的證據。同樣的生理證據,在黑猩猩以及巴諾布猿身上代表雜交,到了人類身上卻成了小幅一夫多妻或一夫一妻制。這樣的說法顯示了標準模型實際上有多麼薄弱。

人類這個物種在史前不太可能採後宮制,原因有很多。摩洛哥國王嗜血的伊斯瑪儀(Ismail the Bloodthirsty)、成吉思汗、摩門教創辦人楊百翰、NBA籃球選手張伯倫都以性慾極強著稱,然而經驗顯示的卻恰恰相反。後宮之所以出現,是因為男性亟需不同的性伴侶,加上農業出現後權力集中在少數男性手中,而農業社會中女性自主權又往往很低。軍國主義、嚴格階級制的農業及畜牧文化傾向快速增長人口、擴張土地、累積財富,而後宮制正是此種文化的特色。真正的採集社會從來沒有發現有後宮幽禁的現象。

第十五章 小巨人

人類的體型雌雄二型性變小，這點強烈顯示雄性於數百萬年前發現了不必爭奪交配機會的替代方法，但卻沒有告訴我們替代方法是什麼。許多理論學者將上述改變解讀為代表從一夫多妻轉為一夫一妻，可是這樣的結論卻要我們忽略老祖先還有雜交這一選項。沒錯，一男配一女的制度讓男性之間的競爭減少，因為合適的女性不再只由少數男性主宰，也因此就有更多女性可以留給較少人喜歡的男性。然而，若不論男女都多半同時有多段性關係，這樣的交配制度也同樣可以有效減少男性交配競爭，甚至還更有效。再者，既然最接近人類的兩個物種都採多雄多雌交配制，以上情境的可能性似乎要高得多。

與人類血緣最近的兩種靈長類表親和人類的體型雌雄二型性程度相當，這背後所隱含的意義為何，為何科學家這麼不願考慮？有沒有可能是因為這兩種物種和一夫一妻制一點兒也沾不上邊？針對前述體型雌雄二型性的改變，唯二「可接受」的解讀方法似乎是：

1. 指出人類核心家庭／單一性伴侶交配制的起源。（既然如此，人類男女為何不像長臂猿那樣體型相當？）

2. 顯示人類天性為「小幅一夫多妻制」，只不過學會了控制此種衝動，但成效不一。（既然如此，人類男性的體型為何不像大猩猩那樣，是女性的兩倍？）

請注意上述兩種解讀方式背後的共同假設：女性在性方面比較保守。不論哪種情境都沒有威脅到女性的「貞節」。在第二種情境中，有疑慮的只有男性是否天生忠於另一半。

三種血緣最近的猿類表現出同樣程度的體型雌雄二型性，我們難道不該至少考慮一下，三者的身體所反映出的適應狀況是否可能相同，再做出或許讓人心安但牽強的結論呢？

樂園的復歸──遠古時代的性如何影響今日的我們？　216

愛情與精子的戰爭，不擇手段

> 該看看腰部以下了……。
>
> 最讓我感到興趣和迷惑的，莫過於某些猴類色彩鮮明的臀部與相連的部位。
>
> ——達爾文[6]

達爾文曾說男性在性方面的競爭對於人類演化至關重要。過去數百萬年男人並沒有為了約會而大打出手，但這並不代表達爾文說錯了。就算是很少甚至從未為性有過明顯衝突的巴諾布猿，也仍進行達爾文學說的性擇，只不過達爾文可能從未考慮過（或至少不敢公開討論）是在這樣的層次進行。巴諾布猿不是讓公猿競爭求愛，而是讓精細胞彼此拚比。歐文德·溫吉（Øjvind Winge）於一九三○年代研究孔雀魚的時候，發明了「精子競爭」（sperm competition）一詞，之後研究貌不驚人的黃色糞蠅的傑弗里·帕克（Geoffrey Parker）則完善了這個概念。

概念很簡單。若排卵期雌性的生殖道中的精子來自一個以上的雄性，則精子會為了使卵子受精而彼此競爭。有這種精子競爭現象的物種，雌性一般會用多種方式將自己處於受孕期一事昭告天下，以吸引更多競爭者。挑逗的方式五花八門，有性味盎然的叫聲或氣味，又或者私處腫脹為平時的數倍大並轉為各種紅如唇膏的色調，從性感莓果到紅彤彤豔陽都有。[7]

這個過程有點像抽獎，手上有最多抽獎券的雄性勝出的機率最高（也因此黑猩猩和巴諾布猿製造精子的能力都很強）。這也是場障礙賽，雌性的身體中有多種圈圈要跳過、多條護城河要游過才能抵達卵子，不中用的精子自然就在途中被淘汰（部分的障礙我們會在接下來的章節中再檢

217　第十五章　小巨人

視）。其他人則認為，競賽比較像英式橄欖球，由多個精子組隊，有的專門負責進攻，有的負責掩護等等。[8] 精子競爭有許多形式。

雖然達爾文見了可能也會感到「迷惑」，但精子競爭其實保留了他性擇理論當中雄性競爭的中心目的：贏家的獎勵就是能使卵子受孕。這場你爭我奪是在細胞的層次、在精細胞之間進行，雌性的生殖道則成為戰場。生活在多雄性社會團體中的雄猿（如黑猩猩、巴諾布猿、人類）睪丸較大，包覆在體外的陰囊之中。成熟時間比雌性晚，且相較於雌性每一週期與一個雄性交配的靈長類（比如大猩猩、長臂猿、紅毛猩猩），射精精液量較多，精細胞濃度也較高。

再說，誰知道呢？達爾文要是不那麼滿腦子維多利亞時期對於女性性慾的教條思想，或許就會發現這個過程。莎拉‧赫迪主張：「正是因為達爾文假定雌性會守身等待最適合的雄性，所以性器官腫脹的現象才讓他如此不解。」赫迪一點也不吃達爾文「羞怯的女性」那一套：「雖然『羞怯』的稱號適合多種動物，接下來數百年也被人奉為圭臬不受質疑，但不論當時還是今天都不適用於處於月經中期的雌猴及雌猿。」[9]

也許達爾文在寫人類女性的性的時候，自己就有些羞怯。依照當時大部分人（包含深愛著他的虔誠妻子）的眼光看來，這可憐的傢伙早已褻瀆了上帝，那麼就算他曾疑心精子競爭這種事情在人類演化中占有一席之地，又怎能指望他將聖潔的維多利亞女性拉下神壇？達爾文學派的理論描述女性演化是賣身換取肉類、獲得男性財富的權利諸如此類，已經夠糟了，若還要說古代女性是無恥追求性慾歡愉的浪女，那可就太超過了。

話雖如此，達爾文仍秉持一貫不（可）知為不（可）知的態度，承認道：「這些部位在某一性別〔雌性〕身上，色彩較為鮮豔，且在求愛期變得更為鮮明，因而我的結論是變色是為了性吸引力。我十分清楚自己將因此受人嘲弄⋯⋯。」[10]

樂園的復歸──遠古時代的性如何影響今日的我們？　218

或許達爾文的確明白，某些靈長類雌性鮮豔、腫脹的性器官是用來刺激男性的性慾，但根據他的性擇理論並不需要如此。甚至還有證據顯示，達爾文可能有理由思考人類的精子競爭。他與老友約瑟夫・胡克（Joseph Hooker）有書信往來，胡克當時在不丹收集植物，他告訴達爾文自己遇見了一妻多夫的人類，「法律規定一個妻子可以配十個丈夫」。

不過體型雌雄二型性並非指出人類雜交的唯一解剖結構證明。睪丸體積占全身的比例可用於判讀任一物種精子競爭的程度。賈德・戴蒙認為睪丸尺寸理論是「現代生理人類學的一大勝利」。"睪丸尺寸理論和大部分的好點子一樣，都很簡單：越常性交的物種往往需要較大的睪丸，而多名雄性經常和一名雌性交媾的物種則需要更大的睪丸。若某物種有大卵蛋，則雌性隨處上床，床上雄性多次射精；若雌性替真命天子守身，則雄性的睪丸占身體質量比較小。雌性水性楊花與雄性蛋蛋雄偉之間的關聯似乎不只限於人類及其他靈長類，還適用於其他哺乳類、鳥類、蝴蝶、爬蟲類以及魚類。

大猩猩交配採贏者全拿制，雄性彼此競爭看誰能奪得所有戰利品。成年的銀背大猩猩約重四百磅（一百八十一點四公斤），但陰莖勃起時卻只比一吋長一點。牠的睪丸如腰豆般大小，不過你大概也找不到，因為這兩顆安穩藏在身體之內；另一方面，一隻一百磅（四十五點五公斤）的巴諾布猿或黑猩猩的陰莖是大猩猩的三倍大，睪丸大如雞蛋。可說是超大的等級（請見第二二一頁的圖表）。巴諾布猿由於人人有機會，因此競爭出現於精細胞，而非個別雄性的層級。話雖如此，雖然幾乎所有巴諾布猿都性交，但實際生殖的方式使得每個巴諾布猿寶寶仍只有一個

219　第十五章　小巨人

生父。

所以賽局還是一樣的，還是得把自己的基因延續下去，只是規則不同。像大猩猩那樣的一夫多妻後宮制，個別雄性得先一爭高下才能性交；至於精子競賽，負責爭高下的是**裡頭的細胞**，也因此外頭的雄性不需要大打出手，反而可以輕鬆看待其他雄性的存在，讓團體規模增長、促進合作，也避免干擾社會互動。這有助於解釋，為何生活在多雄性社會群體中的靈長類都沒有採一夫一妻制的。就是行不通嘛！

而天擇一如以往，針對相關的器官及系統加以適應調整。一代又一代後，雄性大猩猩為了繁衍爭鬥演化出孔武有力的肌肉，而相對較不重要的生殖器官則縮減成為最小所需尺寸，受孕不必和人搶，夠用就好；反之，雄性黑猩猩、巴諾布猿和人類不需要超大肌肉幫忙打架，卻演化出更大、更有力的睪丸，人類還演化出更有意思的陰莖。

我們幾乎可以聽到某些讀者此刻心裡正想著：「可是我的睪丸可沒有雞蛋大！」是，是沒有。但我們猜，您的睪丸也不是藏在腹部裡的兩顆小腰豆吧。以睪丸體積與身體質量比而言，人類介於大猩猩與巴諾布猿之間。主張人類數百萬年來都採單一性伴侶的人指出，人類睪丸比黑猩猩和巴諾布猿要小；質疑標準論述的人（比如我們）則注意到人類睪丸的占比，遠超過一夫多妻的大猩猩和一夫一妻的長臂猿。

那麼，人類的陰囊到底是一杯半滿還是半空的水？

猿類解剖結構之多重比較

本圖顯示資訊：

- 雄／雌體型二型性（平均體重）
- 交媾體位多為面對面或後入式
- 睪丸體積／身體質量
- 睪丸位於體內或位於體外陰囊中
- 相對陰莖長度（勃起）
- 是否雙乳垂掛
- 雌性排卵期外生殖器是否腫脹

物種：人類
體重（公斤）：86／74
交配制度：雜交

物種：巴諾布猿
體重（公斤）：35／32
交配制度：雜交

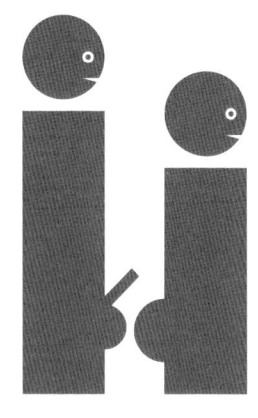

物種：黑猩猩
體重（公斤）：40／35
交配制度：雜交

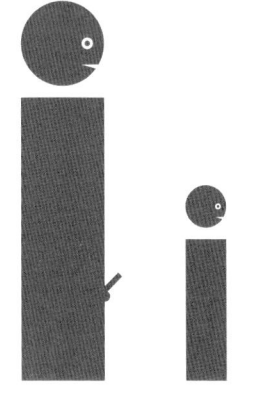

物種：大猩猩
體重（公斤）：160／80
交配制度：一夫多妻

物種：紅毛猩猩
體重（公斤）：75／37
交配制度：分散各處

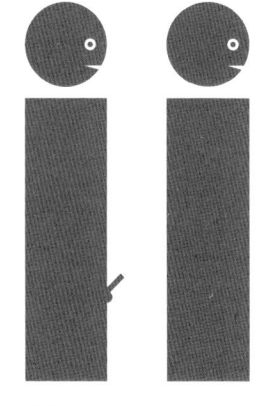

物種：長臂猿
體重（公斤）：10／10
交配制度：一夫一妻

廣告　回　函
臺灣北區郵政管理局
登記證第14437號
（免貼郵票）

23141
新北市新店區民權路108-2號9樓
大家出版 收

請沿虛線對折寄回

common master press+ 大家出版

名為大家，在藝術人文中，指「大師」的作品
在生活旅遊中，指「眾人」的興趣

我們藉由閱讀而得到解放，拓展對自身心智的了解，檢驗自己對是非的觀念，超越原有的侷限並向上提升，道德觀念也可能受到激發及淬鍊。閱讀能提供現實生活無法遭遇的經歷，更有趣的是，樂在其中。　——《真的不用讀完一本書》

	大家出版FB	http://www.facebook.com/commonmasterpress
	大家出版Blog	http://blog.roodo.com/common_master

大家出版 讀者回函卡

感謝您支持大家出版！

填妥本張回函卡，除了可成為大家讀友，獲得最新出版資訊，還有機會獲得精美小禮。

購買書名 _____ 姓名 _____

性別 ☐ 男 ☐ 女　　E-MAIL _____

聯絡地址 ☐☐☐ _____

年齡 ☐ 15－20歲 ☐ 21－30歲 ☐ 31－40歲 ☐ 41－50歲 ☐ 51－60歲 ☐ 60歲以上

職業 ☐ 生產／製造 ☐ 金融／商業 ☐ 資訊／科技 ☐ 傳播／廣告 ☐ 軍警／公職
　　 ☐ 教育／文化 ☐ 餐飲／旅遊 ☐ 醫療／保健 ☐ 仲介／服務 ☐ 自由／家管
　　 ☐ 設計／文創 ☐ 學生 ☐ 其他_____

您從何處得知本書訊息？（可複選）

☐ 書店 ☐ 網路 ☐ 電台 ☐ 電視 ☐ 雜誌／報紙 ☐ 廣告DM ☐ 親友推薦 ☐ 書展
☐ 圖書館 ☐ 其他 _____

您以何種方式購買本書？

☐ 實體書店 ☐ 網路書店 ☐ 學校團購 ☐ 大賣場 ☐ 活動展覽 ☐ 其他_____

吸引您購買本書的原因是？（可複選）

☐ 書名 ☐ 主題 ☐ 作者 ☐ 文案 ☐ 贈品 ☐ 裝幀設計 ☐ 文宣（DM、海報、網頁）
☐ 媒體推薦（媒體名稱）_____ ☐ 書店強打（書店名稱）_____
☐ 親友力推 ☐ 其他 _____

本書定價您認為？

☐ 恰到好處 ☐ 合理 ☐ 尚可接受 ☐ 可再降低些 ☐ 太貴了

您喜歡閱讀的類型？（可複選）

☐ 文學小說 ☐ 商業理財 ☐ 藝術設計 ☐ 人文史地 ☐ 社會科學 ☐ 自然科普
☐ 心靈勵志 ☐ 醫療保健 ☐ 飲食 ☐ 生活風格 ☐ 旅遊 ☐ 語言學習

您一年平均購買幾本書？

☐ 1－5本 ☐ 5－10本 ☐ 11－20本 ☐ 數不盡幾本

您想對這本書或大家出版說：

第十六章 最能衡量男人的方式

The Truest Measure of a Man

小？

黑猩猩和巴諾布猿的雜交程度都比我們要高得多。這點反映在我們的睪丸之中：相較於猿類親戚的椰子，我們的不過是花生。

——法蘭斯・德瓦爾 1

中？

性擇史上女性曾一妻多夫交配，這點在人類男性身上找到有力的痕跡。或許最清楚的痕跡就是睪丸大小。大猩猩雄性一夫多妻，而雌性交配只有單一伴侶，也因此雌性生殖道中並沒有「精子競爭」。相較於大猩猩，人類男性睪丸對身體的比例則大得多。

——威爾森與達利（Margo Wilson and Martin Daly） 2

大？

若把靈長類列成光譜，人類的蛋蛋絕對位於雄偉的那一頭，比較接近黑猩猩而非大猩猩……顯示除了肢體之外，我們也長期慣於藉由精子競爭。

——巴瑞許與立頓（David Barash and Judith Lipton） 3

對於男性胯下一大包這個敏感的話題，大家有根本的歧見。我們談的到底是什麼？花生還是核桃？乒乓球還是保齡球？現代男性的睪丸遠小於黑猩猩和巴諾布猿，但卻能讓一夫多妻的大猩猩與一夫一妻的長臂猿相形見絀。放上磅秤一量，每顆大概一盎司（二十八點三公克，以珠寶來說就是八十克拉）。也因此，這場關鍵性的辯論，正反雙方都有證據，只是一個主張人類睪丸相對較大，一個主張相對較小。

衡量睪丸大小跟量鞋子尺寸不太一樣。有人認為，人類若以雜交群體的方式演化，睪丸應該會和黑猩猩的一樣大，這種論點的背後有個錯誤的關鍵假設：今天人類睪丸的大小數萬年來未曾改變。史蒂芬・古爾德曾主張：「四、五萬年來人類生理未曾改變。」當時他所依據的資料在他二〇〇二年過世後早已有新的發現取而代之。這個假設仍然廣為流傳，之所以會如此假設，是因為長期以來大家認為人體所有部位的演化極為緩慢，需要數千代的時間才會出現顯著改變。

有時的確是這樣。但有時並非如此。格雷戈里・科克倫（Gregory Cochran）與亨利・哈本丁（Henry Harpending）在《萬年大爆炸》（The 10,000 Year Explosion）當中主張人體能夠快速演化改變。二人指出：「有歷史記載以來，人類身心已有顯著改變。」舉出瘧疾抵抗力、藍眼珠、乳糖耐受性都是農業出現後演化加速改變的例子。

有個例子他們在書中沒有提到，但未來再版時或可考慮納入，那就是睪丸大小的改變可能是一眨眼的事情。某些種類的狐猴（一種小型、夜行靈長類），其睪丸體積隨四季改變，繁殖季充大，過了季節又縮小，就像是緩緩洩氣的海灘球。[4]

人類、黑猩猩、巴諾布猿的睪丸組織由DNA所控制，而此DNA對於環境改變的反應異常快速（有意思的是，大猩猩並不如此）。三位基因學家威克夫（Gerald Wyckoff）、王文（Wen Wang）、吳仲義（Chung-I Wu）在《自然》的文章中寫道：「男性生殖基因快速演化……在人類

及黑猩猩這一脈十分顯著。」他們接著提到這些基因的快速反應很可能跟交配制度有關,指出:「以非洲猿類的社會/性行為而言,差距相當驚人。現代的黑猩猩與巴諾布猿顯然採行雜交,有許多多重授精的機會;相較之下,排卵期的大猩猩似乎不可能多重授精。」花點時間讓這些資訊沉澱一下。人類、黑猩猩、巴諾布猿「參與精子及精液製造的基因加速演化」,但大猩猩卻沒有,而精子與精液製造又與「多重授精」有關。與人類、黑猩猩、巴諾布猿睪丸發展有關的基因對於適應壓力很有反應,遠勝於雌性多半只與一名雄性交配的大猩猩的基因。

因為睪丸完全由軟組織構成,所以並未在化石中留下任何蹤跡。因此,雖然捍衛標準論述的人假定人類睪丸體積千萬年來未曾改變,但現在可清楚知道這個假設是錯的。

一九七九年生物學家羅傑・肖特（Roger Short）就曾寫道:「應可預期睪丸大小會快速反應擇汰壓力。最激烈的擇汰形式將可在雜交交配制中找到……」[6] 威克夫、王、吳三人的研究則證實了他的預言。傑弗里・米勒也呼應這樣的想法,認為精子與睪丸的設計照理說會高度反映適應壓力,他寫道:「精子品質及傳送精子之工具的遺傳差異將會受到激烈擇汰的影響。」最後,演化生物學家琳・馬古利斯（Lynn Margulis）和共同作者多里昂・薩根（Dorion Sagan）主張,男人有「加強馬力的生殖器」,並以「強大精子火力」作為後盾,一定是因為有「某種競速或比賽」才值得。他們寫道:「否則,似乎就顯得大而無當。」[7]

加強馬力的生殖器。精子火力。 這下可談到重點了!

男性每次射精開頭和最後噴出的精液並不相同,從中便可看出精子火力。人類每次射精一般會分三到九段。有些研究人員不知用什麼方法收集到所謂的「分段射精」（split ejaculates）加以分析,結果發現開頭噴出的精液當中含有化學物質,可保護精子免受各類化學攻擊。什麼樣的化學

225　第十六章　最能衡量男人的方式

攻擊?除了女性生殖道當中的白血球以及抗體之外(之後會再細談),這些化學物質還能保護精子不受之後進入者前進的速度。換言之,男人精液的化學組成,不論是較早噴出(保護作用)還是較晚噴出(攻擊作用)的那幾段,似乎都預料會有其他男人的精液來爭奪地盤。

過去數十年,科學會議及學術期刊都辯論過精子競爭的重要性,彷彿這是一項新發現,但早在西元前數百年,亞里斯多德及其前輩就注意到,如果一隻母狗在一次受孕期間和兩隻公狗交配,生出了一窩小狗,小狗的父親有可能是其中一隻,也可能兩隻都有份。再想想希臘神話中海克力斯(Heracles)和伊菲克勒斯(Iphicles)的故事:底比斯國王安菲特律翁(Amphitryon)和阿爾克墨涅(Alcmene)大婚之前,天神宙斯(Zeus)假扮成安菲特律翁和準新娘共度春宵。第二天晚上,安菲特律翁洞房。阿爾克墨涅生了一對雙胞胎:伊菲克勒斯(安菲特律翁之子)和海克力斯(宙斯之子)。古希臘人顯然對於精子競爭有一絲概念。

更晚近有好些研究人員的研究成果顯示,男人若好幾天沒見到另一半,不論這段時間有沒有射精,都會產生更多的精子。此研究結果證實精子競爭在人類演化中占有一席之地,也可能代表為了適應一夫一妻的轉變而做的調整。在前述情境中,男人不知道自家那個蕩婦去奧蘭多開那場該死的會時到底做了些什麼,身體於是開始大量製造精子。等到老婆回家,即便內心最害怕的事(很可能也是最銷魂的幻想)發生了,也能增加自己讓她的卵子受精的機率。同理,女人也表示男人在分開一段時間或者懷疑出軌的時候,在床上往往特別來勁,說他們衝刺得更深、更猛。(男人有可能因為想到自己的伴侶可能出軌而感到**性致勃勃**,這點上述的討論似乎還未提及,不過請參考底下對 A 片的討論。)

精子競爭背後暗藏的驚世駭俗,和長期以來認為女性的性聖潔不可動搖的想法狠狠衝突。這

是達爾文無意間灌輸給社會大眾的想法：羞怯的女性只委身給精挑細選、值得託付的另一半。而且即便如此，她這麼做都是為了英格蘭。「慾求不滿的女人只存在於──至少主要存在於──女性主義的意識形態、男孩的想望和男人的恐懼中。」[10] 唐納・賽門斯如此宣稱，聽來似乎有些害怕。或許吧，不過馬文・哈里斯則提供了另一種觀點，寫道：「男人和所有在上位者一樣，宣傳在下位者天性為何時，專挑有助於維持現狀的形象。數千年來，男人看女人，看的不是她們可能是什麼樣子，而是男人想要她們是什麼樣子。」[11]

儘管爭議重重，但人類生殖當中是否有精子競爭一事卻毫無疑問。[12] 有，每回都有。人類每次射精就有約五千萬到五億個求職者你推我擠爭奪唯一的位子：主任受精員。與此相關的問題是，這些求職者只和彼此競爭，還是和其他男人送來的幾十億個求職者一爭高下？

人類精子只為了競爭而存在，要找到有過之而無不及的事物十分困難。想像一下，一群顯微鏡才看得到的鮭魚，存在的目的就是逆流而上，朝著機率為數億分之一的繁衍機會邁進。你可能會說，勝算不是很高啊。但並非所有生物的精子面對的機率都如此渺茫。比如某幾種昆蟲，只有不到一百個精子排隊跑向卵子。也不是所有的精子和捐贈者相比都如此微小。某幾種果蠅的精子展開來約有六公分，比果蠅本身要大上好幾倍。智人則是另一個極端，轉瞬之間就釋放出幾億個微小精子。

各種大猿的精子競爭[13]

猿類	體型雌雄二型性（%）	睪丸質量（加總，絕對值，以公克計）	每次射精的精液體積（毫升）	精子濃度（×10⁶/毫升）	精子總數（百萬精子/次射精）	精囊	陰莖粗度（周長，公厘）	陰莖長度（公分）
人類	15-20	35-50	4.25 (2-6.5)	1940:113 1990:66	1940: 480 1990: 280	中	24.5	13-18
黑猩猩/巴諾布猿	15-20	118-160	1.1	548	603	大	12	7.5
紅毛猩猩	100	35	1.1	61	67	大	n/a	4
大猩猩	100	29	0.3	171	51	小	n/a	3

石器時代的重口味

以下是個讓人百思不得其解的問題：為什麼有這麼多異性戀男人看了一群其他男人和一個女人性交的色情影像會感到血脈賁張？仔細想想，這算數不對，這配菜比主菜多啊。這裡意味深長的奇怪之處還不只是男女比例違反直覺，而是男性射精這回事。

研究者已經確定了大部分A片製作公司早已知道的一件事：若影像描繪精子競爭所發生的環境，男人往往因此感到性致勃勃（不過據我們猜想，會用這些詞來思考這件事的人應該不多）。網路上和商業色情影像當中一女多男的圖片和影片遠多於一男多女。瞄一眼成人影片世界（Adult Video Universe）網站上提供那些影片，眾男對一女底下列出了九百部以上，而一男戰群女則只有二十七部。數學你自己算。一個物種一百九十萬年來都戴著一夫一妻的枷鎖，雄性又為

陰莖長度（相對於身體質量）	身體質量（雄性，公斤）	每次生育交配數（概數）	平均交配持續時間（秒）
0.163	77	>1,000	474
0.195	46	>1,000	7/15
0.053	45-100	<20	900
0.018	136-204	<20	60

229　第十六章　最能衡量男人的方式

何會因為一小群男人射精的場景而感到「性」奮。

持懷疑態度的人可能會說，此處反映的不過是商業利益，又或者只是一時的流行。也有道理，但實驗證明，男人看了暗含精子競爭（兩男一女）的情色材料，相較於看了三個女人的露骨圖片的男人，前者射精時活動力強的精子比例較高。[15] 還有，為何戴綠帽一再成為已婚男人性幻想的前幾名，早至金賽（Alfred Kinsey）、晚至丹‧薩維奇（Dan Savage）等專家都如此表示？

就我們所知，女人對於描繪多名腳上穿著黑襪、身上刺龍繡鳳、頭上頂著醜不啦嘰髮型、體重過重的女性和一名猛男性交的情色作品，並沒有同樣的偏好。你說說這是為何。

男人喜歡多男場景，有沒有可能是更新世時期A片的裊裊餘音？別忘了之前討論過，在許多社會中，婦女藉由性來協助、鼓舞成群的勞動或漁獵者。同樣的動力也在週日的球賽中發酵，彩球飄逸，熱褲短到不能再短，青春、性感的大腿踢得不能再高，人工草皮上一列玉腿。雖說這些當代生活的古怪之處也想得到其他的解釋方式，但卻頗能呼應充滿精子競爭的史前時代。[16] 特洛伊人隊，加油加油加油！

樂園的復歸——遠古時代的性如何影響今日的我們？　230

第十七章 有時陰莖就只是陰莖

> 說那話兒我行我素毫不聽話一點沒錯，我們不想要時它不合時宜地昂然挺立；需要時又不識時務地讓人洩氣。它不可一世與意志爭雄，頑固而驕傲地拒絕我們或動腦或動手的一切刺激。
>
> ——蒙田（Montaigne）談陰莖（想必是他自個兒的）

可別被這樣的揶揄給引開注意，人類男性對於自己的外生殖器可是很看重的。古羅馬時期，有錢的年輕男子頸上都掛著一條垂飾（bulla），墜盒裡放著一個小小的勃起陰莖的複製品。這隻盒中鳥在當時稱為「符咒」（fascinum），象徵這名年輕男子出身上流世家。大衛·佛里曼（David Friedman）在他那本講述陰莖趣聞情色史的著作《那話兒》（A Mind of Its Own）當中寫道：「羅馬帝國傾頹一千五百年後的今天，任何像勃起一樣有力或有趣的事物都被形容為『如有魔咒』（fascinating）。」再往回推一點，可在《聖經》的〈創世紀〉以及〈出埃及記〉當中發現，以色列人發下神聖誓言時，要將手放在那兩腿之間所掛之物的大腿生出。大部分的史學家都同意「大腿」是對於男人兩腿之間所掛之物的委婉稱呼。佛里曼寫到：「顯然，以色列人發下神聖誓言時，要將手放在那話兒上。」所以，至少根據佛里曼的說法，拿自己的蛋蛋發誓的舉動在今天的世界仍然存在。

且不論歷史上的怪事，有些人認為人類睪丸大小適中、精子濃度較低（相較於黑猩猩和巴諾布猿）證明人類演化過程中並無明顯的精子競爭。的確，具資料記載人類的精子濃度為 60-235 × 10^6，和黑猩猩驚人的 548 × 10^6 一比，那是相形失色。但精子競爭也不是都長一個樣子。

某些物種的精液會形成「交配栓」（copulatory plug），可塞住子宮頸管的入口，不讓之後任何精子進入。參與這種精子競爭的物種（蛇類、齧齒類、某些昆蟲、袋鼠）的陰莖尾端往往呈明顯的鉤狀或螺旋狀，用以拔出前一名雄性放在子宮頸口的塞子。雖然根據至少一組研究人員記載的數據，較常交媾的男性產生的精液可維持凝結狀態較久，但在性的戰場上，人類的軍火庫中並沒有交配栓。

人類陰莖雖然不呈螺旋狀，但也不乏有趣的設計。靈長類性事專家艾倫‧狄克森寫道：「靈長類中，生活單位為一對成年配偶和後代所組成之家庭者〔如長臂猿〕，其雄性陰莖多半較小，且相較之下並無特化之處。」隨便你怎麼說人類的陰莖，但它絕非小而無特化之處。生殖生物學家羅傑‧肖特（Roger Short，真名）寫道：「人類陰莖勃起之碩大，與大猿形成顯著差異，讓人不禁好奇究竟是哪種演化力量所造成。」傑弗里‧米勒同意上述說法，表示：「成年男性有現存靈長類中最長、最粗、最有彈性的陰莖。」「你看吧！」

智人：大猿，有著大陰莖。

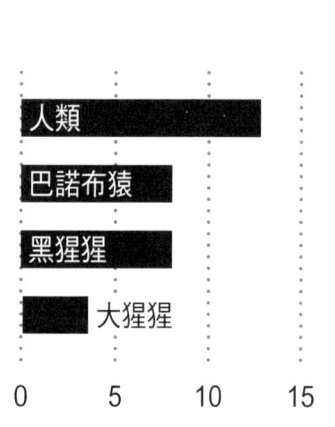

非洲猿類的陰莖長度
（單位：公分）

人類	██████████████
巴諾布猿	████████
黑猩猩	███████
大猩猩	████

0　　　5　　　10　　　15

人類的陰莖具膨大的龜頭，十分少見。龜頭形成冠狀溝，再加上人類交媾時反覆抽插的特色（每次魚水之歡從十次到五百次都有），使得女性的生殖道呈真空狀態。真空會將先前送入的精子拉離卵子，也因此有助於蓄勢待發等著被送入的精子抽走嗎？不會，因為要射精時，在充血腫漲消失之前，陰莖的頭部會先縮小，於是中和了原本可能會把自家的兵卒吸走的吸力。[2] 真是聰明。

大無畏的研究人員在大學研究室的場景中，利用玉米粉做的人工精液配方模擬射精精液）、乳膠陰道、人工陰莖呈現了這個稱為「精子置換」（semen displacement）的過程。高登‧蓋洛普教授（Gordon G. Gallup）和團隊表示，他們的實驗室陰莖只抽插一次，就置換掉百分之九十以上的玉米粉水。蓋洛普教授告訴BBC新聞網（BBC News Online）：「我們提出的理論是，為了競爭成為父親，人類男性發展出形態特殊的陰莖，可置換陰道內其他男性留下的精子。」

有一點值得再次強調：人類陰莖不論以絕對尺寸還是相對比例而言，都是靈長類中最粗、最長的。雖然有很多負面報導，但男人在床上的持久度遠超過巴諾布猿（十五秒）、黑猩猩（七秒）、大猩猩（六十秒），平均紀錄是四到七分鐘。

233　第十七章　有時陰莖就只是陰莖

另一方面，黑猩猩的陰莖則是一根細細的圓錐狀附屬器官，並沒有人類那話兒的膨大龜頭。持續不斷抽插在黑猩猩或巴諾布猿交媾時也不常見。（不過說真的，不管什麼事，你覺得七秒鐘能有多持續？）所以，雖然我們血緣最近的表親在睪丸項目打敗了我們，但就尺寸、持久度還有超酷設計而言，都輸給了人類的陰莖。不只如此，人類每次射精的精液量是黑猩猩的四倍，精細胞的總數因此變得和黑猩猩差不多。

平均交媾時間
（單位：秒）

人類	▆▆▆▆▆▆▆▆▆
巴諾布猿	▪
黑猩猩	▪
大猩猩	▆

0　　100　　200　　300　　400　　500

樂園的復歸──遠古時代的性如何影響今日的我們？　234

再回來談人類的陰囊是半滿還是半空的杯子這個問題，人類有外陰囊這件事就強烈顯示人類演化中確實有精子競爭。大猩猩與長臂猿和其他不參與精子競賽的哺乳類一樣，通常沒有外陰囊。[3]

陰囊就像是車庫裡額外擺了個冰箱，只裝啤酒。如果你家有個額外的冰箱用來擺啤酒，你大概就是那種預期隨時要開趴的人。你想做好準備。陰囊的功能也一樣。把睪丸放在體外比放在體內的溫度要低個幾度，陰囊藉此讓涼快的精蟲得以累積並維持較長的效力，有需要就能隨時上場。

曾經被踢中「啤酒冰箱」的人都會告訴你，這樣的安排有可能要付出很大的代價。讓睪丸暴露在體外而非生長在體內，較易受到攻擊或發生意外，危險因而大增，尤其如果你痛得呈胎兒式、難以呼吸時更是如此。既然演化如此強調成本效益分析的邏輯，我們可以確定如此適應調整必然有充分的理由。[4]

──不幹這活兒，你帶著這些吃飯的傢伙要做什麼？

有力證據顯示，近代人類的精子產量以及睪丸體積曾大幅縮減。有好幾件事都指出了上述的縮水現象。研究人員記載，平均精子數目以及存活下來的精子活力都大幅減少。有一名研究人員表示，丹麥男人的平均精子數已從一九四〇年代的113×10^6，降至一九九〇年代的一半左右（66×10^6）。[5] 數量下降的可能原因很多，從大豆、牛乳中類似雌激素的化合物，到農藥、肥料、牛隻生長激素以及塑膠中的化學物質都有。晚近的研究顯示，廣為使用的抗憂鬱劑帕羅西汀（paroxetine）〔商品名為克憂果（Seroxat）或百可舒（Paxil）〕可能會破壞精細胞DNA。[6] 羅徹斯特大學（University of Rochester）的人類生殖研究發現，若母親懷孕時一週吃七次以上牛肉，生下的男性被歸類為低生育力（每毫升精液不到二千萬個精子）的機率是三倍。吃牛肉的母親所生的兒子不孕的比例是百分之十七點七，相較之下沒那麼常吃牛肉的母親生下的兒子不孕的比例

235　第十七章　有時陰莖就只是陰莖

則是百分之五點七。

不論如何，人體用於製造精子的組織似乎遠超過任何一夫一妻或一夫多妻靈長類所需。人體的精子生成組織（spermatogenic tissue）每克所產生的精子只有其他八種受測哺乳類的過剩產能的三分之一到八分之一。[7] 研究人員注意到，人類精子及精液製造器官的其他層面也有類似的過剩產能。

還有進一步證據顯示，當今的男人並沒有讓生殖的裝備發揮全效：射精較不頻繁與多種健康問題之間的相關性。比如，有一組澳洲研究人員就發現男人二十至五十歲間每週射精五次以上之後罹患前列腺癌的機率將減少三分之一。[9] 精液中除了果糖、鉀、鋅及其他的無害組成元素之外，也往往含有微量致癌物質，也因此研究人員的假說是罹癌率減少有可能是因為經常沖刷管線的關係。

另一個雪梨大學的團隊則在二〇〇七年底表示，每天射精可大幅減少人類精細胞DNA損壞，也因此增加男性生育力——和傳統的說法正好相反。有四十二名精子受損的男性在聽從指示每天射精一週之後，幾乎所有人的染色體受損程度都比忍了三天的控制組低。[10]

經常高潮似乎也能改善男性的心臟健康。布里斯托爾大學（University of Bristol）和貝爾法斯特女王大學（Queen's University of Belfast）所做的研究發現，每週高潮三到五次的男人，死於冠狀動脈心臟疾病的機率可減少百分之五十。[11]

天擇的一項基本原則就是用進廢退。演化不斷追求經濟原則，很少會讓生物為了不做的事而演化出某種特色。如果現代人生產的精子和精液量和我們祖先相當，就等於他們演化出了如此多過剩的精子與精液製造產能，這點不太可能。說到精子的生產與儲存，當代男性的潛力遠高於所使用的能力。但要是現代人類的睪丸的確不及從前勇健，到底是怎麼了呢？

既然不孕就不會有後代，也就不可能遺傳，這是演化理論中不言可喻的道理。生育力低卻有

樂園的復歸——遠古時代的性如何影響今日的我們？　236

可能代代相傳。之前也討論過，人類、黑猩猩、巴諾布猿身上和精子生成組織有關的染色體對於適應壓力的反應很快，比基因組的其他部分或者是大猩猩等的相對應染色體要快得多。

我們腦海中浮現的繁衍環境，其特色為頻繁的性互動，任何女性每次排卵期通常都和多名男性交配，就像雌黑猩猩和雌巴諾布猿一樣。因此，生育力受損的男性不太可能生得出孩子，因為他們的精細胞往往會被其他性伴侶的精細胞給淹沒。這樣的環境對於精子製造能力好的基因較為有利，若基因突變而導致男性生育力下降，最終必被基因庫剔除，今天黑猩猩與巴諾布猿仍是如此。

不過現在來想想文化實施一夫一妻制的後果，就算只強加在女性身上（近代以前都是如此），後果會如何？一夫一妻的交配制度中，女人只和一名男人發生性關係，沒有其他男人與其進行精子競爭。性變成像是獨裁制之下的選舉：不論投票數再怎麼少，反正有可能勝出的就只有一個候選人。就算是製造精子能力有缺陷的男人最終也可能中獎，懷上生育力較弱的兒子（也或許是女兒）的可能也就增高。此時，與較低生育力有關的基因不再被基因庫剔除，反而向外擴散，使得整體男性生育力穩定下降，而人類的精子生成組織也普遍萎縮。

視力不佳的人（及其基因）若活在古代環境下場注定淒涼，眼鏡卻讓他們得以生存繁衍；同樣地，單一性伴侶讓降低生育力的突變得以增生。根據最近的統計，世界上每二十個男人就有一個受到精子功能異常的影響，而精子功能異常更是男女生育困難（subfertility，定義為嘗試一年後仍未懷孕）最常見的原因。所有跡象都顯示問題日益嚴重。[12] 大家都不常用多出來的那台冰箱，所以它逐漸故障。

若我們針對史前人「性」所擬的典範正確無誤，那麼除了環境毒素與食品添加物之外，單一性伴侶本身也可能是當代不孕危機的重要因素。普遍的一夫一妻制或許也可解釋為何我們過往多

237　第十七章　有時陰莖就只是陰莖

雜交，但當代智人的睪丸卻比黑猩猩和巴諾布猿要小，此外根據我們過剩的精子製造能力顯示，也比人類祖先的要小。

單一性伴侶可能導致男人的蛋蛋變小。

有些人主張人類的小睪丸訴說「兩性之間浪漫成雙的故事，可追溯至很久很久以前，或許可回推至人類這一脈的開始」；有些人認為我們的睪丸若以真的一夫一妻制而言顯得有些略大，代表數萬年來採的是「小幅一夫多妻制」。兩者之間相持不下，或許我們現在可以喊卡了。人類的睪丸以靈長類的標準而言是中等尺寸，有強烈跡象顯示近代開始縮水，不過每次射精還是可以製造幾億個精子，頗為可觀。除了配合精子競爭的陰莖之外，人類睪丸也強烈顯示古代女性一次月經週期內往往有多個愛人。我們仍頗為可觀的睪丸就像是十一月樹梢逐漸乾癟的蘋果──提醒我們逝去的往日時光，而其自身也不斷縮小。

為了測試這個假說，我們應該要找到陰莖及睪丸在不同種族與文化群體間相對差異的數據。按理論說，這些差異是由於近代歷史上精子競爭的激烈程度有顯著而持續差別所導致。我們若敢去找，就的確找得到。[13]

尺寸合適對於保險套的功效十分重要，因此世界衛生組織的指南明白列出了世界各地的不同尺寸大小：亞洲的保險套寬四十九公厘，北美、歐洲寬五十二公厘，非洲則寬五十三公厘（所有保險套的長度都遠超出大多數男性所需）。中國替國內市場所生產的保險套寬四十九公厘。根據印度醫學研究委員會（Indian Council of Medical Research）所做之研究，印度男人的陰莖與製造保

樂園的復歸──遠古時代的性如何影響今日的我們？　238

套時採用的國際標準不大相同，導致套子滑落和避孕失敗的程度大增。[14]

據《自然》（Nature）期刊上發表的一篇文章表示，中、日男性的睪丸普遍比白人男性要小。此一研究作者的結論為：「體型差異對於這些數值僅有些微的影響。」[15]其他研究人員也證實這類普遍趨勢確實存在，他們發現睪丸的平均總重，亞洲人為二十四公克，白人為二十九至三十三公克，非洲人為五十公克。[16]還有研究者發現「人類不同種族睪丸大小有顯著差異。比如，即便控制了樣本的年齡差異，成年丹麥男性的睪丸仍比成年中國男性大一倍以上。」[17]如此差距遠超出種族的平均體型差距。有許多統計都算出，白人每天製造的精蟲是中國人的兩倍（前者為185-235×10⁶，後者則是84×10⁶）。

親愛的讀者，我們很有可能因此惹禍上身，因為這一段的言下之意是文化、環境、行為有可能反應在人體解剖結構中──而且還是生殖器結構。可是任何正經的生物學家或醫師都知道，種族之間的確有解剖結構方面的差異。雖然這些議題十分敏感、爭端一觸即發，但是疾病診斷過程中不考慮種族背景並不符合職業倫理。

話雖如此，之所以不太願意把文化禁止的行為和生殖器構造扯上關係，有部分原因雖然是因為這個題材容易牽動情緒，但同樣也是因為要找到與女性雜交有關的可靠史料十分困難。此外，針對單一性伴侶和生殖器構造之間的關聯，要做出任何結論之前，也得先把飲食和環境因素考慮進去。比如，亞洲飲食許多都有大量黃豆製品，而許多西方人則食用大量牛肉，二者都經證實會導致代與代間睪丸尺寸及精子生成量快速縮水。考慮到此類研究本身深具爭議，加之要排除許多變因很是複雜，因此對此領域感興趣的研究者不多或許並不奇怪。

239　第十七章　有時陰莖就只是陰莖

各式各樣的證據都可證明人類的性行為遠超出繁衍的範疇。雖說現在主要認為性的社會功能在於維持核心家庭，但這並不是社會藉由引導人類性能量來維持社會穩定的唯一方法。

人類一生性交數百或數千次，就連黑猩猩和巴諾布猿也望塵莫及，更遠在大猩猩和長臂猿之上。若考慮每次性交的平均持續時間，就算我們說好不算入幻想、作夢、自慰的時間，人類光是花在性行為上的時間也比任何靈長類都多。

精子競爭在人類演化中占有一席之地的證據根本難以反駁。用某個研究者的話來說：「若人類演化過程中沒有精子戰爭，男人應該會有小小的生殖器官，製造少少的精子⋯⋯性交時不抽插，不做春夢，不發性幻想，不自慰，而我們每個人一生當中只會想要性交個十來次左右⋯⋯性與社會、藝術與文學──其實整個人類文化，都會大不相同。」[18] 上面列的這一串還能再加上（若一夫一妻）男人和女人的身高體重應該相同，或者（若一夫多妻）男人體型應是女人的兩倍。

達爾文筆下著名的加拉巴哥群島燕雀，為了啄開不同的種子而演化出不同的鳥喙結構。同理，相關的物種也往往為了精子競爭而演化出不同機制。黑猩猩和巴諾布猿的性演化策略靠的是反覆射出少量但高濃度的精細胞，而人類演化出的做法如下：

■ 陰莖的設計可以抽出原先存在的精子，還可以持續、反覆抽插；
■ 射精較不頻繁（相較於黑猩猩與巴諾布猿）但量較大；
■ 睪丸體積及性慾遠超過一夫一妻或一夫多妻交配所需；
■ 控制睪丸組織發育的DNA反應快速，而一夫一妻或一夫多妻的靈長類身上並沒有這種DNA；

- 即便今天，每次射精的整體精子含量仍較接近黑猩猩和巴諾布猿；
- 睪丸位在脆弱的體外陰囊之內，十分危險。

西班牙語中「*esperar*」一詞依據上下文可能指「預期」也可以指「希望」。人類學家彼得‧柏伽基曾寫道：「在人類行為方面，考古學十分受限於現代的想像。」[19] 演化理論也是。雖然每個男人的身體和慾望中都刻劃了清楚的訊息，卻仍有如此多的人最後總結人類往昔演化的特色就是單一性伴侶，或許是因為這是他們「預期」和「希望」發現的結果。

241　第十七章　有時陰莖就只是陰莖

第十八章 高潮迭起的史前故事

男人所謂的「推論能力」，從一件事中可見一斑。他看到某些現象，比如他這一生從沒有哪一天能滿足哪一個女人，也沒有哪個女人哪天不能把上得了自己的床的十個男人弄得筋疲力竭、打得落花流水、難以動彈。他把這些意味深長、清楚明白的現象湊起來，從中得到以下令人大為吃驚的結論：造物主打算讓女人只能有一個男人。

——馬克‧吐溫，《地球來信》

最近我們看到一個年輕人在巴塞隆納的蘭布拉大道（Las Ramblas）溜達，身上的T恤寫著「Born to F*ck」（生來就要幹）招搖過市。你可能跟我們一樣，不禁好奇他家裡是不是有一整套這種T恤：「生來就要呼吸」、「生來就要吃」、「生來就要喝」、「生來就要拉」，當然還有令人心頭一沉，但終無可避免的「生來就要死」。

也許他要說得其實更有深度。畢竟，本書的中心論點就是長久以來性對智人而言還有許多重要功能，繁衍只不過是當中比較明顯的一個。既然人類花在計畫、實行、回憶轟轟烈烈的性的時間、力氣比地球上任何物種都要多，或許我們大家都該穿上同樣的T恤。

又或者要穿的只有女人。說到性，男人或許是滿口垃圾話的短跑選手，但贏得所有馬拉松賽的卻是女人。任何婚姻諮詢專家都會跟你說，女人抱怨男人，若與性事有關時，最常說的就是男人太快太猴急；另一方面，女人在性方面最常讓男人苦惱的地方，則是女人需要的暖身時間夭壽久。一次高潮之後，女人可能預期還有十來次。女體一旦動起來，動者恆動，男人卻是一陣一

243　第十八章　高潮迭起的史前故事

陣。男人的幕落得很快，思緒也很快飄向不相干的事去。

雙方各有各的不滿，正好對稱，呈現了一夫一妻交配制中，男女的性反應之不契合近乎滑稽。你不禁想：若男女以單一性伴侶的方式共同演化了將近兩百萬年，最後為什麼會如此不契合？這就像是千千萬萬年來我們坐下來共進晚餐，但有一半的人忍不住幾分鐘內狼吞虎嚥把所有的菜一掃而空，而另一半的人還在擺餐具、點蠟燭。

沒錯，我們知道混合策略：很多不值錢的精子vs.稀少的寶貴卵子，都放在一個籃子裡，諸如此類。然而，上述不協調得昭然若揭的性反應，若將其視為我們曾在雜交群體中演化的遺跡，就變得有道理多了。與其在理論中拋出一個個理論湊出不扎實的典範（有缺陷的一夫一妻制、小幅一夫多妻制、混合交配策略、連續一夫多妻制），其實有唯一一個情境不需要上述自打嘴巴、前後不一的特殊答辯，我們能不能乾脆一點加以面對呢？

好，這讓人覺得很不好意思，如果你有那樣的傾向的話，甚至可能覺得丟臉。然而《物種起源》出版一百五十年後，我們是不是也該接受，老祖宗在性方面的演化軌跡更接近我們兩個社會化程度及智力高、血緣又近的表親呢？對於人類起源，我們若有其他問題，都會參考黑猩猩和巴諾布猿：語言、工具使用、血緣結盟、戰爭起源、和解⋯⋯但是一提到性，我們就拒絕採用這些模型，反而去參考關係遙遠、反社會、低智商但一夫一妻的長臂猿？你確定？

我們早已指出，農業革命如何使得一切重新洗牌，至今我們仍覺得暈頭轉向。或許，我們拚命否認自己雜交的史前時代，反映的是害怕社會不穩定的心情，這點情有可原。然而一再要求穩定社會秩序（也常聽人叮囑此秩序以核心家庭為單位），並無法抹去人類在安穩的村落定居下來之前數十萬年所殘留的影響。

如果雌黑猩猩和巴諾布猿會說話，我真覺得牠們會跟自己毛茸茸的好姊妹發牢騷，抱怨早

樂園的復歸——遠古時代的性如何影響今日的我們？　244

洩的雄性不再送花嗎？大概不會，因為我們也看到了，雌黑猩猩或巴諾布猿性致一來，就可能成為眾多猴急雄性關注的焦點。得到的關注越多，就能吸引更多關注，因為事實證明，我們的雄性靈長類表親會因為同類性交的畫面和聲音而感到慾火焚身。想像一下。

心神狂喪何其恐怖！

> 沒有男人（未曾不經如此世事）不知道子宮之起、落、扭絞、痙攣將激發何等嚴重之症狀，不明白子宮的異常疾病將導致心神狂喪何其恐怖，導致狂躁抑鬱胡作非為，其人彷彿中邪……。
>
> ——威廉・哈維（William Harvey），《生物傳宗接代解剖論》
> （Anatomical Exercitations concerning the Generation of Living Creatures, 1653）

「歇斯底里」（Hysteria）是第一個獲得正式描述的疾病。此病古希臘醫師希波克拉底（Hippocrates）曾於西元前四世紀討論，在中世紀以降任何討論女性健康的醫學文獻中也可找到，一直到一九五二年才從醫學診斷清單上移除（比同性戀早二十年）。一直到二十世紀初期，歇斯底里都還是英美最常診斷出的疾病。你可能會想，不知道幾百年來，醫師都如何治療這種慢性症狀。

告訴你吧，醫師替女病患手淫，直至高潮。據歷史學家瑞秋・緬因斯（Rachel Maines）表示，從希波克拉底的時代到一九二〇年以前，醫師經常替女病患按摩至高潮。請坐，醫生馬上來……。雖然有些人會把這個工作交給護士，但大部分的醫師都自己進行這項療法，不過顯然也不是

245　第十八章　高潮迭起的史前故事

沒有遇到困難。納撒尼爾・海摩（Nathaniel Highmore）於一六六〇年曾撰文提到這項技能並不好學，「和男孩玩的遊戲不可謂之不像，此時設法一手揉其肚，另一手拍其頭」。

不論男醫師們要掌握這項技能遇到了什麼難關，辛苦似乎是有成效的。一八七三年出版的《婦女健康與疾病》（The Health and Diseases of Women）估計，美國婦女約有百分之七十五需要上述治療，而且占治療服務市場的最大宗。雖然美國人類學家唐納・賽門斯斷言「所有民族都認為性交是女性服務男性或對其施惠」，但看來對許多女性而言，釋放高潮卻是男性醫生提供的服務……有價的服務。

此處資訊大多來自緬因斯談論此「病」及數百年來治療方式的好書《性高潮的技術》（The Technology of Orgasm）。「那麼，此「病」的症狀是什麼？和慾求不滿以及持續的性興奮一樣：「焦慮、失眠、易怒、緊張、性幻想、腹部沉重感、下骨盆水腫、陰道濕潤。」

這項針對性慾高漲、慾求不滿女性所實施的所謂「醫學」療法，並不是古代史中才有的錯誤個案，而是兩千年來不斷試圖病理化（專家一向堅稱並不存在的）女性性慾需求的手法之一。

提供此項報酬豐潤之療法的男性，在所發表的歇斯底里及其療法之醫學文章中，並未寫到「高潮」，反而在投稿時非常嚴肅正經地討論「女陰按摩」（vulvular massage），可使「緊張爆發」（nervous paroxysm），讓病患得以暫時緩解。畢竟這些可是最理想的病患，她們的症狀好不了，也死不了，只會一直回診治療。

這樣的安排，某些讀者可能覺得十分符合「夢幻工作」的定義，但許多醫師顯然不這麼覺得。緬因斯發現：「沒有證據顯示男醫師喜歡提供骨盆按摩療法。相反地，這群男性菁英想盡辦法要用別的道具來取代自己的手指。」

緬因斯腦中想的「其他道具」是什麼？看看你有沒有辦法完成這串清單：

樂園的復歸——遠古時代的性如何影響今日的我們？　246

給個提示：以上是最早直接販售給美國消費者的五種電器用品。放棄了嗎？位於威斯康辛州拉辛（Racine）的漢美馳公司（Hamilton Beach Company）於一九○二年獲得第一支家用震動按摩棒的專利，按摩棒也因此成為第五項獲准家用的電器。到了一九一七年，全美國人家裡按摩棒的數量比烤麵包機要多。不過在按摩棒成為自我治療的工具之前（曾有廣告語帶挑逗地如此承諾：「青春的歡愉……在你體內震盪」），已在厭煩「揉其肚同時拍其頭」的醫師的診間用了數十年。

1. 縫紉機、
2. 風扇、
3. 電茶壺、
4. 烤麵包機、
5. ？

在那之前，許多醫師受了工業化奇蹟的鼓舞，開始設法以機械方式提供療法。婦女在缺少性愛、「冰清玉潔」的生活中得不到高潮，而美國的創新發明將會替她們大量製造——這些積極進取的醫師發明了第一批的按摩棒。

十九世紀末、二十世紀初的醫學匠人設計了各式各樣的道具，用以激起病人必需的「緊張爆發」。有些的動力來源是柴油，有些則靠蒸氣推動，就像小小的火車頭；有些則是大型裝置，裝在鎖鏈與滑車上從屋樑垂下，就像是修車廠裡的汽缸；其他則配備活塞，來回將假屌推入檯面的洞中，又或者是將高壓水柱射向病人的外生殖器官，就像是叫來一隊消防隊要撲滅女性激情的熊熊烈火。與此同時，這群良醫從未公開承認他們所做的事和性的關係大過和醫療的關係。他們就像許多猛男秀的小狼犬一樣，對於自己收費激起「緊張爆發」一事絕口不提。更讓人

247　第十八章　高潮迭起的史前故事

吃驚的，或許是同樣這群醫學專家竟能不斷說服大眾，女性性慾是微弱低靡、不情不願的力量。

在婚姻之外提供女性性高潮，保護了醫學的龍斷地位。一八五〇年代，《紐奧良醫學及外科期刊》（New Orleans Medical & Surgical Journal）公告手淫為全民頭號公敵，警告道：「不論瘟疫、戰爭、天花，還是眾多類似的惡事，都不及手淫對人危害之大，是摧毀文明社會的元素。」文中警告大人小孩，手淫不只罪惡，還很危險，必定會導致嚴重健康問題，包含：失明、不孕、失去理智。此外，這些專家也喃喃吟詠：反正「正常」女性的性慾本就不多。

德國神經科學家理查・馮・克拉夫特・艾賓（Richard von Krafft-Ebing）在一八八六年出版的《性病態》（Psychopathia Sexualis）一書中宣布了一件人人早就覺得自己已經知道的事情⋯⋯「如〔女性〕心理發育正常、教養良好，則其性慾小，否則全世界將成妓院，亦不可能有婚姻和家庭。」[2] 當時若有人話中暗示女性喜歡甚至需要經常釋放高潮，會讓男人大為震驚，而女人大感羞恥。或許現在仍是如此。

反手淫熱潮在猶太、基督教歷史中根深柢固，偏偏瑞士西蒙・提索（Simon André Tissot）一七五八年出版的《論自淫導致之失調》（A Treatise on the Disease Produced by Onanism）又為其提出了科學證明。提索顯然認得梅毒與淋病的症狀，當時的人認為二者是同一種疾病。然而他卻誤以為這些症狀是因為雜交、嫖妓、手淫而耗損精子的徵象。[3]

一個世紀後，一八五八年時有個名叫艾薩克・布朗（Isaac Baker Brown）的基因學家（為當時倫敦醫學會會長）提出婦女的疾病多半是因為神經系統過度興奮所導致，而一路連接至陰蒂的骨盆神經影響尤大。他循序漸進列出了女性手淫致病的八個階段：

1. 歇斯底里；

2. 脊椎不適；
3. 症性癲癇；
4. 全身僵硬症發作
5. 癲癇發作；
6. 癡傻；
7. 瘋症；
8. 死亡。

布朗主張，要避免因罪惡的歡愉而墮入死亡，以手術移除陰蒂是最好的方法。在獲得高知名度且進行了不知多少陰蒂切除術之後，布朗的做法不再受人推崇，灰頭土臉地被倫敦產科學會（London Obstetrical Society）開除。之後布朗發了瘋，而陰蒂切除術也失去了在英國醫學界的地位。[4]

可惜，布朗的文章早已大幅影響大西洋彼岸的行醫方式。美國到二十世紀都還以陰蒂切除術作為治療歇斯底里、性慾亢進、女性手淫的方法。最晚至一九三六年，路得·霍爾特（Luther Emmett Holt）都還在受人敬重的醫學院教科書《嬰幼童疾病》（Diseases of Infancy and Childhood）中建議，以手術移除或燒灼陰蒂的方式治療女孩手淫。[5]

二十世紀中葉，這個療程在美國終於失去聲望，卻又挾著新的理由捲土重來。這次建議以手術方式移除大陰蒂不是為了根除手淫，而是為了美觀。

陰蒂在被手術盯上之前，被精細描繪的解剖結構素描簿的男性繪者忽略了好幾百年。一直要到十六世紀中期，米開朗基羅的解剖學同窗、威尼斯教授德歐·哥倫布（Mateo Renaldo Columbo）才無意間在女性兩腿間發現了一個神秘的**突起**。就像費德里哥·安達吉（Federico Andahazi）的歷

史小說《解剖師與性感帶》(El Anatomista)當中描繪的一樣,哥倫布是在替一名叫伊涅斯‧德‧托雷莫利諾斯(Inés de Torremolinos)的病患檢查時發現這個部位的。哥倫布注意到當他撫弄這個小圓球時,伊涅斯變得緊繃起來,而且隨著他的觸摸這個部位似乎變大了。顯然,這需要進一步探索。在檢查數十名其他女性之後,哥倫布發現她們也有一模一樣的、至今「未被發現」的突起,而且對輕微撫弄也有同樣反應。

安達吉告訴我們,一五五八年三月,哥倫布非常自豪地向系所的主任報告了他「發現」了陰蒂一事。[6] 根據強納森‧馬戈利斯(Jonathan Margolis)在《O:性高潮的私密史》(O: The Intimate History of the Orgasm)當中的說明,主任的反應恐怕和哥倫布當初料想的不一樣。哥倫布教授「幾天內在教室內被逮捕,被扣上異端、瀆神、行使巫術、信仰撒旦等罪名,上了法庭進了監獄。他的手稿遭到沒收,而他的〔發現〕從此不准再提起,直到他死後數百年才解禁。」[7]

小心魔鬼的乳頭

一個世紀前,這種「疾病」讓困擾的女性走向拿著按摩棒的醫師診間;若在中世紀的歐洲,往往要走進更嚴重的地方。歷史學家蕾伊‧唐娜希爾(Reay Tannahill)曾寫道:「《女巫之鎚》(Malleus Maleficarum)是獵巫者的第一本上佳指南,此書和現代的心理分析學家一樣,毫無困難就接受〔某些〕類型的女性有可能輕易相信自己曾真的與魔鬼性交。魔鬼巨大勁黑狀甚可怖,有碩大的陰莖,精液冷如冰水。」[8] 然而,當局害怕情慾,而不幸吸引他們注意的還不只是春夢而已。十七世紀的獵巫者如果發現女人或女孩的陰蒂異於常人地大,這在當時稱為「惡魔的乳頭」,足以將她判死罪。[9]

樂園的復歸——遠古時代的性如何影響今日的我們?　250

中世紀歐洲時有男魅魔（incubi）和女魅魔（succubi）肆虐，當時認為這種男女魔鬼會入侵活人的夢，上其床，甚至上其身。神學家湯瑪斯・阿奎那（Thomas Aquinas）等人認為這些魔鬼夜裡出動使女人懷孕，先化為女魅魔（與睡夢中的男人性交，採其精子），再化為男魅魔（染指睡夢中女性）將精子放入不察的女性體內。也因此，當時的女人若被人認為是因為這些有如夜之蜜蜂般飛來飛去的惡靈而懷孕，就特別有可能被人舉報為女巫，遭到相應的處置。至於懷孕的真正原因，隨著女人之死再也無人知道。

《包法利夫人》（Madame Bovary）是公認史上寫得最好的小說之一，但在一八五六年首次出版的時候卻被人譴責，謂其背德。福樓拜（Gustave Flaubert）描繪了一個任性的農家女不守禮法偷情。對此巴黎的檢察官們感到十分不悅，他們覺得這個角色受到的處罰不夠。福樓拜的辯詞則是就這三方面而言，此作品「極為道德」。畢竟，艾瑪・包法利自殺身亡，死時既苦又窮，羞恥而絕望。處罰不夠？換言之，反對這本書的人著重的是艾瑪・包法利所受的懲罰**夠不夠**痛苦可怕，而非她是否該受這樣的苦，也不是她一開始是否有權利追求性方面的滿足。

就算是福樓拜和他那群厭女的檢察官恐怕作夢也想不到，中美洲佐齊爾馬雅人（Tzotzil Maya）當中不檢點的女性會面臨什麼樣的懲罰。人類學家暨靈長類動物學家莎拉・赫迪說：「性慾超強、長著七呎長陰莖的魔鬼希凱（hik'al）」會抓走不乖的女人，「將她們帶去自己的山洞強暴」。大人告訴小女孩，不幸懷了希凱的孩子的女人「脹大起來，然後夜夜生產，直到死去。」[10]

251　第十八章　高潮迭起的史前故事

如此視女性性慾為邪惡、危險、病態而須加以懲罰的想法，並不限於中世紀或遙遠的馬雅村落。世界衛生組織最近的統計顯示，每年約有超過一億名女孩的陰部遭到某種形式的殘割。

要多少力量才能將其壓制

> 再多的柴也滿足不了火，江河入海亦無法滿足海洋；世上萬物滿足不了死亡，而再多的男子亦無法滿足美目盼兮的婦人。
> ——《印度愛經》（Kama Sutra）

在反毒、反恐、反癌戰爭之前，就已經有了反女性性慾的戰爭。這場戰爭打得比其他戰爭都久，死傷人數至今已達數十億。這場戰爭跟其他戰爭一樣，永遠打不贏，因為宣戰的對象是自然的力量。我們還不如去向星光或是月的陰晴圓缺宣戰。

數百年來（不顧排山倒海的反證）堅稱人類女性對於性慾的聲聲催喚無動於衷，其背後有個可悲而徒勞無功的動機。還記得南北戰爭前，美國南方的醫學專家都要農場主人放寬心，想掙脫枷鎖的奴隸並不是有權享有自由和尊嚴的人類，而是罹患了漂泊症（Drapetomania）。要治好這種醫學症狀，最好的方式就是讓他們吃頓鞭子。而又有誰能忘記「立意良善」的宗教法庭曾逼迫伽利略否認真相？真相對伽利略而言有多顯而易見，對因權力和教規而僵化的腦袋而言就有多令人討厭。實際狀況跟農業出現後的父權社會所宣稱想當然爾的狀況至今衝突不斷，而衝突也反映在另一件事上：女人若膽敢拋棄羞怯女性的信條，仍會被唾棄、辱罵、被休掉、被迫與孩子分開、被放逐、被當成女巫燒死、被當成生了歇斯底里的病、頸部以下被埋在沙中、被石頭砸死。她們

樂園的復歸──遠古時代的性如何影響今日的我們？　252

和子女（賤人的賤種）仍然被獻祭給剛愎乖戾、自相矛盾的無知之神、羞辱之神、恐懼之神。精神科醫師瑪莉‧雪菲（Mary Jane Sherfey）曾寫道：「衝動有多強，決定了加以壓抑的力量有多大」（如此觀察簡明無可辯駁，有如牛頓學說）。若她說的沒錯，那麼我們該怎麼看待為了壓抑女性性慾所費的力量？[11]

第十九章 女孩玩瘋了

When Girls Go Wild

雌性交配發聲

每次上台演講，我們都會問觀眾下面這個問題：假如你聽過異性戀伴侶性交（誰沒聽過呢？），請問哪一方的聲音比較大？不管去哪裡，不管回答的是男人、女人、異性戀、同性戀、美國人、法國人、日本人、巴西人，答案都一樣。遙遙領先。毫無疑問。票數差得遠了。我們也不需要告訴各位答案，你們早就知道了對吧？沒錯，那高分貝、無視於鄰居存在的呻吟、哀號、呼天嗆地背後的主人，正是男女中較「溫順」、「嫻靜」、「羞怯」的一方。

可是為什麼？科學家口中的雌性交配發聲（female copulatory vocalization, FCV）若放在人「性」標準論述底下來談，是個很大的謎團。你會想起平克曾宣稱：「在所有的社會中，性多少都有點『髒』。性，在私密中進行⋯⋯。」[1] 若是如此，如此物種的雌性為何甘冒吸引那麼多注意的風險？為何從紐約下東城（Lower East Side）到亞馬遜河上游，女人大聲宣告自己性愛歡愉給所有人聽的機率都比男人多得多？

又為什麼異性戀男人如此難以忽略女人高潮的聲音？[2] 人家說女人遠遠地就能聽到嬰兒的哭聲，但男士們，請問在公寓的一片嘈雜中，還有什麼聲音比女人欲仙欲死的聲音更容易聽見，也更難忽略？

如果你是少數沒有看過《當哈利遇見莎莉》（*When Harry Met Sally*）當中梅格‧萊恩（Meg Ryan）假裝性高潮場景的人，現在就去看一下吧（網路上很好找）。這是現代電影當中最為人所

知的一幕，但如果角色互換，這一幕就不會那麼好笑——甚至根本就看不懂。想像一下：比利‧克里斯托（Billy Crystal）坐在餐廳的桌前，呼吸開始急促，也許眼睛稍微突出了一點，悶哼了幾聲，吃了半個三明治，然後睡著了。沒什麼好笑的。餐館裡的人甚至沒注意到。如果男性的性高潮是兩片鈸一聲悶響，那麼女性的高潮就是歌劇盛大上映，又吼、又叫、又唱、又有拿著長矛的人圍繞站著、又拍桌，必定能讓紐約最吵的餐館都靜下來。

女性狂喜的呼喊並非現代的現象。《印度愛經》當中就有古時候就性愛技巧方面對於女性交配發聲的評論，列出了一大窩女性可選擇用來表達狂喜的方式：「呻吟的主要部分，她可根據想像，選擇白鴿、杜鵑鳥、綠鳩、鸚鵡、蜜蜂、夜鶯、鵝、鴨、灰山鶉的叫聲。」鵝？如果你很性你就呱呱叫！

不過，撇開農家院子性愛技巧不談，一夫一妻（或「小幅一夫多妻」）物種的雌性交配的時候竟發出這麼大聲響引人注意，實在沒道理。另一方面，若千千萬萬代的多重交配成為今天現代人「性」的一部分，那麼為何這樣喊叫就昭然若揭了。

其實，女性並不是唯一當激情陣陣來襲時會發出聲響的雌性靈長類。英國靈長類動物學家史都華‧森普（Stuart Semple）曾注意到：「有眾多類型的物種，雌性都會在交配之前、當中或結束之後立刻發出聲音。」森普表示，這些發聲現象「在靈長類中尤其常見，也累積了越來越多證據顯示雌性藉由呼喊，刺激所在群體中的雄性彼此競爭……」[4]正是如此。看來有理由可以證實，女性交歡時發出的聲音能挑逗異性戀男性。她「交配時的叫聲」可能邀請別人來嘛，於是引發精子競爭。

森普錄下了七種不同的雌獅獅超過五百五十次交媾時的叫聲，並分析其聲學結構。他發現，這些複雜的發聲中包含了關於雌性生殖狀態（雌性越接近排卵期，發聲就越複雜）及關於「啟

發〕發聲的雄性的資訊（若與階級較高的雄性交配，叫聲較長，也包含較多獨特的聲音單位）。也因此，至少以這些狒狒而言，雄性在聽時就應該能知道自己使某個大呼小叫的雌性受孕的機率，也能多少知道自己若上前，此刻與她在一起的雄性的階級。

梅瑞狄斯‧斯摩爾同意，雌性靈長類交配時的叫聲很容易辨認：「沒有上過課的人也能辨認非人靈長類雌性的高潮，亦即性愉悅。」斯摩爾告訴我們：「雌性在交配時發出的聲音不會在其他情境中聽到。」[5] 雌性食蟹獼猴即便在非排卵期，也利用交配時的叫聲吸引男性注意。斯摩爾提到，在這些靈長類中，排卵期的雌性最常針對所在族群以外的雄性發出邀請，於是能為交配群注入新血。[6]

可想而知，雌性交配發聲和雜交很有關聯，和一夫一妻制則不然。艾倫‧狄克森注意到，靈長類中採雜交的物種，雌性交配時發出的叫聲比一夫一妻、一夫多妻的物種更為複雜之外，高瑞‧普拉丹（Gauri Pradhan）和同事針對多種靈長類交配時的叫聲做了研究，發現「從雌性雜交的差異可推測交配是否較常同時使用交配叫聲」。他們的資料顯示，雜交程度越高，交配時使用叫聲的頻率也越高。[7][8]

威廉‧漢彌爾頓（William J. Hamilton）和派翠西亞‧艾洛伍（Patricia C. Arrowood）分析了多種靈長類的交配發聲，包含三對正打得火熱的人類伴侶。[9] 二人注意到：「女性的聲音一般在即將高潮時增強，到高潮時則形成快速、規律（一樣的音符長度與符間休止）的韻律；男性高潮時的叫聲則無此現象。」話雖如此，兩位作者在注意到以下現象時，話中仍不免透露一絲失望之情：「〔人類〕兩性都沒有……顯現出狒狒交配發聲當中複雜的音符結構。」不過，這或許是好消息，因為我們在文章的某處讀到，雌狒狒交配時的叫聲，人耳在三百公尺外都能清楚聽見。

你或許會想，雌性交配發聲只不過是用厲害的詞來包裝有點興奮的狀態。在下定論之前，先

257　第十九章　女孩玩瘋了

想想靈長類這種激情有可能驚動的獵食者。黑猩猩和巴諾布猿在樹梢或許構不到，可是狒狒（就跟我們住在地面的祖先一樣）住的地方有豹，還有其他獵食者。牠們應該有興趣來點買一送一的狒狒鮮肉特餐，況且交配時無暇他顧、易受攻擊。

漢彌爾頓和艾洛伍就說：「雖然有可能會向獵食者暴露個體及群體位置，但這些狒狒仍習慣在交配時發出叫聲，〔因此〕這些叫聲必然有某種適應的價值。」什麼適應價值？二人提出了幾個假說，包含：叫聲可能是種策略，用以刺激男性出現射精的反射動作。或許這個想法有些可觀之處，多妓女都會同意。真要說起來，人類男性的射精反射還太容易受到刺激──至少要太多刺激射精方面的協助。尤其其他證據似乎都指向同一點，人類的雌性交配在沒有收錢讓其盡快射精的女性看來是這樣。這樣的分析，想必許發聲似乎更有可能是用以吸引男性到排卵期、具交配接受性的雌性身邊，於是刺激了精子競賽，並隨之帶來各種生殖與社會方面的好處。

然而儘管全世界的女性高聲呼喊不休，「羞怯的女性的教條卻屹立不搖」，昂吉兒如此寫道。「此教條寫滿但書，且人們也承認如此呈現女性交配策略並不正確，然而一顧及禮儀這種小事，老調就又重彈。」

Sin Tetas, no Hay Paraiso（沒有乳房，哪叫天堂）[11]

不論是好是壞，人類女性的私處並不會轉紅並腫成平時的五倍大，以顯示自己可以性交了。但有解剖結構的證據顯示女人演化得高度性感嗎？毫無疑問。千萬年來雜交及精子競爭形塑了人類演化，其實女人的身體（以及前意識行為）就和男人的身體一樣，每一時都充滿了前述的跡

樂園的復歸──遠古時代的性如何影響今日的我們？　258

試想，女性乳房幾乎全無肌肉，卻能發揮如此驚人力量。一直以來任何人只要睜開眼睛就能看到，曲線曼妙的女性利用這樣的力量，即便是最有成就、最有紀律的男性她亦能操之於股掌之間。帝國曾經陷落，遺囑也能修改，數百萬雜誌與月曆賣得嚇嚇叫，超級盃的觀眾大為震驚⋯⋯都在回應一股神祕的力量，而力量的來源再怎麼說也不過是兩小團脂肪。

目前已知最早的人類雕塑，創作時間約為二萬五千年前，稱為維倫多夫的維納斯（Venus of Willendorf），其一大特色是胸前宏偉如桃莉・巴頓（Dolly Parton）等級。*二百五十個世紀過去，誇張巨乳的力量似乎沒怎麼過時。根據美國整形外科學會（American Society of Plastic Surgery）統計，二〇〇七年美國進行了三十四萬七千二百五十四起隆乳手術，是全國最常進行的整形手術。女性乳房到底為何能對異性戀男性的意識產生如此超凡的影響？

首先，我們先把所有純實用派的解釋拋到一旁。女人乳房中有乳腺，用以哺餵嬰兒，但構成人類乳房魅力曲線、造成起伏擺顫的脂肪組織，卻和分泌乳汁一點關係也沒有。雙乳垂掛有許多生理方面的代價（背痛、失去平衡、跑步困難），因此若不是為了吸引寶寶喝奶，人類為何要演化並保留如此累贅的附屬器官？

理論五花八門，有的認為乳房是傳遞訊息的工具，用以宣告已可生育，而當中儲存的脂肪則足以撐過懷孕以及哺乳的艱辛[12]；也有的提出「生殖器呼應理論」：大約在人科生物開始直立走路之時，雌性開始發展出垂掛的雙乳，過去男性盯著雙臀累積的脂肪所感到的興奮，現在由雙乳加以刺激。[13]支持生殖器呼應理論的理論學者注意到，像黑猩猩和巴諾布猿那樣的腫脹現象會干

---

* 桃莉・巴頓為美國著名女歌手。——譯註

第十九章　女孩玩瘋了

擾雙足靈長類移動，因此推論當我們遠古的祖先開始直立行走之時，女性代表生育能力的部分象徵就從後方的內場辦公室移到前方的展示間。風水輪流轉，數百年來時尚風潮打的豐滿有時前凸有時後翹，高跟鞋、維多利亞時代的臀墊（bustle）及其他豐臀的方式輪番上場。

近來由於低腰牛仔褲大為流行，露出身後溝壑，讓人心猿意馬，更加凸顯女體解剖構造這兩處在視覺上的相似之處。記者珍娜・布朗（Janelle Brown）寫道：「風水輪流轉，股溝就是新一代的乳溝，從超模也從一般人的褲子中向外偷覷對人大送秋波……不莊不重還有點俗氣。」她繼續寫道：「可是卻有著和一對美乳同樣圓潤柔軟的魅力。」[14] 若你的月亮不圓而缺，隨時可以穿上內衣公司巴布斯美體衣（Bubbles Bodywear）的美臀褲（butt bra），據說可以創造出自有男人以來就讓他們回頭的效果。美臀褲就像是維多利亞時代的臀墊，模仿了排卵期黑猩猩或巴諾布猿飽滿的曲線。說到月亮圓缺，值得一提的是除非人工美容，否則當女性的生育能力隨年齡下降，乳房往往也隨之縮水──再次證明演化出雙乳是用以象徵生育能力。

人類女性也不是唯一把生育能力的象徵掛在胸前的靈長類。正如我們所預期，獅尾狒胸前的腫脹隨著雌性的交配接受性來來去去。而人類女性由於有可能永遠都具交配接受性，因此在性成熟之後，雙乳多多少少都呈澎起狀。[15]

不過，也並非所有雌性靈長類的生殖器都會腫脹，用肉眼可見的方式宣布自己的排卵狀態。梅瑞狄斯・斯摩爾就記載，所研究的七十八種靈長類中僅有五十四種「週期中有顯而易見的構造改變」，這當中有一半「僅微微粉紅」。我們血緣最近的兩個表親在性方面毫不遮掩的程度，又再次脫穎而出。二者是唯一有如此誇張、鮮豔的性器官腫脹的猿類。雌黑猩猩的紅燈區來來去去，反應出她的生育能力也有盈虧圓缺，不過斯摩爾則證實狒狒的「腫脹從未有太大改變，所以

雖然許多理論都宣稱人類女性「隱藏排卵期」，但如果你知道怎麼看、看哪裡的話，其實根本毫不隱藏。瑪蒂‧哈瑟頓（Martie Haselton）和同事發現，給多名男人看同樣三十個女人的照片（有些是排卵期前後所拍，有些不是），男人都頗為擅長判斷女人何時「試圖看來更吸引人」，而這又能呼應女人的月經週期狀態。他們發現，女人比較可能受孕時，越接近排卵日所拍的照片，越容易中選。」哈瑟頓寫道：「此外，女人在這段可受孕期拍照，越接近排卵期時的體味，此外女人在可能受孕時往往表現得更具挑逗性（帶的首飾、噴的香水變多，更常出門、比較可能與人勾搭上床，要新情郎用保險套的機率也比低）。[17]

其他研究人員則發現，男性偏好女性接近排卵期時的體味，此外女人在可能受孕時往往表現得更具挑逗性。

雌獅獅一直釋放出有生育力的訊號，很人類很像。」[16]

又到了嗎？

雖然女性的乳房讓男性科學家著迷，但女性高潮卻讓他們迷惑。女性高潮的存在就像胸部一樣，是有關人「性」演化的主流論述百思不得其解的地方。若對於受孕並不必要，又為何要存在？長久以來，科學家都宣稱人類女性是唯一會感到高潮的動物。不過，一旦女人開始成為生物學家和靈長類動物學家，許多雌性靈長類有高潮就變成顯而易見的事了。

宣稱雌性高潮為人類獨有，背後的動機恐怕是因為這樣的說法在標準論述當中扮演的角色。

根據這種看法，人類女性演化出高潮以協助並維持核心家庭最核心的長期結偶關係。[18]一旦你買了這個故事的帳，要承認其他靈長類的雌性也有性高潮就變得很有問題。若最高潮迭起的物種偏偏還是雜交程度最高的，你的問題就更棘手了，而看來實際狀況正是如此。

261　第十九章　女孩玩瘋了

靈長類性學權威艾倫·狄克森就曾寫過，以維持一夫一妻來解釋雌性高潮「似乎很牽強。畢竟其他靈長類的雌性，尤其像是猿猴及黑猩猩等採多雄多雌〔雜交〕交配制的，都展現出高潮反應，卻沒有同樣的結偶或組成穩定家庭單位的現象。」另一方面，狄克森接著提到：「長臂猿主要為一夫一妻，並沒有顯現出明顯的雌性高潮跡象。」[19] 雖然狄克森在針對靈長類的性所做的調查中，卻將人類歸類為小幅一夫多妻制，他似乎仍有疑慮，畢竟他寫道：「我們或許可以主張……雌性高潮很有滿足感，讓她更願意與多名雄性而非僅和一名伴侶交配，也因此促進精子競爭。」[20]

唐納·賽門斯等人則主張：「最言簡意賅地說，高潮是所有雌性哺乳類都有的潛能。」賽門斯表示，此類潛能在某些人類社會得以釋放，是因為「前戲以及性交的技巧，提供足夠的高強度、未中斷的刺激，讓女性得以高潮。」[21] 換言之賽門斯認為，女人比母馬有更多性高潮是因為男人比公馬更會調情。相信這種說法你就踩三次腳。

賽門斯為支持其理論，引述金賽等人的研究，表示所調查的女性（一九五〇年代的美國人）中，有一半的人十次性交至少有九次高潮，而在其他社會（賽門斯指的是南太平洋的曼加伊亞島（Mangaia））由於性行為花樣百出，因此幾乎所有女性都體驗過高潮。賽門斯做出結論：「性高潮出現，在男性而言是自然而無可避免的現象；在女性方面，則從來不是如此。」在賽門斯、史蒂芬·古爾德、伊莉莎白·勞埃德（Elisabeth Lloyd）等人看來，[22] 有些女人有時會有高潮是因為所有男性每次都有高潮。在他們認為，女性高潮和男性乳頭一樣，在一個性別是非常重要的特徵，在另一個性別只是結構上呼應卻沒有實際功能。

花了一番功夫才來到女性生殖道，沒想到那裡對於精細胞竟然並不特別友善。研究人員羅賓・貝克（Robin Baker）與馬克・貝里斯（Mark Bellis）發現，性交後半小時內有百分之三十五的精子會被排出。剩下的精子也不是安全上壘，女性的身體視精子為抗原（異物），以遠多於精子的抗精子白血球加以攻擊，數量比為一百比一。一千四百萬個射出的精細胞中只有一個可以抵達輸卵管。[24] 除了女體設下的重重關卡之外，就算是少數幸運的精子也會面臨其他男性的競爭（至少，若我們針對人類的性所提出的模型有效的話，會是如此）。

女性的身體雖然對大部分精子造成障礙，但也可能選擇幫助其他精子。有驚人證據顯示，女性的生殖系統能夠根據不同男性精細胞的化學特質來進行細微的判斷。評估的可能不只是整體健康，還包含了免疫契合程度的細微之處。不同男性和某一名女性之間基因的契合程度，代表精子品質是種相對特質。因此，正如安・浦希的說明：「女性或許可從嘗試多名男性中受益；不同的女性與同一名『優質』男性交配，則不見得能受惠。」[25]

這是一個至關重要的重點。並非每個「優質」男性和任何一名女性都是天作之合——就算從純然生物的層面來說也是如此。由於兩組親代DNA在生殖時的互動十分複雜，一名看起來較有交配價值的男性（方頭大耳、身材勻稱、好工作、握手有力、美國運通白金卡）在基因方面可能對某一名女人來說不是天作之合。因此，若能「嘗試多名男性」，並將誰的精子能讓自己的卵子受孕一事交由生殖系統決定，女人（連帶還有她的孩子）有可能從中受惠。換言之，她的身體比她有意識的想法知道得更多。

以生殖而言，我們的史前男性祖先誰是「適者」？傳統理論告訴我們男人在追名逐利中爭奪伴侶，但真正做出決定的地方其實並非外在的社會世界，而是**女性生殖道的內在世界**，每個女性的身體都有多套機制，可以在細胞的層級從父親候選人中做出選擇。下次當你讀到這類文字：

263　第十九章　女孩玩瘋了

「喜好追求名利權勢只不過代表男人要讓自己有本事討到老婆，與其交配。」或者「交配競爭包含競爭〔男人的〕妻子養育小孩所需的資源。」別忘了以上的內容。[26] 上述文字說的可能是今天大部分人的情況，但我們的身體卻暗示老祖宗面臨的可能是截然不同的光景。

　　要了解精子競爭，最好別把它想成是短跑衝向卵子，而該視其為障礙賽。除了前述會攻擊精子的白血球之外，陰道、子宮頸還有卵子本身的表面都有解剖構造以及生理方面的障礙。人類子宮頸十分複雜，顯示它經過演化要過濾多名男性的精子。狄克森在談到獼猴（這類猴子高度雜交）時寫道：「一般認為獼猴屬（Macaca）中所有的物種都有多雄多雌交配制度，其子宮頸結構尤其複雜。」接著又說：「與人類和雌性猿猴有關的證據顯示，在精蟲移往子宮的路途中，子宮頸既是過濾的機制，也是暫時儲存之處。」[27] 人類子宮頸繁複的過濾設計就和男性複雜的陰莖和體外睪丸一樣，指向我們祖先雜交的過往。

　　女性的選擇（無論是否有意識）有可能發生在性交之後或是當下，而不是繁複的性交前求愛儀式的一部分。這樣的想法顛覆了標準論述。女性生殖系統發展出錯綜複雜的機制，用以過濾和拒絕某些男人的精細胞，同時助符合條件的男人的精子一臂之力，條件為何她自己可能渾然不知。若果真如此，那麼達爾文「羞怯的女性」開始看起來像她真實的樣貌：時代錯誤的幻想。

　　然而，關於性擇機制，達爾文心裡懷疑的可能比他實際說出來的多。一八七一年時，討論人類性行為或者人類生殖器結構在演化方面的意涵，都可能造成極大爭議——爭議還是比較含蓄的說法。像狄克森一樣想像一下：「要是《人類的由來》當中詳細說明了陰莖與睪丸的

演化，或是描述動物及人類的各種性交體位與模式，會發生什麼事。」[28]

達爾文的作品早已石破天驚，他選擇不在當中加入幾個章節談陰莖及陰道演化，也實在無法怪罪於他。然而，為了小心行事和文化偏見而不斷壓下科學事實達一百五十年，也實在是太久了。在梅瑞狄斯・斯摩爾看來，如何敘述女性在受孕時的角色就是整個大論述的縮影。她認為大眾對於受孕的普遍理解是「對人類的性的過時寓言」，將男性描繪為「侵犯者、說服者、征服者」。然而近期與人類生育相關的研究倒像是翻轉了角色。斯摩爾提出卵子可能「向外探，包覆了不情願的精子」。她的結論為：「女性生物學，即便是在精卵互動的層級，立場都不見得溫順。」[29]

會往外包覆的卵子，子宮頸會過濾或是會偏袒精子，陰道會收縮排出某個男人精子卻偏好另一個男人的精子，除此之外女性性高潮還會刺激陰道酸鹼值改變。能激發高潮的幸運男子，上述改變似乎對他的精子有利。子宮頸開口的環境往往酸度極高，對精細胞極為不利。在這樣的環境中，精液的鹼性pH值能保護精蟲一陣子，但時間很短。大部分的精細胞在女性陰道內只能維持數小時活力，因此上述改變能使陰道環境變得對某些精子有利。

好處可能是雙向的。近期有研究顯示，不使用保險套的女人罹患憂鬱症的機率，低於使用保險套或者性行為不活躍的女性。心理學家高登・蓋洛普針對二百九十三名女性的初步調查（另外還有一份尚未發表、包含七百名女性的調查，二者收集到的資料結果一致）發現，精液中的睪固酮（testosterone）、雌激素（estrogen）、前列腺素（prostaglandin）及其他荷爾蒙所帶來的快感可能使女性產生「化學依賴性」。這些化學物質透過陰道壁進入女性的血液之中。[30]

265　第十九章　女孩玩瘋了

若多重交配在人類演化中的確常見，那麼男性相對較快的高潮反應和女性所謂的「延遲」反應原本看似不相配，這下就有了道理（請注意，唯有假定男性打斷的機率（快者生存！），女性的反應才會變成「延遲」）。男人較快高潮可減少被獵食者或其他男性打斷的機率（快者生存！），而女性針對哪隻精蟲最有可能使卵子受精進行某些前意識的控管，則能使其及子嗣獲益。

催乳激素（Prolactin）等多種高潮時釋放的荷爾蒙，在男人和女人身上似乎會刺激不同反應。高潮後，緊接著男人可能需要較長的不反應期（或可說是恢復期，也許還要來個三明治、來杯啤酒）。這麼一來他就不會擋到其他男性的路，而許多女人都樂意也有能力在「開胃菜高潮」之後好一段時間繼續性行為。

雌性會高潮的靈長類物種多半都雜交，這點值得再三強調。由於交配行為種類繁多，光是猿類就以形形色色，因此這一點非常重要。很少有人看見一夫一妻的長臂猿在野外交配，其性交頻率少、過程安靜；雌性黑猩猩和巴諾布猿則經常玩得很野，野得不知羞恥為何物，雌性往往能遇到哪個雄性就與之交配，交配的次數也顯然遠多於生殖所必須。珍·古德表示曾在岡貝看過一隻雌猩猩一天就交配了五十次。

雪菲並不覺得人類男性與女性之間高潮能力的落差有什麼好不好意思的地方，她寫道：「女性的性飢渴以及她的性交能力遠超過任何男性。」還有「實際上，人類女性在性方面無法滿足……。」或許是，或許不是，但無可否認，人類女性生殖系統的設計和標準論述的推論極為不同，也因此需要大幅重新思考女性的性的演化。

樂園的復歸──遠古時代的性如何影響今日的我們？　　266

第五篇
男人來自非洲，女人也是

「婚姻美滿的前提，
在我看來，
就是允許不忠。」

——榮格致佛洛伊德的書信

"THE PREREQUISITE FOR A GOOD MARRIAGE, IT SEEMS TO ME, IS
THE LICENSE TO BE UNFAITHFUL."
CARL JUNG, IN A LETTER TO FREUD

PART V
MEN ARE FROM AFRICA,
WOMEN ARE FROM AFRICA

> 我們越快接受男女的根本差異,就能越快停止爭辯這件事,開始做愛!
>
> ——美術博士史提芬・荷伯(Dr. Stephen T. Colbert, D.F.A.)

討論人類性演化的標準論述總說,男女在情慾方面永遠衝突,實在令人鬱悶。據說人類的性經過演化之後,**兩性戰爭**成為當中固有的一環:男人要很多愛人,不要附帶條件;女人要的伴侶很少,但盡力爭取所有條件。根據標準論述,若男人答應被一段關係綁住,他會無所不用其極,確保自己的投資不會因為另一半接受其他男人的**存款**而有賠掉的風險。

聽來極端,但這段話說得可不誇張。生物學家羅伯特・崔佛斯(Robert Trivers)一九七二年寫過一篇經典論文談「親代投資」,論道:「兩性實際上可視為不同物種,異性則是與產生最多存活後代有關的資源。」換言之,就繁衍而言,男女抱持的目的彼此衝突,因此我們根本在以**掠食對方的利益**維生。羅伯・賴特在《性・演化・達爾文》中喟嘆道:「男女背後的根本互動關係就是相互剝削。有時,他們看起來是生來就要讓彼此的日子難過。」

但實情並非如此。我們並非生來就要讓彼此的日子難過。我們的生物衝動和農業出現後的社會型態扞格不入,上述的誤解卻把錯怪到了演化頭上。主張人類天生一夫一妻不只是謊言,還是大部分西方社會非要我們對彼此說的謊。

男女是不同,這點無可否認,但我們算不上是不同物種,也非來自不同星球。男女差異的本質環環相扣,正顯示我們相依相存。且讓我們看看男女在情慾方面的興趣、觀點、能力如何相會、交錯、重疊,顯示雙方其實各是整體的一小部分。

第二十章　蒙娜麗莎在想什麼

On Mona Lisa's Mind

> 我自我矛盾嗎？
> 好吧那我就自我矛盾，
> （我宏大，我蘊含複數。）
>
> ——惠特曼（Walt Whitman），〈自我之歌〉（"Song of Myself"）

佛洛伊德（Sigmund Freud）對萬事萬物都有答案，唯獨面對女人之謎無解。他寫道：「研究女人心靈三十載，仍無法解答⋯⋯從未有答案之大哉問：女人要什麼？」

BBC封為「藝術史上最有名的畫作」，畫中人竟是一名高深莫測的女性，出自同性戀男性藝術家手筆，此事其實並非湊巧。數百年來，男人都好奇達文西筆下的《蒙娜麗莎》在想什麼。她在微笑嗎？她生氣了嗎？感到失望？不舒服？想吐？傷心？害羞？性慾高漲？以上皆非？也許更接近以上皆是。她自我矛盾嗎？好吧。《蒙娜麗莎》確實宏大。她就像所有女人──還不只，她就像所有陰性的事物，反映了所有月相。她蘊含複數。

我們深入了解「女人心靈」的旅程開始於英國鄉間某座泥濘的田野。一九九〇年代初，神經科學家基斯・肯爵克（Keith Kendrick）及同事把某年出生的綿羊及山羊彼此互換（綿羊寶寶由山

羊扶養，反之亦然），待數年後性成熟的時間將至，再將這些羊放回同種羊群，觀察其交配行為。雌性的做法是「隨遇而愛」，和哪種羊的雄性交配都可以；然而雄性即便已回到同種羊群三年，卻仍只願意和從小一起長大的羊種交配。[1]

像這樣的研究顯示，許多物種雄性與雌性的「性慾可塑性」（可變性）大不相同——我們人類也是如此。[2] 心理學家羅伊‧鮑梅斯特（Roy Baumeister）就主張，女性性慾的可塑造性遠高於男性。性慾可塑性強，使得大部分女性的性比男性更加多元，性行為也較容易受到社會壓力影響。可塑性強可由以下變化看出：女性要誰、有多想要（對方可能是男是女或不只一人）、如何表達慾望。年輕男性有一小段時期的性就像是等著烙印的熱蠟，但蠟很快冷卻凝固，留下一生的印記；至於女性，終其一生，蠟都將維持柔軟可塑。

女性對性方面影像與念頭的反應更為兼容並蓄，似乎反映了女性的性慾可塑性更高。二〇〇六年，心理學家梅雷迪斯‧契弗斯（Meredith Chivers）設計了一項實驗，她放映各種與性有關的影片給男性和女性觀賞，觀眾有同性戀也有異性戀。影片包羅萬象，有各種可能的情慾型態：男女、男男、女女、男人獨自自慰、女人獨自自慰、肌肉壯碩的男人裸體走過海灘、身材姣好的裸女健身。更有甚者，她還放了一段巴諾布猿交配的短片。[3]

各式情慾浪潮來襲的同時，受試者可以用鍵盤表示自己受到撩撥的程度。此外，還在他們的生殖器上接上了抗阻血流圖儀（plethysmograph）。這難道不違法嗎？不違法，抗阻血流圖儀並不是刑具（還有，雖然plethysmograph這個字看起來很像某種恐龍，但並不是）。它能測量生殖器的充血量，以此指標檢視身體是否為愛愛做好準備，絕對萬無一失。你可以把它想成是情慾測謊機。

契弗斯的研究結果為何？男人不論同性戀還是異性戀，都頗容易預測。能夠挑動他們性慾的

事物和你預期的一樣，只要有裸體的女人，異性戀男人就有反應，但畫面上若只有男人則會冷卻下來。同性戀男人狀況十分類似，只是方向轉了一百八十度。不論異性戀還是同性戀男性，用鍵盤表示的和生殖器充血量顯示的十分一致。結果發現，男人的大頭和小頭可以同時思考，前提是兩者想的是同一件事。

女性受試者呈現的，則是一幅難以捉摸的景象。不論性傾向為何，大部分的人不論看了什麼，抗阻血流圖儀的指針都有反應。不論看的是男男、女女、海灘上的男人、健身房的女人、動物園的巴諾布猿，生殖器都在充血，然而許多女人卻（藉由鍵盤）表示自己並未被挑起性慾。丹尼爾‧伯格納（Daniel Bergner）在《紐約時報》報導這項研究時曾說：「至於女人⋯⋯腦袋與生殖器似乎幾乎不屬於同一個人。」[4] 異性戀女性在觀看男女同志的畫面時，陰道充血所顯示的性慾要高過她們用鍵盤表示的程度。若看的是標準口味、老派的異性戀影片則恰恰相反，她們所填答的撩撥程度要比身體表現的更高。不論異性戀還是同性戀，女性都說自己對於巴諾布猿彼此打得火熱沒有反應，但她們的身體卻顯示還頗喜歡。

這些女性身體的感受和有意識的回答脫節，這點完全符合情慾可塑性差異理論的預測。說不定，女性性慾較有彈性的代價就是較難知道自己的感覺是什麼，而根據不同的文化限制，她們也較難接受自己的感覺。在思考為何如此多的女性都說自己對性沒有興趣或難以達到高潮之時，這點很值得注意。*

如果你還沒被弄糊塗的話，思考一下以下這個研究：精神科學家安德烈‧阿諾金（Andrey Anokhin）及同事發現，相較於好看或恐怖的影像，情色影像在女性的腦中能引發明顯較快也較

---

* 此種脫節的關係也和我們曾在第十章中討論的嫉妒有關。

271　第二十章　蒙娜麗莎在想什麼

強的反應。他們讓二百六十四名女性看一組隨機排序的影像，當中有齜牙咧嘴的狗兒，有滑水的人，也有慾火焚身的半裸伴侶。女人對於情色影像的反應比其他圖片快百分之二十。這樣迫不及待的反應發生在男人身上，那是意料之內的事，但女性照理說較不受視覺影響、性慾較低，出現如此結果讓研究人員十分驚訝。[5]

女性情慾的大腦滿是這類驚奇。荷蘭的研究人員利用正子放射斷層攝影（Positron Emission Tomography，PET）掃描十三名女性及十一名男性陣陣高潮時的腦部。雖然男人的高潮僅有片刻，難以讀到可靠的數據，但研究人員發現次級體感覺皮質（secondary somatosensory cortex，和生殖器的感覺有關）活動程度增強，正如事前所預期。女人的腦部卻讓研究人員大惑不解。女性的大腦在高潮時看來似乎進入了待機模式，女性腦部唯一活動稍有增加之處在初級感覺皮質（primary somatosensory cortex），此處意識到身體的感覺，但並未太因此而興奮。其中一名研究人員說：「對女人而言，確實有初級的感覺，但並不表示這種感覺有什麼大不了的。對男人來說，碰觸本身至為重要；對女人而言，不是那麼重要。」[6]

每個女人都知道，月經週期可能對於她的情慾大有影響。西班牙的研究人員證實，女性在排卵期前後感受到的吸引力和慾望變強，而其他研究者則表示，女人在排卵前後會覺得典型陽剛的臉更有吸引力，而非受孕期時則會選擇長相沒有那麼稜角分明的男子。[7] 避孕藥既然能影響月經週期，也就能影響女性受吸引的模式，這倒不令人訝異。蘇格蘭研究人員湯尼・雷多（Tony Little）發現，女性若服用避孕藥，將改變她評估男人值不值得嫁的決定。雷多認為，此項發現所造成的社會後果極大：「若女人服用避孕藥時選擇了另一半，之後停藥生子，此時她受荷爾蒙影響的喜好有了改變，可能因此發現自己嫁錯人了。」[8]

雷多並非瞎操心。一九九五年，瑞士生物學研究人員克勞斯・魏德金（Clause Wedekind）發表

樂園的復歸——遠古時代的性如何影響今日的我們？　272

了研究結果，現在普遍為「汗味T恤實驗」（Sweaty T-shirt Experiment）。他請幾位女性聞聞幾件不同男人不噴香水、不用肥皂也不洗澡穿了好幾天的T恤。魏德金發現女性喜歡的男人味，其主人的「主要組織相容性複合體」（major histocompatibility complex, MHC）大多和她自己的不同，之後的研究也肯定了這點。[9] 這種偏好就基因角度而言有其道理，因為MHC代表的是對哪些病原體有免疫力。父母的免疫力若不同，則生下的孩子就可能有更強、範圍更廣的免疫反應。

問題是，對於男人味所給的提示，服用避孕藥的女性似乎並沒有同樣反應。服用避孕藥的女性隨機選擇男人的T恤，更慘的是甚至還偏好與自己免疫力類似的男性。[10]

想想這代表什麼意思。很多伴侶相遇時，女性都在服用避孕藥，他們約會了一陣子，非常喜歡對方，之後決定在一起共組家庭。她停了藥、懷了孕、生了小孩。可是突然覺得有什麼地方變得不太對勁。女人發現男人有些地方讓她很煩，以前從來沒有注意到。也許她不再覺得他有性吸引力，於是兩人之間的距離越來越遠。但女人的性慾沒有問題。每回聞到網球教練的味道總讓她臉紅心跳。她的身體不再因為避孕藥的藥效而靜默，現在可能開始告訴她，丈夫和她的基因並不般配。然而為時已晚。兩人怪工作壓力，怪為人父母的壓力，怪彼此⋯⋯。

由於這對伴侶不小心跳過了重要的生物相容性測試，兩人的孩子有可能因此面臨嚴重健康風險，從出生體重較輕到免疫功能受損都有可能。[11] 有多少伴侶怪罪自己哪裡「做得不好」？有多少家庭因為這一連串常見、慘烈、未曾察覺的事件而破裂？[12]

——

心理學家理查・利帕（Richard Lippa）和BBC合作，針對全世界各年齡層共二十多萬人進行

273　第二十章　蒙娜麗莎在想什麼

調查，要了解他們性衝動的強度為何，又如何影響慾望。[13]他同樣也發現男女在性方面恰恰相反：男人不論同性戀還是異性戀，性衝動越強，性慾對象的專一性越高。換言之，性衝動較強的異性戀男人往往只注意女人，而同性戀男人若性衝動較強，則心思都放在男人身上。不過女人——至少是異性戀女人——卻恰恰相反：她的性衝動越強，越有可能同時受到男女的吸引。女同志呈現出的模式和男性一樣：性衝動越高，代表眼中只有女性。這或許能解釋為何認為自己是雙性戀的女人是男人的兩倍，而認為自己為純同志的女人又只有男人的一半。

有些人表示這只代表雙性戀為人類普遍現象，而男性較可能壓抑。性學家麥克・貝利（Michael Bailey）曾利用功能性磁振造影（functional magnetic resonance imaging, fMRI）掃描同性戀與異性戀男性觀看色情照片時的腦部狀態，上述這些人恐怕得思考一下掃描的結果。他們的反應就和男人通常的反應一樣，簡單直接。同性戀男性喜歡男男的照片，而異性戀男性比較哈有女人的照片。貝利要看的是，與壓抑有關的腦區是否有活動，如此可知道他的受試者是否在否認雙性戀傾向。沒有。不論同性戀還是異性戀男性，看照片時上述腦區都沒有顯現特殊活動。其他利用潛意識影像的實驗也得出類似結果：男同志、異性戀男性、女同志的反應都和性向一致，而所謂的異性戀女性（「我蘊含複數」）則幾乎對所有影像都有反應。是我們天生設定如此，而不是壓抑或否認的結果。[14]

當然，性研究中不難找到壓抑的跡象。多得是。比如，長期以來人類的性一直有個謎團，異性戀男性說自己有過的性行為以及伴侶人數多於異性戀女性，這個數學怎麼算都不可能。心理學家泰瑞・費雪（Terry Fisher）和蜜雪兒・亞歷山大（Michele Alexander）決定要進一步檢視人們宣稱自己第一次性經驗的年紀、伴侶數、性行為的頻率。[15]費雪與亞歷山大設計了三個不同的測驗情境：

1. 讓受試者以為在房外等候的研究人員有可能看到自己的答案；
2. 受試者可以私下匿名作答；
3. 受試者手部、臂部、頸部接上電極，讓他們（誤）以為自己被接上了測謊機。

覺得答案可能會被看到的女性，回答的性伴侶平均為二點六人（所有的受試者皆為二十五歲以下的大學生）；認為自己是匿名作答者，回答有三點四個性伴侶；以為自己被測謊的人則平均回答有四點四個性伴侶。也就是說，女性覺得無法撒個小謊時，承認的性伴侶人數增加了百分之七十，而男性的答案則幾乎沒有變化。性學研究人員、醫師、心理學家（以及父母）請記得，女人如何回答這類問題，可能取決於問題的時間、地點、方式還有問話的人。

如果女人的性確實比男人更注意當下情境，那麼我們或許得重新好好思考自以為認識的女「性」。除了因為之前討論過的、因年齡偏差造成的扭曲現象（二十來歲有代表性嗎？）之外，女性坐在冰冷的教室或研究室情境當中回答問題，得到的回應有多少用處？如果由影星喬治・克隆尼在燭光旁發問卷，在按摩浴缸中喝杯葡萄酒之後再來回收問卷，我們對於女「性」的認識會有什麼不同呢？

性學家麗莎・戴蒙（Lisa Diamond）花了十來年時間研究女性性慾的潮起潮落。在她所著的《性的流動》（Sexual Fluidity）一書中，她表示許多女性認為自己受到某些人的吸引，而非受其性別的吸引。在戴蒙看來，女人對於情感親密的反應很強，天生的性向也可能不敵其異性的吸引。契弗斯同意這樣的看法：「女性生理上似乎不會在性反應中區分性別，至少異性戀女性不會。」

顯然，許多女性照鏡子時，都看見蒙娜麗莎在鏡中對她們微笑。

性慾可塑性有如此重大差異，有何實際效果？首先，應可預期相較於男性，在女性身上會更常發現受情境影響的短暫雙性戀行為。許多針對曾群交或換偶（swinging）的伴侶所做的研究都同

275　第二十章　蒙娜麗莎在想什麼

意，在這樣的情境下女女性交的情形要比男男更常見。此外，談到人「性」本質為何，我們雖不認為流行文化可作為可靠的指標，但女人接吻很快就被主流接受，而在電視或電影中描繪男人接吻卻依舊少見且具爭議。女人第一次體驗同性情慾之後，早上起來想必對於找點咖啡來喝比較感興趣，而不是緊張萬分開始重新評估自己的性向。對多數女性而言，性的本質也包含隨生活改變的自由。

蒙娜麗莎的複雜難解之中其實還有足以解放的單純，佛洛伊德似乎並未看到這點。要回答他的問題再簡單不過，但答案卻蘊含複數。女人要什麼？視狀況而定。

第二十一章 變態的悲歌
The Pervert's Lament

> 性倒錯（paraphilia）在人類社會中並非處處可見，若在性事方面能更普遍給予包容、提供教育就能大幅減少出現機率。這是性研究中最重要但社會也最敏感的領域。
>
> ——艾倫・狄克森

若說許多女性都因為自身性慾的彈性而得到解放，男人則有可能感覺自己因為性反應缺乏彈性而受到束縛，就像先前提過的公山羊和綿羊一樣。男性情慾一旦確定下來，輪廓就終身維持不變，就像是凝固的混凝土。因此，性慾可塑性的理論預測，性倒錯（不正常的性慾或性行為）在男性中應比女性常見。照理說女性對於社會壓力應該較有反應，要放棄曾經挑動自己性慾的事物，或忽視不體面的衝動也比較容易。幾乎所有證據都支持這項預測。大部分的研究人員和治療師都同意，這些不尋常的性飢渴幾乎全出現在男性身上，似乎跟幼年的銘印（imprinting）有關，一旦男孩時期的印象固化成為成年的渴望之後，就很難甚至無法改變。

一直以來，純心理療法對於性倒錯與戀童癖的效果十分有限。對於後者最有效的療法往往採生物手段（荷爾蒙療法、化學去勢）。一旦過了具延展性的年紀，男人似乎就擺脫不了先前的銘印，不論那是乳膠還是皮革，是虐人還是被虐，是山羊還是小羊。*若這段「發育期」的影響具有扭曲、毀滅的力量，男孩長成的男人就可能懷著無可改變、幾乎無可抗拒的慾望，並將同樣的

---

* 此處並不是說戀物是性倒錯，只是說很可能源自類似的經驗。

模式加諸別人之上。這個過程，天主教會中十分普遍、儀式化的性倒錯似乎就是個重大案例（教會數十年來試圖加以掩飾也是一例）。還記得叔本華的名言嗎？「Mensch kann tun was er will; er kann aber nicht wollen was er will」（所做所為可選，所欲所求不可）。眾所周知（尤其是男性的慾望）對於宗教教條、法律懲處、家庭壓力、自我約束或是常識沒有反應，不過對於某樣東西倒是有反應：睪固酮。

有個男人曾因荷爾蒙失調而有四個月沒有睪固酮，他在廣播訪問中（匿名）談論了自己這段經歷。他說，沒了睪固酮以後，「所有我認為是我的事情〔都沒了〕。我的志向、我對事物的興趣、我的幽默感、說話聲音的抑揚頓挫……有了睪固酮之後，一切又都回來了。」有人問他沒有睪固酮是否有好處，他說：「我的個性裡有些我覺得很討人厭的地方，當時被切斷了。沒有這些個性很好。……我在與人接觸時，從沒有那麼謙卑過。」但整體而言，他還是慶幸能把睪固酮找回來，因為「沒有睪固酮，就沒有慾望」。

格里芬・漢斯伯里（Griffin Hansbury）出生時是女性，但大學畢業後動了變性手術，對於睪固酮的力量很有體會。「世界就變了」，他說。「最強大的感覺就是性慾居然大增，還有我看女人的方式也改變了。」他說在接受荷爾蒙療法之前，在街上看到正妹，會讓他在心裡說一段話：「她好正。我想認識她。」但是注射之後，不說話了。女人任何吸引人的特質——「腳踝很好看」——就足以「讓我腦中充滿極度色情的畫面，一個又一個接踵而來。……不管我看到什麼、摸到什麼，都變成了性」。漢斯伯里最後說：「很多時候我覺得自己像個怪獸。這讓我更了解男人，讓我非常了解青春期的少年。」[2]

要知道青春期的少男滿腦子都是性，並不需要動過變性手術。如果你曾經試圖教過有不少青春期男性的班級，或者養育過一個，又或者回想自己躁動的慾望，你就知道「睪固酮中毒」

（testosterone poisoning）這個詞並不只是用來嘲諷而已。對許多少男而言，人生往往給人暴力、混亂、野蠻之感（實際也的確如此）。

有無數研究都證實在男性青春期至二十五、六歲之間，睪固酮和相關的男性荷爾蒙都位於高水位。這裡又是一個社會教條和生物需求的重大衝突。年輕男性的身體裡每個聲音都喊著「現在就要性」，而許多社會卻堅持要他忽略身體的聲聲催喚，把這個能量轉向追尋其他事物，比如運動，比如學業，比如戰鬥營。

生物的力量要輸入什麼，難以忽視，若想禁絕勢必造成一場長達數百年的災難，這次也不例外。睪固酮水準和青少男（或少女）有無可能惹上麻煩之間有相關性。[4] 美國青春期男性的自殺率為女性的五倍。十五到二十五歲的美國人中，自殺是第三大死因，而青春期男性自殺的機率又比其他族群要多一倍。如此廣布的絕望背後是性壓抑，而政府研究發現，同性戀青少年自殺的機率是異性戀同儕的兩到三倍，更可看出性壓抑的層面。

許多網站和演講縱然立意良好，卻很少甚至從未提到，這種破壞力強大的青少年行為有一個可能原因，那就是讓人坐立難安、認不清自己是誰的性挫折。雖然看板和公車站牌上處處可見半裸著身子、才剛發育的時尚模特兒，但只要稍微提到於法定年齡前發生性行為，美國社會仍有很大一部分人堅決反對。[5]

二〇〇三年，十七歲的模範生兼票選校園風雲人物傑納洛・威爾森（Genarlow Wilson）被人發現與女友彼此合意口交，他的女友當時還沒滿十六歲。他被判加重兒童性侵罪，須在喬治亞州某監獄服十年以上有期徒刑，且終身註記為性侵犯。若威爾森和他的女友享受的是傳統的魚水之歡，而非口交，他們的「罪行」就會是輕罪，最多可處一年以下有期徒刑，且不會被列為性侵犯。[7]

前一年，陶德・桑德斯（Todd Senters）拍下了自己與女友合意性交的影片，她的女友已經超過了法定年齡。這下沒問題了吧？錯了。根據內布拉斯加州的法律，雖然性行為本身完全合法，但拍下來就構成「製造兒童色情」。法律允許這名十七歲的少女性交，但拍下她這麼做的影像卻不合法。你說說這是為何。

全美的青少年都因為互傳色情簡訊（sexting）而惹上麻煩。所謂色情簡訊，就是用手機拍下自己暴露的照片傳給朋友。結果，很多州的孩子因為拍下了自己的身體（製造兒童色情）並分享照片（散播兒童色情）而被送進監獄（監獄裡性侵十分猖獗）。儘管他們自己也是所犯「罪行」的「受害者」，卻被迫註記為性侵犯。[8]

說什麼？

在二〇〇五年有人調查了一萬二千名青少年，發現誓言婚前守貞的人與其他年輕人相比，比較可能口交或肛交，比較不可能使用保險套，也因此與大大方方不承諾守貞的同儕相比，比較可能感染性病。此研究的作者發現，百分之八十八誓言守貞的人最後都違背了誓言。[9]

若我們與人「性」之間扭曲的關係是上述不滿、困惑、無知的來源，那麼觀點較不衝突的社會應可以證實這樣的因果關係。發育神經心理學家詹姆士・普雷斯科特（James Prescott）發現肉體歡愉與暴力之間有著二擇一的關係，若有其中一項就會抑制另一項的發展。一九七五年普雷斯科特發表了一篇論文，當中主張：「在發育的形塑期，某些感官經驗將會創造神經心理的傾向，使往後的人生偏向追尋暴力或追尋歡愉。」從個人發育的層次而言，這樣的研究發現似乎顯而易見：虐待兒童的成人自己幾乎都是受虐兒，而垃圾場的主人都知道，想養一條惡犬，就得從小

樂園的復歸──遠古時代的性如何影響今日的我們？　280

普雷斯科特將此邏輯運用於跨文化層次，針對過去收集的相關資料，對嬰兒所接受的肢體親密程度（吃了幾年母乳、與母親直接肢體接觸時間的比例、其他大人逗弄、遊戲的時間）和整體對於青少年性行為的容忍度進行後設分析。將上述資料與社會內部及社會之間的暴力程度相比較後，普雷斯科特做出結論，可取得資料的社會有四十九個，除了一個例外，其他四十八個「一生中缺乏肉體的快樂——尤其在嬰兒、兒童及青少年這幾個形塑期——和戰爭及人際暴力的數量密切相關」。文化若不干預母子間的肢體親密關係，或不禁止青少年表現性慾，則不論個人間或社會間的暴力程度都比較低。[10]

美國社會已經扭曲到沒有瑜珈大師比得上的程度（小甜甜布蘭妮總愛說自己是處女，又穿著比基尼在電視上大跳鋼管舞？），在此同時其他社會卻將青少年的性儀式化，並希望能加以建構。庫克群島中的曼加伊島（Mangaia）鼓勵年輕人彼此性交，尤其強調年輕男子要學會控制自我，也要學著以能帶給女性的歡愉為傲。印度中部的穆里亞人（Muria）設置青少年宿舍〔稱為歌圖（ghotuls）〕，青少年可以遠離操心的父母，自由睡在一起。當地鼓勵年輕人在歌圖中實驗不同的伴侶，因為人們認為在人生的這個階段，太黏某一個伴侶並不是明智之舉。[11]

若我們接受人類這種物種一直以來都是為了配合充滿性的生活而設計，尤其青春期的男性是行動力特別強，那麼當這樣原始的衝動受到限制，導致充滿毀滅力量的不滿情緒爆發，又有什麼好驚訝的呢？

281　第二十一章　變態的悲歌

家樂氏虐兒手冊

一八七九年，馬克‧吐溫在一場演講中談到：「所有的性交形式中，〔手淫〕最不值得推崇。」他說：「當消遣，太快；當工作，太累；拿來公開展示，又沒有錢。」[12]馬克‧吐溫，這傢伙真逗趣。不過他的幽默之中也有嚴肅之處，還有勇氣。就在馬可‧吐溫演講的同時，西方文化大多在向所有兒童時期的性（包括手淫）開戰，戰爭十分古怪，長達數百年。

西方長期以來對抗人「性」中「罪惡的」渴望，這場打擊手淫的無情戰役只不過是其中的一個面向。我們討論過，所謂的女巫被活活燒死只因膽敢主張甚或只是暗示自己的情慾，還有像布朗那樣的醫師，將野蠻、危險的手術說成是治療初期性慾亢進的方法。這些都不是特例，馬克‧吐溫也心知肚明。馬克‧吐溫的時代，許多父母聽從約翰‧凱洛格（John Harvey Kellogg）*等專家的建議，為了根除任何性慾萌發的跡象，而讓孩子的身心受虐。這些人其他方面都很講理，只是犯了糊塗，他們堅信手淫真如《紐奧良醫學及外科期刊》（New Orleans Medical & Surgical Journal）所說，是「摧毀文明社會的元素」。

雖然普遍認為凱洛格是那個時代數一數二的性教育家，但他卻曾自豪地宣稱與妻子結髮四十多年從未有過性行為。不過，他倒是要求一名英俊的長工每早替他灌腸——照理說吃了他著名的高纖早餐應該不需要這種享受吧。依照約翰‧曼尼（John Money）在其針對偽科學反性人士的研究《毀滅天使》（The Destroying Angel）中的說明，凱洛格在今天很可能會被診斷為一名灌腸癖者。灌腸癖（klismaphilia）是「一種性及情慾功能不正常的現象，可追溯至童年。此癖好以灌腸替代一般的性交」。曼尼寫道：「在灌腸癖者看來，把陰莖放到陰道十分費力、危險，很可能還令人反感。」

凱洛格身為醫師，宣稱自己為道德權威，可指導父母讓孩子接受什麼樣的教育才合宜。你若不熟悉凱洛格及同時代的人所寫的文章，文章當中充滿對於人類基本情慾的、高高在上的鄙視，毫無疑問、令人發寒。在他最暢銷的《給老老少少的明白事實》（*Plain Facts for Old and Young*）（寫於一八八八年無性的蜜月中），凱洛格在其中一節指引家長如何處理孩子自然的情慾自我探索，標題為「自虐及其影響之治療」（*Treatment for Self-Abuse and its Effects*）。他寫道：「有項療法對於小男孩幾乎百試百靈，那就是割包皮。」他要求：「手術應由外科醫師執行，不施打麻醉藥，伴隨手術而來的短暫疼痛對於心智將有益效，若能聯想到懲罰效果更好……。」（文字粗體為本書所加）

要徬徨害怕的兒子不打麻藥割除包皮，若此事並非做父親的所願，凱洛格則建議：「以銀質手術線縫一到多針預防勃起。將包皮向前拉覆蓋龜頭，再將針線從一側穿過另一側。將線穿過後，兩頭交纏拉緊剪斷。現在不可能再有勃起……。」文中向家長保證，把陰莖縫進包皮之中「是最能解決好行此道〔手淫〕之法」。[13]

割包皮在美國依然盛行，雖然各地差異很大，新生兒割包皮的比例於西部各州約百分之四十，到了東北則變為兩倍左右。[14]這種普遍的手術很少是醫療所必須，其根源來自凱洛格及同時代志同道合的人所發起的反手淫之戰。曼尼說明道：「新生兒包皮割除於一八七○至一八八○年間悄悄進入美國的產房，不是因為宗教因素，也非許多人認為的健康或衛生，而是因為日後能夠避免刺激，使男孩不會手淫。」[15]

註

* 凱洛格即著名早餐穀片品牌「家樂氏」（Kellogg's）的創辦人，品牌以其為名，唯二者之中文習慣譯名不同。——譯

第二十一章　變態的悲歌　283

可別以為凱洛格只對於凌虐男孩有興趣,在同本書中他一本正經地建議將苯酚用於小女孩的陰蒂,教她們不要撫摸自己。凱洛格和同道中人的做法,正表現出性壓抑是「自認為是療方的病」——此處化用卡爾・克勞斯(Karl Kraus)對於心理分析的不屑說法。

凱洛格虐待孩童還沾沾自喜,令人震驚也令人不舒服,但他這種「沒有孩子落單」的政策其實並不少見,也非僅限於古代。前面引用的反手淫見解發表於一八八八年,過了八十多年美國醫學會(American Medical Association)才於一九七二年宣稱:「手淫是青少年性發育正常的一部分,不需要醫療控管。」話雖如此,戰火仍持續不滅。晚至一九九四年,小兒科醫師喬伊斯林・埃爾德斯(Joycelyn Elders)只因為主張手淫是「人類的性的一部分」而被迫離開美國公共衛生署長的職位。數百年來對手淫宣戰所造成的苦難難以估計。但以下這點我們很清楚:所有的苦難,一點一滴,都是一場空。完完全全是一場空。

凱洛格、安東尼・康斯托克(Anthony Comstock)、席維斯・葛拉漢(Sylvester Graham,發明了葛拉漢脆餅,就像玉米片一樣,是專門用來減少手淫發生的食品)雷厲風行反對未經允許的情慾,十分極端,但當時並不認為這些人特別奇怪。還記得,達爾文在三十歲生日前一個月娶回表姊之前,他本人大概很少或沒有性經驗,而十九世紀性理論的崇高巨人佛洛伊德一八八六年成親之時絕對是個三十歲的處男。難怪佛洛伊德在性方面十分猶豫。根據傳記作家厄尼斯特・瓊斯(Ernest Jones)表示,佛洛伊德的父親曾威脅他,說他如果再不停止沉迷手淫的話,就要把他小子的陰莖給切下來。[17]

柯立芝的詛咒

> 上回我試著跟妻子做愛，什麼事也沒發生。於是我對她說：「怎麼了，你也想不到任何人嗎？」
>
> ——洛尼·丹吉菲爾德（Rodney Dangerfield）

> 男人才不在乎電視上有什麼。他們只在乎電視上還有什麼。
>
> ——傑瑞·史菲德（Jerry Seinfeld）

有個關於美國總統柯立芝（Calvin Coolidge）和養雞場的故事，所有的演化心理學家都熟爛於心。故事是這麼說的：一九二〇年總統和夫人去參觀一座商業養雞場，過程中第一夫人問那農人，他養的公雞那麼少，怎能生出這麼多受精的蛋。農人很自豪地說，他家的公雞很樂意每天幹活數十次。「或許你可以跟總統提提這件事」，第一夫人回道。柯立芝總統在旁聽到，便問那農人：「每隻公雞每回都服務同一隻母雞嗎？」農人說：「啊沒有，牠總是這隻完了換下一隻。」「我明白了」，總統回答道，並接著說：「或許你可以向柯立芝夫人指出這一點。」

不論這個故事是否符合史實，從此擁有不同性伴侶令人充滿幹勁的功效就被稱為「柯立芝效應」。無疑也能因新鮮感而激發性趣，但背後的機制似乎有所不同。因此，柯立芝效應一般多指雄性哺乳動物，這個現象在許多物種都有記載。

但這並不表示女人性行為的動機和一般人經常主張的一樣，只看彼此的關係。心理學家喬伊·史博拉格（Joey Sprague）和大衛·括達諾（David Quadagno）調查了二十二至五十七歲的女性，發現三十五歲以下有百分之六十一的女性表示她們性行為的主要動機是情感而非肉體。然而，三十五歲以上者只有百分之三十八表示，情感的動機要比肉體渴望接觸更為強烈。單從表[18][19]

面數字來看，這樣的結果顯示女人的動機隨年齡而變。又或者也可以主張，這個效應只是單純反映女人漸漸變得成熟之後，也逐漸覺得這有什麼好不好意思的。

第一次去伊斯坦堡、峇里島、甘比亞、泰國、牙買加旅遊的人，見了成千上萬的歐美中年女性蜂擁而至尋找露水姻緣，可能都會十分驚訝。據統計每年有八萬名女性飛往牙買加，想要「租個牙買加人」（Rent a Rasta）。[20] 女性日本觀光客造訪泰國度假勝地普吉島的人數在一九九〇年為四千人，不過四年的時間便躍升了十倍，大幅超越男性日本遊客。每週甚至每天都有包機載著整架飛機的日本女性在曼谷降落。

珍娜‧貝利弗（Jeannette Belliveau）在《旅途羅曼史》（Romance on the Road）一書中，列出了這些女性造訪的數十個目的地。替自己的心理學教授填寫問卷的年輕美國女性有可能覺得這樣的行為十分不可置信，也十分令人難為情，而整體科學及文化則對於女「性」的真正輪廓一無所知，二者互為因果。

當然，也有眾多男性在泰國的海灘上尋找性的多元，但這件事似乎並不重要，畢竟它只不過是支持了標準論述而已。但後來它變得十分重要。

———

那隻老虎並沒有瘋，只是現出老虎本色而已！你知道牠什麼時候才叫瘋嗎？戴著希特勒的頭盔、騎著單輪車到處跑的時候！

——克里斯‧洛克（Chris Rock）談論某隻攻擊訓練師的馬戲團老虎

就天生脾性亦即上帝的真正法則而言，許多男人都好色，一有機會就忍不住偷腥；也有許多男人就天生脾性而言，若女人並無魅力，便能把持住清白，讓機會流逝。

——馬克・吐溫，《地球來信》

我們認識一名男性，姑且稱之為菲爾，可說是男性成就活生生的典範。* 他現年四十出頭，相貌堂堂，和美麗動人、事業有成的物理學家海倫結髮將近二十年。兩人生了三個聰明漂亮的女兒。菲爾與一名友人在二十八、九歲時成立了一家小小的軟體公司，十五年過去，現在手上的錢永遠也花不完。一直到最近，菲爾都住在山丘上的美麗大房子中，俯視著一座林木蓊鬱的河谷。

可是，菲爾的人生用他的話來說，是「隨時會發生的災難」。

後來災難發生了，海倫發現他和同事莫妮卡上上床。當然，她深深感受到被背叛，氣得把菲爾鎖在家門外，在律師辦完兩人的這樁慘案之前，甚至不讓他看孩子。菲爾看似完美的人生在他四周崩毀。

喜劇演員克里斯・洛克曾說：「男人有多忠誠，基本得看他有多少選擇。」菲爾事業有成、相貌英俊、個性又迷人，替他帶來源源不斷的機會。很多男性讀者現在大概在想：「他的妻女**當然能管住獸性**！」可你若是女性，可能會想：「他**當然**睡過別的女人──甚至兩個。拜託！」可能求同存異嗎？為什麼這麼多原本分明聰明、顧如此常見的狀況，兩種相反的觀點，有可能求同存異嗎？為什麼這麼多原本分明聰明、顧家、對風險小心翼翼的男人卻為了一點小事而賠上全部？為了追求一夜溫存這種轉瞬即逝，且最

* 所有的人名以及身分細節都已調整。

287　第二十一章　變態的悲歌

終根本沒意義的事情，很可能失去朋友的尊敬、孩子的愛等等一切。他們在想什麼？我們問了菲爾。

他說：「一開始，性非常銷魂。有好幾年沒有這種活著的感覺了，還以為自己是愛上了莫妮卡〔另一個女人〕。你知道嗎？跟她在一起的時候，好像每件事都變強烈了。東西比較好吃，色彩比較鮮豔，我的活力也多了那麼多。隨時隨地都覺得飄飄然。」

我們問，和莫妮卡的性是否比和海倫更棒，他久久不語。之後承認：「其實，現在想想，和海倫的棒多了，是我有過最好的，真的——就是，一開始，和海倫的交往從來就不只是性。我們倆都知道彼此想共度終生，所以有深度、有愛，還有靈魂相印的感覺，我和別人從來沒有過。……雖然海倫現在說她恨我，我真心相信我們永遠都會有那種感覺，即便她不承認也一樣。」

那麼到底怎麼了？「幾年過去……你也知道就這麼回事……激情變淡，我們的關係也變了，變成了朋友。」最好的朋友，不過還……幾乎像兄妹。不是她的錯。我知道這是我的錯，但我能怎麼辦？」他雙眼泛起淚光，說道：「當時感覺就像是生死抉擇。我想要再次感覺活著。我知道這聽起來有多荒謬，但當時感覺就是這樣。」

菲爾正當壯年，正是進入所謂**中年危機**的時候，許多人生走到這個階段的男人似乎都遇到這樣的危機。我們很常聽到各種解釋，有經濟的層面（他終於有足夠的錢和地位吸引之前不把他看在眼裡的年輕辣妹），再到與存在有關的恐懼（老化和死亡在即，他必須以象徵的方式出擊抵抗，以面對自己終將一死的事實），還有跟妻子的生命週期有關（妻子即將更年期，所以從生物學的角度，丈夫自然受到年輕女性的生育能力所吸引）。上述解釋或許都有幾分真實，但卻無人回答到最迫切的問題：對於性伴侶的多元，男人為何有如此鋪天蓋地的飢渴，不只是中年如此，

樂園的復歸——遠古時代的性如何影響今日的我們？　　288

而是終身皆是？

如果不是被柯立芝的鬼魂附身，男人應該只會買一兩片自己最愛的Ａ片女星拍的ＤＶＤ，然後一輩子反覆觀看。知道電影結局幾乎不會減少他觀影的樂趣。不，異性戀男性之所以想要和一連串不同的女性做相同的事情，原因正是柯立芝效應。如果你從未上過色情網站，見了上頭東西之多之專門，必會大吃一驚：從「露毛日本女同志」到「刺青紅髮女郎」到「超重大齡女」應有盡有。有件事實簡單而無可逃避，幾乎人人知道真相，卻少有人敢討論：多樣和變化為人類男性替代性生活增添風味之必要。

然而，理智上能夠理解許多男人本性如此，並不代表許多女人就更能接受這件事。作家、電影導演諾拉·艾芙隆（Nora Ephron）曾在多部執導的片中探討上述議題，其中也包括根據自己失敗的婚姻改編的《心火》（Heartburn）。二〇〇九年，她在訪談中談到撫養兩個兒子如何影響她對男人的看法。「男孩真是貼心」，她說。「不過男人的問題不在他們人好不好，而是他們了人生的某一階段就很難專一。就是這樣。幾乎不能算他們的錯。」但她隨後加上一句：「如果其中一人跟你有關係，那麼感覺起來就像是他們的錯。」[21]

單調伴侶（單一伴侶＋單調不變）的災難

> 婚姻美滿的前提，在我看來，就是允許不忠。
> ——榮格（Carl Jung），一九一〇年一月三十日致佛洛伊德的書信

還記得菲爾談到和妻子的性變得太過熟悉時說了什麼，他說他覺得自己和海倫變得「幾乎像

289　第二十一章　變態的悲歌

兄妹」？這用字十分有趣。社會化的哺乳動物中，柯立芝效益之所以如此普遍又如此常見，最有力的解釋是雄性追求性多元的衝動，是演化用來避免亂倫的方式。我們人類在人煙稀少的地球上演化，在我們演化史中地球上的人類從未超過數百萬人，很可能少於十萬。若基因停滯，我們的祖先老早就因此滅絕了，為了避免如此情形，男性對於性的新鮮感演化出極強的喜好，而對於過度熟悉的事物則極為反感。這種賞罰並濟的機制在史前環境中很能促進基因多樣性，但到了今天卻造成數不清的問題。一對伴侶住在一起數年、變得像家人時，這個古老的防止亂倫機制可以有效阻礙許多男人的性慾，導致人人都徬徨，處處傷感情。[22]

之前我們討論過男性的睪固酮濃度逐年減少，但濃度並不只隨時間流逝，單一伴侶本身似乎也讓男人的睪固酮節節下滑。據調查，已婚男人的睪固酮往往較同年的單身男性低，若家裡有小小孩，更低。特別疼孩子的男人在孩子一出生，睪固酮就會下降百分之三十以上。不過，外遇的已婚男性睪固酮濃度高於沒外遇的已婚男性。[23] 此外，大部分出軌的男人都告訴研究人員，他們的婚姻很美滿，而出軌的女性則只有三分之一這麼覺得。

當然，反應快的讀者一定會指出這些相關性並不代表因果關係——或許睪固酮濃度高的男人就是比較常偷腥。或許吧，但我們也有理由相信即便是在一般情境和新的、有魅力的女性接觸，也有增強男人荷爾蒙健康之作用。研究人員詹姆斯·羅尼（James Roney）及同事發現，就算是和有魅力的女性小聊一會兒，也能讓男性的睪固酮濃度平均上升百分之十四。同樣的男性和別的男性說個幾分鐘的話，睪固酮濃度就下降了百分之二。[25]

一九六〇年代，人類學家威廉·達文波特（William Davenport）與一群美拉尼西亞島民同住，當地人認為性自然又不複雜。所有的女性都表示自己非常容易高潮，大部分的人說自己會經歷多次高潮，而伴侶卻只有一次。不過，達文波特記載：「當地認定結婚幾年後，丈夫對於妻子的興

樂園的復歸——遠古時代的性如何影響今日的我們？　290

趣會開始消逝。」一直到殖民地法律禁止之前，這群美拉尼西亞人避免單調的方式就是讓已婚男人和年輕女人交往。妻子非但不吃這些小妾的醋，反而覺得那是地位的象徵，而據達文波特所說，不論男女都覺得與西方文化接觸後最不好的結果就是失去這個習俗。「今天年紀較大的男人往往論道，沒有年輕女人來刺激他們，也沒有多個小妾可換口味，他們早在真的不行之前就沒了性行為。」[26]

再回頭看看美國的狀況，麥斯特斯與強生（William Masters and Virginia Johnson）也表示：「男性年紀漸長而失去與伴侶性行為之興趣，最常見的因素大概就是因為性關係一成不變而失去性致。」兩人提到，若男人有個年輕愛人（就算其魅力或床上功夫都不如元配），往往可以扭轉失去興趣的現象。金賽也持相同意見：「人類男性若不受社會限制，必會選擇多重性伴侶終其一生，這點似乎沒有疑問。」[27]

對多數男人和許多女人而言，一夫一妻／單一伴侶（monogamy）勢必導致性愛方面單調不變（monotony），這樣的狀態或許可稱為「單調伴侶」（monotony）。要知道，這樣的傾向和男人長期伴侶的魅力多寡或者他愛她多深、多真並沒有關係。引用賽門斯的話來說就是：「男人對於外面的女人的性渴望，主要是因為她不是妻子。」[28] **新鮮感本身就是吸引人之處**。雖然他們不太可能承認，但最性感的好萊塢年輕女星的長期伴侶也會經歷同樣的心／性路歷程。不滿？不公？是可忍孰不可忍？讓雙方都很丟臉？對，對，對，都對。但，事實還是事實。

該拿這件事怎麼辦？現代的伴侶大多不像美拉西亞人以及前幾章涵蓋的眾多社會一樣，對於容忍多元性伴侶這件事那麼有彈性。在廣泛回顧有關西方婚姻的文獻之後，社會學家傑西·貝爾納（Jessie Bernard）於一九七〇年代提出，要讓婚姻幸福美滿，西方社會需要改變，當中最重要的就是增加男人有新的性伴侶的機會。[29] 然而這件事至今尚未發生，而四十年後的今天似乎更

不可能發生。美國有兩千多萬的婚姻因男人失去性致而可歸類為無性或少性婚姻，或許這就是原因。根據《他就是不再有性致》（He's Just Not Up for it Anymore）的作者表示，美國百分之十五至二十的伴侶每年性交的次數不到十次。書中提到，缺乏性渴望是美國最常見的性問題。[30] 如此低迷的數字，再加上百分之五十的婚姻最終以離婚收場，現代婚姻顯然正隱隱從爐心熔毀。

賽門斯在《人類的性演化史》當中指出，西方社會為了改變男「性」的這個層面試過各種方法，但都徒勞無功。他寫道：「人類男性似乎根深柢固，抗拒學習克制求新求變的慾望，儘管有重重阻礙仍千萬人吾往矣，比如基督教與罪的教規、猶太教與君子（mensch）的教規、社會科學與壓抑同性戀和性心理不成熟的教規、主張一夫一妻結偶的演化理論、支持並歌頌一夫一妻制的文化及律法傳統。」[31] 針對賽門斯的想法，我們需要提供一張清單，舉實例說明哪些男人（總統、州長、參議員、運動員、音樂家）拋家棄子、置富貴權勢聲望於不顧，只為了稍縱即逝的性，而且對象最主要的吸引力還是她的新鮮感嗎？我們又是否需要提醒女性讀者，過去那些男人一開始窮追猛打，但等到新鮮感的刺激消逝，莫名奇妙就不再打電話來了。

我為何需要新人（就像你也需要）的更多理由

和一個女人做愛以及和一個女人睡是兩樣情，不只是有所不同，而是恰恰相反。愛的感受，不在想要交歡的慾望中（此慾望可延伸到無數的女人），而在希望共眠的慾望裡（此慾望只限於一個女人）。

——米蘭·昆德拉（Milan Kundera），《生命中不可承受之輕》（The Unbearable Lightness of Being）

還記得菲爾談到他和新歡在一起感覺飄飄然時是怎麼說的嗎？「色彩比較鮮豔，東西比較好吃」。這種增強的感官體驗其來有自，但不是因為愛。隨著睪固酮濃度因年齡而下降，許多男性都感到精力與性慾減少，與生活最基本的享受產生無形的隔閡。大部分的人都把這種模糊的隔閡歸咎於壓力、缺乏睡眠、責任太多，又或者全推給時光流逝。是沒錯，但這種麻木的感覺也可能是因為睪固酮濃度節節下滑。回想一下，之前談到有個男人有段時間沒有睪固酮。他感覺自己失去了「所有我認為是我的事情」。他的志向、對人生的熱情、幽默感……全沒了。最後睪固酮回來了，一切也跟著回來。他說，沒有睪固酮「就沒有慾望」。

菲爾以為自己戀愛了。他當然沒有。就如前面所說，男人的睪固酮濃度垂頭喪氣，找個新歡是少數一定可讓其回春的事物。[32] 他會感到平時一般人和愛情聯想在一起的感受：活力恢復、前所未有的深度和激烈程度——是種活著的快感，令人目眩神迷。上述多種感覺加在一起十分強烈，我們多麼容易就誤以為那是愛！然而新鮮感並不是愛。

男人為何會誤以為荷爾蒙的快感是足以改變一生的靈魂之愛？有多少女人冷不防被好男人劈腿，原因卻似乎無法解釋？中年男人有了新伴侶使得活力和精力上升，卻誤以為那是對靈魂伴侶的愛，又或感覺那是創造生活動力之所必須，為了找出理由，於是說服自己那是戀愛。又有多少家庭因此破裂？等到幾年或幾個月後，柯立芝的魔咒再度降臨，發現已經變得熟悉的伴侶其實並不是前述感覺的真正來源，此時又有多少男人反覺自己孤立丟臉萬劫不復？沒有人知道確切數字，但絕對是個大數字。

如此常見的情況沉重而慘烈，但最痛苦的層面恐怕還是這些男人將會明白，為新歡拋棄舊愛，但舊愛卻遠比新歡更適合自己。短暫的激情一旦過去，這些男人又只剩下可長期維繫一段關係的現實條件：尊重、欣賞、共同興趣、好好對話、幽默感等。建築在性激情上的婚姻要想長

293　第二十一章　變態的悲歌

久，機率就像是建築在十二月的冰上的房子。只有等到對人「性」本質有更細膩的了解之時，我們才能學會對長期付出這個問題做出聰明的選擇。但，要想更細膩了解，就得面對一些難以面對的真相。

菲爾就像許多面臨同樣處境的男人，表示自己面臨的是「生死」的抉擇。或許真的如此。研究人員發現，相較於同年齡睪固酮濃度較高的男性，睪固酮濃度較低者比較可能罹患憂鬱症、致命心臟疾病、癌症。他們也比較容易罹患阿茲海默症及其他類型的失智症，而且死於任何死因的機率也比較高（根據不同研究，死亡率從百分之八十八到百分之二百五十皆有）。[33]

如果大多數男人的確天生就需要、偶爾換個新伴侶以維持一生的性活躍及活力，那麼當我們要求男人必須終身單一性伴侶時，代表什麼意義呢？他們一定要在親情與長期的性滿足之間抉擇嗎？大部分男性要完全明瞭社會的要求和自己的生物需求之間有衝突，往往得等到結婚多年之後。過了這麼久，日子已變得十分複雜，有孩子，有共同財產，還有只有共同經歷才能帶來的愛與友情。到了這個關鍵點，居家生活和不斷下降的睪固酮濃度早已磨去了生活的色彩，此時該怎麼辦？

大部分男人覺得自己有的選項是（此處排序無特殊意義）：

1.
 a. 偷吃然後想辦法不被抓到。這個選擇雖然最常見，但可能最差。和妻子「心照不宣」，只要她不知道，他偶爾玩一玩應該沒關係？這就像是說你跟警察「心照不宣」，只要不被他們抓到，酒駕也沒關係。就算**真有類似的默契**，任何律師都會告訴你這種心照不宣最不適合作為任何長期關係的基礎。

男士們，你遲早會被抓到的（恐怕是早不是遲）。想全身而退，機率大概就像狗兒追貓上樹──不可能。原因之一：大部分女性的嗅覺都比男性靈敏，所以

樂園的復歸──遠古時代的性如何影響今日的我們？　294

可能你自己都察覺不到的證據，她卻能抓出來。至於經常受到過分吹捧的女性第六感，還需要我們提嗎？

b. 你必須為此向你生命中的伴侶撒謊，欺騙孩子的母親，欺騙你希望一起相伴到老的人。你真的是這樣的人嗎？這真的是她選擇共度一生的男人嗎？

2. 放棄和太太以外的人發生性關係的念頭。也許改向色情片和百憂解尋求慰藉。

a. 美國開最多的藥就是抗憂鬱藥物，光是二〇〇五年就開出一億一千八百萬筆處方。這些藥物最顯著的效果就是性慾減弱，所以也許整個問題會這樣慢慢淡去──化學去勢。不然，總是還有威而鋼，自一九九八年推出以來已經賣出**數十億顆**。不過威而鋼創造的是血流，而不是**慾望**。現在，男人也能假裝有性致了。這算是種進步嗎？

b. 這不能相提並論對吧？而且晚上偷溜出來在電腦上看色情片，不是很丟臉（更別說很無能）嗎？這條路往往導致嚴重的憤怒與憎恨，有可能讓關係破滅。

3. 連續單一伴侶：離婚重頭再來。這個選項似乎是大部分專家（包含許多感情顧問）推薦的「坦然面對」的辦法。

a. 社會規範和生物需求起衝突時，連續單一伴侶是症狀式的反應，就長期單一性伴侶關係中男性（連帶著還有女性）滾雪球式的慾求不滿而言，上述辦法並未解決任何問題。

b. 面臨前述難題，此法雖然常被人說成是**可敬**的因應之道，但以連續單一伴侶來逃避問題，卻直接造成了當前破碎家庭、單親家庭氾濫的現象。為何「成人」無法面對真實的性，卻要讓孩子受到情感的苦？《我不願意──婚姻的另類

295　第二十一章　變態的悲歌

史》（I Don't: A Contrarian History of Marriage）的作者蘇珊・斯奎爾（Susan Squire）問道：「你拆散婚姻、經歷離婚、也許永遠破壞了孩子的人生，只是為了上另一個人，而且不久後上起來還跟前一個人一樣無聊，為什麼社會竟覺得這樣比較合乎道德？」[34] 男人為了追求長期的快樂，留下一連串受傷怨恨的女人以及心靈受創的孩子，比追著自己尾巴原地打轉的狗好不了多少。

而如果你是丈夫「偷腥」的女人，選擇也好不到哪裡去：假裝沒注意發生什麼事，也出去偷情報復（即便你可能不喜歡），又或者打電話叫律師摧毀自己的家庭和婚姻。這些都是雙輸的局面。

如此背叛自己也背叛家庭，我們用一個詞來形容：「欺騙」（cheating），這呼應了人「性」的標準論述。標準論述暗指婚姻是一場賽局，一個人贏了，另一個人必然付出代價。女人若能「唬住」男人、讓男人以為孩子是自己的幫忙扶養，根據此模型，她欺騙，她也贏了。根據標準論述，另一個大贏家是「處處留種的男人」，他有辦法讓一連串女人懷孕、把孩子養大，與此同時他早已征服下一個對象。不過只要是真正的**伴侶關係**，不論是否已婚，欺騙都不可能帶來任何勝利。若不是雙贏，那就是眾人皆輸。

樂園的復歸──遠古時代的性如何影響今日的我們？　296

第二十二章 共同面對開放的天空

Confronting the Sky Together

> 愛不是呼吸急促，不是刺激興奮，不是昭告天下承諾永保激情。那只不過是「戀愛」，誰都可以讓自己相信自己戀愛了。愛，是戀愛燃盡之後所剩之物。
>
> ——路易·德貝尼耶爾（Louis de Bernières）

> 有代價要付⋯⋯如若社會堅持要服從某一套異性戀辦法。我們相信文化能以理智設計。我們能教之、賞之、逼迫之。然而這麼做必須也考慮每個文化的代價，以訓練及實施所需的時間精力計算，也以人的快樂這種較無形的貨幣計算，為了避開人的天性傾向，必須以快樂為代價。
>
> ——愛德華·威爾森

現在怎麼辦？寫了這本關於性的書之後，現在我們想要說大部分的人可能都把性看得太過嚴重，這話必會讓大家一頭霧水。如果有人說那只是性而已，那就是僅此而已。這種情況下，那不是愛。也不是罪。也不是病。也不是摧毀本來幸福的家庭的理由。

當代的西方社會大多像維多利亞時代的人一樣，一方面限制供給（「好女孩不會這樣」）又把需求說得太過浮誇（「女孩玩瘋了」），導致性的固有價值通貨膨脹。這個過程使得在看待性到底有多重要時，觀點變得扭曲。性有其必要，但不必永遠如此嚴肅以待。想想食物、水、空氣、遮風避雨之所，還有其他生存及快樂所必須的生命元素，但除非有所匱乏，否則那些都不是

297　第二十二章　共同面對開放的天空

我們每日所思所想中的要角。社會的道德規範若能合理鬆綁，使滿足性慾變得更為容易，那麼性本身的破壞力也就不會那麼強。

整體歷史似乎就是這麼發展的。雖然很多人對於「勾搭」文化、來來回回傳送露骨照片的「色情簡訊」、完全承認男女同志的所有法定權利等現象感到不解甚至不舒服，但他們並沒有太多辦法阻撓太久。以性而言，歷史的潮流似乎正向漁獵採集者放鬆的態度回流。若是如此，未來的世代將不會有那麼多因慾求不滿而展現出的病理症狀。談到自己曾一同生活的希里歐諾人，霍姆伯格於一九六九年寫道：「希里歐諾人甚少甚至從未缺乏性伴侶。性衝動來臨時，幾乎總能找到願意為其消除的伴侶。……在希里歐諾社會中，性焦慮似乎極低。過度耽溺、節慾、春夢或性幻想等現象十分少見。」[2]

活在這樣的世界中感覺如何？嗯，我們大家都知道活在眼前這個世界中的感覺如何？除了死亡本身之外，還有什麼比婚姻逐漸消亡更能造成人間苦難呢？二〇〇八年，美國生產的孕婦中有百分之四十是單親媽媽。這很重要。凱特琳・弗拉納根（Caitlin Flanagan）近日於《時代》（Time）雜誌上報導：「不論就哪一項與短期身心健康及長期成就有關的顯著結果而言，孩子若來自完整的雙親家庭，表現得都比單親家庭的孩子好。壽命、藥物濫用、學業成績及輟學率、青少年懷孕、犯罪行為以及入獄率……無論哪一項，與雙親同住的孩子的表現都遠勝過其他孩子。」[3]

德國哲學家歌德曾說：「愛是理想，婚姻是現實。分不清現實和理想必有苦頭。」確實如此。堅持理想中的婚姻建立在一生一世對一個人性忠貞（我們大部分人最終都會明白這樣的觀點極為不符現實），我們是自討苦吃，也讓彼此、讓孩子受苦。

潘蜜拉・杜克曼（Pamela Druckerman）的《外遇不用翻譯》（Lust in Translation）比較了各文化

樂園的復歸──遠古時代的性如何影響今日的我們？　298

對於不忠的看法，她在書中說道：「法國人就比較習慣外遇的對象就只是——外遇的對象」。杜克曼說，法國人將愛與性脫鉤之後，覺得較不需要「先抱怨婚姻以合理化外遇」。但她發現英美的婚姻劇本演的卻是另一齣。杜克曼觀察到：「一次外遇，甚至是一夜情，婚姻就完了。」「我曾跟一些女性談過，他們一發現丈夫偷吃，立刻打包走人，因為『這種時候你就要這麼做。』……我是說，真的，就像她們想要這麼做，而是她們以為這就是規矩。她們似乎不明白還有其他選項。……我是因為她們想要這麼做，而是她們手上有本劇本。」

朱利安・傑恩斯（Julian Jaynes）曾形容知道事情和表面上看起來不一樣時那種驚駭與興奮參半的感覺：「在摩天輪頂上有那麼一個尷尬的時刻，在內圈時我們面對的是堅實屹立的鋼樑結構，突然結構消失，自外圈以下，我們被推向天空。」[5] 太多伴侶努力卻徒勞地要避免或忽視這一刻，甚至選擇鬧離婚、家庭破裂，而非以下令人卻步的任務：坦然面對開放的天空，所有「屹立的鋼樑」都已是過往。

對於自己、彼此、人類的性的錯誤期待將使我們受到嚴重、長期的傷害。薩維奇是性事諮詢專欄作家也寫書，他如此說明：「對於一生一世一夫一妻的期待讓婚姻面對無比巨大的壓力。然而，我們對於愛與婚姻的概念不只根基於對一夫一妻的期待，還認為只要有愛，一夫一妻實行起來就應該輕鬆愉快。」[6]

當然，全身酥麻、纏綿火熱的性可能是婚姻親密關係中重要的一環，可是認為這是親密關係的核心則大錯特錯。性的慾望就像其他的飢渴一樣，一旦滿足了往往就沒了。斯奎爾表示，把婚姻想成是天長地久的戀愛並不切實際：「你跟某個人睡第一千次的時候，不太可能還想要趕快扯下彼此的衣服。我們應該要知道，相較於一開始，到了此時愛與性都產生了質變，還應知道美妙的婚外情不見得能成為美滿的婚姻。」[7] 慾望高漲的性很有可能正表示缺乏親密關係，想想惡名

299　第二十二章　共同面對開放的天空

昭彰的一夜情、嫖妓、單純的生理發洩就知道。

伴侶或許會發現，要想保有或重新發現類似剛在一起時那日日夜夜的如膠似漆，唯一的路需要共同面對開放、不確定的天空。他們或許會發現，若有勇氣談談彼此真正的感受，可能就會有一場最有意義、最親密的對話。不是說這些話談起來會很輕鬆容易。不會。有些領域，男人女人要了解彼此十分困難，性慾就是其中之一。許多女性會覺得很難接受，男性竟可以輕易切割性的歡愉以及情感的親密；同樣，很多男人也難以理解為什麼這兩個（對他們而言）分開的議題，對許多女人而言卻糾纏不清。

但有了信賴，我們也能努力在不理解中尋求接受。寫作本書最希望促成的事情，就是激發這樣的對話，讓伴侶更能跨過這一道情感的難關，能更深入了解這些令人不自在的感受有其自古以來的根源而減少批判眼光，在處理時能更清楚狀況、更加成熟。除此之外，我們確實沒有太多有用的建議。每段關係都是一個不斷變化的世界，需要時時特意關照。除了提醒你若有人提供人人適用的感情建議可得小心之外，我們最好的建議則呼應了《哈姆雷特》（Hamlet）中波洛尼厄斯（Polonius）給萊阿提斯（Laertes）的建議：「忠於自己，就如黑夜必然緊跟白晝，唯有忠於自己，才能忠於他人〔包含女人〕。」

――

話雖如此，採取更放鬆包容的態度會引起許多問題，要想完全解決，光是深入了解自己和彼此還不夠。「有些人甚至不明白除了社會給予的傳統選擇選項之外，還有其他選擇，我最同情這些人」，史考特如是說。史考特有一段三角關係，他和泰瑞莎（女）在一起，而泰瑞莎又和賴瑞

樂園的復歸——遠古時代的性如何影響今日的我們？　　300

交往（是史考特介紹給她的）。像這樣的三角、四角的情感關係一直以來都因必須低調進行而少為人知，一直到最近才有《新聞週刊》（Newsweek）報導美國所謂的「多元家庭」（polyamorous families）。[8] 雖然海倫‧費雪認為採用這種型態的人正面迎戰自己的不安全感和嫉妒心，是在「跟大自然對抗」，但有許多證據顯示，若碰到適合的人，如此安排有可能對所有相關的人都好，包括孩子。

赫迪就曾經提醒我們，真正跟大自然對抗的，或許是咬牙想在對外隔絕中撐起一個家的傳統伴侶。她寫道：「自達爾文以降，我們都假定人類於家庭中演化，核心家庭中母親仰賴一名男性助其撫養幼兒；然而⋯⋯人類家庭型態之多元⋯⋯若假定我們的祖先以合作哺育的方式演化會更為貼切。」[9] 從我們的觀點看來，史考特、賴瑞、泰瑞莎這類人似乎是要復刻古代人類的社會／性型態。我們也看到，以孩子而言，不論是在非洲、亞馬遜叢林、中國，還是在科羅拉多州的郊區，身邊有兩個以上穩定、關愛的大人都可能是充實飽滿的體驗。萊爾德‧哈里森最近寫下自己的成長經驗，他小時候生父生母把房子分給另一對夫婦與孩子同住。他回憶道：「這樣的共同家庭有種同志情誼，此後我再也沒有感受過。⋯⋯我跟乾姊妹們換書來看，目睹口呆聽她們說自己暗戀的故事，彼此交換應付老師的秘訣。她們的父親給了我們對音樂的愛好，而她們的母親則帶來對烹飪的熱情。我們十個人之間建立了一條紐帶。」[10]

人人出櫃

一個時代若其基本的錯覺皆已幻滅，就可說是結束了。

——亞瑟‧米勒（Arthur Miller）

301　第二十二章　共同面對開放的天空

近代的歷史，大半可視為有一波波寬容的浪潮打在僵化社會架構的岩石岬角上。雖然看來可能要花幾乎天長地久的時間，但浪潮終究會勝利，將頑石化為漂砂。二十世紀，反奴隸運動、女權、種族平等興起、更晚近則逐漸接受男女同志、跨性別、雙性戀人士的權利，浪起雲湧，岬角逐漸崩落。

作家安德魯·蘇利文（Andrew Sullivan）描述自己身為同志天主教徒的成長經驗，由於教會告訴他的事情和他認知的自我有所衝突，因此「艱困幾近痛苦」。蘇利文回想道：「在自己和無數他人的人生中看到，若壓迫這些核心的情緒，也不允許以愛來解決，永遠會導致個人扭曲、強迫、茫然。逼……人擠進不適合的模子當中，對任何人都沒有幫助。」蘇利文寫道：「這磨去了他們的尊嚴還有建構健康關係的能力。這破壞了家庭，扭曲了基督教信仰，侵犯了人性。不能再這樣下去。」[11] 電視福音傳道人泰德·賀格（Ted Haggard）公開恐同但私下為同性戀，其後事情爆發，辭去教會職位。蘇利文之所以有此感慨，是因為見到了賀格如此扭曲的潰敗，但任何不適合時代的模子的人，蘇利文這段話，可能也說出了他們的心聲。

誰又適合呢？沒錯，同志必須走出衣櫃，其他人也是。

這並不容易（從來如此）。若從單一伴侶的群體中出走，必將面對尖銳譴責，歷史學家羅伯特·麥克艾文（Robert S. McElvaine）就疾呼：「自由之愛很可能會落為『自由之恨』。兼愛眾人在生物上並不可能，試圖這麼做﹝變成﹞劃分彼此，恨意也隨之而來。」[12] 許許多多的情感顧問就像麥克艾文，似乎都被非標準的婚姻關係嚇壞了。《把X放回SEX裡》（Mating in Captivity）的作者埃絲特·沛瑞爾（Esther Perel）引用了她認識（且敬重）的一位家庭治療師的說法。對方清楚明白地說：「開放式婚姻行不通。以為自己做得到那是全然天真。七〇年代就試過了，弄得天下大亂。」[13]

或許吧，但這類治療師在對於傳統婚姻以外的選項嗤之以鼻之前，或許可以先比較深入地探討一下。談到美國現代史上第一批換偶族（swingers）是誰，大部分人腦中或許會浮現綁著頭帶、披頭散髮的嬉皮，他們遊蕩於自由之愛的團體之間，牆上貼著切・格瓦拉（Che Guevara）、吉米・罕醉克斯（Jimi Hendrix）的海報，Hi-Fi音響放著傑佛森飛船合唱團（Jefferson Airplane）。不過，老兄，放輕鬆，真相可要讓你大吃一驚。

現代美國換偶族的濫觴似乎是理著平頭的二戰空軍，還有他們的妻子。這些「捍衛戰士」就像各地的菁英戰士一樣，彼此之間往往培養出深厚的情誼，或許是因為在所有軍種中，就屬他們傷亡率最高。根據記者泰瑞・古爾德（Terry Gould）的說法，所謂的「鑰匙派對」（key party，一九九七年電影《冰風暴》（The Ice Storm）當中演過）源於一九四〇年代的軍事基地，在男人飛向日軍的制空火力之前，菁英飛行員和妻子重新配對彼此溫存。

古爾德著有《生活風格》（The Lifestyle），講述美國換偶運動的文化史，他曾採訪兩位曾寫過此種空軍儀式的研究人員。瓊恩・狄克森（Joan Dixon）與德懷特・狄克森（Dwight Dixon）向古爾德說明，這些戰士與他們的妻子「共享彼此，有如部落凝聚感情的儀式，且丈夫中最終活下來的三分之二的人，將照顧其他人的遺孀，這點大家心照不宣。」*這種做法在戰後依然繼續，到了一九四〇年代末期：「從緬因州到德州，從加州到華盛頓州，各地軍事設施中換偶俱樂部蓬勃發展」，古爾德寫道。到了一九五三年韓戰結束時，這些俱樂部「已從空軍基地流傳至四週郊區的異性戀、白領專業人士之間」。[14]

* 還記得貝克曼如何描述亞馬遜叢林中的伴侶分享制度嗎？「你知道，若你過世，還有另一個男人仍有照顧你孩子中至少一人的責任。所以，妻子找了情夫時，視而不見甚至獻上祝福是你唯一能買的保險。」（參見本書第六章）

303　第二十二章　共同面對開放的天空

難道我們要相信這些「戰鬥飛行員和妻子都很「天真」嗎？

沒錯，許多一九七〇年代高調嘗試另類性關係的案例最終一片混亂，也傷了彼此感情，但這又證明了什麼？美國在一九七〇年代也試圖要減少對進口石油的依賴，最後也失敗了。照此邏輯，只要再次嘗試就是「天真」。此外，在親密事務中，慎重行事和順利成功往往相依相伴，因此沒有人真的清楚到底有多少對男女**順利藉由實驗標準、現成一夫一妻制以外的低調做法**，找到自己的非傳統理解。[15]

有件事倒是不必爭辯：此時此刻，傳統婚姻對於數以百萬計的男男女女還有孩子都是全然的災難。傳統至死（或出軌，或無趣）方休的婚姻對許多人而言，不論情感、經濟、心裡還是性方面長期來說都行不通。然而，雖然現在已沒有主流治療師會去說服男同志或女同志「長大、面對現實、不要再當同志就好了」，但沛瑞爾指出，一碰到異性戀婚姻的非傳統辦法，「性的界線似乎是治療師少數反映主流文化的領域。」她寫道：「一夫一妻制是常規，而肉體忠貞則被認為是成熟、專一、面對現實的表現。」替代方案就算了吧，「非一夫一妻制，即便是徵得同意的非一夫一妻制，都很可疑」。[16]

伴侶希望有人能指引方法，鬆開標準一夫一妻制的結，於是找了治療師。兩人聽到的很可能只是捍衛現狀的譴責以及老生常談的空話，類似以下這段取自心靈成長書籍的建議，該書以演化心理學為立論基礎，書名為《都是基因惹的禍》（Mean Genes）：「所有人所面對的誘惑都深深刻畫於我們心靈與心智的基因之中……〔不過〕只要我們維持充滿情趣的火花，一夫一妻制與人類鼓吹出軌的基因之間就不會有衝突。」[17] 充滿情趣的火花？不會有衝突？當然。你去把這件事跟柯立芝夫人說說。

異性戀夫婦是否可能協商出適合雙方的替代方案（即便這麼做可能超出主流社會所能接受的

範疇），願意公開考慮這件事的治療師很少，沛瑞爾是一個。她寫道：「根據我個人經驗，協商討論性的界線的伴侶……並沒有比那些緊閉門戶的伴侶不專一。事實上，正是因為他們渴望強化關係，才要探索長期的愛的其他模式。」

配合我們自己的口味，找出有彈性又充滿愛的伴侶關係，有無數做法。比如，不論主流治療師怎麼說，相較於採傳統婚姻的夫婦，「開放性」婚姻的伴侶對於雙方關係和整體生活的滿意度顯著較高。[19]「採多重性伴侶的人已然發現，有方法可以納入另一段關係，卻又不用相互欺瞞、摧毀掉最主要的伴侶關係。這些人就像許多男同志伴侶一樣，深知有其他段關係不一定是任何人的錯。《道德浪女》（The Ethical Slut）的作者朵思・伊斯頓（Dossie Easton）與凱薩琳・李斯特（Catherine Liszt）寫道：「將外遇解讀為一段感情中的病症十分殘忍、不體貼，這是讓『被劈腿』的那一方（可能已經覺得很沒安全感了）忍不住想他到底是有什麼問題。……很多人在主要關係之外都有過性關係，原因並非伴侶或兩人關係有何不足之處。」[20]

儘管千百年來宗教及科學不斷鼓吹、宣傳傳統核心家庭「符合天性」，但支撐如此說法的幻象早已消耗一空。這樣分崩離析的狀況，讓我們之中太多人感到孤立無援、內心空虛。盲目堅持核心家庭之「神聖」並未扭轉上述浪潮，也未顯示未來有可能成功之跡象。與其不斷在兩性間宣戰，或要求死板板尊崇從一開始就不是這麼回事的人類家庭觀，我們必須和不願面對的「性」現實和平共處。或許這代表此時制宜找出新的家庭型態，或許這需要政府提供單親媽媽更多協助（就像許多歐洲國家目前的做法），又或者只是表示在肉體忠誠方面，我們必須學習調整對彼此的期待。但以下這件事我們知道：面對我們史前時代的慾望，崩潰否認、宗教或法令的教條、中世紀在沙漠中丟石頭的儀式都沒有用。

一九九八年，當時的科羅拉多州州長羅伊・羅默（Roy Romer）婚外情多年甫曝光，正被相關

305　第二十二章　共同面對開放的天空

問題追殺。羅默做了一件少有公眾人物敢做的事情。他秉持猶加敦精神，拒絕接受這些問題的前提：他的婚外關係是背叛了妻子和家人。相反地，他召開記者會，指出結髮四十五年的妻子一直以來都知道也接受這段關係。面對竊笑的記者，羅默用「人生本來如此」的態度坦然面對。「什麼是忠誠？」他問突然靜下來的記者。「忠誠就是你有多開誠布公。你獲得怎樣的信任，而這又取決於真相與開放的態度。因此，在我家，我們用上述的那種忠誠，充分討論過這個問題，也設法弄明白彼此的感覺為何、需要為何，並找出解決之道。」[21]

日月婚配

在恆星無數、雲朵無盡漂流、行星漫無目標悠轉的天空中，一直就只有一個月亮和一個太陽。在我們的祖先看來，這兩個神秘的天體反映了男女的本質。從冰島到火地群島，人們把太陽的恆常及力量歸為他的陽剛，而月亮的多變、無可言喻的美、每月週期則代表她的陰柔。

在十萬年前望向天空的人眼中，日月的大小看來相同，今天我們眼中看來也是如此。日全蝕的時候，月盤如此精準蓋住太陽，於是肉眼也能看見背後的日焰躍入空間。

不過，雖然地面上的人觀察，二者的大小看似相同，科學家很早就確認太陽真正的直徑約是月亮的四百倍。可是不可思議的是，太陽離地球的距離約莫也是月球與地球距離的四百倍，於是在這個唯一有人可去觀測的星球上看來，二者便有了完美的平衡。

有些人會說：「這個巧合很有意思。」其他人則忍不住想，這異與同、親與疏、韻律恆常與週期變化在蒼穹的匯合，難道沒有隱含任何非比尋常的訊息嗎？我們和遠古的祖先一樣，觀察日與月的永恆之舞，仔細留心當中是否有關於人世男女、陰陽天性本質的線索。[22]

後記 一人一世界，一段關係便是一個宇宙

第二十一章的內容主打「風流的菲爾」，本書前幾版的讀者覺得這麼寫過於偏頗，甚至有些偽善，畢竟我們之前說男女兩性在性方面都應該得到滿足。有人問過我們：「為什麼只從男性的觀點談外遇？你們的書的其他部分明明都那麼持平，也很支持女人的性。」這問題問得很公允，也很直接了當，但是我們唯一能提供的答案並不是太公允、也不那麼直接了當。

首先，許多男性表示自己外遇，只不過是因為機會出現，而女性（通常機會更多）所說出的出軌原因則往往趨向於複雜。比如，雪莉・格拉斯（Shirley Glass）和湯瑪士・懷特（Thomas White）匿名訪問三百名男女，詢問他們有關婚外情的事，結果發現男性往往將外遇視為偏向肉體關係，而女性的動機則有更多情感顧慮，對於婚姻所表達的不滿程度也更高。這樣的結果，在其他研究也不斷得到呼應。

其次，之前的章節也討論過，女性性慾方面的動機往往比較流動，也因此相較於男性，很難充分討論。比如，還記得相較於月經週期的其他時間點，女性排卵時比較容易有婚外性行為，也比較可能不使用避孕措施嗎？四十歲的女性看待「炮友」的態度，換成是二十年前可能會大為不同，原因和荷爾蒙濃度以及人生經歷都有關。

除了上述內在因素之外，女性對於外在條件比較有顧慮。（孩子是否長大離家？她是否經濟獨立？家人朋友會怎麼說？她是否懷疑另一半有外遇？）至於男性，即便是聰明絕頂、其他方面都很小心謹慎、步步盤算的男性，也往往會被某些事物遮蔽了雙眼，而一頭栽了進去。同樣的事物似乎不會讓女性如此身不由己。

307　後記　一人一世界，一段關係便是一個宇宙

當然，以上所說沒有哪一項是絕對的，也沒有哪一項放諸四海皆準。不論試圖為動機找出什麼樣的通則，無論男女之中都能找出許許多多的例外，證明通則有誤。一人一世界，一段關係便是一個宇宙。我們在此所說的任何事情，都不是要簡化或輕視任何人的經驗，無論男女。

我們的目的只不過是看看已婚夫婦最常面臨的情境：中年男子的出軌，藉此稍加探討之前討論的某些理論，在現代生活中如何發揮。對於女性婚外情和經驗要做類似的探討，所需的篇幅實在超出了本書的限制。再者，我們確實認識「菲爾」，他也願意和我們談談自己的經驗。如果在寫作之時，有哪個認識的女性外遇，然而她們並沒有選擇與我們分享秘密──這或許是明智之舉。

附錄 別把性看得太神聖！——克里斯多福·萊恩與丹·薩維奇對談

Christopher Ryan and Dan Savage in Conversation

本文取材自本書作者之一、克里斯多福·萊恩於二〇一〇年與丹·薩維奇（Dan Savage）共同錄製之兩集《野人之愛》（Savage Love）網路播客節目以及另一次未公開發表之對話。丹·薩維奇為美國最著名之性事諮詢專欄作家，其網路播客節目及聯合刊出之專欄每周有上百萬人次收聽或閱讀。

薩維奇：你知道那種每隔一陣子看到一部電影、一本書或是雜誌裡的一篇文章、又或者是諮詢專欄裡的一些建議，覺得：「天哪，原來我沒瘋！」的這種感覺嗎？不久前讀你的書的時候，我就有這種感覺。除了大力讚美之外，我不知道該怎麼樣開始和你訪談。我知道你娶了太太，不過我這一生為什麼會錯過你？

萊恩：（笑）過去這幾年我一直努力想引起你注意。

薩維奇：讀你的書時我又叫又吼、跳上跳下。你們所做的研究真的很教我信服，因為過去這麼多年，我只是根據觀察還有傳聞逸事來指出，一夫一妻制很難、行不通，而且還把人害得滿慘的。可是人家卻跟我們說，相愛的時候這很簡單、很自然，只要有愛，維持一夫一妻根本不費吹灰之力。而你們卻證明這根本不是事實。

萊恩：這是我們的結論。

薩維奇：你是受了什麼啟發才寫了這本書，讓自己成為眾矢之的？你這樣會被各界人士批評啊。

萊恩：我想，一開始會有這樣的思路是柯林頓跟陸文斯基的狀況。我當時就想，如果說男人從開天闢地以來就擁有一切力量──政治的、經濟的甚至是肢體的力量──那麼這麼一個擁有世上最大力量的男人又怎麼會因為和人有合意性關係就遭到公然羞辱？根本說不通，於是我就開始探究演化心理學。都說半路出家的人最熱衷，大概第一年左右我就像是那樣，覺得這解釋了一切。還好當時我住在舊金山，替一個叫「女性參與社區服務」（Women in Community Service）的非營利組織工作，我是少數幾個在那裡工作的男性。於是我身旁圍繞著許多聰明敢言的女性，也讓我看到演化心理學的基礎，也就是對女性的描繪，根本說不通。

薩維奇：這個對於女性的描繪是什麼樣子呢？你在書中提到「女人是妓女」──那些人不斷告訴我們這件事。

萊恩：我們可沒這麼說！我們是半開玩笑地說，達爾文說女人是妓女，意思是根據傳統達爾文學派的觀點，女人用性來交換性別的東西：保護、糧食、地位等。我們則主張，女人並非天生是妓女，而是蕩婦⋯⋯這麼說是種恭維。換句話說，女人經過演化，之所以有性行為的原因跟男人一樣，是因為喜歡。感覺很棒。並不是因為想要從男人那裡獲取什麼。

樂園的復歸──遠古時代的性如何影響今日的我們？　310

薩維奇：書中有些東西會讓人覺得腦袋要爆炸了，比如可分割的父子關係。不是女人拿性專屬權及保證父子關係和男人做交易就是對的，反而可能是女人盡量和越多男人上床越好，這樣群體中的所有男性就能相信這孩子有可能是他們的。

萊恩：沒錯。這件事莎拉・赫迪在他許多本談「異親扶養」（alloparenting）的書中都寫過。照她的解釋，如果許多成人都覺得自己和某個孩子有直接關聯，對孩子其實比較好。

薩維奇：你們主張這就是事物的自然秩序，有點像是一種多重伴侶關係，我為人人、人人為我的性文化。那麼，如果一夫一妻不是人的自然狀態，是件「不合身的衣服」諸如此類，現在該怎麼辦？

萊恩：這個嘛，這本書談的是我們到底是什麼樣子，又如何走到今天這一步，但並不是要談任何人該拿這件事怎麼辦？

薩維奇：是，但你不覺得光是知道自己為何做不到的原因就對人有幫助嗎？知道自己不必然是做錯了？知道這就是自己內在的天性、內在的巴諾布猿？文化創造出來的這些一夫一妻、忠誠、專一的觀念很好，但不是太實用，我們自身的性慾以及爬蟲類般的大腦正在與這些觀念對抗。

萊恩：正是如此。人家常常跟我們說：「但是我們是人類，可以『選擇』自身的行為。」這

311　附錄　別把性看得太神聖！

話某種程度上沒錯，但如果所做的決定違背了我們演化而來的本性，身體會反抗。你可以「選擇」穿太小的鞋子，但沒法因此穿起來覺得舒服；你可以因為沒法好好呼吸而昏倒……人類身體及心靈的演化是為了某種生活。我們越是偏離那條道路，在心理、情緒、生理健康方面要付出的代價就越高。根本逃不開躲不掉。

再回頭來談你剛才提的問題：「現在該怎麼辦？」我們對於這本書的期許我覺得不是太遠大，但很重要。我們希望它能鼓勵人，讓人有力量能讓自己喘息一下，不要對自己和伴侶那麼苛求。它其實是要鼓吹家庭穩定在忠誠方面不要那麼墨守成規，零容忍的政策對任何人都沒有幫助。

薩維奇：我經常這麼主張！如果我們感興趣的是如何保全婚姻、保持家庭完整，對於一旦結婚就不能再看到別人裸體這件事，就必須不那麼神經兮兮。如果我們在某些方面通融，婚姻就比較可能長久存續。如果要和另一個人發生性關係的唯一辦法就是結束婚姻，很多人不是結束就是破壞婚姻。

萊恩：說得好。

薩維奇：好，來談談目前這本書的迴響如何。我看過一些關於嫉妒和愛方面的負面回應。有些人說我們「生來」對愛具有占有慾，所以這種史前觀點不可能正確，你怎麼說？

萊恩：這麼來說吧，對於這些議題我通常盡量不要用幾句話一言以蔽之，不過，我就為你試

樂園的復歸──遠古時代的性如何影響今日的我們？ 312

薩維奇：各位，你們之前就先在這裡聽過這種說法喔！除了這些小小爭議之外，這本書目前的迴響如何？

萊恩：說真的，我們對於迴響都感到很吃驚、很激動。當然，我針對書名設了Google的通知，所以大部分的部落格討論、亞馬遜網站和GoodReads等網站的書評我大部分都會讀到。整體而言，大家對這本書感覺還是很正面。比我們想像得好。本來以為收到的信大概百分之五十充滿惡意、百分之五十沒有，結果寫信給我們的人差不多有百分之九十說話都很客氣。有些信讀了讓人心碎。很多都類似：「靠，真希望年輕時就知道這些！」有一封我永遠不會忘記，信裡只說：「我是個寡婦，三十六歲。我認為這本書是我讀過的書中最重要的一本，真希望能夠知道這些資訊並重頭再活一次。」我們收到的很多訊息，很多都能呼應你剛剛說的東西，就是說人如果明白

試吧。卡西爾達和我相信愛主要並不是跟性有關。如果你運氣好，在人生中找到了愛，很快就會明白相對而言，性有多麼不重要。愛還跟很多非肉慾的事有關：一起變老、生病或失去至親好友時彼此照顧、一起養育孩子、付帳單⋯⋯分享人生中的日常瑣事。這些事大多和性高潮無關。很多人都把這些事情搞混了，他們以為在性這件事情上投合就是靈魂伴侶，以為這就是約定共度一生的理由。然後，過了幾年，性的刺激煙消雲散──一定會煙消雲散──才發現自己犯了一個可怕的錯誤。所以，雖然我們的書絕大部分談的是性，但是想要指出的一個核心重點卻是我們大多數人都把性看得太重，應該要放鬆一點。性跟音樂一樣，可以很神聖但並不一定要永遠如此。有時我們在巴哈觸技曲當中聽見上帝，但有時我們只是邊聽滾石樂團邊跳舞、玩得很開心。沒什麼神聖的地方。

313　附錄　別把性看得太神聖！

自己為什麼會有這些感覺，心裡會好過一些。明白為什麼可以誠實不欺地愛著另一半，但又仍然受到其他人的吸引。說真的，讀者的回應真的讓人很震撼。

薩維奇：不過一定不是全部都很正面吧？

萊恩：是啊，而且也可能只是暴風雨前的平靜。學術圈還沒有太多負面反應──至少我們在書中批評的那一票搞演化心理學的還沒有⋯⋯平克、巴斯、沙尼翁那些人。我們從德瓦爾、赫迪等人那裡收到了很讓人開心的訊息──這兩人絕對是人類的性演化方面的大家──不過對於我們所寫的東西，他們也不盡然全都同意。我們大量引用著名靈長類學家狄克森的話，他在紐西蘭接受報紙訪問時把我們批得一文不值，但他也承認沒有讀過，只是就聽到跟這本書有關的事情回應。目前為止的負面批評大部分都是這個模式。他們承認沒有讀過這本書，但還是覺得這本書不值一提。《大西洋》雜誌（The Atlantic）的商業經濟編輯梅根．麥卡德爾（Megan McArdle）寫的評論大概是至今為止最負面的，她也公開承認寫的時候她只讀到一半。

薩維奇：我看過那篇！「人類不像巴諾布猿⋯⋯因為我們就不像巴諾布猿！」

萊恩：沒錯。這邏輯真是嚴謹，對吧？顯然她覺得受到這本書的威脅，連好好思考都沒辦法了。我是說，她指控說我們因為放不進自己這套模型，就故意不討論嫉妒，但不知怎麼搞地，她竟漏掉了這本書的第十章，章名就叫：「嫉妒：第一次貪戀人妻就上手。」

不過剛才也說了，負面回應比我們原先預期少很多，而且也可以理解⋯⋯很多人聽了我們的主

張都覺得受到威脅。學術界和臨床醫學界有很多替我們加油打氣的聲音。金賽研究中心（Kinsey Institute）的學者、全國各地指定這本書當學生讀物的教授，都有人跟我們聯絡。也很榮幸性治療及研究學會（Society for Sex Therapy and Research, SSTAR）將這本書選為二〇一〇年最佳大眾讀物。

薩維奇：很可惜卡西爾達這趟沒法跟你一起來，她在這本書中的角色是什麼？

萊恩：卡西爾達和另一個精神科醫師一起經營一家精神病診所，有將近一百名病人。所以雖然她很希望能多接受一點訪談、多見見讀者，但這些日子她工作還頗走不開的。說也奇怪，有些人對她沒有出現在訪談中的解讀是，這證明了她是我編造出來的人物，只是為了要騙騙女性讀者。拜託！

遇見卡西爾達之前，大概十年前，這個研究我就已經做了很多了。不過她對這本書的貢獻還是很關鍵。首先，她在愛滋危機的頭幾年就替世界衛生組織（WHO）在莫三比克鄉間針對人類性行為做過她自己的研究，所以她對於那個地區的做事方式有很廣博、「貼近真實生活」的了解。她在非洲的印度家庭長大，家裡有信伊斯蘭教、也有信印度教的，所以也替這個計畫帶來很多多元文化比較細膩的部分。當然還有她是醫師，在討論飲食、壽命、嬰幼兒照護等議題時也是沒她不可。她的母語是葡語，英語其實是她會說的六種語言之一。我是英語母語又專職寫作，所以由我來寫，但每一版的草稿她都讀過，一讀再讀才送出去給別人看。如果不叫她共同作者，其他的稱呼都配不上她。

薩維奇：你在西班牙住了好長一段時間，有沒有看到美國人和西班牙人在處理性方面有任何

大的差別？

萊恩：有啊！其實這可能就是我在西班牙住了這麼久的原因。雖說歷史上天主教是「官方宗教」，至少住在都市的西班牙人對於性沒有一般美國人那種兩難的感覺。我第一個注意到的事就是西班牙人調情調得那麼大庭廣眾、不以為羞恥。我這人長得也不是特別好看，一直不是，但是在巴塞隆納四處走跳幾個禮拜之後，我覺得自己根本就像布萊德・彼特！也不是很低俗，甚至不見得帶有性的味道，就是女人會看著你的眼睛，如果看了覺得喜歡，就微笑。就這麼簡單。沒有美國都市常見的那種對陌生人的恐懼和懷疑，要盡量避免眼神接觸。在美國，一般人似乎假定不太認識的男人都有可能是強暴犯加變態加殺人犯，或是某種怪胎。當然我不怪女人有這種恐懼，但這對男人還有女人來說都滿苦的。在巴塞隆納，你在街上走，每個路口之間就有三或四個可愛的女人對你微笑。走起路來絕對有趣得多！

卡西爾達也總是獲得這樣自信心的提升。（不過她本來就特別漂亮，所以也沒那麼令人意外。）沒什麼低俗的地方，真的，就是有些男的會說：「嗨，我只是想來自我介紹一下，問問你想不想哪天去喝個東西。你真的很可愛。」這裡的調情有一種純真無邪的味道，在美國已經沒有了。很可惜，因為這是一種雙贏的局面，可以大幅改善當中所有人的生活品質。

薩維奇：在寫作這本書時讓你發現最驚訝的事是什麼？

萊恩：一下子想到好多，不過最令我大開眼界的可能性還是最早的「鑰匙派對」，竟是由二戰的菁英飛行員帶頭開始，他們面臨非常高的死亡率，是整個軍隊當中最高的。想想他們對其他夫

薩維奇：出版這本書的經驗有沒有哪裡改變了你？

萊恩：這問題很有意思。有。它讓我對於其他人的書比較沒有那麼批判。我不覺得此時此刻我寫得出負面的評論。年輕一點的時候，要指出書中的錯誤很容易，但此時此刻我清楚意識到另一頭還有一個人已經為了它盡了自己的全力。如果再寫一次這本書，裡面有一些比較尖酸的部分我可能會寫得含蓄一點。

我也更清楚意識到，不可能讓所有人都滿意。在這本書收到的回應方面，我們已經是非常幸運了。不過每收到九個讚揚我們這本書寫得幽默的評論，也會收到一兩個說寫作風格「自以為幽默」、「不正經」的。有些人覺得嚴肅的議題只能用嚴肅的語調討論。成為公眾人物，即便像我這樣體驗程度有限，還是很有意思的一件事。每個人都有權對你的作品做出自己的反應，無論正面與否。我也學會不論正面與否，都不要覺得這些回應是針對我個人。

婦開放自己的婚姻，動機其實很令人動容。他們在培育這種愛的網絡，原因是知道男人當中有些人活不過這場戰爭，又希望盡可能讓遺孀有最多的支援和愛。無私的精神和性匯聚在一起，似乎很直接和漁獵採集群體有關聯，漁獵採集群體中的男人也因為打獵時的意外、失足墜落、遭受動物攻擊等原因而導致死亡率較高。現代的案例很出人意料但也很明確地映照出遠古的過往。

317　附錄　別把性看得太神聖！

延伸閱讀

更多於關本書以及作者動態的相關資訊，請參考 www.sexatdawn.com。網站精選了書評、讀者回應、電視及廣播訪談、網路播客，並有由讀者管理的論壇可討論任何與本書有關之話題。

註釋

前言：另一個立意良善的異端審判

1 最晚或許近至四百五十萬年前。近年就基因證據所進行的回顧，可參考：Siepel (2009)。
2 de Waal (1998), p. 5.
3 以上數字部分引自：McNeil et al. (2006) 以及Yoder et al. (2005)。千億數字引自：http://www.latimes.com/news/nationworld/nation/la-fg-vienna-porn25-2009mar25,0,7189584.story。
4 請見："Yes, dear. Tonight again." Ralph Gardner, Jr. *The New York Times* (June 9, 2008); http://www.nytimes.com/2008/06/09/arts/09iht-08nights.13568273.html?_r=1。
5 完整揭露：梅鐸手中還有哈珀柯林斯（Harper Collins）出版社，也就是出版本書英文版的公司。
6 Diamond (1987).
7 當時有許多促進群體認同的方法，包含參與培養群體感情的儀式（至今仍常見於採集民族的巫覡信仰當中），而上述的性關係就是方法之一。有意思的是，如此集體確認認同的儀式往往伴隨著音樂（而音樂，和高潮一樣，會釋放出催產素，也就是和培養感情最有關聯的荷爾蒙）。與音樂和社會認同有關的進一步資料，請參考：Levitin (2009)。
8 此處所言之轉變，近來有人對於確切的時間點提出質疑。請見：White and Lovejoy (2009)。
9 更多與採集民族分享式經濟有關的資訊，請參考：Sahlins (1972)、Hawkes (1993)、Gowdy (1998)、Boehm (1999)，或是Michael Finkel於《國家地理雜誌》（*National Geographic*）討論哈德薩族（Hadza）的文章，請見：http://ngm.nationalgeographic.com/2009/12/hadza/finkel-text。
10 Taylor (1996), pp. 142-143. 本書從考古學觀點討論人類的性的起源，寫得極好。

第一篇　談「誤」種起源

第一章　勿忘猶加敦！

1 此段說法來自：Todorov (1984)。不過，他所敘述的版本並不是人人都接受。其他的辭源說法，請參考：http://www.yucatantoday.com/culture/esp-yucatan-name.htm（西文）。

2 資料來源：美國食藥署，《微量分析程序手冊——香料分析法》（Macroanalytical Procedures Manual - Spice Methods）。可上網查詢：http://www.fda.gov/Food/ScienceResearch/LaboratoryMethods/MacroanalyticalProceduresManualMPM/ucm084394.htm。

第二章 關於性，達爾文有所不知

1 最初發表於：Daedalus, Spring, 2007。文章可見以下網址：http://www.redorbit.com/news/science/931165/challenging_darwins_theory_of_sexual_selection/index.html。

2 參考：Roughgarden (2004)。針對自利為天擇和性擇動力的說法，她曾進行一番解構，請見：Bagemihl (1999)。動物界的同性戀現象，請見：http://www.advicegoddess.com/ag-column-archives/2006/05.

3 當然，不是每個人都會同意。達爾文的哥哥伊拉斯謨斯（Erasmus Darwin）第一次讀《物種起源》，便覺得弟弟的論證鏗鏘有力，缺乏證據根本不是問題。他寫道：「若事實放不進來，在我感覺，那是事實的問題。」達爾文身上的維多利亞性格如何影響他及後世的科學研究，全面（但又好讀易懂）的討論，請見：Hrdy (1996)。

4 Darwin (1871/2007), p.362

5 Pinker (2002), p. 253.

6 Fowles (1989), p. 211-212.

7 Houghton (1957)，轉引自：Wright (1994), p.224。

8 轉引自：Richards (1979), p. 1244。

9 科學史學家倫達·席賓格（Londa Schiebinger）在二〇〇五年二月《科學人線上版》（Scientific American Online）第三十頁解釋道：「伊拉斯謨斯·達爾文……並未將性關係限於神聖的婚姻關係之中。在《植物之愛》（Loves of the Plants）當中，你所能想像到的異性結合的各種形式，都由他筆下的植物展現出來。秀美的二蕊紫蘇（Collinsonia）帶著甜美的心事輕嘆，輪流滿足了一對兄弟的愛。流星花（Meadia，是一種櫻草）『神色恣意』彎著腰，轉著幽黑的眼睛，曳著金黃的頭髮一一滿足了她那五個英俊的……伊拉斯謨斯·達爾文很可能是以植物學為掩飾，宣傳自己在第一任妻子過世後開始進行的自由之愛。」

10 資料來源：Hrdy (1999b)。
11 Raverat (1991)。
12 Desmond and Moore (1994), p. 257. 另可參考 Wright (1994)，當中對於達爾文的思考過程以及家庭生活有絕佳洞見。
13 「原始人摩登化」（Flintstonization）一詞由 Levine (1996) 率先使用。《摩登原始人》在美國文化史中有其獨特地位。這是第一個在熱門時段播放、以成年人為觀眾的動畫影集，是ＡＢＣ電視台第一部彩色影集，還是第一部播出兩季以上的熱門時段動畫影集（在《辛普森家庭》（The Simpsons）於一九九二年出現之前無人能出其右），也是第一部演出男人與女人上床的動畫片。
14 Lovejoy (1981)。
15 Fisher (1992), p.72.
16 Ridley (2006), p. 35.
17 比如你看看平克的主張，他說人類社會一代一代變得更為和平（第十三章會細談）。
18 Wilson (1978), pp. 1-2.
19 數十年後又讓這樣的說法死而復生，當時更為細膩的說法早已十分普遍。
20 比如可參考：Thornhill and Palmer (2000)。
21 此觀點的完整論述，請見：Lloyd (2005)。
22 A Treatise on the Tyranny of Two, NY Times Magazine, 10/14/2001. 本文可於線上閱讀：http://www.english.ccsu.edu/barnetts/courses/vices/kipnis.htm。
23 轉引自：Flanagan (2009)。
24 Real Time with Bill Maher (March21, 2008), 說來諷刺，那名建議「往前走」的來賓是喬‧漢姆（Jon Hamm），當時電視台影集《廣告狂人》（Mad Men）當中飾演一名花花公子。
25 更多有關摩爾根生平及思想的資料，請見：Moses (2008)
26 Morgan (1877/1908), p. 418, 427.
27 Darwin (1871/2007), p360.
28 Morgan (1877/1908), p. 52.
29 Dixson (1998), p. 37.

第三章 人類性演化的標準論述

1 在此要向"A Ladies' Man and Shameless"的作者Joahn Perry Barlow致歉。http://www.nerve.com/personalEssays/Barlow/shameless/index.asp?page=1。
2 Wilson (1978), p.148.
3 Pinker (2002), p.252.
4 Barkow et al. (1992), p. 289.
5 Barkow et al. (1992), pp. 267-268.
6 Acton (1857/62), p. 162.
7 Symons (1979), p. vi.
8 Batman (1948), p. 365.
9 Clark and Hatfield (1989).
10 Wright (1994), p.298.
11 Buss (2000), p.140.
12 Wright (1994), p. 57.
13 Birkhead (2000), p. 33.
14 Wright (1994), p. 63.
15 美國政治家季辛吉（Henry Kissinger）——只是我們的個人意見，不是針對他個人。
16 Wright (1994), pp. 57-58.
17 Symons (1979), p. v.
18 Fisher (1992), p. 187, 29　Dixson (1998), p. 37.

第四章　鏡中猿

1 請見：Caswell et al. (2008) and Won and Hey (2004)。由於基因測試日新月異，使得黑猩猩和巴布諾猿究竟何時分家又再次成為辯論主題。我們採用的估計數字是廣為大家接受的三百萬年前，但有可能最後發現其實發生時間還不到一百萬年前。

2 此段內容來自：de Waal and Lanting (1998)。

3 Harris (1989), p.181.
4 Symons (1979), p.108.
5 Wrangham and Peterson (1996), p.63.
6 Sapolsky (2001), p.174.
7 本表參考：de Waal (2005a) and Dixson (1998)。
8 Stanford (2001), p.116.
9 Berman (2000), pp.66-67.
10 Dawkins (1976), p.3.
11 http://www.edge.org/3rd_culture/woods_hare09/woods_hare09_index.html
12 de Waal (2005), p.106.
13 Theroux (1989), p.195.
14 Pusey (2001), p.20。
15 Stanford (2001), p.26.
16 McGrew and Feistner (1992), p.232.
17 de Waal (1995).
18 de Waal and Lanting (1998), p.73.
19 de Waal (2001a), p.140.
20 引自：http://primatediaries.blogspot.tw/2009/03/bonobos-in-garden-of-eden.html。
21 Fisher (1992), p.129.
22 Fisher (1992), pp. 129-130.
23 Fisher (1992)，此處引文皆引自第三一九頁的尾註。
24 Fisher (1992), p. 92.
25 Fisher (1992), pp. 130-131.
26 de Waal (2001b), p. 47.
27 de Waal (2001b), pp. 124-125.
28 承蒙德瓦爾願意對此書部分內容提出批評指教，其中包含我們與他看法相左的段落，他確實是一位真正的科學家。
29 本表之資訊參考多個來源：Blount (1990)；Kano (1980 and 1992)；de Waal and Lanting (1998)；Savage-Rumbaugh and

323　註釋

Wilkerson (1978); de Waal (2001a); de Waal (2001b)。

第二篇 誰在天堂失去了什麼？

第五章 慾望天堂（孤寂？）

1. 讀者若有興趣想進一步了解為何會由採集轉為農耕，又如何轉變，Fagan (2004)、Quinn (1995)是不錯的開始。

2. 這其中的相似之處，Cochran 和 Harpending (2009)指出了一些，寫道：「在〔馴化的〕人類和馴化的動物中，我們都看到了大腦尺寸變小、頭顱較寬、髮色或毛色改變、牙齒較小的現象。」參見p.112。

3. 安德森這段話引述自阿圖·葛文德（Atul Gawande）二〇〇九年三月三十日於《紐約客》（The New Yorker）發表的〈地獄之洞〉（"Hellhole"），文中探討單獨禁閉是否太過違反人性已算是刑求，值得一讀。葛文德的結論是算，他寫道：「單單要像正常人一樣活著，就需要和他人互動。」

4. Jones et al. (1992), p. 123.

5. 雖然整個月經週期都有性行為的只有人類與巴諾布猿，但黑猩猩和某幾種海豚似乎也和我們一樣，喜歡為了快感而性，而非只為了繁衍。

6. 上述趣聞都引自文化史學家范杜拉談爵士及搖滾樂起源的絕妙好文〈聽長蛇呻吟〉（"Hear That Long Snake Moan"），發表於：Ventura (1986)。此書已絕版，但本文和其他文章皆可至范杜拉的網站閱讀，請見：http://www.michaelventura.org/。湯普生所談之題材可參考范杜拉之文章，以及Thompson (1984)。

第六章 你的爸爸們是誰？

1. Harris (1989), p. 195.

2. Beckerman and Valentine (2002), p. 10.

3. Beckerman and Valentine (2002), p. 6.

4. 希爾的研究轉引自Hrdy (1999b), pp. 246-247。

5. 比如，研究人員發現哥倫比亞、委內瑞拉的巴里人，孩子若有兩個以上受社會認可的父親，百分之八十能長大成人，而只有一個公認父親的孩子則只有百分之六十四能活到那時。希爾與烏爾塔多（Hill and Hurtado）記載，在他們調查

6 這段話引自莎莉・勒曼（Sally Lehrman）於「AlterNet.org」的貼文，請見：http://www.alternet.org/story/13648/?page=entire。

7 Morris (1981), pp. 154-156.

8 Beckerman and Valentine (2002), p.128.

9 見Beckerman and Valentine (2002)中Erikson的章節。

10 Williams (1988), p. 114.

11 Caesar (2008), p. 121.

12 轉引自Sturma (2002), p.17.

13 見Littlewood (2003)。

14 至此，唱反調者必會跳出來，指出瑪格麗特・米德（Margaret Mead）那番南海人較為放蕩的著名說法早已於一九八三年遭德瑞克・弗里曼（Derek Freeman）戳破。可是弗里曼那番戳破的論點也已經遭人戳破，也因此米德原先的那套說法可說是被……反戳破？海勒姆・凱敦（Hiram Caton）等人主張弗里曼大肆抨擊米德，很可能是受了精神疾病影響，也正是因病導致多次偏執發作，澳洲的外交人員才強制將其請出砂勞越，此番論點十分有力。人類學界的一般共識為，米德的研究結果即便有錯，錯多錯少仍不清楚。弗里曼提出反駁之時，薩摩亞人受基督教教化已有數十載，因此他所聽到的故事和米德半世紀前所聽說的有顯著差異，並不奇怪。若要簡短回顧，建議參考Monaghan (2006)。

15 Ford and Beach (1952), p.118.

16 Small (1993), p. 153.

17 de Waal (2005), p.101.

18 Morris (1967), p. 79.

19 http://primatediaries.blogspot.com/2007/08/forbidden-love.html

20 Kinsey (1953), p.145.

21 Sulloway (1998).

22 其他也有分享行為的哺乳類，可參考以下文獻中的回顧：Ridley (1996)及Stanford (2001)。

23 Bogucki (1999), p. 124.

24 Knight (1995), p. 210.

25 人類的排卵期究竟隱藏到什麼程度,其實也不像許多專家學者說的那樣早已蓋棺論定。我們有充分理由相信,嗅覺系統仍能感測到女性的排卵期,不過相較於古代人類,這套系統已經大為萎縮。比如可參考：Singh and Bronstad (2001)。再者,也有理由相信女性會藉由諸如珠寶或改變臉孔魅力等視覺提示,來宣傳自己可受孕的狀態。比如可參考：Roberts et al. (2004)。

26 Daniels (1983), p. 69.
27 Gregor (1985), p. 37.
28 Crocker and Crocker (2004), pp 125-126.
29 Wilson (1978), p.144.

第七章　最最親愛的媽咪們

1 Pollock (2002), pp. 53-54.
2 此段話引自馮・吉爾德（Sarah van Gelder）所進行之採訪："Remembering Our Purpose: An interview with Malidoma Somé." *In Context: A Quarterly of Humane Sustainable Culture*, vol. 34, p. 30 (1993). 可於線上閱讀：http://www.context. org/ICLIB/IC34/Some.htm。
3 Hrdy (1999), p. 498.
4 Darwin (1871), p. 610
5 Leacock (1981), p. 50.
6 http://www.slate.com/id/2204451/.
7 Erikson (2002), p. 131.
8 Chernela (2002), p. 163.
9 Lea (2002), p. 113.
10 Chernela (2002), p. 173.
11 Morris (1998), p. 262.
12 Malinowski (1998), p. 156-157.
13 請見：Sapolsky (2005)。

14 Drucker (2004).
15 即便是浪漫時期「高貴野蠻人」理想的招牌人物盧梭，也用過幾次這種處理嬰兒的方法。一七八五年，班傑明・富蘭克林造訪一處慈善院，盧梭曾在此寄養了他五個私生子。富蘭克林發現，此處的嬰兒死亡率是百分之八十五。參見："Baby Food," by Jill Lepore in *The New Yorker*, 2009/1/19。
16 McElvaine (2001), p. 45.
17 Betzig (1989), p. 654.

第八章 婚姻、交配、一夫一妻、一團混亂

1 寫作此段之時，有人指控老虎伍茲曾經在車上、停車場、沙發上「睡過」十來個以上的女人……我們該覺得他有猝睡症嗎?。
2 de Waal (2005), p. 108.
3 雄性供應（投資）成為雌性性擇的重要因素之一，一般認為崔佛斯的論文是確立這點的扛鼎之作。若想更深入了解演化心理學的整體發展，本文值得一讀。
4 Ghiglieri (1999), p. 150.
5 Small (1993), p. 135.
6 Roughgarden (2007).
7 *The New Yorker*, 2002/11/25.
8 卡特萊特此文可見於：http://www.pbs.org/wgbh/aia/part4/4h3106t.html。
9 Symons (1979), p. 108.
10 Valentine (2002), p. 108.
11 文章作者為：Souhail Karam, *Reuters*, 2006/7/24.
12 *The New Yorker*, 2007/4/17.
13 博韋的樊尚《鏡鑑》10.45。
14 兩段話皆引自：Townsend and Levy (1990b)。

第九章 確定父子關係：標準論述的崩潰

1 Edgerton (1992), p. 182.
2 Margolis (2004), p. 175.
3 Pollock (2002), p.53.
4 想瞭解社會之中暴力程度與情慾間更深的關聯，請見：Prescott (1975)。
5 引用自Hua (2001), p. 23。
6 Namu (2004), p. 276. 關於摩梭文化的精彩報導，請參見美國公共電視（PBS）《世界前線》節目（Frontline World）「女兒國」特集（The Women's Kingdom）。網址：www.pbs.org/frontlineworld/rough/2005/07/introduction_to.html。
7 Namu (2004), p. 8.
8 Namu (2004), p. 69.
9 如此將個體自主視為神聖，也是採集者的特徵。比如，麥克·芬克爾（Michael Finkel）最近造訪坦尚尼亞的哈札族，據他記載：「哈札族沒有公認領袖。營帳依傳統以年長男性命名……然此榮譽並未授與任何特定權力。個人自主是哈札族的招牌特色。沒有哪個成年哈札族人的權力高過另一人。」（National Geographic, December 2009）
10 Hua (2001), pp. 202-203.
11 Namu (2004), pp. 94-95.
12 參見辛西亞·巴恩斯的文章〈中國的女兒國〉（"China's Kingdom of Women"），刊於「Slate.com」網站，2006/11/17。網址：http://www.slate.com/id/2153586/entry/2153614。
13 Goldberg (1993), p. 15.
14 此書出版於二○○二年，而高柏格的書則早了幾乎十年。不過，桑迪所有關於米南加保的著作（包括高柏格引的那篇）所主張的論點都與他的立場相反，這點絕對值得一提。
15 來源：http://www.eurekalert.org/pub_releases/2002-05/uop-imm050902.php。
16 以上各段大多引自大衛·史密斯（David Smith）於二○○五年九月十八日刊於《衛報》（The Guardian）的文章。線上版請見：http://www.guardian.co.uk/uk/2005/sep/18/usa.filmnews；或是霍登（Stephen Holden）二○○五年六月二十四日於《紐約時報》所發表之評論，請見：http://movies.nytimes.com/2005/06/24/movies/24peng.html?_r=2。
17 Namu (2004), p. 8.
18 "Monogamy and the Prairie Vole," Scientific American Online Issue, February, 2005, pp. 22-27.
19 The San Diego Union-Tribune; "Studies suggest monogamy isn't for the birds - or most creatures," by Scott LaFee, September 4, 2002.

20 自從因塞爾說出這句話以後，事情又變得更為混亂一些。近期，因塞爾等人都努力想發現草原、高山、牧原田鼠忠貞與否和荷爾蒙之間的相關性。《自然》（Nature）於一九九三年十月七日就報導，因塞爾與團隊發現，交配時釋放的荷爾蒙「抗利尿激素」（vasopressin）似乎會觸發某些種類的雄田鼠護巢、防衛的行為，但對其他種類則無影響，有人據此推測可能有「一夫一妻基因」。相關評論請見：http://findarticles.com/p/articles/mi_m1200/is_n22_v144/ai_14642472。二〇〇八年，瑞典卡羅林斯卡研究所（Karolinska Institute）的哈瑟‧瓦盧姆（Hasse Walum）發現有種稱為RS3 334的基因似乎和男人能否與伴侶同心有關。此基因似乎和自閉症也有些關聯。此論文可參考：Proceedings of the National Academy of Sciences, DOI: 10.1073pnas.0803081105。有篇新聞報導摘要了研究結果：http://www.newscientist.com/article/dn14641-monogamy-gene-found-in-people.html。

第十章 嫉妒：第一次貪戀人妻就上手

1 Darwin (1871/2007), p. 184.
2 Hrdy (1999b), p. 249.
3 這本書在歷史學家間稱為《邪惡聖經》（The Wicked Bible）或是《姦淫聖經》（The Adulterous Bible）。因為犯了這個錯誤，導致皇家印刷員被吊銷執照，還被罰了三百英鎊。
4 說也奇怪，被稱為「平頭族」（the Flatheads）的部落並非其中一份子，畢竟他們的頭和捕獸人一樣是「平的」，而鄰近部落的頭卻是奇怪的尖錐狀。
5 其實瑪麗安‧費雪（Maryanne Fisher）和同事還發現結果相反，如果偷吃這件事還涉及家人，反而令人心裡更難受。
請見：Fisher et al. (2009)。
6 Buss (2000), p. 33.
7 Buss (2000), p. 58.
8 Jethá and Falcato (1991).
9 Harris (2000), p. 1084.
10 巴斯的嫉妒研究，其概述可參考Buss (2000)。若對反駁其著作的研究及評論有興趣，請參考：Ryan and Jethá (2005)、Harris and Christenfeld (1996)、DeSteno and Salovey (1996)。
11 http://epjournal.net/filestore/ep0667675.pdf.
12 Holmberg (1969), p. 161.

第三篇 未有的過往

第十一章 自然的財富（困苦？）

1. 想來他應是在讀一八二六年出版的第六版。
2. Barlow (1958), p. 120.
3. 達爾文很清楚馬爾薩斯的思想，此事並非巧合。當時有位經濟哲學家名喚海麗葉特・瑪蒂諾（Harriet Martineau），很早就開始提倡女性主義，並直言反對奴隸制。她曾跟馬爾薩斯走得很近，之後和達爾文的哥哥伊拉斯謨斯成了朋友，伊拉斯謨又將她介紹給達爾文認識。某些人（包括麥特・瑞德里）認為，要不是達爾文「驚訝竟有女如此之醜」，二人的友誼最後可能會步入婚姻。這段婚姻必定會對西方思想產生長遠影響（請見瑞德里的文章..."The Natural Order of Things," in *The Spectator*, Jan. 7, 2009）。
4. Shaw (1987), p. 53.
5. Darwin (1871/2007), p.79. 馬爾薩斯和達爾文若熟悉麥克阿瑟與威爾森（MacArthur and Wilson）對於r/K繁衍及擇汰的想法（1967），將會從中獲益。簡言之，二人主張某些生物（如：多種昆蟲、齧齒類等）繁衍得很快，以搶占尚有空位的生態區位（niche），這類生物不期待大多數子代能活到成年，而是快速占滿環境，是為「r型擇汰」（r-selected）物種。至於「K型擇汰」（K-selected）物種的子代較少，對子代個體的投資也較多。這類物種多半處於馬爾薩斯所謂的均衡狀態，族群數量與食物來源之間已經不再消長。於是問題就來了：顯然，人類是「K型擇汰」物種，那麼我們的環境區位又是在何時已達飽和？還是說隨著人口不斷擴張，我們也不斷找出方法擴張區位？如果是這樣，將天擇應用於人類演化之時，上述的狀況對天擇背後的機制又有何影響？
6. 比如：「我們祖先漁獵採集了約莫兩百萬年，期間人口從約一萬名古人類成長到約四百萬名現代人。若此時期和我們所想的一樣穩定成長，則人口應平均每二十五萬年成長一倍。」資料來源：*Economics of the Singularity*, Robin Hanson, http://www.spectrum.ieee.org/jun08/6274。
7. 資料來源：美國人口調查局（U.S. Census Bureau）..http://www.census.gov/ipc/www/worldhis.html。

13. 引自部落格文章.."On Faith" in *The Washington Post*, November 29, 2007; http://newsweek.washingtonpost.com/onfaith/panelists/richard_dawkins/2007/11/banishing_the_greeneyed_monste.html。
14. Wilson (1978), p. 142.

8 史密斯此文可在網路找到,請見: http://realhumannature.com/?page_id=26。

9 Lilla (2007).

10 Hassan (1980).

11 史前人類如何、為何成長如此緩慢,若想看看我們的祖先的確活在霍布斯式的恐懼之中,但不是害怕彼此,而是害怕經常有獵食者出現。馬爾薩斯承認北美原住民的人口成長率很低,但他將此現象歸因於因食物短缺而導致性慾低落,「冷漠遲鈍的脾性」,或者是因為「身體架構有天生缺陷」(1.IV.P 3)。

12 現代人類悠悠蕩蕩走出非洲之時,之前從非洲擴散至歐亞的其他人科物種早已絕種。若有物種間的競爭(這點仍不清楚),那麼情勢對於當時仍苦撐的尼安德塔人(Neanderthals)以及(可能還有)直立人十分不利。你可以主張,歐洲與中亞部分地區有尼安德塔人,可能導致眾人爭奪獵區,但我們的祖先和尼安德塔人若真有接觸,接觸的程度有多少仍是未解之謎。此外,即便有重疊之處,也應該是部分重疊,畢竟尼安德塔人看起來是食物鏈頂層的肉食動物,而智人則至今仍熱愛雜食。比如參考:: Richards and Trinkaus (2009)。

13 人類第一次抵達美洲是何時,也是未解之謎。晚近在智利所做的考古研究發現,約三萬五千年前可能就有人類聚落,拋出了問題:: 第一批人類如何、何時抵達西半球?。比如可參考:: Dillehay et al. (2008)。

14 例如可參考:: Amos and Hoffman (2009)。古人類學家約翰·霍克斯(John Hawks)就不相信人口瓶頸必然代表史前人類人口稀疏,主張::「許多小型人類群體其實競爭非常劇烈,當中許多都撐不久。或者是劇烈競爭導致如此多局部滅絕的狀況。」(請見其部落格:: http://johnhawks.net/node/1894)。世界許多最不宜人居的地區都有漁獵採集群體長期生存,且地球其他地區都相對物產豐富,再者基因證據顯示七萬年前多峇湖火山噴發(Toba eruption)後僅有幾百組的繁殖對(breeding pair)(Ambrose, 1998)考慮上述因素,我們並不相信霍克斯筆下「局部滅絕」的場景是起因於競爭,而非地球災害。

15 至於農業本身,或許應將其視為生態飽和的因應之道。氣候變遷如何導致農業出現,尤其常見於懷孕及哺乳的婦女。此外,許多含有毒或單寧酸的有毒食物也會與能結合鹼類的黏土一同烹煮,以去除毒性。黏土可能富含懷孕時十分重要的鐵、銅、鎂、鈣。

16 「文明有很大一部分是臨時為了適應災難性的氣候變遷,而有了這意料之外的副產品。」布魯克斯等人認為,轉向農業其實是因應環境不斷惡化的「最後手段」。在世界各地許多社會都很常見,尤其常見於懷孕及哺乳的婦女。此外,許多含有毒吃土的習慣稱為「geophagy」,全面的討論可參考:: Fagan (2004)。

17 2007年8月5日。
18 http://moneyfeatures.blogs.money.cnn.com/2009/04/30/millionaires-arent-sleeping-well-either/?section=money_topstories。
19 請見：Wolf et al. (1989)及Bruhn & Wolf (1979)。Malcolm Gladwell (2008)也討論過羅塞托。
20 Sahlins (1972), p. 37.
21 http://www.newyorker.com/online/blogs/books/2009/04/the-exchange-david-plotz.html。
22 Malthus (1798)，第一冊第四章第三十八段。
23 Darwin (1871/2007), p. 208.
24 若對詳細分析現代經濟理論如何用於（或難以用於）非國家社會有興趣，請見：Henrich et al. (2005)，以及以下由理查·李（Richard Lee）所執筆之章節："Reflections on primitive communism," in Ingold et al. (1988)。

第十二章 自私的瀰（醒醐？）

1 亞當·史密斯在《道德情操論》(A Theory of Moral Sentiments) 中寫道：「再如何假定人自私自利，其天性中顯然都有某些原則，令其對於他人之命運感興趣，並視他人之樂為己之必須，即便他從中毫無所得，唯見了感到寬慰而已。」
2 Gowdy (1998), p. xxiv.
3 Mill (1874).
4 New York Times, July 23, 2002. "Why we're so nice: We're wired to cooperate"。原本的研究請見：Rilling et al. (2002)。
5 引用伊恩·安格斯（Ian Angus）對於阿佩爾論文的絕妙分析，請見：http://links.org.au/node/595。
6 Ostrom (2009).
7 Dunbar (1992 and 1993).
8 Harris (1989), pp. 344-345.
9 Bodley (2002), p. 54.
10 Harris (1989), p. 147.
11 van der Merwe (1992) p. 372，亦請參考以下資料：Jared Diamond, "The Worst Mistake in the History of the Human Race"。（網路上很普遍，比如可見：http://www.awko.org/worst-mistake/）。
12 Le Jeaun (1897), p. 281-283.
13 Gowdy (1998), p. 130.

14 Menzel and D'Aluisio, p.178.
15 Harris (1980), p. x，另見Eaton, Shostak, and Konner (1988).
16 Gowdy (1998), p. 13.
17 Harris (1980), p. 23.
18 Harris (1980), p. 81.
19 Ridley (1996), p. 249.
20 同理，心以及直接講求公平在生物學方面的起源，請見：de Waal (2009).
21 Dawkins (1998), p. 212.
22 de Waal and Johanowicz (1993).
23 Sapolsky and Share (2004)，並可參見：Natalie Angier, "No Time for Bullies: Baboons Retool Their Culture," *New York Times*, April 13, 2004。
24 Boehm (1999), p. 3, 68.
25 Fromm (1973), p. 60.
26 Gowdy (1998), p. xvii.

第十三章 史前戰爭論戰不休（野蠻？）

1 於斯科普斯案（the Scopes case）中的結辯。
2 Wade (2006), p. 151.
3 人類於六萬年前開始從非洲向外遷徙，近年來的粒線體DNA研究顯示，即便在那之前，各群人類彼此之間也多半沒有往來，各自於東非與南非活動達十萬年之久。根據這項研究，一直要到約四萬年前這兩支人類才合流，成為單一的泛非群體。請見Behar et al. (2008)。完整論文可於線上閱讀：http://www.cell.com/AJHG/fulltext/S0002-9297%2808%2900255-3#。
4 有興趣進一步探討，可先從以下資料開始：Fry (2009)及Ferguson (2000)。
5 平克的演講根據的是他在其暢銷著作《白紙一張——現代如何拒絕承認人性》（*The Blank Slate: The Modern Denial of Human Nature*）提出的論點，尤其是第三章的最後幾頁。
6 平克演講的網址為：http://www.ted.com/index.php/talks/steven_pinker_on_the_myth_of_violence.html。網站上還可找

到其他許多有趣的演講。比如，你可以搜尋薩瓦戈─魯姆博夫（Sue Savage-Rumbaugh）談狒狒的演講。如果你想讀讀平克的觀點，可以在以下網址找到根據這段演講寫成的文章：www.edge.org/3rd_culture/pinker07/pinker07_index.html。

7 平克這張圖表是基利一九九六年書中圖表的一部分，基利在他的那幾張圖表中（pp. 89、90）說這些是「原始」、「邦國出現之前」、「史前」的社會。在第三十一頁，基利確實區分了他口中的「定居漁獵採集者」和真正的「遊居漁獵採集者」，寫道：「低密度、遊居的漁獵採集者財產少（而且可帶著走）、領土大、固定資源或者建築設施少，可選擇逃離衝突與來犯的勢力。最好的情況下，這些遊居（即時回報型）漁獵採集者可代表人類的史前時期。按定義而言，這個時期定居聚落、農耕糧食、馴養禽畜等都還未出現。基利（連帶的還有平克）之所以弄不清狀況，主要原因在於他錯把粗耕民族與他們的園圃、定居的存落標示為『定居漁獵採集者』。沒錯，他們偶爾的確也採集，但由於這些活動並非食物的唯一來源，因此他們的生活與即時回報型漁獵採集者並不相同。有園圃、定居的村落等，便有必要防衛領土，和我們的祖先相比之下，要逃離可能的衝突也變得較有問題。和即時回報型的採集者不同，有人侵略就跑對他們而言要損失的太多了。

基利承認這點，寫道：「農耕者與定居漁獵採集者別無他法，只能兵戎相見，又或者在受傷之後報復，以避免進一步的侵略。」

這一點值得再三強調。在穩定的村落中過著定居生活，有投入大量勞力的遮風避雨處，有耕地，還有太多財產難以隨身帶著走，這並不是漁獵採集。史前人類並沒有這些東西，畢竟正是因為缺乏這些事物，他們才成為「史前」人類。

8 平克圖表中的社會：

黑瓦洛人	黑瓦洛人種植山藥、花生、樹薯、玉米、番薯、塊根豆類、南瓜、大蕉、菸草、棉花、香蕉、甘蔗和芋頭。傳統還飼養大羊駝和天竺鼠，之後也引進了狗、雞、豬。
亞諾瑪米人	亞諾瑪米人行採集及刀耕火種的粗耕。種植大蕉、樹薯及香蕉。
恩加人梅族	恩加人中的梅族種植番薯、芋頭、香蕉、甘蔗、林投果、豆類以及多種葉菜，也種植馬鈴薯、玉米及花生。他們也養豬，通常不是為了吃肉，而是為了重要的儀式慶典。
達尼人	達尼人的飲食約有九成是番薯，他們也種香蕉和樹薯。豢養的豬隻也很重要，既是以物易物時的貨幣，也用於慶祝重要活動。偷豬是衝突的主要來源。

樂園的復歸──遠古時代的性如何影響今日的我們？　334

雍古人	在一九三○、四○年代建立傳教區，逐步引進市場商品之前，雍古人的經濟以捕魚、採集貝類、狩獵採集為主。雖然漁獵採集對於某些群體仍十分重要，但是汽機車、有船外機的鋁製船隻、槍枝及其他外來引進的工具都已取代當地原有的技術。
胡利人	胡利人的主食是番薯。和巴布紐幾內亞的其他族群一樣，家豬因能提供肉類和代表地位而受到重視。

9　Fry (2009).

10　Knauft (1987 and 2009).

11　更糟的是在長條圖中平克將其與二十世紀歐美男性戰爭死亡率並置。這樣的戰爭為了打擊意志（德國德勒斯登、日本廣島、長崎），將炮口對準了平民（而非僅止於男性戰鬥人員），因此只計算男性死亡率並無意義。「全面戰爭」就始於二十世紀，他並未提到南京大屠殺、二戰的太平洋戰爭（包括對日本投下的兩顆原子彈）、赤東及波布在柬埔寨的殺戮戰場、越南長達數十年連續多場的戰爭（分別對抗日本、法國、美國）、中國革命與內戰、印度與巴基斯坦分裂及其後的多場戰爭、韓戰。這裡的數以百萬計的人，他在估算二十世紀（男性）戰爭死亡率時，都沒有算入。平克也沒有算入衝突不斷、徵召童兵、任意種族屠殺的非洲。看不到圖西人（Tutsi）或胡圖（Hutu）人。南美洲二十世紀打了多場戰爭，還有多個獨裁政權，許多平民百姓都遭到刑求，從此人間蒸發。薩爾瓦多？尼加拉瓜？瓜地馬拉死了的那十萬多個村民？沒有。完全沒有。

12　比如，請見：Zihlman et al. (1978 and 1984).

13　我們聯絡了史密斯，問他要如何解釋未能論及巴諾布猿一事。他先是引用了藍翰與彼得森的說法，表示巴諾布猿較不能代表我們最後一個共同的祖先。但我們指出，許多靈長類動物學家都持相反意見（巴諾布猿較具代表性），而且連藍翰本人都針對這點修改了意見，再者不論如何，說黑猩猩是我們「血緣最近的非人類親戚」而沒有提到巴諾布猿就是與事實不符，此時他終於軟化下來，在他筆下那繪聲繪影的黑猩猩「血腥消耗戰」當中加入兩小段和巴諾布猿有關的內容。這篇線上文章節錄自他的書，而書早已付梓，應該不太可能反映出以上兩段心不甘情不願的修改。

14　Ghiglieri (1999), pp. 104-105.

15　文獻回顧請見：Sussman與Garber於Chapman and Sussman (2004)書中二人執筆的章節。

16　此句引自：de Waal (1998), p. 10。

17　Goodall (1971)，轉引自Power (1991), pp 28-29。

335　註釋

18 說也奇怪，德瓦爾雖然同意鮑爾的中心思想，卻對她的著作隻字未提，提的時候也只是說她不值一提。德瓦爾在他於一九九六年出版的書《性本善：人類及其他動物是非之起源》(Good Natured: The Origins of Right and Wrong in Humans and Other Animals) 的尾註當中寫道：「鮑爾 (Power, 1991) 根據所讀之文獻提出某些「田野調查地點（比如岡貝的香蕉營）提供食物使黑猩猩變得比較暴力、較不平等，因此改變了社群間與社群內關係的『基調』。鮑爾的分析既認真重新審視了現有的資料，又遙想一九六〇年代將猿類視為高貴野蠻人，當前針對未供給食物的野生猩猩所做的研究未來必定可以回答此研究所提出的問題。」
我們認為就這樣三兩句打發了鮑爾的分析似乎有點說不過去，而且也很少見到德瓦爾如此不厚道。「遙想一九六〇年代」（我們在她書中並未察覺如此情懷），德瓦爾也承認她的分析「提出的問題」需要解決。這些問題有可能使眾多與黑猩猩社會互動有關的資料變成無用資料——德瓦爾是世界數一數二的黑猩猩行為專家，學術成就也顯示他甚為尊重批判性分析，對於前述的可能他必定會十分感興趣。

19 Ghiglieri (1999), pp. 173.

20 如欲回顧上述報告並閱讀針對鮑爾論點所提出的反駁，請見：Wilson and Wrangham (2003)。

21 Nolan (2003)。

22 Behar et al. (2008)。針對此材料的精采評析，請見：Fagan (2004)。

23 Turchin (2003 and 2006).

24

25

26 Edgerton (1992), pp. 90-104.

27 一九六八年聖誕日那天，阿波羅八號的太空人法蘭克‧博爾曼 (Frank Borman) 向世界聽眾朗讀以下禱詞：「主啊，請賜我們能力，看到在人類諸多過失之外，還有祢在世上的慈愛；賜我們信念，相信在我們的無知與懦弱之外，仍有美善；賜我們知識，讓我們能繼續懷著善解的心祈禱；指引我們該如何為未來世界的和平努力。阿們。」

28 Tierney (2000), p.18. 提爾尼的書點燃了一場燎原的火，與之一比，任何黑猩猩族群都顯得平和無比。爭議之處主要在於，提爾尼指控沙尼翁及同事有可能造成了亞諾瑪米人之中的致命傳染疾病。我們未曾細加審視上述指控，對討論沒有可補充之處，僅能就沙尼翁的研究方法以及治學態度加以批評，畢竟這和亞諾瑪米人的戰爭有關。有興趣想更進一步了解亞諾瑪米人的讀者可以先參考：Good (1991) 該文描述了與亞諾瑪米人相處的時間前後加起來大約是五年。Tierney (2000) 列出了反對沙尼翁的主張，只不過當中內容遠超出此處所列之批評。Ferguson (1995) 則深入分析了沙尼翁的計

算與結論。如有興趣了解他對於戰爭起源的看法，以下兩篇論文可至他任教科系網站下載：（http://www.ncas.rutgers.edu/r-brian-ferguson）："Tribal, 'Ethnic,' and Global Wars"以及"Ten Points on War"。當然，也隨時可以參考沙尼翁的亞諾瑪米人爭議。Borofsky（2005）則以持平的態度講述了此次爭議以及發生的背景。當然，也隨時可以參考沙尼翁的作品。

30 引自：Tierney (2000), p. 32。
31 *Washington Post* review of *Darkness in El Dorado: Jungle Fever*, By Marshall Sahlins, Sunday, December 10, 2000, p. X01.
32 Chagnon (1968), p.12.
33 Tierney (2000), p. 14.
34 Sponsel (1998), p. 104.
35 2008年10月23日。

第十四章 長壽的謊言（短暫？）

1 注意：以上數字僅供說明使用。為了簡化（再說，這個數字也沒意義），我們並未根據男女身高、平均嬰兒骨骼高度的地區差異等因素調整。
2 2008年10月6日。
3 Adovasio et al. (2007), p. 129.
4 Gina Kolata, "Could We Live Forever?," 2003/11/11.
5 *Scientific American*, March 6, p. 57.
6 Harris (1989), pp. 211-212.
7 http://www.gendercide.org/case_infanticide.html.
8 這些數字還不包含上述國家經常選擇人工流產的女胎。比如，法新社就報導，選擇性墮胎使得中國男性比女性多出三千二百萬人，中國一年內（二〇〇五年）出生的男嬰就比女嬰多一百一十萬人。
9 哲學家彼得·辛格（Peter Singer）寫過好些發人深省的書及文章，談論如何計算人類vs.非人生命的價值。比如請見：Singer (1990)
10 引自：Blurton Jones et al. (2002)。
11 Blurton Jones et al. (2002)。

12 請見：Blurton Jones et al. (2002)。
13 對於這些問題有興趣的讀者，強力推薦你讀讀以下這篇優秀的論文。
14 引自上述論文：Kaplan et al. (2000) p. 171。
15 有興趣想看看同樣的農業魔咒在現代世界如何發酵，可閱讀麥可‧波倫（Michael Pollan）的著作：*In Defense of Food: An Eater's Manifesto* (2009)〔該書中譯本可參見：《食物無罪——揭穿營養學神話，找回吃的樂趣》，平安文化，二〇〇九年。——編按〕。
16 Larrick et al. (1979).
17 資料來源：Diamond (1997)。
18 Edgerton (1992), p. 111.
19 Cohen et al. (2009).
20 Horne et al. (2008).
21 既然談到了吊床，我們想藉這個機會正式提出吊床才是人類技術的第一起例子，而非矛頭或石刃。這項主張未曾有硬體證據出土，是因為吊床是以會腐朽的纖維製成（誰想要石頭吊床呢？）。就連黑猩猩和巴諾布猿也會以樹枝編織出睡覺用的平台，製成原始的吊床。
22 請見 Sapolsky (1998)，這本傑作綜覽了壓力對我們如何產生影響。談到人類與巴諾布猿的相似之處，有件事情很有意思值得一提：依據 de Waal and Lanting (1998)所述，二戰期間砲彈打到了一處動物園附近，裡頭所有的巴諾布猿都死於爆炸所造成的壓力，而黑猩猩卻全無傷亡。
23 *The New Yorker*, June 26, 2006, p. 76.

第四篇 身體動起來

第十五章 小巨人

1 此段引自古爾德與平克、丹尼爾‧丹尼特（Daniel Dennett）雙方的辯論。若你喜歡大肆炫學、大搞小動作的討論，此論戰非常值得一讀："Evolution: The Pleasures of Pluralism," *New York Review of Books* 44(1): 47-52.
2 Potts (1992), p. 237.

樂園的復歸——遠古時代的性如何影響今日的我們？   338

1 Miller, (2000), p.169.
2 除了雄性之間交配衝突的劇烈程度之外，還有其他因素可能影響體型雌雄二型性，只不過不一定總是會有影響。比如可參考：Lawler (2009)。
3 一般認為南方古猿（Australopithecus，約三至四百萬年前）雄性的體型比雌性大百分之五十。近年的論文則顯示，始祖地猿（Ardipithecus ramidus，一般認為出現時間比南方古猿早一百萬年左右）較接近人類百分之十五到二十的區間。不過切記，始祖地猿的骨骸重建雖然獲得大肆宣傳，但其實是取自許多個體的不同部位，也因此我們對於四百四十萬年前體型雌雄二型性的概念，頂多也就是有根據的推測，參見：White et al. (2009)。
4 Lovejoy (2009).
5 http://www.psychologytoday.com/articles/200706/ten-politically-incorrect-truths-about-human-nature.
6 Supplemental Note. On sexual selection in relation to monkeys. Reprinted from Nature, November 2, 1876, p.18. http://sacred-texts.com/aor/darwin/descent/dom25.htm.
7 下一章也會討論到，生殖器呼應理論（genital echo theory）主張，雌性之所以發展出垂掛的雙乳，是為了讓乳溝模仿股溝（這有比較科學的詞嗎？）來吸引我們的靈長類祖先。順著這樣的思路，有些人主張有著各種華麗名字的口紅其實是要重現當初曾讓可憐的達爾文迷惑不已的紅彤彤的「臀部」。
8 精子組隊理論請見：Baker and Bellis (1995)或Baker (1996)。
9 Hrdy (1996)討論了達爾文個人在性方面的心理疙瘩至今如何還反映在演化理論當中，是篇博學又引人入勝的好文。
10 Supplemental Note. On sexual selection in relation to monkeys. Reprinted from Nature, November 2, 1876, p.18. http://sacred-texts.com/aor/darwin/descent/dom25.htm.
11 Diamond (1991), p.62.

第十六章 最能衡量男人的方式

1 de Waal (2005), p.113.
2 引自：Barkow et al. (1992), p. 299。
3 Barash and Lipton (2001), p.141.
4 Pochron and Wright (2002).
5 Wyckoff et al. (2000)。其他探究靈長類睪丸相關基因的研究也鞏固了這樣的印象：古代人類交配行為更接近雜交的黑

6 猩猩，而非一夫多妻的大猩猩。比如可參考：Kingan et al. (2003)。他們的結論為，雖然「預測古代人屬動物之精子競爭應有多激烈有其爭議，但我們發現人類Sg1核苷酸變異的模式更接近黑猩猩而非大猩猩」。

7 Short (1979).

8 Lindholmer (1973).

9 更多相關討論，請參考陶德·謝克佛德（Todd Shackelford）的著作，尤其是：Shackelford et al. (2007)。謝克佛德大方將大部分已發表著作公開讓人免費下載，請見：http://www.toddkshackelford.com/publications/index.html

10 Symons (1979), p.92. 雖然他的結論我們大概有一半都不同意，而且當中的科學知識大多已經過時，不過賽門斯筆帶機鋒、文筆絕佳，還是很值得一讀。

11 Harris (1989), p. 261.

12 精子競爭的議題引發諸多激辯，礙於篇幅（很可能也礙於讀者興趣有限），我們無法徹底詳談，尤其無法討論貝克與貝里斯（Baker and Bellis）極具爭議的說法。他們認為精子組成的團隊中有專門的細胞分別負責「掩護」、「自殺式攻擊」、「奪卵」。針對二人的研究，科學的論述請見Baker and Bellis (1995)。科普介紹請見：Baker (1996)。針對此爭議話題，由第三方所寫的持平討論請見：Birkhead (2000)。尤其是pp. 21-29。

13 資料主要來自：Dixson (1998)。

14 比如可參考：Pound (2002)。

15 Kilgallon and Simmons (2005).

16 有些讀者可能會反駁，說上述的當代色情影像傳統表現的，是男尊女卑、貶低女性，而非勾起慾火的能力。不論此論點是否為真（此處我們暫且不討論），我們都必須問為何要以這類影像如此表現，畢竟要以看得見的方式羞辱一個人有很多方法。有些專家認為「顏射」（日語：ぶっかけ）其實源自日本處罰婦女紅杏出牆的做法，你可以將其視為較不具清教徒色彩的《紅字》（The Scarlet Letter）。可參考第十七屆世界性學大會的以下海報發表研究..."Bake a Cake? Exposing the Sexual Practice of Bukkake"，作者為Jeff Hudson and Nicholas Doong，http://abstracts.co.allenpress.com/pweb/sexo2005/document/50214。若你不知道「顏射」是什麼，且只要有一絲可能會感到不舒服，請當作我們沒提過。

第十七章 有時陰莖就只是陰莖

1 法蘭斯・德瓦爾懷疑巴諾布猿的陰莖可能比人類長,至少相較於體型而言如此,但其他靈長類動物學家似乎都不同意他的評估結果。不論如何,人類的陰莖不論以絕對值或相對於體型而言,無疑比其他顯然沒有參與精子競爭的猿類要粗得多。

2 其實,有一種叫黑冠長臂猿(Hylobates concolor)的長臂猿的確有垂吊於體外的陰囊。有意思的是,這種長臂猿也可能是嚴格一夫一妻制的例外。請見:Jiang et al. (1999)。

3 Sherfey (1972), p. 67.

4 Gallup (2009)對此提供了極佳的摘要。

5 Dindyal (2004).

6 http://news.bbc.co.uk/go/pr/-/2/hi/health/7633400.stm 2008/09/24。

7 Harvey and May (1989), p. 508.

8 羅伯特・馬丁(Robert Martin)在《人類演化百科》(Encyclopedia of Human Evolution)當中提到:「相較於體型,人類的最大生殖率(rmax)很低,就算和其他靈長類相比也是如此。這顯示在人類演化的過程中,擇汰的力量偏好低生育潛力。任何有關人類演化的模型都應該將這點考慮進去。」最大生殖率值低,普遍而言人類性行為程度又高,再次顯示對人類而言,性長期以來一直有繁衍以外的用途。同樣地,狄克森(1998)將一夫一妻與一夫多妻的靈長類(獅尾狒例外)的精囊標為退化或小型,而人類的精囊則標為中型,他表示:「若交媾較不頻繁,較不需要大量射精及形成凝集塊,在這樣的狀況下天擇或許會偏向縮減精囊大小。」他繼續立論:「這或許可以解釋主要採一夫一妻制(的靈長類)的精囊為何非常之小。」

9 BBC News online, July 16, 2003.

10 BBC News online, October 15, 2007.

11 Psychology Today, Mar/April 2001.

12 Barratt et al. (2009).

13 之前討論過,精子競賽與可分割的父子關係存在於某些社會之中。照理說,若想證明上述假設錯誤,可利用這些社會之前討論過的睪丸體積及精子生成相關數據。為此,我們聯絡了所有能找到的、曾在亞馬遜雨林(或在其他地方針對漁獵採集者)進行研究的人類學家,但似乎沒有人曾收集到這些「敏感的」資料。話雖如此,即便真的發現上述社會的男性睪丸體積較大、精子生成量較高,符合我們的假說,但由於當地較沒有工業社會中使二者大幅縮水的環境毒素,因此也無法完全確認假說正確。

14 BBC News online, December 8, 2006.

15 W. A Schonfeld, "Primary and secondary sexual characteristics. Study of their development in males from birth through maturity, with biometric study of penis and testes." *American Journal of Disease in Children* 65, 535-549（引自：Short, 1979）。
16 Diamond (1986).
17 Harvey and May (1989).
18 Baker (1996), p. 316.
19 Bogucki (1999), p. 20.

第十八章　高潮迭起的史前故事

1 緬因斯此書已引發非主流的轟動。她以嚴肅文化史的筆法講述震動按摩棒的故事，出人意料又引人入勝。寫作此書之時，根據莎拉‧茹爾（Sarah Ruhl）的書《隔壁房間》（*In the Next Room*）改編的劇作正在百老匯上演。美國全國公共廣播電台（NPR）針對此劇所寫專文請見：http://www.npr.org/templates/story/story.php?storyId=120463597&ps=cprs。
2 轉引自：Margolis (2004)。
3 請見：Money (2000)。有趣的是，精子耗損（精氣虧損）也是古代道教了解男性健康和性的中心概念。比如可參見：Reid (1989)。
4 布朗的相關介紹，請見：Fleming(1960)以及Moscucci(1996)。
5 Coventry (2000).
6 雖然常有人說陰蒂是「人體中唯一一個功能只用來提供快感的器官」，但這種說法有兩個問題。首先，如果女性高潮（快感）從我們所列出的幾個角度（增加受孕機會、刺激發聲因此能促進精子競爭）而言有其功用，那麼前述的快感顯然也有其目的。其次，男性乳頭又怎麼說呢？不是每個男人的乳頭都是性感帶，但乳頭的退化程度顯然很高，而且沒有實用功能。
7 Margolis (2004), p.242-243.
8 諷刺的是，根據人類學家提摩太‧泰勒（Timothy Taylor）一九九六年的著作指出，目前認為這種魔鬼的形象源自於頭上有角的神祇瑟那諾斯（*Cernunnos*），是喀爾特版的印度譚崔（Tantric practice），也因此原本象徵的是藉由性行為來達到精神的超脫。（譚崔為古印度的一種宗教信仰及修行法。——譯註）

9 Coventry (2000).
10 Hrdy (1999b), p. 259.
11 Sherfey (1972), p.113.

第十九章 女孩玩瘋了

1 Pinker (2002), p. 253.
2 我們無意排擠女性和男同志，但這個角度的科學資料確實有些匱乏。不過很有意思的是，在有些人跟我們說的小故事當中，他們無意中聽到鄰居（有男同志也有女同志伴侶）性交時的聲音，平時覺得比較女性化的那個人發出的聲音也比較多。
3 本片導演羅伯‧萊納（Rob Reiner）曾把劇本拿給他母親看，母親建議在這一幕的最後讓鏡頭轉向餐廳裡一位正要點餐、年紀較長的女性，她說：「她點什麼，我也要。」這句台詞實在太棒了，萊納跟母親說他會加進去，但前提是她得同意在電影裡說出這句詞，她答應了。
4 Semple (2001).
5 Small (1993), p. 142.
6 Small (1993), p.170.
7 Dixson (1998), pp. 128-129.
8 Pradhan et al. (2006).
9 此處引言引自：Hamilton and Arrowood (1978)。
10 比如，女性發聲的強度，能引導敏銳的男性的高潮反應，也因此增加同時或近乎同時高潮的機率。以下會討論，有證據顯示，這樣的時間點對於該名男性的生殖有優勢。
11 這個標題看來或許像是大學兄弟會的宣言（「沒有乳房，哪叫天堂」），但其實是哥倫比亞一齣電視劇的劇名，講述一名年輕女性去隆胸，希望能吸引當地藥頭的注意，從此脫離貧窮。
12 比如，Symons (1979)以及Wright (1994)。
13 請見：Morris (1967)、Diamond (1991)及Fisher (1992)。
14 http://dir.salon.com/mwt/style/2002/05/28/booty_call/。
15 雖說乳房可視為永遠膨脹，但這並不代表乳房不會隨著女人的生命（以及月經）週期改變。乳房多半會在懷孕、自

343　註釋

16 Small (1993), p.128.

17 Haselton et al. (2007)。可於線上閱讀：www.sciencedirect.com。

18 許多討論人「性」的說法都納入了這個解釋，但德斯蒙德・莫里斯的說法仍最廣為人知。

19 Dixson (1998), pp. 133-134.

20 此段狄克森專指獼猴及黑猩猩。不過在此段出現時，他原本正在談整體而言，雌性靈長類多重高潮的能力。像這樣的段落，讓我們不禁好奇資料的走向似乎很明顯，狄克森為何不順著走下去。我們寄了一封電子郵件給他，簡述了自己的論點，並請他批評指教，但他就算收到了我們的訊息，還是選擇不回應。

21 Symons (1979), p.89.

22 勞埃德以前是古爾德的學生，近來出版了一整本書回顧了多項從適應的觀點解釋女性性高潮的論點（且頗為不以為然地嗤之以鼻）：*The Case of the Female Orgasm: Bias in the Science of Evolution*。想知道我們為何不推薦此書，去讀讀大衛・巴瑞許（David Barash）針對勞埃德的著作所寫的書評，就有概念了。此文可在網上閱讀：〈讓千朵高潮綻放〉（"Let a Thousand Orgasms Bloom"）。閱讀網址：http://www.epjournal.net/filestore/ep0334 7354.pdf。

23 前面也提過，貝克和貝里斯的部分研究發現很具爭議。我們之所以提到他們，是因為一般大眾有很多人都知道他們，但他們的研究成果對於我們的論點並非一定必要。

24 Barratt et al. (2009)。可在網上閱讀：http://jbiol.com/content/8/7/63。

25 Pusey (2001).

26 兩段話都引自 Potts and Short (1999)。第一段引自正文第三十八頁，第二段則為引述勞拉・貝茲格的說法，參見第三十九頁。

27 Dixson (1998), pp. 269-271.「性交後性擇」的概念如何發展，在以下文獻中有精彩回顧：Birkhead (2000)。此過濾功能有豐富證據，可於以下文獻中找到：Eberhard (1996)。作者在當中列出數十個例子，證明女性會實施「性交後控管」，決定哪個精子能使卵子受孕。

28 Dixson (1998), p. 2.

29 Small (1993), p.122.

30 Gallup et al. (2002).

第五篇 男人來自非洲，女人也是

1　Wright (1994), p.58.

第二十章　蒙娜麗莎在想什麼

1　Kendrick et al. (1998).
2　Baumeister (2000).
3　Chivers et al. (2007).
4　此處回顧的研究，以下由伯格納撰寫的好文中多半有所著墨⋯"What Do Women Want? Discovering What Ignites Female Desire," 2009/1/22，連結：http://www.nytimes.com/2009/01/25/magazine/25desire-t.html
5　Anokhin et al. (2006).
6　Georgiadis et al. (2006)。或可參考以下報導⋯"Women fall into a 'trance' during orgasm." *Times Online*, by Mark Henderson, 2005/6/20。
7　Tarin and Gómez-Piquer (2002)。
8　雷多的話多半引自ＢＢＣ新聞網的文章：http://news.bbc.co.uk/2/hi/health/267697.stm。
9　Wedekind et al. (1995)。近期還有個後續研究，肯定了前述的實驗結果，參見⋯Santos et al. (2005)。
10　避孕藥不只會干擾女性察覺男性MHC的能力，顯然還會影響其他回饋系統。比如可參考⋯Laeng and Falkenberg (2007)。
11　此研究還有更近期的調查，請見⋯Alvergne and Lummaa (2009)。
12　這麼說並不是要指責避孕藥的不對，但鑑於上述種種改變，我們強烈建議男女先採用其他避孕方式，花幾個月時間相處之後，再作長遠打算。
13　Lippa (2007)。閱讀網址：http://psych.fullerton.edu/rlippa/bbc_sexdrive.htm。
14　參見⋯Safron et al. (2007)。
15　Alexander and Fisher (2003).

第二十一章　變態的悲歌

1 Dixson (2002).

2 以上兩場訪談都在全國公共廣播電台（NPR）的節目《美國生活》（*This American Life*）第二百二十集播出。可於iTunes或www.thislife.org免費收聽。

3 據Reid (1989)表示，中國人認為男人若和年長的女人分享自己充足的性能量，是明智而健康之舉，女人吸收了男人高潮時釋放的精氣便能受益；同理，年輕女人的高潮也能為年長男性注入更多活力。同樣的模式也可以在某些採集社會當中找到，此外也存在於某些南太平洋島嶼文化之中。

4 舉一例作為代表：Dabbs et al. (1991/1995)等人發現：「相較於睪固酮濃度低者，睪固酮濃度高的罪犯，犯下的罪行較為暴力，假釋委員會在評判時較為嚴格，也較常違反獄中規定。」

5 Gibson (1989).

6 我們不禁開始思考，青春期男性普遍慾求不滿所造成的社會後果。比如，許多男性厭女的憤怒情緒，有多少是因為這種不滿足的狀態而導致？而不滿足對於青少年加入戰爭或幫派的意願又有何影響？我們雖然不同意類似Kanazawa (2007)的主張，伊斯蘭禁止一夫多妻，增加男性慾求不滿，於是創造出一群隨時可用的自殺炸彈客，但也不能輕忽，強烈的慾望無法滿足往往會將怒氣出在錯誤的地方。

7 喬治亞州對於口交一直很有意見。一直到一九九八年以前，口交還不合法（就算夫婦在自家寢室進行也不可），最高可處二十年有期徒刑。

8 比如：http://www.npr.org/templates/story/story.php?storyId=10238695&ft=1&f=1001。

9 Fortenberry (2005).

10 此節引用之所有段落皆引自：Prescott (1975)。

11 請見：Elwin (1968)與Schlegel (1995)。

12〈自淫科學之我思〉（"Some Thoughts on the Science of Onanism"），此演講之地點為美國作家及藝術家組成的史多摩克俱樂部（Stomach Club）。

13 Money (1985).

14 請見：http://www.cirp.org/library/statistics/USA/。

15 Money (1985), pp. 101-102.

16 這些男人都認為，任何香料或強烈的氣味都能刺激性能量，於是建議飲食清淡以減緩性慾。葛拉漢脆餅及無甜味的早餐穀片原先要賣給青少年的家長，說吃了可以幫助他們避免手淫之惡。曾有人將這些人以及他們推行的運動寫成小說，雖是小說但大抵符合史實，請見Boyle (1993)。

346

17 有趣的是，一般公認佛洛伊德的外甥愛德華·伯內斯（Edward Bernays）是公共關係和現代廣告的奠基者。他推出了許多知名的廣告活動，香菸首次和女性逐漸增加的自主權扯上關聯就是出自他的手筆。一九二〇年代，伯內斯安排了一場傳奇的宣傳噱頭，至今仍被商學課程當成教材。他請來時尚模特兒參加紐約復活節遊行，每個人手中一根點燃的菸，身上戴著旗幟，稱其為「自由的火炬」。更多資料請見：Ewen (1976/2001)。

18 農人都知道，要讓一頭公牛和同一隻母牛多次交配，必須要讓公牛誤以為那是不同的母牛。為此他們拿毯子在另一頭母牛身上摩擦以吸收其氣味，然後再披在要交配的母牛身上。若公牛沒有被騙，不論母牛有多迷人，牠仍會直接拒絕辦事。

19 Sprague and Quadagno (1989).

20 比如可參考由麥克·塞佛特（J. Michael Seyfert）執筆、執導的紀錄片《租個牙買加人》（Rent a Rasta）…www.rentarasta.com。或者由羅宏·康特（Laurent Cantet）執導、關於一九七〇年代女性前往海地的《南方失樂園》（Heading South）。

21 The New Yorker, July 6 and 13, 2009, p.68。

22 此外，所謂的「韋斯特馬克效應」（Westermark effect）似乎也很能使過於熟悉的雙方不發生性關係。（「韋斯特馬克效應」指童年共同長大者成年後不會對彼此產生性吸引力，此現象由芬蘭人類學家愛德華·韋斯特馬克（Edvard Alexander Westermarck）提出。──譯註〕

23 比如，可參考：Gray et al. (1997 and 2002) 以及 Ellison et al. (2009)。

24 例如可參考：Glass and Wright (1985)。

25 Roney et al. (2009)以及Roney et al. (2003, 2006, and 2007)。

26 Davenport (1965).

27 Kinsey et al. (1948), p.589.

28 Symons (1979), p. 232.

29 Bernard (1972/1982)

30 Berkowitz & Yager-Berkowitz (2008).

31 Symons (1979), p. 250.

32 比如可參考：Roney et al. (2003)。經常有氧運動、多吃大蒜、避免壓力、充足睡眠也都是「保持雄風」的好方法。我們應該指出一點，儘管有個人故事作為證據，但很少有科學家願意冒著被人指指點點的風險，申請經費研究出軌的人體內的荷爾蒙變化。若為其他哺乳類，此現象就有很詳細的記載（比如可參考：Macrides et al. (1975)。好消息是，可

347 註釋

比如憂鬱症：Shores et al. (2004)；心臟疾病：Malkin et al. (2003)；失智症：Henderson and Hogervorst (2004)；死亡率：Shores et al. (2006)。

34 斯奎爾的觀點引用自菲利普・魏斯（Philip Weiss）於《紐約》雜誌的文章"The Affairs of Men: The Trouble with Sex and Marriage." May 18, 2008。網址：http://nymag.com/relationships/sex/47055/。

33 以上杜克曼的話引自《觀察家日報》（The Observer）二○○七年七月八日的書評。

第二十二章 共同面對開放的天空

1 Wilson (1978), p. 148.

2 Holmberg (1969), p. 258.

3 "Is There Hope for the American Marriage?" Caitlin Flanagan Time, Thursday, July 2, 2009. http://www.time.com/time/nation/article/0,8599,1908243,00.html.

4 Jaynes (1990), p. 67.

5 丹・薩維奇的文章〈婚姻意味著什麼？〉（"What does marriage mean?"），引自網站「Salon.com」，網址：http://www.salon.com/2004/07/17/gay_marriage_18/。

6 斯奎爾的觀點引用自菲利普・魏斯（Philip Weiss）於《紐約》雜誌的文章"The affairs of men: The trouble with sex and marriage." May 18, 2008。網址：http://nymag.com/relationships/sex/47055/。

7 "Only You. And You. And You. Polyamory—relationships with multiple, mutually consenting partners—has a coming-out party." By Jessica Bennett. Newsweek (Web Exclusive) Jul 29, 2009. http://www.newsweek.com/id/209164.

8 Hrdy (2001), p. 91.

9

10 "Scenes from a group marriage." By Laird Harrison Salon.com. http://www.salon.com/2008/06/04/open_marriage/.

11 http://andrewsullivan.theatlantic.com/the_daily_dish/2009/01/tedhaggard-a-1.html.

12 McElvaine (2001), p. 339.

13 Perl (2006), p. 192.

14 Gould (2000), p. 29-31.
15 畢竟，七〇年代可是有人買了四百萬冊由妮娜・歐尼爾（Nena O'neill）及喬治・歐尼爾（George O'neill）所寫的《開放婚姻》（*Open Marriage*）。
16 Perel (2006), pp. 192-194.
17 Bergstrand and Phelan (2000), p. 195.
18 Perel (2006), p. 197.
19 Bergstrand and Blevins Williams (2000).
20 Easton and Liszt (1997).
21 記者會轉播可於以下網址收聽：www.thisamericanlife.org/Radio_Episode.aspx?episode=95。
22 我們第一次讀到如此驚人的日月關係，是在以下著作當中：Weil (1980)。本書引人入勝，討論萬事萬物（從日蝕到熟得恰到好處的芒果）改變意識狀態的潛力。

Wall Street Journal, January 17, p. 7.
Wilson, M. L., and Wrangham, R. W. (2003). Intergroup relations in chimpanzees. *Annual Review of Anthropology,* 32: 363–392.
Wolf, S., et al. (1989). Roseto, Pennsylvania 25 years later—highlights of a medical and sociological survey. *Transactions of the American Clinical and Climatological Association,* 100: 57–67.
Woodburn, J. (1981/1998). Egalitarian societies. In J. Gowdy (Ed.), *Limited Wants, Unlimited Means: A Reader on Hunter-gatherer Economics and the Environment* (pp. 87–110). Washington, DC: Island Press.
Won, Yong-Jin, and Hey, J. (2004). Divergence population genetics of chimpanzees. *Molecular Biology and Evolution,* 22(2): 297–307.
World Health Organization. (1998). *Female Genital Mutilation: An Overview.* Geneva, Switzerland.
Wrangham, R. (1974). Artificial feeding of chimpanzees and baboons in their natural habitat. *Animal Behaviour,* 22: 83–93.
———— (2001). Out of the Pan, into the fire: How our ancestors' evolution depended on what they ate. In F. de Waal (Ed.), *Tree of Origin: What Primate Behavior Can Tell Us About Human Social Evolution* (pp. 119–143). Cambridge, MA: Harvard University Press.
Wrangham, R., and Peterson, D. (1996). *Demonic Males: Apes and the Origins of Human Violence.* Boston: Houghton Mifflin. 中譯：理查・藍翰、戴爾・彼德森，《雄性暴力——人類社會的亂源》，胡桃木，1999年。
Wright, R. (1994). *The Moral Animal: The New Science of Evolutionary Psychology.* New York: Pantheon. 中譯：羅伯・賴特，《性・演化・達爾文——人是道德的動物？》，張老師文化，1997年。
Wyckoff, G. J., Wang, W., and Wu, C. (2000). Rapid evolution of male reproductive genes in the descent of man. *Nature,* 403: 304–308.
Yoder, V. C., Virden, T. B., III, and Amin, K. (2005). Pornography and loneliness: An association? *Sexual Addiction & Compulsivity,* 12: 1.
Zihlman, A. L. (1984). Body build and tissue composition in *Pan paniscus* and *Pan troglodytes,* with comparisons to other hominoids. In R. L. Susman (Ed.), *The Pygmy Chimpanzee* (pp. 179–200). New York: Plenum.
Zihlman, A. L., Cronin, J. E., Cramer, D. L., and Sarich, V. M. (1978). Pygmy chimpanzee as a possible prototype for the common ancestor of humans, chimpanzees and gorillas. *Nature,* 275: 744–746.
Zohar, A., and Guttman, R. (1989). Mate preference is not mate selection. *Behavioral and Brain Sciences,* 12: 38–39.

Press.

Wallen, K. (1989). Mate selection: Economics and affection. *Behavioral and Brain Sciences,* 12: 37–38.

Washburn, S. L. (1950). The analysis of primate evolution with particular reference to the origin of man. Cold Spring Harbor Symposium. *Quantitative Biology,* 15: 67–78.

Washburn, S. L., and Lancaster, C. S. (1968). The evolution of hunting. In R. B. Lee and I. DeVore (Eds.), *Man the Hunter* (pp. 293–303). New York: Aldine.

Watanabe, H. (1968). Subsistence and ecology of northern food gatherers with special reference to the Ainu. In R. Lee and I. Devore (Eds.), *Man the Hunter* (pp. 69–77). Chicago: Aldine.

Wedekind, C., Seebeck, T., Bettens, F., and Paepke, A. J. (1995). MHC-dependent mate preferences in humans. *Proceedings of the Royal Society of London,* 260: 245–249.

_____ (2006). The intensity of human body odors and the MHC: Should we expect a link? *Evolutionary Psychology,* 4: 85–94. Available online at http://www.epjournal.net/.

Weil, A. (1980). *The Marriage of the Sun and the Moon.* Boston: Houghton Mifflin.

White, T. D. (2009). *Ardipithecus ramidus* and the paleobiology of early hominids. *Science,* 326: 64, 75–86.

Widmer, R. (1988). *The Evolution of the Calusa: A Nonagricultural Chiefdom on the Southwest Florida Coast.* Tuscaloosa: University of Alabama Press.

Wiessner, P. (1996). Leveling the hunter: Constraints on the status quest in foraging societies. In P. Wiessner and W. Schiefenhovel (Eds.), *Food and the Status Quest: An Interdisciplinary Perspective* (pp. 171–191). Providence, RI: Berghahn.

Wilbert, J. (1985). The house of the swallow-tailed kite: Warao myth and the art of thinking in images. In G. Urton (Ed.), *Animal Myths and Metaphors in South America* (pp. 145–182). Salt Lake City: University of Utah Press.

Williams, G. C. (1966). *Adaptation and Natural Selection: A Critique of Some Current Evolutionary Thought.* Princeton, NJ: Princeton University Press.

Williams, W. L. (1988). *The Spirit and the Flesh: Sexual Diversity in American Indian Culture.* Boston: Beacon Press.

Wilson, E. O. (1975). *Sociobiology: The New Synthesis.* Cambridge, MA: The Belknap Press of Harvard University Press. 中譯：愛德華・威爾森，《社會生物學――新綜合理論》（共四冊），薛絢譯，左岸文化，2013年。

_____ (1978). *On Human Nature.* Cambridge, MA: Harvard University Press. 中譯：愛德華・威爾森，《論人性》，鄭清榮譯，時報出版，2002年。

_____ (1998). *Consilience: The Unity of Knowledge.* New York: Knopf. 中譯：愛德華・威爾森，《知識大融通》，梁錦鋆譯，天下文化，2001年。

Wilson, J. Q. (2003). The family way: Treating fathers as optional has brought social costs. *The*

Tooby, J., and Cosmides, L. (1990). The past explains the present: Emotional adaptations and the structure of ancestral environments. *Ethology and Sociobiology,* 11: 375–424.

_____ (1992). The psychological foundations of culture. In J. H. Barkow, L. Cosmides, and J. Tooby (Eds.), *The Adapted Mind: Evolutionary Psychology and the Generation of Culture* (pp. 19–136). Oxford, England: Oxford University Press.

_____ (1997). Letter to the Editor of *New York Review of Books* on Gould. Retrieved January 22, 2002 from http://cogweb.english.ucsb.edu/Debate/CEP_Gould.html.

Tooker, E. (1992). Lewis H. Morgan and his contemporaries. *American Anthropologist,* 94: 357–375.

Townsend, J. M., and Levy, G. D. (1990a). Effect of potential partners' costume and physical attractiveness on sexuality and partner selection. *Journal of Psychology,* 124: 371–389.

_____ (1990b). Effect of potential partners' physical attractiveness and socioeconomic status on sexuality and partner selection. *Archives of Sexual Behavior,* 19: 149–164.

Trivers, R. L. (1971). The evolution of reciprocal altruism. *Quarterly Review of Biology,* 46: 35–57.

_____ (1972). Parental investment and sexual selection. In B. Campbell (Ed.), *Sexual Selection and the Descent of Man* (pp. 136–179). Chicago: Aldine.

Turchin, P. (2003). *Historical Dynamics: Why States Rise and Fall.* Princeton, NJ: Princeton University Press.

Turchin, P., with Korateyev, A. (2006). Population density and warfare: A reconsideration. *Social Evolution & History,* 5(2): 121–158.

Turner, T. (1966). *Social Structure and Political Organization among the Northern Kayapó.* Unpublished doctoral dissertation, Harvard University, Cambridge, MA.

Twain, M. (1909/2008). *Letters from the Earth.* Sioux Falls, SD: Nu Vision Publications.

Valentine, P. (2002). Fathers that never exist. In S. Beckerman and P. Valentine (Eds.), *Cultures of Multiple Fathers: The Theory and Practice of Partible Paternity in Lowland South America* (pp. 178–191). Gainesville: University Press of Florida.

van der Merwe, N. J. (1992). Reconstructing prehistoric diet. In S. Jones, R. Martin, and D. Pilbeam (Eds.), *The Cambridge Encyclopedia of Human Evolution* (pp. 369–372). Cambridge, England: Cambridge University Press.

van Gelder, S. (1993). Remembering our purpose: An interview with Malidoma Somé. *In Context: A Quarterly of Humane Sustainable Culture,* 34: 30.

Ventura, M. (1986). *Shadow Dancing in the U.S.A.* Los Angeles: Jeremy Tarcher.

Verhaegen, M. (1994). Australopithecines: Ancestors of the African apes? *Human Evolution,* 9: 121–139.

Wade, N. (2006). *Before the Dawn: The Lost History of Our Ancestors.* New York: The Penguin

Stoddard, D. M. (1990). *The Scented Ape: The Biology and Culture of Human Odour.* Cambridge, UK: Cambridge University Press.

Strier, K. B. (2001). Beyond the apes: Reasons to consider the entire primate order. In F. de Waal (Ed.), *Tree of Origin: What Primate Behavior Can Tell Us About Human Social Evolution* (pp. 69–94). Cambridge, MA: Harvard University Press.

Sturma, M. (2002). *South Sea Maidens: Western Fantasy and Sexual Politics in the South Pacific.* New York: Praeger.

Sulloway, F. (April 9, 1998). Darwinian virtues. *New York Review of Books.* Retrieved December 12, 2002 from http://www.nybooks.com/articles/894.

Symons, D. (1979). *The Evolution of Human Sexuality.* New York: Oxford University Press.

_____ (1992). On the use and misuse of Darwinism in the study of human behavior. In J. H. Barkow (Ed.), *The Adapted Mind: Evolutionary Psychology and the Generation of Culture* (pp. 137–159). New York: Oxford University Press.

Szalay, F. S., and Costello, R. K. (1991). Evolution of permanent estrus displays in hominids. *Journal of Human Evolution,* 20: 439–464.

Tanaka, J. (1987). The recent changes in the life and society of the central Kalahari San. *African Study Monographs,* 7: 37–51.

Tannahill, R. (1992). *Sex in History.* Lanham, MD: Scarborough House.

Tarín, J. J., and Gómez-Piquer, V. (2002). Do women have a hidden heat period? *Human Reproduction,* 17(9): 2243–2248.

Taylor, S. (2002). Where did it all go wrong? James DeMeo's Saharasia thesis and the origins of war. *Journal of Consciousness Studies,* 9(8): 73–82.

Taylor, T. (1996). *The Prehistory of Sex: Four Million Years of Human Sexual Culture.* New York: Bantam.

Testart, A. (1982). Significance of food storage among hunter-gatherers: Residence patterns, population densities and social inequalities. *Current Anthropology,* 23: 523–537.

Theroux, P. (1989). *My Secret History.* New York: Ivy Books.

Thompson, R. F. (1984). *Flash of the Spirit: African & Afro-American Art & Philosophy.* London: Vintage Books.

Thornhill, R., Gangestad, S. W., and Comer, R. (1995). Human female orgasm and mate fluctuating asymmetry. *Animal Behaviour,* 50: 1601–1615.

Thornhill, R., and Palmer, C. T. (2000). *A Natural History of Rape: Biological Bases of Sexual Coercion.* Cambridge, MA: The MIT Press.

Tierney, P. (2000). *Darkness in El Dorado: How Scientists and Journalists Devastated the Amazon.* New York: Norton. Todorov, T. (1984). *The Conquest of America.* New York: HarperCollins.

Infidelity. Retrieved January 22, 2000 from http://wwwvet.murdoch.edu.au/spermology/rsreview.html.

Shostak, M. (1981). *Nisa: The Life and Works of a !Kung Woman.* New York: Random House.

_____ (2000). *Return to Nisa.* Cambridge, MA: Harvard University Press.

Siepel, A. (2009). Phylogenomics of primates and their ancestral populations. *Genome Research* 19: 1929–1941.

Singer, P. (1990). *Animal Liberation.* New York: New York Review Books. 中譯：彼得・辛格，《動物解放》，孟祥森、錢永祥譯，關懷生命協會，1996年。

Singh, D., and Bronstad, P. M. (2001). Female body odour is a potential cue to ovulation. *Proceedings in Biological* Sciences, 268(1469): 797–801.

Small, M. F. (1988). Female primate sexual behavior and conception: Are there really sperm to spare? *Current Anthropology,* 29(1): 81–100.

_____ (1993). *Female Choices: Sexual Behavior of Female Primates.* Ithaca, NY: Cornell University Press.

_____ (1995). *What's Love Got to Do with It? The Evolution of Human Mating.* New York: Anchor Books.

Smith, D. L. (2007). *The Most Dangerous Animal: Human Nature and the Origins of War.* New York: St. Martin's Press.

Smith, J. M. (1991). Theories of sexual selection. *Trends in Ecology and Evolution,* 6: 146–151.

Smith, R. L. (1984). Human sperm competition. In R. Smith (Ed.), *Sperm Competition and the Evolution of Animal Mating Systems* (pp. 601–660). New York: Academic Press.

Smuts, B. B. (1985). *Sex and Friendship in Baboons.* New York: Aldine.

_____ (1987). Sexual competition and mate choice. In B. B. Smuts, D. L. Cheney, R. M. Seyfarth, R. W. Wrangham, and T. T. Struthsaker (Eds.), *Primate Societies* (pp. 385–399). Chicago: University of Chicago Press.

Sober, E., and Wilson, D. (1998). *Unto Others: The Evolution and Psychology of Unselfish Behavior.* Cambridge, MA: Harvard University Press.

Speroff, L., Glass, R. H., and Kase, N. G. (1994). *Clinical and Gynecologic Endocrinology and Infertility.* Baltimore, MD: Williams and Wilkins.

Sponsel, L. (1998). Yanomami: An arena of conflict and aggression in the Amazon. *Aggressive Behavior,* 24: 97–122.

Squire, S. (2008). *I Don't: A Contrarian History of Marriage.* New York: Bloomsbury USA.

Sprague, J., and Quadagno, D. (1989). Gender and sexual motivation: An exploration of two assumptions. *Journal of Psychology and Human Sexuality,* 2: 57.

Stanford, C. (2001). *Significant Others: The Ape—Human Continuum and the Quest for Human Nature.* New York: Basic Books.

Scheib, J. (1994). Sperm donor selection and the psychology of female choice. *Ethology and Sociobiology,* 15: 113–129.

Schlegel, A. (1995). The cultural management of adolescent sexuality. In P. R. Abramson and S. D. Pinkerton (Eds.), *Sexual Nature / Sexual Culture.* Chicago: University of Chicago Press.

Schrire, C. (1980). An inquiry into the evolutionary status and apparent identity of San hunter-gatherers. *Human Ecology,* 8: 9–32.

Seeger, A., Da Matta, R., and Viveiros de Castro, E. (1979). A construção da pessoa nas sociedades indígenas brasileiras [The construction of the person in indigenous Brazilian societies]. *Boletim do Museu Nacional (Rio de Janeiro)*, 32: 2–19.

Semple, S. (1998). The function of Barbary macaque copulation calls. *Proceedings in Biological Sciences,* 265(1393): 287–291.

―――― (2001). Individuality and male discrimination of female copulation calls in the yellow baboon. *Animal Behaviour* 61: 1023–1028.

Semple, S., McComb, K., Alberts, S., and Altmann, J. (2002). Information content of female copulation calls in yellow baboons. *American Journal of Primatology,* 56: 43–56.

Seuanez, H. N., Carothers, A. D., Martin, D. E., and Short, R. V. (1977). Morphological abnormalities in spermatozoa of man and great apes. *Nature,* 270: 345–347.

Seyfarth, R. M. (1978). Social relationships among adult male and female baboons: Behavior during sexual courtship. *Behaviour,* 64: 204–226.

Shackelford, T. K., Goetz, A. T., McKibbin, W. F., and Starratt, V. G. (2007). Absence makes the adaptations grow fonder: Proportion of time apart from partner, male sexual psychology and sperm competition in humans *(Homo sapiens). Journal of Comparative Psychology,* 121: 214–220.

Shaw, G. B. (1987). *Back to Methuselah.* Fairfield, IA: 1st World Library. Shea, B. T. (1989). Heterochrony in human evolution: The case for neoteny reconsidered. *Yearbook of Physical Anthropology,* 32: 93–94.

Sherfey, M. J. (1972). *The Nature and Evolution of Female Sexuality.* New York: Random House.

Shores, M. M., et al. (2004). Increased incidence of diagnosed depressive illness in hypogonadal older men. *Archives of General Psychiatry,* 61: 162–167.

Shores, M. M., Matsumoto, A. M, Sloan, K. L., and Kivlahan, D. R. (2006). Low serum testosterone and mortality in male veterans. *Archives of Internal Medicine,* 166: 1660–1665.

Short, R. V. (1979). Sexual selection and its component parts, somatic and genital selection, as illustrated by man and the great apes. *Advances in the Study of Behavior,* 9: 131–158.

―――― (1995). Human reproduction in an evolutionary context. *Annals of New York Academy of Science,* 709: 416–425.

―――― (1998). Review of the book *Human Sperm Competition: Copulation, Masturbation and*

dians of Peru]. *Bulletin de la Société Suisse des Américanistes,* 36: 73–80.

Rushton, J. P. (1989). Genetic similarity, human altruism and group selection. *Behavioral and Brain Sciences,* 12: 503–559.

Ryan, C., and Jethá, C. (2005). Universal human traits: The holy grail of evolutionary psychology. *Behavioral and Brain Sciences,* 28: 2.

Ryan, C., and Krippner, S. (2002, June/July). Review of the book *Mean Genes: From Sex to Money to Food, Taming Our Primal Instincts. AHP Perspective,* 27–29.

Safron, A., Barch, B., Bailey, J. M., Gitelman, D. R., Parrish, T. B., and Reber, P. J. (2007). Neural correlates of sexual arousal in homosexual and heterosexual men. *Behavioral Neuroscience,* 121 (2): 237–248.

Sahlins, M. (1972). *Stone Age Economics.* New York: Aldine de Gruyter. 中譯：馬歇爾・薩林斯，《石器時代經濟學》，張經緯等譯，北京：三聯書店，2009年。

―――― (1995). *How "Natives" Think: About Captain Cook, for Example.* Chicago: University of Chicago Press.

Saino, N., Primmer, C. R., Ellegren, H., and Moller, A. P. (1999). Breeding synchrony and paternity in the barn swallow. *Behavioral Ecology and Sociobiology,* 45: 211–218.

Sale, K. (2006). *After Eden: The Evolution of Human Domination.* Durham, NC: Duke University Press.

Sanday, P. R. (2002). *Women at the Center: Life in a Modern Matriarchy.* Ithaca, NY: Cornell University Press.

Santos, P.S., Schinemann, J.A., Gabardo, J., Bicalho, Mda. G. (2005). New evidence that the MHC influences odor perception in humans: A study with 58 Southern Brazilian students. *Hormones and Behavior.* 47(4): 384–388.

Sapolsky, R. M. (1997). *The Trouble with Testosterone and Other Essays on the Biology of the Human Predicament.* New York: Simon & Schuster.

―――― (1998). *Why Zebras Don't Get Ulcers: An Updated Guide to Stress, Stressrelated Diseases and Coping.* New York: W. H. Freeman and Company. 中譯：薩波斯基，《為什麼斑馬不會得胃潰瘍？》，潘震澤譯，遠流，2001年。

―――― (2001). *A Primate's Memoir: A Neuroscientist's Unconventional Life Among the Baboons.* New York: Scribner.

―――― (2005). *Monkeyluv: And Other Essays on Our Lives as Animals.* New York: Scribner.

Sapolsky R. M., and Share, L. J. (2004). A pacific culture among wild baboons: Its emergence and transmission. *PLoS Biology,* 4(2): e106. http://www.ncbi.nlm.nih.gov/pmc/articles/PMC387274/.

Savage-Rumbaugh, S., and Wilkerson, B. (1978). Socio-sexual behavior in *Pan paniscus* and *Pan troglodytes:* A comparative study. *Journal of Human Evolution,* 7: 327–344.

gan Press.
Reid, D. P. (1989). *The Tao of Health, Sex & Longevity: A Modern Practical Guide to the Ancient Way.* New York: Simon & Schuster.
Richards, D. A. J. (1979). Commercial sex and the rights of the person: A moral argument for the decriminalization of prostitution. *University of Pennsylvania Law Review,* 127: 1195–1287.
Richards, M. P., and Trinkaus, E. (2009). Isotopic evidence for the diets of European Neanderthals and early modern humans. In press (published online before print August 11, 2009, doi: 10.1073/pnas.0903821106).
Ridley, M. (1993). *The Red Queen: Sex and the Evolution of Human Nature.* New York: Penguin. 中譯：麥特‧瑞德里，《紅色皇后──性與人性的演化》，范昱峰譯，時報出版，2000年。
_____ (1996). *The Origins of Virtue: Human Instincts and the Evolution of Cooperation.* New York: Viking. 中譯：麥特‧瑞德里，《德行起源》，范昱峰譯，時報出版，2000年。
_____ (2006). *Genome: The Autobiography of a Species in 23 Chapters.* New York: Harper Perennial. 中譯：馬特‧瑞德利，《23對染色體：解讀創生奧祕的生命之書》，蔡承志、許優優譯，商周出版，2011年。
Rilling, J. K., et al. (2002). A neural basis for social cooperation. *Neuron,* 35: 395–405.
Roach, M. (2008). *Bonk: The Curious Coupling of Sex and Science.* New York: Norton.
Roberts, S. C., et al. (2004). Female facial attractiveness increases during fertile phase of the menstrual cycle. *Proceedings Biological Sciences,* August 7; 271, 5: S270-S272.
Rodman, P. S., and Mitani, J. C. (1987). Orangutans: Sexual dimorphism in a solitary species. In B. B. Smuts, D. L. Cheney, R. M. Seyfarth, R. W. Wrangham, and T. T. Struthsaker (Eds.), *Primate Societies* (pp. 146–154). Chicago: University of Chicago Press.
Roney, J. R., Mahler, S.V., and Maestripieri, D. (2003). Behavioral and hormonal responses of men to brief interactions with women. *Evolution and Human Behavior,* 24: 365–375.
Rose, L., and Marshall, F. (1996). Meat eating, hominid sociality and home bases revisited. *Current Anthropology,* 37: 307–338.
Roughgarden, J. (2004). *Evolution's Rainbow: Diversity, Gender and Sexuality in Nature and People.* Berkeley: University of California Press.
_____ (2007). Challenging Darwin's Theory of Sexual Selection. *Daedalus,* Spring Issue.
_____ (2009). *The Genial Gene: Deconstructing Darwinian Selfishness.* Berkeley: University of California Press.
Rousseau, J. J. (1994). *Discourse Upon the Origin and Foundation of Inequality Among Mankind.* New York: Oxford University Press. (Original work published 1755.) 中譯：盧梭，《德行墮落與不平等的起源》，苑舉正譯注，聯經出版，2015年。
Rüf, I. (1972). Le 'dutsee tui' chez les indiens Kulina de Perou [The 'dutsee tui' of the Kulina In-

York: M. Evans and Company.

Ostrom, E. (2009). A general framework for analizing sustainability of ecological systems. *Science,* 325: 419–422.

Parker, G. A. (1984). Sperm competition. In R. L. Smith (Ed.), *Sperm Competition and Animal Mating Systems.* New York: Academic Press.

Perel, E. (2006). *Mating in Captivity: Reconciling the Erotic and the Domestic.* New York: HarperCollins. 中譯：埃斯特・沛瑞爾，《把X放回Sex裡》，陳正芬譯，時報出版，2007年。

Pinker, S. (1997). Letter to the Editor of *New York Review of Books* on Gould. Retrieved January 22, 2002 from http://www.mit.edu/~pinker/GOULD.html.

_____ (2002). *The Blank Slate: The Modern Denial of Human Nature.* New York: Viking Press.

Pochron, S., and Wright, P. (2002). Dynamics of testis size compensates for variation in male body size. *Evolutionary Ecology Research,* 4: 577–585.

Pollock, D. (2002). Partible paternity and multiple maternity among the Kulina. In S. Beckerman and P. Valentine (Eds.), *Cultures of Multiple Fathers: The Theory and Practice of Partible Paternity in Lowland South America* (pp. 42–61). Gainesville: University Press of Florida.

Potts, M., and Short, R. (1999). *Ever since Adam and Eve: The Evolution of Human Sexuality.* Cambridge, UK: Cambridge University Press.

Potts, R. (1992). The hominid way of life. In Jones, S., Martin, R. D., and Pilbeam, D. (Eds.) (1992). *The Cambridge Encyclopedia of Human Evolution.* Cambridge, UK: Cambridge University Press, pp. 325–334.

Pound, N. (2002). Male interest in visual cues of sperm competition risk. *Evolution and Human Behavior,* 23: 443–466.

Power, M. (1991). *The Egalitarians: Human and Chimpanzee.* Cambridge, UK: Cambridge University Press.

Pradhan, G. R., et al. (2006). The evolution of female copulation calls in primates: A review and a new model. *Behavioral Ecology and Sociobiology,* 59(3): 333–343.

Prescott, J. (1975). Body pleasure and the origins of violence. *Bulletin of the Atomic Scientists,* November: 10–20.

Pusey, A. E. (2001). Of apes and genes. In F. M. de Waal (Ed.), *Tree of Origin: What Primate Behavior Can Tell Us About Human Social Evolution.* Cambridge, MA: Harvard University Press.

Quammen, D. (2006). *The Reluctant Mr. Darwin: An Intimate Portrait of Charles Darwin and the Making of His Theory of Evolution.* New York: Norton.

Quinn, D. (1995). *Ishmael: An Adventure of the Mind and Spirit.* New York: Bantam Books.

Raverat, G. (1991). *Period Piece: A Cambridge Childhood.* Ann Arbor, MI: University of Michi-

choanalytic sofa. *The Chronicle of Higher Education,* 52(19): A14.

Money, J. (1985). *The Destroying Angel: Sex, Fitness & Food in the Legacy of Degeneracy Theory, Graham Crackers, Kellogg's Corn Flakes & American Health History.* Buffalo, NY: Prometheus Books.

_____ (2000, Fall). Wandering wombs and shrinking penises: The lineage and linkage of hysteria. *Link: A Critical Journal on the Arts in Baltimore and the World,* 5: 44–51.

Morgan, L. H. (1877/1908). *Ancient Society or Researches in the Lines of Human Progress from Savagery through Barbarism to Civilization.* Chicago: Charles H. Kerr & Company. 中譯：路易斯・亨利・摩爾根，《古代社會——從蒙昧、野蠻到文明》，楊東蒓等譯，台灣商務印書館，2000年。

Morin, J. (1995). *The Erotic Mind: Unlocking the Inner Sources of Sexual Passion and Fulfillment.* New York: HarperCollins.

Morris, D. (1967). *The Naked Ape: A Zoologist's Study of the Human Animal.* New York: McGraw-Hill. 中譯：德斯蒙德・莫利斯，《裸猿——一位動物學家對人類動物的研究》，曹順成譯，商周出版，2015年。

_____ (1981). *The Soccer Tribe.* London: Jonathan Cape.

_____ (1998). *The Human Sexes: A Natural History of Man and Woman.* New York: Thomas Dunne Books. 中譯：戴思蒙・莫里斯，《男人和女人的自然史》，蔣超等譯，北京：華齡出版社，2002年。

Moscucci, O. (1996). Clitoridectomy, circumcision and the politics of sexual pleasure in mid-Victorian Britain, in A. H. Miller and J. E. Adams (Eds.), *Sexualities in Victorian Britain.* Bloomington: Indiana University Press.

Moses, D. N. (2008). *The Promise of Progress: The Life and Work of Lewis Henry Morgan.* Columbia, MO: University of Missouri Press.

Namu, Y. E. (2004). *Leaving Mother Lake: A Girlhood at the Edge of the World.* New York: Back Bay Books.

Nishida, T., and Hiraiwa-Hasegawa, M. (1987). Chimpanzees and bonobos: Cooperative relationships among males. In B. B. Smuts, D. L. Cheney, R. M. Wrangham, and T. T. Struhsaker (Eds.), *Primate Societies* (pp. 165–177). Chicago: University of Chicago Press.

Nolan, P. D. (2003). Toward an ecological-evolutionary theory of the incidence of warfare in pre-industrial societies. *Sociological Theory,* 21(1): 18–30.

O'Connell, J. F., Hawkes, K., Lupo, K. D., and Blurton Jones, N. G. (2002). Male strategies and Plio-Pleistocene archaeology. *Journal of Human Evolution,* 43: 831–872.

Okami, P., and Shackelford, T. K. (2001). Human sex differences in sexual psychology and behavior. *Annual Review of Sex Research.*

O'Neill, N., and O'Neill, G. (1972/1984). *Open Marriage: A New Life Style for Couples.* New

Mountford (Ed.), *Records of the Australian-American Scientific Expedition to Arnhem Land,* Vol. 2: *Anthropology and Nutrition.* Melbourne, Australia: Melbourne University Press.

McDonald, R. (1998). *Mr. Darwin's Shooter.* New York: Atlantic Monthly Press.

McElvaine, R. S. (2001). *Eve's Seed: Biology, the Sexes and the Course of History.* New York: McGraw-Hill.

McGrew, W. C., and Feistner, T. C. (1992). Two nonhuman primate models for the evolution of human food sharing: Chimpanzees and callitrichids. In J. Barkow, L. Cosmides, and J. Tooby (Eds.), *The Adapted Mind: Evolutionary Psychology and the Generation of Culture* (pp. 229–243). New York: Oxford University Press.

McNeil, L., Osborne, J., and Pavia, P. (2006). *The Other Hollywood: The Uncensored Oral History of the Porn Film Industry.* New York: It Books.

Mead, M. (1961). *Coming of Age in Samoa: A Psychological Study of Primitive Youth for Western Civilization.* New York: Morrow. (Original work published 1928.) 中譯：瑪格麗特・米德，《薩摩亞人的成年》，周曉虹等譯，遠流，1995年。

Menzel, P., and D'Aluisio, F. (1998). *Man Eating Bugs: The Art and Science of Eating Insects.* Berkeley, CA: Ten Speed Press.

Mill, J. S. (1874). On the Definition of Political Economy, and on the Method of Investigation Proper to It. *London and Westminster Review,* October 1836. In, *Essays on Some Unsettled Questions of Political Economy,* 2nd ed. London: Longmans, Green, Reader & Dyer.

Miller, G. (1998). How mate choice shaped human nature: A review of sexual selection and human evolution. In C. Crawford and D. Krebs (Eds.), *Handbook of evolutionary psychology: Ideas, issues, and applications* (pp. 87–129). Mahwah, NJ: Lawrence Erlbaum.

_____ (2000). *The Mating Mind: How Sexual Choice Shaped the Evolution of Human Nature.* New York: Doubleday.

Mitani, J., and Watts, D. (2001). Why do chimpanzees hunt and share meat? *Animal Behaviour,* 61: 915–924. Mitani, J. C., Watts, D. P., and Muller, M. (2002). Recent developments in the study of wild chimpanzee behavior. *Evolutionary Anthropology,* 11: 9–25.

Mithen, S. (1996). *The Prehistory of the Mind.* London: Thames and Hudson.

_____ (2004). *After the Ice: A Global Human History.* Cambridge, MA: Harvard University Press.

_____ (2007). Did farming arise from a misapplication of social intelligence? *Philosophical Transactions of the Royal Society B,* 362: 705–718.

Moore, H. D. M., Martin, M., and Birkhead, T. R. (1999). No evidence for killer sperm or other selective interactions between human spermatozoa in ejaculates of different males in vitro. *Procedings of the Royal Society of London B,* 266: 2343–2350.

Monaghan, P. (2006). An Australian historian puts Margaret Mead's biggest detractor on the psy-

Sociobiology, 11: 195–238.

Macrides, F., Bartke, A., and Dalterio, S. (1975). Strange females increase plasma testosterone levels in male mice. *Science,* 189(4208): 1104–1106.

Maines, R. P. (1999). *The Technology of Orgasm: "Hysteria," the Vibrator and Women's Sexual Satisfaction.* Baltimore: Johns Hopkins University Press.

Malinowski, B. (1929). *The Sexual Life of Savages in North-Western Melanesia: An Ethnographic Account of Courtship, Marriage and Family Life Among the Natives of the Trobriand Islands, British New Guinea.* New York: Harcourt Brace.

_____ (1962). *Sex, Culture and Myth.* New York: Harcourt Brace.

Malkin, C. J., Pugh, P. J., Jones, R. D., Jones, T. H., and Channer, K. S. (2003). Testosterone as a protective factor against atherosclerosis—immunomodulation and influence upon plaque development and stability. *Journal of Endocrinology,* 178: 373–380.

Malthus, T. R. (1798). *An Essay on the Principle of Population: Or a View of Its Past and Present Effects on Human Happiness; with an Inquiry Into Our Prospects Respecting the Future Removal or Mitigation of the Evils which It Occasions.* London: John Murray. Full text: http://www.econlib.org/library/Malthus/malPlong.html.

Manderson, L., Bennett, L. R., and Sheldrake, M. (1999). Sex, social institutions and social structure: Anthropological contributions to the study of sexuality. *Annual Review of Sex Research,* 10: 184–231.

Margolis, J. (2004). *O: The Intimate History of the Orgasm.* New York: Grove Press.

Margulis, L., and Sagan, D. (1991). *Mystery Dance: On the Evolution of Human Sexuality.* New York: Summit Books.

Marshall, L. (1976/1998). Sharing, taking and giving: Relief of social tensions among the !Kung. In J. Gowdy (Ed.), *Limited Wants, Unlimited Means: A Reader on Hunter-gatherer Economics and the Environment* (pp. 65–85). Washington, DC: Island Press.

Martin, R. D., Winner, L. A., and Dettling, A. (1994). The evolution of sexual size dimorphism in primates. In R. V. Short and E. Balaban (Eds.), *The Differences Between the Sexes* (pp. 159–200). Cambridge, England: Cambridge University Press.

Masters, W., and Johnson, V. (1966). *Human Sexual Response.* Boston: Little, Brown.

Masters, W., Johnson, V., and Kolodny, R. (1995). *Human Sexuality.* Boston: Addison-Wesley.

McArthur, M. (1960). Food consumption and dietary levels of groups of aborigines living on naturally occurring foods. In C. P. Mountford (Ed.), *Records of the Australian-AmericanScientific Expedition to Arnhem Land,* Vol. 2: *Anthropology and Nutrition.* Melbourne, Australia: Melbourne University Press.

McCarthy, F. D., and McArthur, M. (1960). The food quest and the time factor in aboriginal economic life. In C. P.

Lee, R. B. (1968). What hunters do for a living, or, how to make out on scarce resources. In R. Lee and I. Devore (Eds.), *Man the Hunter* (pp. 30–48). Chicago: Aldine.

_____ (1969). !Kung bushman subsistence: An input-output analysis. In A. Vayde (Ed.), *Environment and Cultural Behavior* (pp. 73–94). Garden City, NY: Natural History Press.

_____ (1979). *The !Kung San: Men, Women and Work in a Foraging Society.* Cambridge, England: Cambridge University Press.

_____ (1998). Forward to J. Gowdy (Ed.), *Limited Wants, Unlimited Means: A Reader on Hunter-gatherer Economics and the Environment* (pp. ix–xii). Washington, DC: Island Press.

Lee, R. B., and Daly, R. (Eds.). (1999). *The Cambridge Encyclopedia of Hunters and Gatherers.* Cambridge, UK: Cambridge University Press.

Lee, R. B., and DeVore, I. (Eds.). (1968). *Man the Hunter.* Chicago: Aldine.

Le Jeune, P. (1897/2009). *Les relations des Jesuites. 1656–1657.* Toronto Public Library.

LeVay, S. (1994). *The Sexual Brain.* Cambridge, MA: The MIT Press.

Levine, L. W. (1996). *The Opening of the American Mind: Canons, Culture, and History.* Boston, MA: Beacon Press.

Levitin, D. J. (2009). *The World in Six Songs: How the Musical Brain Created Human Nature.* New York: Plume.

Lilla, M. (2007). *The Stillborn God: Religion, Politics and the Modern West.* New York: Knopf..

Lindholmer, C. (1973). Survival of human sperm in different fractions of split ejaculates. *Fertility and Sterility* 24: 521–526.

Lippa, R. A. (2007). The relation between sex drive and sexual attraction to men and women: A cross-national study of heterosexual, bisexual and homosexual men and women. *Archives of Sexual Behavior,* 36: 209–222.

Lishner, D. A., et al. (2008). Are sexual and emotional infidelity equally upsetting to men and women? Making sense of forced-choice responses. *Evolutionary Psychology,* 6(4): 667–675. Available online at http://www.epjournal.net.

Littlewood, I. (2003). *Sultry Climates: Travel and Sex.* Cambridge, MA: Da Capo Press.

Lovejoy, C. O. (1981). The origin of man. *Science,* 211: 341–350.

_____ (2009). Reexamining human origins in light of *Ardipithecus ramidus.* Science, 326: 74, 74e1–74e8.

Low, B. S. (1979). Sexual selection and human ornamentation. In N. A. Chagnon and W. Irons (Eds.), *Evolutionary Biology and Human Social Behavior* (pp. 462–487). Boston: Duxbury Press.

MacArthur, R. H., and Wilson, E. O. (1967). *Theory of Island Biogeography (Monographs in Population Biology,* Vol. 1). Princeton, NJ: Princeton University Press.

MacDonald, K. (1990). Mechanisms of sexual egalitarianism in Western Europe. *Ethology and*

Krieger, M. J. B., and Ross, K.G. (2002). Identification of a major gene regulating complex social behavior. *Science*, 295: 328–332.

Kuper, A. (1988). *The Invention of Primitive Society: Transformations of an Illusion*. London: Routledge.

Kundera, M. (1984). *The Unbearable Lightness of Being*. London: Faber and Faber. 中譯：米蘭・昆德拉，《生命中不能承受之輕》，尉遲秀譯，皇冠，2004年。

Kuukasjärvi, S., Eriksson, C. J. P., Koskela, E., Mappes, T., Nissinen, K., and Rantala, M. J. (2004). Attractiveness of women's body odors over the menstrual cycle: The role of oral contraceptives and receiver sex. *Behavioral Ecology*, 15(4): 579–584.

Laan, E., Sonderman, J., and Janssen, E. (1995). Straight and lesbian women's sexual responses to straight and lesbian erotica: No sexual orientation effects. Poster session, 21st meeting of the International Academy of Sex Research, Provincetown, MA, September.

Laeng, B., and Falkenberg, L. (2007). Women's pupillary responses to sexually significant others during the hormonal cycle. *Hormones and Behavior*, 52: 520–530.

Ladygina-Kohts, N. N. (2002). *Infant Chimpanzee and Human Child: A Classic 1935 Comparative Study of Ape Emotions and Intelligence*. New York: Oxford University Press.

Lancaster, J. B., and Lancaster, C. S. (1983). Parental investment: The hominid adaptation. In D. J. Ortner (Ed.), *How Humans Adapt: A Biocultural Odyssey* (pp. 33–65). Washington, DC: Smithsonian Institution Press.

Larrick, J. W., Yost, J. A., Kaplan, J., King, G., and Mayhall, J. (1979). Patterns of health and disease among the Waorani Indians of eastern Ecuador. *Medical Anthropology*, 3(2): 147–189.

Laumann, E. O., Paik, A., and Rosen, R. C. (1999). Sexual dysfunction in the United States: Prevalence and predictors. *Journal of the American Medical Association*, 281: 537–544.

Lawler, R. R. (2009). Monomorphism, male-male competition, and mechanisms of sexual dimorphism. *Journal of Human Evolution*, 57: 321–325.

Lea, V. (2002). Multiple paternity among the M~ebengokre (Kayopó, Jê) of central Brazil. In S. Beckerman and P. Valentine (Eds.), *Cultures of Multiple Fathers: The Theory and Practice of Partible Paternity in Lowland South America* (pp. 105–122). Gainesville: University Press of Florida.

Leacock, E. (1981). *Myths of Male Dominance: Collected Articles on Women Cross-Culturally*. New York: Monthly Review Press.

―――― (1998). Women's status in egalitarian society: Implications for social evolution. In J. Gowdy (Ed.), *Limited Wants, Unlimited Means: A Reader on Hunter-gatherer Economics and the Environment* (pp. 139–164). Washington, DC: Island Press.

LeBlanc, S. A., with Resgister, K.E. (2003). *Constant Battles: The Myth of the Peaceful, Noble Savage*. New York: St. Martin's Press.

Jung, C. G. (1976). *The Symbolic Life: The Collected Works* (Vol. 18, Bolligen Series). Princeton, NJ: Princeton University Press.

Kanazawa, S. (2007). The evolutionary psychological imagination: Why you can't get a date on a Saturday night and why most suicide bombers are Muslim. *Journal of Social, Evolutionary and Cultural Psychology,* 1(2): 7–17.

Kane, J. (1996). *Savages.* New York: Vintage.

Kano, T. (1980). Social behavior of wild pygmy chimpanzees (Pan *paniscus*) of Wamba: A preliminary report. *Journal of Human Evolution,* 9: 243–260.

_____ (1992). *The Last Ape: Pygmy Chimpanzee Behavior and Ecology.* Palo Alto, CA: Stanford University Press.

Kaplan, H., Hill, K., Lancaster, J., and Hurtado, A. M. (2000). A theory of human life history evolution: Diet, intelligence and longevity. *Evolutionary Anthropology,* 9: 156–185.

Keeley, L. H. (1996). *War Before Civilization: The Myth of the Peaceful Savage.* New York: Oxford University Press.

Kelly, R. L. (1995). *The Foraging Spectrum: Diversity in Hunter-Gatherer Life-ways.* Washington, DC: Smithsonian Institution Press.

Kendrick, K. M., Hinton, M. R., Atkins, K., Haupt, M. A., and Skinner, J. D. (September 17, 1998). Mothers determine sexual preferences. *Nature,* 395: 229–230.

Kent, S. (1995). Unstable households in a stable Kalahari community in Botswana. *American Anthropologist,* 97: 39–54.

Kilgallon, S. J., and Simmons, L. W. (2005). Image content influences men's semen quality. *Biology Letters,* 1: 253–255.

Kingan, S. B., Tatar, M., and Rand, D. M. (2003). Reduced polymorphism in the chimpanzee semen coagulating protein, Semenogelin I. *Journal of Molecular Evolution,* 57: 159–169.

Kinsey, A. C., Pomeroy, W. B., and Martin, C. E. (1948). *Sexual Behavior in the Human Male.* Philadelphia: Saunders.

_____ (1953). *Sexual Behavior in the Human Female.* Philadelphia: Saunders.

Knight, C. (1995). *Blood Relations: Menstruation and the Origins of Culture.* New Haven, CT: Yale University Press.

Komisaruk, B. R., Beyer-Flores, C., and Whipple, B. (2006). *The Science of Orgasm.* Baltimore: The Johns Hopkins University Press.

Konner, M. (1982). *The Tangled Wing.* New York: Holt, Rinehart and Winston.

Knauft, B. (1987). Reconsidering violence in simple human societies: Homicide among the Gebusi of New Guinea. *Current Anthropology,* 28(4): 457–500.

_____ (2009). *The Gebusi: Lives Transformed in a Rainforest World.* New York: McGraw-Hill.

Krech, S. (1999). *The Ecological Indian: Myth and History.* New York: Norton.

disease in patients undergoing coronary angiography. *American Journal of Cardiology*, 102(7): 814–819.

Houghton, W. E. (1957). *The Victorian Frame of Mind, 1830–1870.* New Haven, CT: Yale University Press.

Hrdy, S. B. (1979). Infanticide among animals: A review, classification and examination of the implications for the reproductive strategies of females. *Ethology and Sociobiology*, 1: 13–40.

_____ (1988). The primate origins of human sexuality. In R. Bellig and G. Stevens (Eds.), *The Evolution of Sex* (pp. 101–136). San Francisco: Harper and Row.

_____ (1996). Raising Darwin's consciousness: Female sexuality and the prehominid origins of patriarchy. *Human Nature,* 8(1): 1–49.

_____ (1999a). *The Woman That Never Evolved.* Cambridge, MA: Harvard University Press. (Original work published 1981.)

_____ (1999b). *Mother Nature: A History of Mothers, Infants and Natural Selection.* Boston: Pantheon Books.

_____ (2009). *Mothers and Others: The Evolutionary Origins of Mutual Understanding.* Cambridge, MA: Harvard University Press.

Hua, C. (2001). *A Society Without Fathers or Husbands: The Na of China.* New York: Zone Books.

Human Genome Project. (2002). Retrieved November 11, 2002 from http://www.ornl.gov/hgmis.

Ingold, T., Riches, D., and Woodburn, J. (Eds.) (1988a). *Hunters and Gatherers: History, Evolution and Social Change* (Vol. 1). Oxford, England: Berg.

_____ (1988b). *Hunters and Gatherers: Property, Power and Ideology* (Vol. 2). Oxford, England: Berg.

Isaac, G. (1978). The food sharing behavior of protohuman hominids. *Scientific American*, 238(4): 90–108.

Janus, S. S., and Janus, C. L. (1993). *The Janus Report on Sexual Behavior.* New York: Wiley.

Jaynes, J. (1990). *The Origins of Consciousness in the Breakdown of the Bicameral Mind.* Boston: Houghton Mifflin. (Original work published 1976.)

Jethá, C., and Falcato, J. (1991). A mulher e as DTS no distrito de Marracuene [Women and Sexually Transmitted Diseases in the Marracuene district]. *Acção SIDA 9,* Brochure.

Jiang, X., Wang, Y., and Wang, Q. (1999). Coexistence of monogamy and polygyny in black-crested gibbon. *Primates*, 40(4): 607–611.

Johnson, A. W., and Earle, T. (1987). *The Evolution of Human Societies: From Foraging Group to Agrarian State.* Palo Alto, CA: Stanford University Press.

Jones, S., Martin, R. D., and Pilbeam, D. (Eds.) (1992). *The Cambridge Encyclopedia of Human Evolution.* Cambridge, UK: Cambridge University Press.

_____ (1993). The evolution of human gender hierarchies: A trial formulation. In B. Miller (Ed.), *Sex and Gender Hierarchies* (pp. 57–79). Cambridge, England: Cambridge University Press.

Hart, D., and Sussman, R. W. (2005). *Man the Hunted: Primates, Predators, and Human Evolution.* New York: Westview Press.

Harvey, P. H., and May, R. M. (1989). Out for the sperm count. *Nature,* 337: 508–509.

Haselton, M. G., et al. (2007). Ovulatory shifts in human female ornamentation: Near ovulation, women dress to impress. *Hormones and Behavior,* 51: 40–45. www.sscnet.ucla.edu/comm/haselton/webdocs/dress_to_impress.pdf.

Hassan, F. A. (1980). The growth and regulation of human population in prehistoric times. In Cohen, M. N., Malpass, R. S., and Klein, H. G. (Eds.), *Biosocial Mechanisms of Population Regulation* (pp. 305–319). New Haven, CT: Yale University Press.

Hawkes, K. (1993). Why hunter-gatherers work. *Current Anthropology,* 34: 341–361.

Hawkes, K., O'Connell, J. F., and Blurton Jones, N. G. (2001a). Hadza meat sharing. *Evolution and Human Behavior,* 22: 113–142.

_____ (2001b). Hadza hunting and the evolution of nuclear families. *Current Anthropology,* 42: 681–709.

Heinen, H. D., and Wilbert, W. (2002). Parental uncertainty and ritual kinship among the Warao. In S. Beckerman and P. Valentine (Eds.), *Cultures of Multiple Fathers: The Theory and Practice of Partible Paternity in Lowland South America* (pp. 210–220). Gainesville: University Press of Florida.

Henderson, V. W., and Hogervorst, E. (2004). Testosterone and Alzheimer disease: Is it men's turn now? *Neurology,* 62: 170–171.

Henrich, J., et al. (2005). "Economic man" in cross-cultural perspective: Behavioral experiments in 15 small-scale societies. *Behavioral and Brain Sciences,* 28: 795–855.

Highwater, J. (1990). *Myth and Sexuality.* New York: New American Library.

Hill, K., and Hurtado, M. (1996). *Aché Life History: The Ecology and Demography of a Foraging People.* New York: Aldine de Gruyter.

Hite, S. (1987). *Women and Love: A Cultural Revolution in Progress.* New York: Knopf.

_____ (1989). *The Hite Report: A Nationwide Study of Female Sexuality.* New York: Dell.

Hobbes, T. (1991). *Leviathan.* Cambridge, England: Cambridge University Press. (Original work published 1651.) 中譯：霍布斯，《利維坦》，黎思復等，北京：商務印書館，1985年。

Holmberg, A. R. (1969). *Nomads of the Long Bow: The Siriono of Eastern Bolivia.* New York: The Natural History Press.

Horne, B. D., et al. (2008). Usefulness of routine periodic fasting to lower risk of coronary artery

Gould, S. J., and Vrba, E. S. (1982). Exaptation—a missing term in the science of form. *Paleobiology,* 8: 4–15.

Gould, T. (2000). *The Lifestyle: A Look at the Erotic Rites of Swingers.* Buffalo, NY: Firefly Books.

Gowdy, J. (Ed.). (1998). *Limited Wants, Unlimited Means: A Reader on Hunter-gatherer Economics and the Environment.* Washington, DC: Island Press.

Gray, P. B., Kahlenberg, S. M., Barrett, E. S., Lipson, S. F., and Ellison, P. T. (2002). Marriage and fatherhood are associated with lower testosterone in males. *Evolution and Human Behavior,* 23(3): 193–201.

Gray, P. B., Parkin, J. C., and Samms-Vaughan, M. E. (1997). Hormonal correlates of human paternal interactions: A hospital-based investigation in urban Jamaica. *Hormones and Behavior,* 52: 499–507.

Gregor, T. (1985). *Anxious Pleasures: The Sexual Lives of an Amazonian People.* Chicago: University of Chicago Press.

Hamilton, W. D. (1964). The genetic evolution of social behavior. Parts I and II. *Journal of Theoretical Biology,* 7: 1–52.

―――― (2001). *The Narrow Roads of Gene Land.* New York: Oxford University Press.

Hamilton, W. J., and Arrowood, P. C. (1978). Copulatory vocalizations of Chacma baboons *(Papio ursinus),* gibbons *(Hylobates hoolock)* and humans. *Science,* 200: 1405–1409.

Harcourt, A. H. (1997). Sperm competition in primates. *American Naturalist,* 149: 189–194.

Harcourt, A. H., and Harvey, P. H. (1984). Sperm competition, testes size and breeding systems in primates. In R. Smith (Ed.), *Sperm Competition and the Evolution of Animal Mating Systems* (pp. 589–659). New York: Academic Press.

Hardin, G. (1968). The tragedy of the commons. *Science,* 131: 1292–1297.

Harper, M. J. K. (1988). Gamete and zygote transport. In E. Knobil and J. Neill (Eds.), *The Physiology of Reproduction* (pp. 103–134). New York: Raven Press.

Harris, C. (2000). Psychophysiological responses to imagined infidelity: The specific innate modular view of jealousy reconsidered. *Journal of Personality and Social Psychology,* 78: 1082–1091.

Harris, C., and Christenfeld, N. (1996). Gender, jealousy and reason. *Psychological Science,* 7: 364–366.

Harris, M. (1977). *Cannibals and Kings: The Origins of Cultures.* New York: Random House.

―――― (1980). *Cultural Materialism: The Struggle for a Science of Culture.* New York: Vintage Books.

―――― (1989). *Our Kind: Who We Are, Where We Came From, Where We Are Going.* New York: Harper & Row.

the scent of symmetrical men. *Proceedings of the Royal Society of London,* 265: 927–933.

Gangestad, S. W., Thornhill, R., and Yeo, R. A. (1994). Facial attractiveness, developmental stability and fluctuating symmetry. *Ethology and Sociobiology,* 15: 73–85.

Ghiglieri, M. P. (1999). *The Dark Side of Man: Tracing the Origins of Male Violence.* Reading, MA: Helix Books.

Gibson, P. (1989). Gay and lesbian youth suicide, in Fenleib, Marcia R. (Ed.), *Report of the Secretary's Task Force on Youth Suicide,* United States Government Printing Office, ISBN 0160025087.

Gladwell, M. (2002). *The Tipping Point: How Little Things Can Make a Big Difference.* New York: Back Bay Books. 中譯：麥爾坎・葛拉威爾,《引爆趨勢》,齊思賢譯,時報出版,2005年。

_____ (2008). *Outliers: The Story of Success.* New York: Little, Brown and Company. 中譯：麥爾坎・葛拉威爾,《異數——超凡與平凡的界線在哪裡?》,廖月娟譯,時報出版,2009年。

Glass, D. P., and Wright, T. L. (1985). Sex differences in type of extramarital involvement and marital dissatisfaction. *Sex Roles,* 12: 1101–1120.

Goldberg, S. (1993). *Why Men Rule: A Theory of Male Dominance.* Chicago: Open Court.

Good, K., with Chanoff, D. (1991). *Into the Heart: One Man's Pursuit of Love and Knowledge Among the Yanomama.* Leicester, England: Charnwood.

Goodall, J. (1971). *In the Shadow of Man.* Glasgow: Collins. 中譯：珍・古德,《我的影子在岡貝》,王凌霄譯,格林文化,1997年。

_____ (1991). *Through a Window: Thirty Years with the Chimpanzees of Gombe.* London: Penguin. 中譯：珍・古德,《大地的窗口——珍愛猩猩三十年》,楊淑智譯,格林文化,1996年。

Goodman, M., et al. (1998). Toward a phylogenic classification of primates based on DNA evidence complemented by fossil evidence. *Molecular Phylogenics and Evolution,* 9: 585–598.

Gould, S. J. (1980). *Ever since Darwin: Reflections in Natural History.* New York: Norton. 中譯：古爾德,《達爾文大震撼》,程樹德等譯,天下文化,1995年。

_____ (1981). *The Mismeasure of Man.* New York: Norton.

_____ (1991). Exaptation: A crucial tool for an evolutionary psychology. *Journal of Social Issues,* 47(3): 43–65.

_____ (1997). Darwinian fundamentalism. *New York Review of Books,* pp. 34–37. Retrieved December 12, 2002 from http://www.nybooks.com/articles/1151.

Gould, S. J., and Lewontin, R. C. (1979). The spandrels of San Marco and the Panglossian paradigm: A critique of the adaptionist programme. *Proceedings of the Royal Society of London,* 205: 581–598.

Foley, R. (1996). The adaptive legacy of human evolution: A search for the environment of evolutionary adaptiveness. *Evolutionary Anthropology,* 4: 194–203.

Ford, C. S., and Beach, F. (1952). *Patterns of Sexual Behavior.* Westport, CT: Greenwood Press.

Fordney-Settlage, D. (1981). A review of cervical mucus and sperm interactions in humans. *International Journal of Fertility,* 26: 161–169.

Fortenberry, D. J. (2005). The limits of abstinence-only in preventing sexually transmitted infections. *Journal of Adolescent Health,* 36: 269–357.

Fouts, R., with Mills, S. T. (1997). *Next of Kin: My Conversations with Chimpanzees.* New York: Avon Books.

Fox, C. A., Colson, R. H., and Watson, B. W. (1982). Continuous measurement of vaginal and intra-uterine pH by radio-telemetry during human coitus. In Z. Hoch and H. L. Lief (Eds.), *Sexology* (pp. 110–113). Amsterdam: Excerpta Medica.

Fox, R. (1997). *Conjectures & Confrontations: Science, Evolution, Social Concern.* Somerset, NJ: Transaction.

Fowles, J. (1969). *The French Lieutenant's Woman.* New York: Signet. 中譯：符傲思，《法國中尉的女人》，彭倩文譯，皇冠，2006年。

Freeman, D. (1983). *Margaret Mead and Samoa: The Making and Unmaking of an Anthropological Myth.* Cambridge, MA: Harvard University Press.

Friedman, D. M. (2001). *A Mind of Its Own: A Cultural History of the Penis.* New York: The Free Press.

Fromm, E. (1973). *The Anatomy of Human Destructiveness.* New York: Hold, Rinehart and Winston. 中譯：佛洛姆，《人類破壞性的剖析》，孟祥森譯，水牛出版社，1994年。

Fry, D. (2009). *Beyond War: The Human Potential for Peace.* New York: Oxford University Press.

Gagneaux, P., and Boesch, C. (1999). Female reproductive strategies, paternity and community structure in wild West African chimpanzees. *Animal Behaviour,* 57: 19–32.

Gallup, G. G., Jr. (2009). On the origin of descended scrotal testicles: The activation hypothesis. *Evolutionary Psychology,* 7: 517–526. Available online at http://www.epjournal.net.

Gallup, G. G., Jr., and Burch, R. L. (2004). Semen displacement as a sperm competition strategy in humans. *Evolutionary Psychology,* 2: 12–23. Available online at http://www.epjournal.net.

Gallup, G. G., Jr., Burch, R. L., and Platek, S. M. (2002). Does semen have antidepressant properties? *Archives of Sexual Behavior,* 31: 289–293.

Gangestad, S. W., Bennett, K., and Thornhill, R. (2001). A latent variable model of developmental instability in relation to men's sexual behavior. *Proceedings of the Royal Society of London,* 268: 1677–1684.

Gangestad, S. W., and Thornhill, R. (1998). Menstrual cycle variation in women's preferences for

USP/FAPESP.

―――― (2002). Several fathers in one's cap: Polyandrous conception among the Panoan Matis (Amazonas, Brazil). In S. Beckerman and P. Valentine (Eds.), *Cultures of Multiple Fathers: The Theory and Practice of Partible Paternity in Lowland South America* (pp. 123–136). Gainesville: University Press of Florida.

Ewen, S. (1976/2001). *Captains of Consciousness: Advertising and the Social Roots of the Consumer Culture.* New York: Basic Books.

Fagan, B. (2004). *The Long Summer: How Climate Changed Civilization.* New York: Basic Books.

Fedigan, L. M., and Strum, S. C. (1997). Changing images of primate societies. *Current Anthropology,* 38: 677–681.

Feinstein, D., and Krippner, S. (2007). *The Mythic Path: Discovering the Guiding Stories of Your Past—Creating a Vision for Your Future.* Fulton, CA: Elite Books.

Ferguson, B. (1995). *Yanomami Warfare: A Political History.* Santa Fe, NM: School of American Research Press.

―――― (2000). *War in the Tribal Zone: Expanding States and Indigenous Warfare.* Santa Fe, NM: SAR Press.

―――― (2003). The birth of war. *Natural History,* July/August: 28–34.

Ferraro, G., Trevathan, W., and Levy, J. (1994). *Anthropology: An Applied Perspective.* Minneapolis/St. Paul, MN: West Publishing Company.

Fish, R. C. (2000). *The Clitoral Truth: The Secret World at Your Fingertips.* New York: Seven Stories Press.

Fisher, H. E. (1982). *The Sex Contract: The Evolution of Human Behavior.* New York: William Morrow.

―――― (1989). Evolution of human serial pairbonding. *American Journal of Physical Anthropology,* 78: 331–354.

―――― (1992). *Anatomy of Love.* New York: Fawcett Columbine. 中譯：海倫・費雪，《愛慾――婚姻、外遇與離婚的自然史》，刁筱華譯，時報出版，1994年。

―――― (2004). *Why We Love: The Nature and Chemistry of Romantic Love.* New York: Henry Holt.

Fisher, M., et al. (2009). Imact of relational proximity on distress from infidelity. *Evolutionary Psychology,* 7(4): 560–580.

Flanagan, C. (2009). Is there hope for the American Marriage? *Time,* July 2. http://www.time.com/time/nation/article/0,8599,1908243-1,00.html.

Fleming, J. B. (1960). Clitoridectomy: The disastrous downfall of Isaac Baker Brown, F.R.C.S. (1867). *Journal of Obstetrics and Gynaecology of the British Empire,* 67: 1017–1034.

duction in monkeys, apes and human beings. *Annual Review of Sex Research,* 12: 121–144.

———— (2002). Sexual selection, seminal coagulation and copulatory plug formation in primates. *Folia Primatologica,* 73: 63–69.

Drucker, D. (2004). *Invent Radium or I'll Pull Your Hair: A Memoir.* Chicago: University of Chicago Press.

Druckerman, P. (2008). *Lust in Translation: Infidelity from Tokyo to Tennessee.* New York: Penguin Two. 中譯：潘蜜拉・杜克曼，《外遇不用翻譯》，顏湘如譯，大塊文化，2007年。

Dunbar, R. I. M. (1992). Neocortex size as a constraint on group size in primates. *Journal of Human Evolution,* 22: 469–493.

Dunbar, R. I. M. (1993). Coevolution of neocortical size, group size and language in humans. *Behavioral and Brain Sciences,* 16 (4): 681–735.

Easton, D., and Liszt, C. A. (1997). *The Ethical Slut: A Guide to Infinite Sexual Possibilities.* San Francisco, CA: Greenery Press. 中譯：朵思・依斯頓、凱瑟琳・李斯特，《道德浪女》，張娟芬譯，智慧事業體有限公司，2002年。

Eaton, S., and Konner, M. (1985). Paleolithic nutrition: A consideration of its nature and current implications. *New England Journal of Medicine,* 312: 283–289.

Eaton, S., Konner, M., and Shostak, M. (1988). Stone agers in the fast lane: Chronic degenerative disease in evolutionary perspective. *American Journal of Medicine,* 84: 739–749.

Eaton, S., Shostak, M., and Konner, M. (1988). *The Paleolithic Prescription: A Program of Diet & Exercise and a Design for Living.* New York: Harper & Row.

Eberhard, W. G. (1985). *Sexual Selection and Animal Genitalia.* Cambridge, MA: Harvard University Press.

Eberhard, W. G. (1996). *Female Control: Sexual Selection by Cryptic Female Choice.* Princeton, NJ: Princeton University Press.

Edgerton, R. B. (1992). *Sick Societies: Challenging the Myth of Primitive Harmony.* New York: The Free Press.

Ehrenberg, M. (1989). *Women in Prehistory.* London: British Museum Publications.

Ehrlich, P. R. (2000). *Human Natures: Genes, Cultures, and the Human Prospect.* New York: Penguin.

Ellison, P. T., et al. (2009). *Endocrinology of Social Relationships.* Cambridge, MA: Harvard University Press.

Elwin, V. (1968). *Kingdom of the Young.* Bombay: Oxford University Press.

Erikson, P. (1993). A onomástica matis é amazônica [Naming rituals among the Matis of the Amazon]. In E. Viveiros de Castro and M. Carneiro da Cuhna (Eds.), *Amazônia: Etnologia e história indígena* (pp. 323–338). São Paulo: Nucléo de História Indíena et do Indigenismo,

of Origin: What Primate Behavior Can Tell Us About Human Social Evolution (pp. 39–68). Cambridge, MA: Harvard University Press.

_____ (2001c). (Ed.). *Tree of Origin: What Primate Behavior Can Tell Us About Human Social Evolution.* Cambridge, MA: Harvard University Press.

_____ (2005a). *Our Inner Ape: The Best and Worst of Human Nature.* London: Granta Books. 中譯：法蘭斯・德瓦爾，《猿形畢露──從猩猩看人類的權力、暴力、愛與性》，陳信宏譯，麥田出版，2007年。

_____ (2005b). Bonobo sex and society. *Scientific American* online issue, February, pp. 32–38.

_____ (2009). *The Age of Empathy: Nature's Lessons for a Kinder Society.* New York: Harmony Books.

de Waal, F., and Johanowicz, D. L. (1993). Modification of reconciliation behavior through social experience: An experiment with two macaque species. *Child Development* 64: 897–908.

de Waal, F., and Lanting, F. (1998). *Bonobo: The Forgotten Ape.* Berkeley: University of California Press.

Dewsbury, D. A. (1981). Effects of novelty on copulatory behavior: The Coolidge effect and related phenomena. *Psychological Bulletin*, 89: 464–482.

Diamond, J. (1986). Variation in human testis size. *Nature*, 320: 488.

_____ (1987). The worst mistake in the history of the human race. *Discover,* May.

_____ (1991). *The Rise and Fall of the Third Chimpanzee: How Our Animal Heritage Affects the Way We Live.* London: Vintage. 中譯：賈德・戴蒙，《第三種猩猩──人類的身世及未來》，王道還譯，時報出版，2000年。

_____ (1997). *Guns, Germs and Steel: The Fates of Human Societies.* New York: Norton. 中譯：賈德・戴蒙，《槍炮、病菌與鋼鐵──人類社會的命運》，王道還、廖月娟譯，時報出版，1998年。

_____ (2005). *Collapse: How Societies Choose to Fail or Succeed.* New York: Viking. 中譯：賈德・戴蒙，《大崩壞──人類社會的明天？》，廖月娟譯，時報出版，2006年。

Diamond, L. M. (2008). *Sexual Fluidity: Understanding Women's Love and Desire.* Cambridge, MA: Harvard University Press.

Dillehay, T. D., et al. (2008). Monte Verde: Seaweed, food, medicine and the peopling of South America. *Science*, 320 (5877): 784–786.

Dindyal, S. (2004). The sperm count has been decreasing steadily for many years in Western industrialised countries: Is there an endocrine basis for this decrease? *The Internet Journal of Urology,* 2(1).

Dixson, A. F. (1998). *Primate Sexuality: Comparative Studies of the Prosimians, Monkeys, Apes and Human Beings.* New York: Oxford University Press.

Dixson, A. F., and Anderson, M. (2001). Sexual selection and the comparative anatomy of repro-

of *Partible Paternity in Lowland South America* (pp. 86–104). Gainesville: University Press of Florida.

Crocker, W. H., and Crocker, J. G. (2003). *The Canela: Kinship, Ritual and Sex in an Amazonian Tribe (Case Studies in Cultural Anthropology).* Florence, KY: Wadsworth.

Dabbs, J. M., Jr., Carr, T. S., Frady, R. L., and Riad, J. K. (1995). Testosterone, crime and misbehavior among 692 male prison inmates. *Personality and Individual Differences,* 18: 627–633.

Dabbs, J. M., Jr., Jurkovic, G., and Frady, R. L. (1991). Salivary testosterone and cortisol among late adolescent male offenders. *Journal of Abnormal Child Psychology,* 19: 469–478.

Daniels, D. (1983). The evolution of concealed ovulation and self-deception. *Ethology and Sociobiology,* 4: 69–87.

Darwin, C. (1859). *On the Origin of Species by Means of Natural Selection.* London: John Murray. 中譯：達爾文，《物種起源》，葉篤莊等譯，台灣商務印書館，1999年。

_____ (1871/2007). *The Descent of Man and Selection in Relation to Sex.* New York: Plume.

Davenport, W. H. (1965). Sexual patterns and their regulation in a society of the southwest Pacific. In Beach (Ed.), *Sex and Behavior,* pp. 161–203.

Dawkins, R. (1976). *The Selfish Gene.* New York: Oxford University Press. 中譯：道金斯，《自私的基因》，趙淑妙譯，天下文化，2009年。

_____ (1998). *Unweaving the Rainbow: Science, Delusion and the Appetite for Wonder.* Boston: Houghton Mifflin.

DeMeo, J. (1998). *Saharasia: The 4000 B.C.E. Origins of Child Abuse, Sex-repression, Warfare and Social Violence, in the Deserts of the Old World.* Eugene, OR: Natural Energy Works.

Desmond, A., and Moore, J. (1994). *Darwin: The Life of a Tormented Evolutionist.* New York: Warner Books.

DeSteno, D., and Salovey, P. (1996). Evolutionary origins of sex differences in jealousy? Questioning the "fitness" of the model. *Psychological Science*, 7: 367–372.

de Waal, F. (1995). Bonobo sex and society: The behavior of a close relative challenges assumptions about male supremacy in human evolution. *Scientific American* (March): 82–88.

_____ (1996). *Good Natured: The Origins of Right and Wrong in Humans and Other Animals.* Cambridge, MA: Harvard University Press.

_____ (1998). *Chimpanzee Politics: Power and Sex among the Apes.* Baltimore, MD: Johns Hopkins University Press. (Original work published 1982.) 中譯：法蘭斯・德瓦爾，《黑猩猩政治學──如何競逐權與色？》，羅亞琪譯，開學文化，2016年。

_____ (2001a). *The Ape and the Sushi Master: Cultural Reflections of a Primatologist.* New York: Basic Books.

_____ (2001b). Apes from Venus: Bonobos and human social evolution. In F. de Waal (Ed.), *Tree*

info%3Adoi%2F10.1371%2Fjournal.pgen.1000057.

Caton, H. (1990). *The Samoa Reader: Anthropologists Take Stock.* Lanham, MD: University Press of America.

Chagnon, N. (1968). *Yanomamö: The Fierce People.* New York: Holt, Rinehart and Winston.

Chapman, A. R., and Sussman, R. W. (Eds.). (2004.) *The Origins and Nature of Sociality.* Piscataway, NJ: Aldine Transaction.

Cherlin, A. J. (2009). *The Marriage-Go-Round: The State of Marriage and the Family in America Today.* New York: Knopf.

Chernela, J. M. (2002). Fathering in the northwest Amazon of Brazil. In S. Beckerman and P. Valentine (Eds.), *Cultures of Multiple Fathers: The Theory and Practice of Partible Paternity in Lowland South America* (pp. 160–177). Gainesville: University Press of Florida.

Chivers, M. L., Seto, M. C., and Blanchard, R. (2007). Gender and sexual orientation differences in sexual response to the sexual activities versus the gender of actors in sexual films. *Journal of Personality and Social Psychology,* 93: 1108–1121.

Clark, G. (1997). Aspects of early hominid sociality: An evolutionary perspective. In C. Barton and G. Clark (Eds.), *Rediscovering Darwin: Evo- lutionary Theory and Archaeological Explanation.* Archaeological Papers of the American Anthropological Association, 7: 209–231.

Clark, R. D., and Hatfield, E. (1989). Gender differences in receptivity to sexual offers. *Journal of Psychology & Human Sexuality,* 2: 39–55.

Cochran, G., and Harpending, H. (2009). *The 10,000 Year Explosion: How Civilization Accelerated Human Evolution.* New York: Basic Books.

Cohen, S., et al. (2009). Sleep habits and susceptibility to the common cold. *Archives of Internal Medicine,* 169: 62.

Corning, P. (1994). The synergism hypothesis: A theory of progressive evolution. In C. Barlow (Ed.), *Evolution Extended: Biological Debates on the Meaning of Life* (pp. 110–118). Cambridge, MA: MIT Press.

Cosmides, L., and Tooby, J. (1987). From evolution to behavior: Evolutionary psychology as the missing link. In J. Dupree (Ed.), *The Latest on the Best: Essays on Evolution and Optimality* (pp. 227–306). Cambridge, MA: MIT Press.

Counts, D. E. A., and Counts, D. R. (1983). Father's water equals mother's milk: The conception of parentage in Kaliai, West New Guinea. *Mankind,* 14: 45–56.

Coventry, M. (October/November 2000). Making the cut: It's a girl! ... or is it? When there's doubt, why are surgeons calling the shots? *Ms. Magazine.* Retrieved July 2, 2002 from http://www.msmagazine.com/oct00/ makingthecut.html.

Crocker, W. H. (2002). Canela "other fathers": Partible paternity and its changing practices. In S. Beckerman and P. Valentine (Eds.), *Cultures of Multiple Fathers: The Theory and Practice*

Bowlby, J. (1992). *Charles Darwin: A New Life.* New York: Norton.

Boyd, R., and Silk, J. (1997). *How Humans Evolved.* New York: Norton.

Boyle, T. C. (1993). *The Road to Wellville.* New York: Viking.

Boysen, S. T., and Himes, G. T. (1999). Current issues and emergent theories in animal cognition. *Annual Reviews in Psychology,* 50: 683–705.

Brizendine, L. (2006). *The Female Brain.* New York: Morgan Road Books.

Brown, D. (1970/2001). *Bury My Heart at Wounded Knee: An Indian History of the American West.* New York: Holt Paperbacks.

Bruhn, J. G., and Wolf, S. (1979). *The Roseto Story: An Anatomy of Health.* University of Oklahoma Press.

Buller, D. J. (2005). *Adapting Minds: Evolutionary Psychology and the Persistent Quest for Human Nature.* Cambridge, MA: The MIT Press.

Bullough, V. L. (1994). *Science in the Bedroom: A History of Sex Research.* New York: HarperCollins.

Burch, E. S., Jr., and Ellanna, L. J. (Eds.) (1994). *Key Issues in Hunter-Gatherer Research.* Oxford, England: Berg.

Burnham, T., and Phelan, J. (2000). *Mean Genes: From Sex to Money to Food: Taming Our Primal Instincts.* Cambridge, MA: Perseus. 中譯：泰瑞・柏翰、傑・費蘭，《都是基因惹的禍》，蔡佳玲譯，天下文化，2002年。

Buss, D. M. (1989). Sex differences in human mate preferences: Evolutionary hypotheses testing in 37 cultures. *Behavioral and Brain Sciences,* 12: 1–49.

_____ (1994). *The Evolution of Desire: Strategies of Human Mating.* New York: Basic Books.

_____ (2000). *The Dangerous Passion: Why Jealousy Is as Necessary as Love and Sex.* New York: The Free Press.

_____ (2005). *The Murderer Next Door: Why the Mind Is Designed to Kill.* New York: Penguin Press.

Buss, D. M., Larsen, R. J., Westen, D., and Semmelroth, J. (1992). Sex differences in jealousy: Evolution, physiology and psychology. *Psychological Science,* 3: 251–255.

Buss, D. M., and Schmitt, D. P. (1993). Sexual strategies theory: An evolutionary perspective on human mating. *Psychological Review,* 100: 204–232.

Caesar, J. (2008). *The Gallic Wars: Julius Caesar's Account of the Roman Conquest of Gaul.* St. Petersburg, FL: Red and Black Publishers.

Cassini, M. H. (1998). Inter-specific infanticide in South American otariids. *Behavior,* 135: 1005–1012.

Caswell, J. L., et al. (2008). Analysis of chimpanzee history based on genome sequence alignments. *PLoS Genetics,* April; 4(4): e1000057. Online: http://www.plosgenetics.org/article/

Human Genetics, 82: 1130–1140.

Bergstrand, C., and Blevins Williams, J. (2000). Today's Alternative Marriage Styles: The Case of Swingers. *Electronic Journal of Human Sexuality*: Annual. Online: http://findarticles.com/p/articles/mi_6896/is_3/ai_n28819761/?tag=content;col1.

Berkowitz, B., and Yager-Berkowitz, S. (2008). *He's Just Not Up For It Anymore: Why Men Stop Having Sex and What You Can Do About It.* New York: William Morrow.

Berman, M. (2000). *Wandering God: A Study in Nomadic Spirituality.* Albany: State University of New York Press.

Bernard, J. (1972/1982). *The Future of Marriage.* New Haven: Yale University Press.

Betzig, L. (1982). Despotism and differential reproduction: A cross-cultural correlation of conflict asymmetry, hierarchy and degree of polygyny. *Ethology and Sociobiology*, 3: 209–221.

―――― (1986). *Despotism and Differential Reproduction: A Darwinian View of History.* New York: Aldine.

―――― (1989). Causes of conjugal dissolution: A cross-cultural study. *Current Anthropology*, 30: 654–676.

Birkhead, T. (2000). *Promiscuity: An Evolutionary History of Sperm Competition and Sexual Conflict.* New York: Faber and Faber.

―――― (2002). Postcopulatory sexual selection. *Nature Reviews: Genetics*, 3: 262–273. www.nature.com/reviews/genetics.

Blount, B. G. (1990). Issues in bonobo (*Pan paniscus*) sexual behavior. *American Anthropologist*, 92: 702–714.

Blum, D. (1997). *Sex on the Brain: The Biological Differences Between Men and Women.* New York: Viking.

Blurton Jones, N., Hawkes, K., and O'Connell, J. F. (2002). Antiquity of postreproductive life: Are there modern impacts on hunter-gatherer postreproductive life spans? *American Journal of Human Biology*, 14: 184–205.

Bodley, J. (2002). *Power of Scale: A Global History Approach (Sources and Studies in World History).* Armonk, NY: M. E. Sharpe.

Boehm, C. H. (1999). *Hierarchy in the Forest: The Evolution of Egalitarian Behavior.* Cambridge, MA: Harvard University Press.

Bogucki, P. (1999). *The Origins of Human Society.* Malden, MA: Blackwell.

Borofsky, R. (2005). *Yanomami: The Fierce Controversy and What We Can Learn From It.* University of California Press.

Borries, C., Launhardt, K., Epplen, C., Epplen, J. T., and Winkler, P. (1999). Males as infant protectors in Hanuman langurs *(Presbytis entellus)* living in multimale groups—defense pattern, paternity and sexual behaviour. *Behavioral Ecology and Sociobiology*, 46: 350–356.

doi:10.1016/j.brainres.2006.03.108, available online May 18, 2006.

Ardrey, R. (1976). *The Hunting Hypothesis.* New York: Athenaeum.

Axelrod, R. (1984). *The Evolution of Cooperation.* New York: Basic Books. 中譯:羅伯特‧艾瑟羅德,《合作的競化》,胡瑋珊譯,大塊文化,2010年。

Bagemihl, B. (1999). *Biological Exuberance: Animal Homosexuality and Natural Diversity.* New York: St. Martin's Press.

Baker, R. R. (1996). *Sperm Wars: The Science of Sex.* New York: Basic Books.

Baker, R. R., and Bellis, M. (1995). *Human Sperm Competition.* London: Chapman Hall.

Barash, D. P. (1977). *Sociobiology and Behavior.* Amsterdam: Elsevier.

Barash, D. P., and Lipton, J. E. (2001). *The Myth of Monogamy: Fidelity and Infidelity in Animals and People.* New York: W. H. Freeman.

Barkow, J. H. (1984). The distance between genes and culture. *Journal of Anthropological Research,* 40: 367–379.

Barkow, J. H., Cosmides, L., and Tooby, J. (Eds.). (1992). *The Adapted Mind: Evolutionary Psychology and the Generation of Culture.* New York: Oxford University Press.

Barlow, C. (Ed.). (1984). *Evolution Extended: Biological Debates on the Meaning of Life.* Cambridge, MA: MIT Press.

Barlow, N. (Ed.). (1958). *The Autobiography of Charles Darwin.* New York: Harcourt Brace.

Barratt, C. L. R., Kay, V., and Oxenham, S. K. (2009). The human spermatozoon—a stripped down but refined machine. *Journal of Biology,* 8: 63. http://jbiol.com/content/8/7/63.

Bateman, A. J. (1948). Intra-sexual selection in *Drosophila. Heredity,* 2: 349–368.

Batten, M. (1992). *Sexual Strategies: How Females Choose Their Mates.* New York: Putnam.

Baumeister, R. F. (2000). Gender differences in erotic plasticity: The female sex drive as socially flexible and responsive. *Psychological Bulletin,* 126: 347–374.

Beach, F. (Ed.). (1976). *Human Sexuality in Four Perspectives.* Baltimore: Johns Hopkins University Press.

Bean, L. J. (1978). Social organization. In R. Heizer (Ed.), *Handbook of North American Indians,* Vol. 8: *California* (pp. 673–682). Washington, D.C.: Smithsonian Institution Press.

Beckerman, S., and Valentine, P. (Eds.). (2002). *Cultures of Multiple Fathers: The Theory and Practice of Partible Paternity in Lowland South America.* Gainesville: University Press of Florida.

Bellis, M. A., and Baker, R. R. (1990). Do females promote sperm competition: Data for humans. *Animal Behaviour,* 40: 997–999.

Belliveau, J. (2006). *Romance on the Road: Travelling Women Who Love Foreign Men.* Baltimore, MD: Beau Monde Press.

Behar, D. M., et al. (2008). The dawn of human matrilineal diversity. *The American Journal of*

參考與延伸閱讀書目
References and Suggested Further Reading

Abbott, E. (1999). *A History of Celibacy.* Cambridge, MA: Da Capo Press.

Abramson, P. R., and Pinkerton, S. D. (Eds.). (1995a). *Sexual Nature Sexual Culture.* Chicago: University of Chicago Press.

―――― (1995b). *With Pleasure: Thoughts on the Nature of Human Sexuality.* New York: Oxford University Press.

Acton, W. (1857/2008). *The Functions and Disorders of the Reproductive Organs in Childhood, Youth, Adult Age, and Advanced Live Considered in their Physiological, Social, and Moral Relations.* Charleston, SC: BiblioLife.

Adovasio, J. M., Soffer, O., and Page, J. (2007). *The Invisible Sex: Uncovering the True Roles of Women in Prehistory.* New York: Smithsonian Books.

Alexander, M. G., and Fisher, T. D. (2003). Truth and consequences: Using the bogus pipeline to examine sex differences in self-reported sexuality. *The Journal of Sex Research,* 40: 27–35.

Alexander, R. D. (1987). *The Biology of Moral Systems.* Chicago: Aldine.

Alexander, R. D., Hoogland, J. L., Howard, R. D., Noonan, K. M., and Sherman, P. W. (1979). Sexual dimorphisms and breeding systems in pinnepeds, ungulates, primates and humans. In N. Chagnon and W. Irons (Eds.), *Evolutionary Biology and Human Social Behavior: An Anthropological Perspective* (pp. 402–435). New York: Wadsworth.

Allen, M. L., and Lemmon, W. B. (1981). Orgasm in female primates. *American Journal of Primatology,* 1: 15–34.

Alvergne, A., and Lummaa, V. (2009). Does the contraceptive pill alter mate choice in humans? *Trends in Ecology and Evolution,* 24. In press—published online October 7, 2009.

Ambrose, S. (1998). Late Pleistocene human population bottlenecks, volcanic winter, and differentiation of modern humans. *Journal of Human Evolution* 34(6): 623–651.

Amos, W., and Hoffman, J. I. (2009). Evidence that two main bottleneck events shaped modern human genetic diversity. *Proceedings of the Royal Society B.* Published online before print October 7, 2009, doi:10.1098/ rspb.2009.1473.

Anderson, M., Hessel, J., and Dixson, A. F. (2004). Primate mating systems and the evolution of immune response. *Journal of Reproductive Immunology,* 61: 31–38.

Angier, N. (1995). *The Beauty of the Beastly: New Views of the Nature of Life.* New York: Houghton Mifflin.

―――― (1999). *Woman: An Intimate Geography.* New York: Virago.

Anokhin, A. P., Golosheykin, S., Sirevaag, E., Kristjansson, S., Rohrbaugh, J. W., and Heath, A. C. (2006). Rapid discrimination of visual scene content in the human brain. *Brain Research,*

作者
克里斯多福・萊恩（Christopher Ryan）、卡西爾達・潔莎（Cacilda Jethá）

譯者
謝忍翾

封面設計
林宜賢

內頁排版
蘇品銓

責任編輯
官子程

行銷企劃
陳詩韻

總編輯
賴淑玲

社長
郭重興

發行人兼出版總監
曾大福

出版者
大家出版

發行
遠足文化事業股份有限公司
新北市(231)新店區民權路108-2號9樓
TEL: 02-2218-1417・FAX: 02-8667-1851

劃撥
帳號：19504465・戶名：遠足文化事業有限公司

印製
中原造像股份有限公司・TEL: 02-2226-9120

法律顧問
華洋法律事務所・蘇文生律師

定價
NT$420

初版一刷
2017/ 09

SEX AT DAWN
Copyright © 2010 by Christopher Ryan and Cacilda Jethá
Chinese (Complex Characters) copyright © 2017
by Walkers Cultural Enterprises Ltd. (Common Master Press)
This edition published by agreement with Trident Media Group, LLC,
through The Grayhawk Agency.
ALL RIGHTS RESERVED

有著作權・侵害必究
本書如有缺頁、破損、裝訂錯誤，請寄回更換

國家圖書館出版品預行編目(CIP)資料

樂園的復歸：遠古時代的性如何影響今日的我們？/ 克里斯多福.萊恩, 卡西爾達.潔莎著；謝忍翾譯. -- 初版. -- 新北市：大家出版：遠足文化發行, 2017.09
　面；　　公分(common；40)
譯自：Sex at dawn
ISBN 978-986-95342-0-8 (平裝)

1.性學 2.歷史 3.人類演化

544.7　　　　　　　　　　　106014769